国家级一流本科专业建设点资助

边文霞 ◎ 编著

岗位分析与岗位评价（第三版）

实务·案例·游戏

首都经济贸易大学出版社
Capital University of Economics and Business Press
·北 京·

图书在版编目(CIP)数据

岗位分析与岗位评价：实务·案例·游戏/边文霞编著. -- 3版. -- 北京：首都经济贸易大学出版社，2024.7

ISBN 978-7-5638-3679-6

Ⅰ. ①岗…　Ⅱ. ①边…　Ⅲ. ①企业管理-岗位责任制-教材②企业管理-人力资源管理-教材　Ⅳ. ①F272.92

中国国家版本馆 CIP 数据核字(2024)第081970号

岗位分析与岗位评价：实务·案例·游戏(第三版)
GANGWEI FENXI YU GANGWEI PINGJIA：SHIWU ANLI YOUXI
边文霞　编著

责任编辑　陈雪莲
封面设计　砚祥志远·激光照排 TEL：010-65976003
出版发行　首都经济贸易大学出版社
地　　址　北京市朝阳区红庙（邮编 100026）
电　　话　(010)65976483　65065761　65071505(传真)
网　　址　http://www.sjmcb.com
E-mail　publish@cueb.edu.cn
经　　销　全国新华书店
照　　排　北京砚祥志远激光照排技术有限公司
印　　刷　北京建宏印刷有限公司
成品尺寸　170 毫米×240 毫米　1/16
字　　数　395 千字
印　　张　20.75
版　　次　2011 年 9 月第 1 版　2021 年 3 月第 2 版
　　　　　2024 年 7 月第 3 版　2024 年 7 月总第 3 次印刷
书　　号　ISBN 978-7-5638-3679-6
定　　价　45.00 元

第三版前言

第三版相较第二版修改主旨为紧密结合国家政策变化和企业改革需要,对众多案例做了删除与替换。同时,将笔者给企业做过的咨询案例做了适当删改,供同学们阅读与学习。

一、与时俱进:应国企"三定"改革亟需,重点修订第三章。

国企改革十年,2013 年《中共中央关于全面深化改革若干重大问题的决定》拉开改革序幕,2015 年《关于深化国有企业改革的指导意见》发布后形成"1+N"政策体系;2017 年 10 月十九大提出国改新要求,即"改革国有资本授权经营体制,推动国有资本做强做优做大"; 2022 年 10 月二十大强调"深化国资国企改革,推动国有资本和国有企业做强做优做大",至此,"定岗、定编、定员"的"三定"已经成为企业员工关注的焦点。

第三版相较第二版,针对"定责",结合部门职能和各岗位具体岗位职责,做出二维比较矩阵表,提出不能跨越的四根红线,作为部门职能与岗位职责的判定方法;针对"定岗",特别详细阐述岗位工作量饱和度、岗位工作结构、岗位工作强度的计算方法,并给出具体示例"某公司的规划计划处岗位设置判定";此外,增加了定岗定编影响因素及其作用机理的细致分析,梳理了"六定"基本概念,即"定责""定岗""定编""定员""定额""定薪"的内涵。

对于被企业重点关注的"定岗定编设计",第三版特别强调定岗设计的目标是实现组织运作效率最大化,定编设计的目标是实现人工成本最低化。在定岗定编中,需要遵循四大原则:战略导向、未来导向、动态调整导向、价值导向;四大影响因素:战略目标、组织特征、市场化程度、服务对象状况。

二、推陈出新:篇首、篇中与篇尾案例重大调整。

第三版相较第二版,针对篇首、篇中与篇尾案例做了如下修改:

全书九章,从第一版开始,没变更过的第四章篇首引导案例"企业要不要重视员工的精神待遇问题",第二版重点修改的两章篇首引导案例,即第一章"智能时代还需要'工作分析'吗"和第七章"新老员工工资矛盾问题怎样解决"保留。除此之外,其他所有章节的篇首引导案例全部做了删除与替换。新的引导案例有第二章"HR 交付了什么及要怎样交付"、第三章"没有岗位说明书,就别指望员工把工作做好”、第五章“令人反感的工作日志”、第六章“某公立医院职能科室定岗定编实践研究”、第八章“基于‘奉献’与‘贡献’的某技术公司岗位评价体系设计思路”、第九章“医药高校‘人力资源管理’课程的沙盘模拟教学研究”。

新增三个章节的篇中案例，对应也删除一些篇中案例及知识链接，特别是一些陈旧数据制作的表单，均使用最新数据做了修改，比如将“北京市 2010 年第三季度人力资源市场需求大于供给缺口最大的十种职业”替换为“2023 年第三季度北京市人力资源市场需求大于供给缺口最大的十种职业”。新增的篇中案例有第二章“高瓴张磊点评王兴、张一鸣：长期主义创造《价值》”、第三章“相同岗位的说明书，为何在猎头眼中不一样”，新增的篇尾案例是第六章“高校实验技术队伍定岗定编的逻辑与路径”。

边文霞

2023 年 12 月 26 日

第二版前言

笔者教龄已达25年,如果说最初10年的精力主要投入数学、数量经济学的讲授与学习中,那么后15年,笔者主要投身于人力资源管理的教与学中。岗位分析类课程是笔者教学经历最长的一门课,岗位分析与岗位评价是人力资源管理课程最为重要的内容。笔者真诚地希望人力专业学生通过学习本教材,达到熟练掌握专业术语内核,能在实践中运用专业的眼光、专业的岗位分析技术,提升管理效益,真正发挥人力资源部为企业战略落地保驾护航的功能。如果每一位人力从业人员都能做到这一点,也就不存在“拆分”“炸掉”人力资源部的事了。

第二版相较第一版,做了如下修改:

第一,删除并替换了一些篇首引导案例。比如,第一章的篇首引导案例,就是将第一版中的“一则新闻带来的‘岗位’震荡”替换为第二版的“智能时代还需要‘工作分析’吗”;第二章的篇首引导案例,就是将第一版中的“旭日东升公司该如何摆脱发展困境”替换为第二版的“华为拆分人力资源部——用机制管理代替人管理”;第三章的篇首引导案例,就是将第一版中的“一份岗位说明书引发出走事件的深度思考”替换为第二版的“没有岗位说明书会怎么样”;第五章的篇首引导案例,就是将第一版中的“提升小李工作绩效的工作日志法”替换为第二版的“工作日志法的作用就是为了证明新人的能力不足吗”;第七章的篇首引导案例,就是将第一版中的“我们为什么拿这么多薪酬”替换为第二版的“新老员工工资矛盾问题怎样解决”。

第二,补充了最新发展的内容。比如,在岗位说明书的编制中,补充了岗位说明书五表法,特别增加了岗位说明书编写与修订履历表,从而可以清晰地看出岗位工作内容动态发展变化及岗位说明书编写者与决策者。再比如,增加了分层分类说明书的内容。第六章新增加定岗定编的实践案例“通信运营商定岗定编方法及应用研究”。

第三,为了平衡教材内容,用阿里巴巴价值观替换华为价值观;将原表7-15与表7-16合并为一张新表,即新的“报酬子要素等级、定义与配点表”。

总之,秉持与时俱进精神,笔者会持之以恒地融合各家所长,不断完善本教材内容,以满足不同水平的学习者的学习需求。本教材适合人力资源管理专业本科生及研究生使用。对于初学者而言,本教材是带领您进入工作分析领域的入门教材;对于掌握一定人力资源管理理论基础的高年级学生和人力资源管理从业人员而言,本教材是提升您工作分析思维高度,深化您人力专业精深程度的文献。

边文霞
2020 年 6 月 1 日

前 言

目前在各高校人力资源管理课程所使用的同类型教材中,有些教材过于偏重繁复的理论描述,特别是与其他课程内容存在大量重复交叉现象,以至于学生读起来味同嚼蜡;有些教材则过于偏重流程性描述,但对于未能按照此类流程去做岗位分析会出现何种后果,却未能做进一步说明。在学习本课程前学生已经学习过《人力资源管理概论》,对岗位分析与岗位评价理论已经有了一定认识,因此,学生更加渴望了解岗位分析与岗位评价更加专业和更加规范化的术语使用以及更为实用的技术方法,特别期望教师能够带着他们做一些实际工作,以便亲身感悟岗位分析在整个人力资源管理中的作用,本教材恰恰可以有效满足学生的这些需求。

本教材是在笔者多年教学实践基础上,结合近五年的教案改写的创新型教材。本教材主要由五部分构成:

第一部分是岗位分析标准化用语的传承与思考及岗位分析概述,由第一章与第二章构成。这部分的内容主要包含两个方面:一方面,在介绍人力资源管理概论相关知识理念的基础上,进行更为专业化的岗位分析术语辨析,特别是通过各种类型的示例、图表及引导案例来多角度启发学生对岗位分析八大主体内容的深度思考;另一方面,用逻辑推理方式讲清岗位分析的历史沿革问题,以及岗位分析的目的、作用、实施主体与角色构成。

第二部分是岗位分析流程及岗位说明书的编制,由第三章与第四章构成。在此部分介绍岗位分析实施时的前期问题诊断工具——员工工作满意度测评,另外,通过章首的引导案例及篇中案例介绍岗位分析实施流程,并着重介绍岗位分析结果——岗位说明书模板与撰写技术,特别通过实际小案例提示岗位说明书中各种编制误区及其预防措施。

第三部分是岗位分析方法与工具,由第五章与第六章构成。这部分首先通过人力资源经理职责之一——监控员工满意度,引出岗位分析问题诊断,然后通过篇中案例引出传统型岗位分析方法与工具、通用型岗位分析方法与工具、现代型岗位分析方法与工具。

第四部分是岗位评价内涵与方法,由第七章与第八章构成。这部分首先说明岗位分析与岗位评价的联系与区别,然后引出岗位评价功能,最后介绍岗位评价四种方法并随每种方法附有案例加以强化说明,重点介绍四大经典评价体系,即海氏、美世、日内瓦范本与翰威特岗位评价体系。

第五部分是岗位分析与岗位评价综合案例与沙盘游戏,即第九章。这部分在一个大型的岗位分析与岗位评价实例介绍基础上,介绍笔者新教学法的研究成果——人力资源管理沙盘游戏在岗位分析中的应用。教师通过八个单元的游戏引导,使学生参与带有趣味性、对抗性的游戏过程,让学生在付出最小经济成本条件下体验到真实的岗位分析与岗位评价过程,并形成自我实际操作经验。

感谢笔者曾教授过的每一位学生的智慧贡献,正是与他们的良好互动才形成本教材的趣味性与科学性并重的风格;感谢笔者曾经的数学专业背景,正是数学修养给予笔者的严密逻辑思维体系,才能够让笔者对岗位分析的专业术语、相关基本概念以及实际操作过程中一些习以为常的现象进行剖表入里的思考,一改过去有关管理类书籍的“模糊”之风。

本书是一部既适合高等院校人力资源管理专业本科生学习,又能帮助任课教师高效率开展课程教学的指导性教材。另外,本书也可作为研究生及人力资源管理从业人员进行理论研究与实际工作的参考工具书。

继本教材之后,首都经济贸易大学出版社会陆续出版四部教材,它们分别是《招聘管理与人才选拔:实务、案例、游戏》《培训开发与人才培育:实务、案例、游戏》《绩效管理与人才使用:实务、案例、游戏》《薪酬管理与人才保留:实务、案例、游戏》,敬请期待。

最后,鉴于本人水平有限,缺漏在所难免,恳请广大读者批评指正,不吝赐教,请将您的意见发到 bianwenxia@ cueb.edu.cn 中。

边文霞

2011 年 7 月 18 日

目　录

第一章　导论:岗位分析　管理基石

引导案例:智能时代还需要“工作分析”吗

随着智能化时代的到来,各类智能科技充斥着我们的生活。智能科技和医疗领域结合在一起,对我们的生活有很大的帮助。在当今的大城市中,很多比较高档的小区内已经有了“24 小时问诊室”,当然这种问诊室内的医生并不是传统意义上的医生,而是人工智能的“大夫”,千万不要小看这个“大夫”,他有 3 亿条问诊及咨询数据强化实习经历,可以准确地分辨出 2 000 种常见疾病。

智能科技的发展,对于偏远地区的医疗帮助也非常大,让偏远地区的人们在家就能接受一些专家的会诊,甚至通过一部手机就可以完成从挂诊到出院的所有手续;而大城市的人们,也无须花费大量的时间去医院就诊,在家就能轻松地把病看好,同样便捷了很多。

同理,无人驾驶是智能科技在交通领域中的应用,当越来越多的领域被智能科技渗透,机器排挤人的现象就产生了。那么,这些被机器人所取代的工作岗位的分析就过时了。

而早在 2006 年初,《人力资源》杂志第二期的刊首语就提出“工作分析过时论”。“工作分析过时论”支持者认为,随着组织结构的扁平化、网络化和柔性化以及组织信息的进一步共享,知识员工所占比例越来越大,每一个岗位的工作职责很难界定得十分清楚,而且也经常发生变化,很难预料;人力资源管理应该越来越“模糊化、柔性化、团队化”,但工作分析限制了工作边界,在某种程度上已经由人力资源管理的“基石”变成了“绊脚石”。

“工作分析过时论”的反对者认为,工作分析,关键并不在于界定一种工作职责或编写一份职位说明书,更重要的是在灌输一种理念,一种做事情的规范。因此,在一些高速发展、工作弹性大的组织中,简单地就工作而分析工作的方法也许已经没有运用的价值了,但这正是对工作分析的改进与创新提出了要求。例如,编写弹性工作说明书,只规定工作任务的性质和对任职者能力、技术、知识、经验等方面的通用要求,在团队协调中动态地进行调整;充分利用胜任特征模型构建过程中对组织战略等组织特定要求的关注,将传统的工作分析转变为战略性工作分析以及未来导向的工作分析等。

除此之外,工作分析“没有用”与“没有用好”是两个完全不同的概念。工作分析在国外有100多年的发展历史,从20世纪90年代正式引入工作分析这一基础性工具开始,我国企业运用的时间不过二三十年。由于大多数企业尚未建立起规范的制度体系与做事方法,工作分析的使用程度很低,从而出现了包括职责不清、相互推诿、多重汇报、多头指挥在内的一系列问题。这只能说明工作分析在我国"没有用好",即没有发挥其应有的作用,而不能由此断定,工作分析就"没有用"了,工作分析没有过时,其价值依然存在。这也就更加要求我国企业树立规范化意识,将工作分析落到实处,同时保证在方法技术上不断完善以适应变化的要求。

智能时代,企业面临的内外部环境发生变化,大量可标准化运作的岗位被机器人所取代,但同时又产生了新的工作需求,比如操纵机器人更好地从事生产研发的岗位,而这些岗位对任职者有更高的素质要求,所以说工作分析并未过时,我们需要随着岗位需求情况的变化及时更新。怎样应用变化呢?

首先,工作分析应紧跟企业战略的变化,着眼于未来发展,打出提前量;

其次,缩短工作分析周期,将年度工作分析和适时工作分析相结合;

最后,在更大范围内对工作进行分析,只确定人员的通用素质和基本工作职责。

总之,工作分析是理解工作本身的最佳方法,只要存在着工作,工作分析就不会过时。

企业为什么需要进行岗位分析呢?那是因为,如果不做岗位分析的话,

我们不知道每个人的工作量是多少。

我们不知道到底需要多少工作人员。

我们不知道如何有效地考核员工的工作。

我们不知道如何有效地发挥每个人的作用。

我们不知道员工的职业生涯如何开发。

我们不知道该给员工发放多少薪酬。

我们不知道员工到底需要什么。

归根结底,人事问题的核心是岗位。对于企业要设什么岗位、岗位要多少人,以及岗位的工作标准、岗位的劳动价值、岗位的条件与任职、岗位的工作表现、岗位的报酬给付等问题的回答均需要"岗位分析"。

由篇首引导案例可知,只有岗位内容本身是确定且可重复的,那么岗位分析才有价值;换言之,岗位分析后的制度性文件——岗位说明书,就是将职位中稳定的、确定性的内容加以规范化、标准化的书面描述文件。

那么,本章着重解决两大问题:一是"岗位"的界定;二是"岗位分析"的历史沿革。

一、什么是岗位分析

对于岗位分析的内涵,国内外不同的学者提出了不同的概念界定,以下介绍一些比较有代表性的观点。

(一)岗位分析的内涵

美国劳动部(USA Department of Labor Employment Service)这样定义岗位分析,即"通过观察和研究,确定关于某种特定职务的性质的确切情报和(向上级)报告的一种程序"。换句话说,岗位分析就是把任职者担任的每个职务的内容加以分析,清楚地确定该职务的固有性质和组织内职务之间的相互关系和特点,并确定操作人员在履行职务时应具备的技术、知识、能力与责任,亦即对某一职位工作的内容及有关因素做全面的、系统的、有组织的描写或记载。

亚瑟·小舍曼等认为,岗位分析是遵循一系列事先确定好的步骤进行一系列的工作调查来收集工作岗位的信息,以确定该岗位的职责、任务或活动的过程;罗伯特·马希斯认为,岗位分析是一种系统地收集、分析和岗位有关的各种信息的方法;韦恩·蒙迪等认为,岗位分析是确定完成各项工作所需的职责权限、知识、技能和经验的系统过程;加里·德斯勒认为,岗位分析是组织确定某一项工作的任务、性质以及什么样的人员可以胜任这一工作,并提供与工作本身要求有关的信息的一道程序;雷蒙德·诺伊等认为,岗位分析本身是指获取与工作有关的详细信息的工程。

彭剑峰等认为,岗位分析是人力资源管理的一项核心基础职能,它是一种应用系统方法收集、分析、确定组织中职位的定位、目标、工作内容、职责权限、工作关系、业绩标准、人员要求等基本因素的过程;啸鸣政等认为,岗位分析是人力资源管理者在短时间内,用以了解有关工作信息与情况的一种科学手段,具体来说,工作分析是一种活动或过程,它是分析者采用科学的手段与技术,直接收集、比较、综合有关工作的信息,为组织特定的发展战略、组织规划,为人力资源管理以及其他管理行为服务的一种管理活动;赵曙明等认为,岗位分析是指对有关工作内容、人员要求和工作中的信息进行收集与系统分析的过程。

(二)岗位分析概念之细解

1.岗位分析的特点

(1)岗位分析是对各岗位工作的认识和分类的过程,是研究和界定一个岗位基本特征的活动,包括对事和对人的描述。

(2)岗位分析是指完整地确认工作整体,以便为管理活动提供各种有关工作方面的信息所进行的一系列的工作信息收集、分析和综合的过程。具体而言,就是综合应用各种科学方法,收集与工作和人相关的信息,进行分析整理,包括工作名称分析、工作内容分析、工作环境分析和工作条件分析,最后形成各种工作信息数据。其本质是信息数据的处理过程。

(3)岗位分析是全面了解组织内各个岗位的工作特点的一项重要的常规性技术,其主要成果是工作描述和工作规范。通过它,可以全面了解组织中各个岗位的名称、任务、职责、权限、关系、劳动强度、劳动条件和环境、劳动资料与劳动对象等岗位规格说明以及员工规格要求(员工知识水平、工作经历、职业道德水平、能力、基本素质)等内容。

2.岗位分析的内涵

(1)岗位分析是从岗位出发的,含按岗找人的意思。

(2)岗位分析要得到的基本信息是:什么样的人能适合这个岗位,这个岗位对人有什么样的任职要求。

(3)岗位分析还要找出更好地完成这项工作的外部条件、协调关系和判断标准。

(4)岗位分析需要完成三大核心分析:一是对岗位、部门和组织结构的分析。这包括对组织架构、部门名称、部门职能、岗位名称、岗位内容、工作量、相互关系等的分析。二是对工作内容和岗位需求的分析。这是指对工作过程和辅助过程的分析,包括对工作步骤和流程、工作规则和工作参数、工作环境、工作设备用品及其他辅助手段等的分析。三是对工作主体员工的分析。这包括对年龄、性别、经验、知识结构、技能、兴趣爱好、职业倾向等的分析。企业应根据员工的实际情况合理规划其职业生涯,安排最适合其特点的工作岗位,实现人尽其才。

二、岗位分析的术语基础

任何一门学科在其长期发展过程中均有约定俗成的专有术语,岗位分析也不例外。另外,开展岗位分析,应该了解企业的组织结构,并对组织结构中各项工作的特征、性质、流程和要素等均有清晰的认识,同时也需要对工作中常用的基本术语有一个规范的使用说明。

(一)工作要素与任务

1.工作要素

工作要素(job elements)是工作中不能再继续分解的最小动作单位,用于描述单个动作,一般只在制造业中为了制定操作过程中的动作标准而由工艺人员分析工人的动作并规范其操作时才会用到。

工作要素并不直接体现于岗位说明书之中。

2.任务

任务（task）是指为了达成某种目的而进行的一系列活动（可以由一个或多个工作要素构成），也即完成职责时通常要经过一系列必要步骤（每个步骤都有明显的开始与结束），这些步骤就是任务。

任务是岗位分析的基本单位，并且它常常是对岗位职责的进一步分解。

（二）职责与职权

1.职责

职责（responsibility）是指个体所从事工作的主要组成部分，一般由一些相关的任务构成。例如，人力资源部经理的职责之一是监控员工满意度，这一职责由下列四项任务组成：①设计调查问卷；②进行问卷调查；③调查数据处理；④向管理层或员工汇报调查结果。

2.职权

职权（authority）是指完成本岗位的工作任务所必需的手段和途径，是由组织内部的规章制度赋予的，是对本岗位活动中所涉及的人财物，一定限度内可自主行使和运用的某种权力。切忌两种情况：一是“责大权小”，这将导致任务很难完成；二是“责小权大”，这将导致权力滥用。

（三）岗位与工作

1.岗位

岗位（position）原意是指军警守卫的地方、位置，现引申为工作职责和任务的位置，又称职位。职位一词多见于机关、团体、事业单位中，而企业更广泛地使用岗位一词。

岗位是指达到一个员工满负荷工作量的一项或若干项职责的集合。这个含义主要表现为两个特征：一是岗位的饱和性；二是该岗位上的工作内容可能是一项，也可能是几个不同工作内容的集合。

表1-1是岗位工作饱和度统计表。

表1-1　岗位工作饱和度统计表

部门：			组别：			姓名：	
工作类别	序号	工作事项	每次用时	每日次数	工作天数	小计	备注
每日工作	1						
	2						
	3						
	4						
	5						

续表

部门：			组别：			姓名：	
工作类别	序号	工作事项	每次用时	每周次数	工作周数	小计	备注
周工作	1						
	2						
	3						
工作类别	序号	工作事项	每次用时			小计	备注
月工作	1						
	2						
季工作	1						
	2						
年工作	1						
	2						
					工时合计		
总工时							
岗位工作饱和度							

核准：________　审核：________　制作________

依据表1-1所收集的数据，不仅可以计算该岗位的工作饱和度，也可以了解该岗位工作结构和工作强度。具体计算公式如下：

$$工作量饱和度=工作饱满度=\frac{岗位有效工作时间}{平均正常工作时间}$$

表1-2是某公司的工作量饱和度分岗位类别的判定区间表。

表1-2　某公司的工作量饱和度分岗位类别的判定区间表

岗位类别	判定区间			
	不太饱和	基本饱和	饱和	很饱和
管理类	—	72%~85%	85%~92%	92%以上
职能类	75%以下	75%~85%	85%~90%	90%以上
技术类	70%以下	70%~81%	81%~90%	90%以上

$$岗位工作结构=\frac{日常性工作量}{总工作量}>60\%$$

日常性工作指每天重复做的工作,阶段性工作指每周/月/季/年做的工作,临时性工作指上级单位/领导或相关部门临时安排或突发性的工作。

如果日常性工作低于50%,说明岗位工作量不稳定,会出现时而饱满,时而不饱满的情况。

$$\text{岗位工作强度}=\frac{\text{10 小时以上工作日}}{\text{年有效工作日}}>30\%$$

持续每天工作时间在10小时以上,且这样的工作日占全年有效时间的30%以上,应认为工作强度分布不均。

表1-3是某公司的规划计划处岗位设置判定表,依据岗位目标是否符合部门职能,岗位设置依据是否充分,该岗位是否为核心关键岗,以及岗位的工作饱满度、工作结构、工作强度来具体确定该岗位是否需要调整,由谁调整,怎么调整等具体建议措施。

表1-3 规划计划处岗位设置判定表

岗位名称	岗位目标与部门职能	岗位设置依据	是否关键岗位	岗位工作结构	岗位工作强度分布	岗位工作量	岗位调整建议
规划投资岗	匹配	充分	是	不合理	不均匀:年底、逢编制五年发展规划时工作量大	不饱满	保留,由副处长兼任
综合计划岗	匹配	充分	是	合理	基本均匀:下半月工作量比上半月工作量大	饱满	保留
综合统计岗	匹配	充分	是	合理	基本均匀	饱满	保留
综合分析岗	匹配	充分	是	合理	年底和下半月忙	不饱满	保留,增加职责并深入开展
综合管理岗	匹配	充分	否	合理	基本均匀	不饱满	保留,由部门其他岗位人员兼任
开票中心管理岗	不匹配	充分	否	合理	基本均匀	不饱满	保留,兼任部门其他职责

续表

岗位名称	岗位目标与部门职能	岗位设置依据	是否关键岗位	岗位工作结构	岗位工作强度分布	岗位工作量	岗位调整建议
开票中心开票岗	不匹配	充分	否	合理	基本均匀	不饱满	保留,减少编制

岗位和任职人员是一一对应的,因此,岗位数量又称为编制。

当一个员工流动时,他带走的是他的管理风格、解决问题的能力和绩效表现水平,但他留下来的是他所处岗位的“功能”、工作的范围和应负的职责。换言之,只要组织使命和宗旨不变,岗位的构成就不会发生变化,任职者的个人素质只是影响到其在岗位中的做事风格、方法与表现。也就是说,岗位因“事”而设,不因人而变;不随人走,没有适合的人员,可出现“岗位空缺”。同时,岗位也是组织的基本构成单位(见图1-1)。

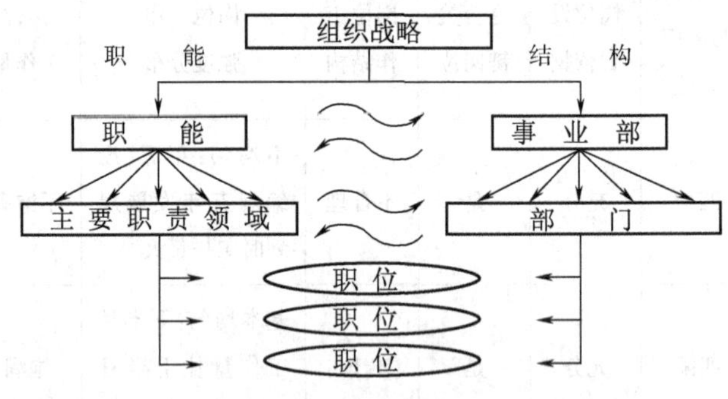

图1-1　职位是组织的基本构成单位

2.工作

工作(job)也称职务,是指员工所从事工作的类别,是由实现企业职能的一个个具体活动所构成的相对独立体。它是一组主要职责相似或相同的岗位统称,是同类岗位的总称。职务与组织没有直接关系,一个职务可为多个部门所有,一个部门也可有多个职务,因此,职务与任职者并非一一对应。

(1)在组织中,通常把所需知识技能及所需工具类似的一组任务和责任视为同类工作,从而形成同一工作、多个岗位的情况。

(2)一项工作可能设置一个岗位由一个人来完成,也可以设置多个岗位由多个人来完成,视其工作量大小而异。

【案例 1-1】岗位分析基本概念之乱象——“一人多岗”

某机械制造厂在确定岗位清单时出现了这样一些岗位,党委书记和质量副厂长分别设岗,但两者由一人担任;还有某工会副主席同时兼任机关支部书记、党办主任等职务,且都分别设岗,而且长期以来一直是这种局面。

我国高校从 2006 年开始进行的人事制度改革中,有一种常见的现象——“双肩挑”,即教师系列与管理系列的岗位均由一人承担的现象,如教授二级岗+某学院的院长,教授四级岗+某学院党委书记。

此种“一人多岗”现象,使执行“按岗定薪”出现了困难:这些所谓兼职人员该如何执行薪资标准?若多个岗位的薪资一起拿显然过多,若就高不就低又忽略了其他岗位的劳动;若按兼任岗位的多少平均分配,则会由于岗位间薪资标准并不相当而有可能使其薪资比只拿其中一个岗位薪资的人还要低。对此,许多企业都不知如何处理。

在企业岗位分析实践中,总会有人坚持认为自己身兼数岗,而且长期如此,但从岗位的饱和性上可以看出,一个人从事一个岗位就已经饱和了,怎么能长期任职于一个以上的岗位呢?究其原因,一是有可能把岗位中的某项职责当作了单个岗位;二是将若干个不同工作内容当作不同的岗位;三是身兼数岗的人员主要只履行一个岗位的职责,至于其他兼岗,则只履行这些岗位中最重要的职责,而将其他职责下放给其下级或转移给秘书。

(四)职业与职业生涯

1.职业

职业(occupation)是指在跨行业、跨部门基础上的综合层次的工作,它不局限于一个组织内部,即在不同组织、不同时间,从事相似工作活动的一系列工作的总称。

2.工作族

工作族(group of jobs)又称工作类型,由两个或两个以上的工作任务相似或任职资格特征相似的一组工作组成。

3.职业生涯

职业生涯又称职业发展,是指一个人一生中所占据的一连串不同职位所构成的一个连续的终身过程。换言之,职业生涯是指一个人循一定的道路去实现其所选定的职业目标的过程。

可用“五步归零”的思考模式得到自己未来3~5年内职业目标，具体步骤如下：

先取出五张白纸、一支铅笔、一块橡皮。然后在每张纸的最上边分别写上五个问题：“我是谁?”“我想做什么?”“我会(能)做什么?”“环境支持或允许我(可以)做什么?”“我的职业与生活规划是什么?”最后，静下心来，排除干扰，按照顺序，独立地仔细思考每一个问题。

对于第一个问题“我是谁?”，回答的要点是：面对自己，真实地写出每一个想到的答案，写完了再想想有没有遗漏，如果认为确实没有了，就按重要性由高到低进行排序。

对于第二个问题“我想干什么?”，可将思绪回溯到孩童时代，从人生初次萌生第一个想干什么的念头开始，回忆自己随年龄的增长真心向往过想干的事，并一一地记录下来，写完后再想想有无遗漏，如果认为确实没有了，就进行重要性排序。

对于第三个问题“我能干什么?”，则把确实证明的能力和自认为还可以开发出来的潜能都一一列出来，如果认为没有遗漏了，就进行重要性排序。

对于第四个问题“环境支持或允许我干什么?”的回答，要稍做分析。我们这里所说的环境，自小向大，如本单位、本市、本省、本国和其他国家的环境，只要认为自己有可能借助的环境，都应在考虑范畴之内；在这些环境中，认真想想自己可能获得什么支持和允许，将它们一一写下来，再将这些环境按重要性由高到低进行排列。

把前四张纸和第五张纸一字排开，认真比较第一至第四张纸上的答案，将内容相同或相近的答案用一条横线连起来，将会得到几条连线，而不与其他连线相交的又处于最上面的线，就是你最应该做的事情，也即得到你的职业生涯发展方向。

4.职业锚

职业锚是指当一个人不得不作出选择时，无论如何都不会放弃的职业中至关重要的东西，即指人的职业追求，如对安全稳定性、专业技术性、管理性、自主性、创新性等的追求。这里的“锚”不仅指船只在大海中航行的方向，还指当远行的船只归航时，“锚”的定位将决定船只漂移的半径。

(五)职位分类体系

1.职系

职系(series)是指职责繁简难易、轻重大小及所需条件并不相同，但工作性质相似的所有职位的集合。一个职系就是一种专门的职业，如教师、会计、律师、编辑。

2.职组

职组(group)是指由工作性质相近的若干职系综合而成的集合,如医疗卫生职组包含医生职系、护理职系、药剂职系。

3.职级

在同一职系中,将工作内容、难易程度、责任大小、所需资格皆很相似的职位划分同一职级(class),实行同样的管理与薪酬制度。

4.职等

职等(grade)是指不同职系之间,职责的繁简难易、轻重大小及任职条件要求充分相似的所有职位的集合。同一职等的所有职位,不管它们属于哪个职级,其薪金相同。

职级的划分在于进行同一性质工作程度差异的区分,而职等的划分则在于寻求不同性质工作之间程度差异的比较或比较的共同点。

5.职位分类

职位分类是指将所有的工作岗位置于同一个坐标系上,对每一个岗位给予准确的定义和描述:横轴,按业务性质划分的职系(职组);纵轴,按责任大小、工作难易、所需知识技能水平划分的职等(职级)。职位分类体系如图 1-2 所示。

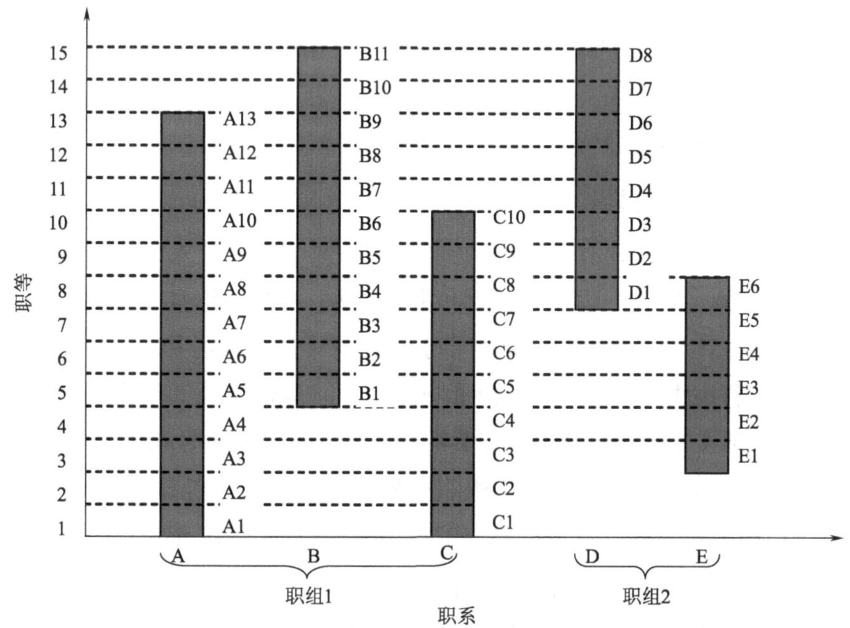

图 1-2　职位分类体系

(六)工作描述与工作规范

1.工作描述

工作描述(job description)是指组织根据自身发展需要所确定的重要工作,与可能拥有的人力资源相匹配而产生的,针对人在组织中的责、权、利、资格、环境等方面的阐述。因此,工作描述不是对人的描述,也不是对业绩的评估,而是明确每项工作对组织目标的贡献,明确每项工作的角色,提供每项工作所承担的职责的精确列表,以达到尽可能减少"期望的角色""理解的角色"与"被接受的角色"之间的差异的目的。工作描述的目的如图 1-3 所示。

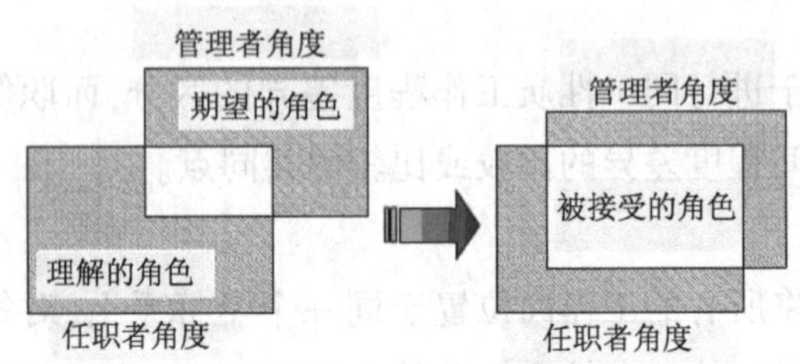

图 1-3　工作描述目的

2.工作规范

工作规范(job specification)是指全面反映对工作承担者在个性特征、技能及工作背景等方面要求的书面文件,是一个人为完成特定的工作所必须具备的知识、技能、能力以及其他特征的目录清单。

(七)组织与组织结构

组织是现实世界中普遍存在的社会实体,是由两个以上的人为达到共同目的而组合起来的群体。管理心理学家孟尼和雷列认为:一个群体,如果想要有效地达到某些特定目标,就必须在协调合作的原则下,使每个员工各司其职。

组织结构是指构成组织各要素的排列组合方式,也即组织各管理层次、部门及岗位之间所建立的一种人与事、人与人的相互关系,而表明这种关系的图叫组织结构图。

组织结构图显示出了当前岗位与组织中的其他岗位是一种什么样的关系,以及它在整个组织中的地位。它不仅确定了每一个岗位的名称,而且用相互联结的直线明确表明了向谁汇报,以及同谁进行合作。

组织"三位一体"是指结构、制度、文化的"三位一体"。其中,组织结构为组织的硬件,包括职能、层次、部门、职权结构;组织制度和文化为组织软件,保证了组织结构,进而保证了整个组织体的活力和效率、公平和凝聚力。制度与文化的目的是打造规范化的管理：制度为法规的规范，具有强制性，主要靠强制、惩罚；文化为道德的规范，具有自律性，主要靠教育和舆论褒贬。

（八）流程与流程再造

1.流程

流程的字面之义是流水的全过程，人们借用这个概念，结合工业流水线操作，提出了业务流程、管理流程、工艺流程等新概念。因此，我们这里所指的流程就是过程，是做事情的程序，也是指完成某项职能的一系列相互衔接的步骤。这些相互衔接的步骤与岗位相交叉，形成岗位的各项工作职责与任务。

工作流程是否顺畅取决于流程中的每一个岗位是否完成本岗位的职责，而说明现有的工作流程和当前岗位在流程中位置的图形叫工作流程图。流程的六要素见图 1-4。

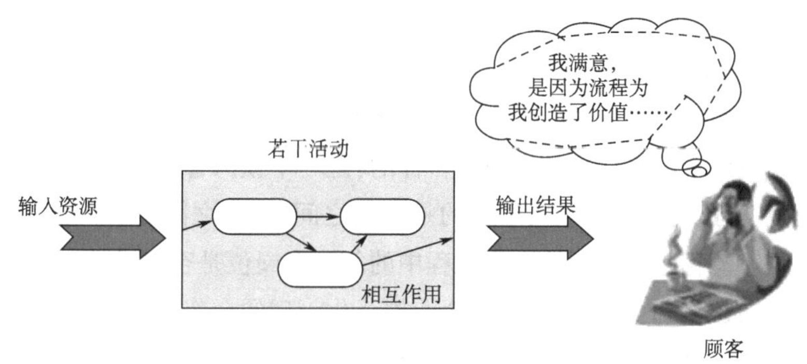

图 1-4　流程的六要素图

2.流程再造

流程再造是指对企业的业务流程进行根本性的再思考和彻底性的再设计，从而使企业在成本、质量、服务和速度等方面获得进一步的改善（见示例 1，示例 2）。

示例 1：福特公司流程再造

福特公司有很多配件是由一些小公司制造的，所以公司就设立了一个拥有 500 名员工的货款支付处。后来福特公司发现，日本马自达汽车制造公司的一个分公司也有这样一个货款支付处，但只有 5 名工作人员，福特公司非常奇怪，派人去考察。经过调研，发现原因在于马自达的信息管理自动化程度很高。于是福特公司强化了自动化管理，把员工人数从 500 人缩减到 125 人，节省了一大笔资金。

示例 2:手术室流程再造

由于某医院已安排手术的病人常常因没有空余的手术室而无法完成应当完成的手术,病人意见非常大。在没有多余资金建造手术室的前提下,如何提高当前手术室的使用效率?

院方决定聘请流程再造专家解决这一棘手问题。流程再造专家通过调查发现:该医院做一台手术需要 4 个小时,其中 1 个小时用于病人的麻醉,相当于在手术室白白浪费了 1 个小时的时间。由于手术室有很多非常昂贵的设备,1 个小时的折旧费可能就是几百美元;而且麻醉期间并不需要无菌环境,完全可以在手术室旁边设一个麻醉室。

这一流程的改进,使得手术室占用的时间从过去的 4 个小时缩短为现在的 3 个小时。原来每天做四台手术用 16 个小时,现在可以完成五台手术。假如一次手术收费 5 000 元,那么,现在一天就可以多收入 5 000 元。

3.岗位与流程的关系

组织是按照金字塔的结构把组织目标逐级分解到各个具体的岗位上,通过每一个具体岗位职责的完成来实现组织目标的,是一个纵向管理的问题。

流程是一系列活动的组合,解决的是部门之间、岗位之间的协作,是一个横向管理的问题。流程是否顺畅取决于流程中的每一个岗位是否完成本岗位的职责。

流程和岗位就像一张网,支撑起企业规范化管理的全部。理论上讲,这张网越细越密越好,能够做到滴水不漏,管理上就不会出现问题了;但是实际上管理也是需要成本的,网越细越密,成本也会越高,考虑到投入与产出的关系,细、密只能到一定的程度,那中间的缝隙就要靠企业文化以及员工的自觉来弥合。

4.流程与制度的关系

流程是一系列活动的组合,解决的是一组活动的先后顺序问题,是组织中各项基本活动的具体表现。

制度是指信息在组织内部传送的程序、形式,即流程的具体规定,解决是与非的问题,规定什么能做什么不能做。制度详细说明流程中的各种前提和假设,是对流程的补充和完善,是一种更加详细的操作说明。

流程和制度互为补充,互相说明。流程告诉员工应该怎样做,而制度则告诉员工什么该做,什么不该做。

(九)岗位分析与岗位设计

所谓岗位设计,是指组织向其成员分配工作任务和职责的方式。换言之,定岗的过程就是岗位设计的过程。岗位分析与岗位设计的区别是:岗位分析是对现有岗位的客观描述,而岗位设计是对现有岗位的认定、修改或对新岗位的描述。岗位分析与岗位设计的联系是:通过岗位分析可以发现岗位设计中的缺陷、问题,从而对原有的岗位设计进行调整、修改。

组织结构、岗位设计与岗位分析的关系好比一幢楼房,其中,组织结构好比楼房的层级框架,部门就是各个不同的房间,而岗位设计就是在各个房间摆椅子,岗位分析就是判断坐在椅子上的人应做哪些工作,应给他什么回报以及坐在这把椅子上的人应具备哪些条件。

三、岗位分析的历史沿革

(一)社会分工思想的产生

在东西方文明发展史中,提出社会分工思想的时间基本差不多,在我国较为著名的有管子和荀子提出的分工思想,在西方较为著名的是柏拉图提出的职业分工思想。

管仲(约公元前723或公元前716—公元前645)史称“管子”,是春秋时期齐国著名的政治家、军事家,被称为“春秋第一相”,辅佐齐桓公成为春秋时期的第一位霸主。当时,中原各国因社会经济条件不同,大国间争夺霸主的局面出现了,各国的兼并与争霸促成了各个地区的统一。因此,东周时期的社会大动荡为全国性的统一准备了条件。管仲提出四民分业定居论,主张将国人划分为士、农、工、商四大行业,国人应按行业分别聚居在固定的区域。

荀况(约公元前313—公元前238)史称“荀子”,是战国末期赵国猗氏(今山西安泽)人,是著名的思想家、文学家、政治家,为儒家代表人物之一,时人尊称其“荀卿”。荀况将“分工”称为“曲辨”,强调分工的整体功能。他认为:人类强于动物的地方不在于个体的能力,而在于群体的能力和智慧。就个体而言,力不若牛,走不若马。因此,群体的力量产生于合理而科学的分工,只有社会确定了合理而科学的分工,人们才能有序地工作,发挥出群体的共同能力。

柏拉图(公元前427—公元前347)是古希腊哲学家苏格拉底的学生。在其著作《理想国》中,柏拉图详述了社会职业的分工,其内容可以归纳为三点:①人与人的工作才能和工作与工作的具体要求均有差异性;②让每一个人根据自己的才能只做一件事,这样他会做得更多、更出色、更容易;③要让每一个人从事最适合他的工作,以取得最高的工作效率。而这三点恰为今后的岗位分析奠定了思想基础。了解不同的工作及工作对人的要求,让合适的人从事合适的工作,这是整个人力资源管理关注的基本问题。

(二)岗位分析思想基础——社会分工理论

英国古典经济学体系的建立者、现代经济学奠基者——亚当·斯密(1723—1790)在其1776年所撰写的《国富论》中指出,劳动是国民财富的源泉,提高劳动者的素质是国民财富增长的根本,而"生产力的最大增进,以及劳动时所表现出的更大的熟练、技巧和判断力,似乎都是分工的结果"。他认为一个国家财富的多少,取决于它的国民提供的劳动数量,劳动数量又取决于劳动人数和劳动生产率这两个因素,劳动生产率的高低又取决于个人的能力和技术,技术又取决于生产上的分工。

他列举制针业来说明:"如果他们各自独立工作,不专习一种特殊业务,那么他们不论是谁,绝对不能一日制造二十枚针,说不定一天连一枚也制造不出来。他们不但不能制出今日由适当分工合作而制成的数量的二百四十分之一,就连这数量的四千八百分之一,恐怕也制造不出来。"

通过这一系列的分析,他提出分工促进劳动生产力的原因有三个:第一,劳动者的技巧因专业而日进;第二,由一种工作转到另一种工作,通常需损失不少时间,有了分工,就可以免除这种损失;第三,许多简化劳动和缩减劳动的机械发明,只能建立在分工的基础上。

(三)岗位分析的起源与发展

1.岗位分析的起源:以泰勒的"时间动作研究"为代表

1911年,泰勒在《科学管理原理》一书中提出了著名的"时间动作研究"的方法。所谓"时间动作研究",就是将工作分解成若干组成部分,并对每一部分进行计时。通过分析,对各种工作活动的时间及其顺序重新进行规划,从而制定出标准化的工作程序与方法,在从事该工作的所有工人中进行推广,以达到提高生产效率,科学确定劳动定额与工资报酬的目标。

泰勒认为:要对组织进行科学的管理,就必须对组织中的每一份工作进行系统研究,从而科学地选拔、培训工人,达到管理效率的最大化。泰勒的理论对于管理的科学化起到了巨大的推动作用,被认为是现代岗位分析的发端。在泰勒之后,明斯特伯格与吉尔布雷斯夫妇又遵循泰勒的研究轨迹,在传统工业领域的职位分析工作中作出了重要的贡献。

2.岗位分析的发展:公平管理

公平管理包括分配公平(指个体之间实际获得的报酬数量是否与其投入对等)管理与程序公平(指用来进行利益分配的程序、手段和方法是不是公平的)管理。随着人类社会的进步,公平管理越来越受到员工的认同与重视,并对员工满意度、组织承诺与工作绩效产生了巨大的影响。

建立在岗位分析基础之上的招聘、培训、考核、薪酬等一系列的人力资源管理政策与制度能够在观念上带来程序公平的感受,同时又能够在技术上保证分配和工作投入与贡献相关联。因而,公平管理也成为岗位分析得以发展的内在动因。例如,斯科特在 20 世纪 20 年代,通过对军队工作的系统研究,成功地将岗位分析运用于军人的测评与选拔,而后又将其移植到工业部门;巴鲁什对工作中影响报酬的要素进行研究后,提出了工作等级划分的方法,并将其用于 1923 年美国的《工薪划分法案》。

3.岗位分析的兴盛:反歧视运动

岗位分析的兴盛源于 20 世纪后半叶美国反歧视运动的巨大成功。从 1964 年的《民权法案》开始,美国政府陆续通过了一系列法案,针对员工雇佣中存在的歧视行为做了详细规定。具体包括以下几个方面:

(1)禁止在招募广告中出现歧视性的词汇和描述。

(2)禁止在人员甄选中出现对少数族裔可能构成歧视或与工作无关的甄选标准与测试手段。

(3)禁止在报酬、晋升、调动中出现与工作无关的区别性对待。

(4)企业为了避免遭受反歧视诉讼,必须在招聘、考核、薪酬、升迁调动等一系列活动中证明,其所采用的标准、程序、方法与工作具有高度的相关性。而岗位分析恰恰是达成这一要求的必经之路,岗位分析由此而得以普及。

4.岗位分析的成熟:管理的规范化与职业化

发达国家企业人力资源管理发展的轨迹,经历了一个由简到繁,而又由繁入简的过程。而其之所以能够实现管理制度与程序的精简,消除管理中的文牍等官僚现象,实现灵活性与规范化的统一,关键点就在于它们经过一个世纪的发展形成了规范化的管理制度,塑造了一支高度职业化的经理人队伍。

岗位分析通过明确岗位的工作目标、职责权限与任职资格,在构建规范化的管理制度和培养职业经理人队伍中起到了至关重要的作用。尤其是对于员工队伍的职业规范和职业意识的塑造起到了关键的作用。岗位说明书就是"按规则办事的、按规则受益的"起点。例如,在宾汉的大力推动下,美国在国家就业局下设立了岗位分析调查司,该调查司通过对数千个职位的调查与研究形成了《美国职位大词典》,为各行各业职业规范的建立提供了重要的参照标准,成为岗位分析发展史上的重要里程碑。

5.现代岗位分析发展的主流:定量化与个性化

20 世纪 70 年代之后,岗位分析的发展出现了两种不同的趋势:

一种趋势是走结构化、定量化的道路,将现代心理学与统计科学的研究成果大量运用于岗位分析,形成一系列的系统性岗位分析方法,大大提高了岗位分析的效度、信度与精确性,并实现了岗位分析成果向人员选拔、岗位评价等其他人力资源板块的直接过渡。例如,1972 年,心理学家麦克米克等人开发出了包含 195 个具体项目的"职位分析问卷(PAQ)",成为目前应用最为广泛的定量化的职位分析方法。此外,法恩开发了以人员为导向的"职能工作分析系统(FJA)",弗莱根将"关键事件技术(CIT)"运用于职位分析等。

另一种趋势是走个性化的道路,实现岗位分析与企业具体的战略、组织与管理机制的密切结合,为企业中各层各类的岗位提供量身定做的岗位说明书。

美国管理协会(AMA)于 20 世纪 80 年代,对当时的《财富》500 强中的 244 家企业进行了调查,其调查数据参见表 1-4。

表 1-4　岗位分析在实际应用中调查数据描述表

岗位分析信息的用途	回答数目	百分比(%)
明确岗位职责	220	90
为岗位评价与薪酬决策提供数据	192	79
为建立绩效标准提供基础	110	45
为建立目标管理提供基础	80	33
为人员招聘提供支持	68	28
界定工作权限	40	16
组织结构调整	23	9
明确职位对其他部门的价值	12	5
支持职业生涯管理	10	4
识别培训与开发需求	6	2
上岗引导	3	1
其他	3	1

表 1-4 表明,早在 20 世纪七八十年代,岗位分析的结果就被用来为岗位评价与薪酬决策提供数据支持。而在中国,由于岗位评价理念进入中国时间较短,中国人力资源管理水平还有待进一步提高,因此,对于大多数中国企业而言,岗位评价还是一个新理念、新工具。全球最大的人力资源咨询机构美世咨询于 2004 年秋季与部分中国著名人力资源服务机构合作,对来自中国制造业、房地产、高科技/电信、批发/零售业、服务业、金融、保险等行业的 263 家企业(其中,民营企业占

55%,外资及合资企业占 30%,国有企业占 15%)的岗位评价情况进行调查,参加调查的人员为人力资源部经理、薪酬经理。调查结果如下:

(1)使用率。56%的调查对象使用了岗位评价系统,另外未使用岗位评价系统的 44%的企业认为业务变化过快、岗位评价过于烦琐,部分企业着重关注外部竞争性(如市场薪资水平),还有部分企业认为岗位评价系统只能在短期内适用。其他原因包括:系统过于昂贵,人力资源工作不受重视,高层管理者缺乏这方面意识,企业成立时间短,等等。

(2)使用的工具类型。调查显示,54%的企业使用自行开发的岗位评价工具,46%的企业选择国际知名的岗位评价系统(如 Mercer, Hay)。国际通行的岗位评价方法主要分为定性、定量两大类,定性方法包含岗位分类法和岗位排序法,定量方法包含要素计点法和要素比较法。其中,要素计点法由于评价结果客观并较易转化为薪资级别,新的岗位容易放入组织架构中,目前已成为国际上岗位评价的主流手段。

(3)实施模式:

第一,评价目的。调查显示,大部分企业借助岗位评价来进行外部市场岗位评价工作,但在自行开发岗位评价系统的企业中,岗位评价更多地被用于协助组织机构设计和调整岗位。例如:明确分出岗位的级别;作为一个公平的工资等级的基础;宏观了解岗位间的相互关系;作为任职者—岗位匹配程度分析的出发点;作为岗位发展和继任计划的数据库;作为解决岗位头衔问题的参考;作为一个国际职位的价值比较方法。

第二,信息收集。48%的企业是通过岗位说明书来收集岗位信息的,另外的企业通过“简短的职责陈述、角色介绍、问卷调查”等方法来收集岗位信息。统计结果反映,岗位说明书因其系统、规范、明确的优势,仍是目前收集岗位信息时采用的最普遍方法。

第三,人员选择。71%的企业的岗位评价是由人力资源部和职工代表共同进行的;26%的企业的岗位评价是由职工代表委员会来进行的;3%的企业的岗位评价是由人力资源部单独完成的。这表明目前中国大部分企业在进行岗位评价时越来越重视普通员工的参与度,以便使评估结果更加合理、更易被员工接受。但为了保证评估过程的客观性、平衡性以及评估结果的权威性,企业的岗位评价过程需要引入更多的公司高层管理人员,否则将来在推行评价结果的时候会因为缺乏高层的认可和支持而增加推行的风险。

第四,时间成本。52%的企业在岗位评价上每月花费大于一天的时间,仅有 9%的企业在网上使用岗位评价系统,大多数企业目前都无法做到这一点。调查结果表明,目前中国企业在线进行岗位评价的比率还不高,但从国际市场来看,在线评估以其高效准确的优势已经成为主要的评估方式。

第五,调整频率。只有35%的企业在最近5年中对自己的岗位评价系统进行过重大调整。调整主要是为了保持与市场的连接和薪酬的公平性以及方便管理。其他一些原因包括:全球化带来的价值和观念的改变,非正式员工大量增加,等等。

大部分企业(57%)选择在新岗位产生和岗位变化时引入岗位评价系统,表明越来越多的企业注意到了岗位评价对组织机构设计和人员招聘的重要性;半数以上的企业(51%)赋予员工要求重新评估的权利,表明企业更加重视员工对评估结果的认同。

(四)岗位分析在我国发展困境分析

1.我国古代的岗位分析实践(宋:960—1279)

宋末元初的黄道婆是纺织技术的革新家,上海乌泥泾人。她获取黎族人民的棉织技术之后,进行方法分析,并对原有的棉纺织工艺技术进行了系统改革。宋代毕昇发明的活字印刷术,可以说也是他运用观察、体察等岗位分析的基本方法,对原雕版印刷技术进行方法分析并经过实验研制成功的。

元代的王祯对毕昇的胶泥活字印刷技术进行了方法分析,在实验基础上用木活字代替了胶泥活字,并发明了"转轮排字盘"。活字依韵排列,排版时转动轮盘,十分方便,从而大大提高了排版印刷效率。王祯还通过观察,用200个条幅图样和简明的文字,描述了各种农业生产工具和手工业生产工具的构造和方法。这实际上可以看作是一种简单的"岗位说明书",即方法分析说明书。

但这些实践充其量只能算是技术革新过程中运用了通用的岗位分析方法,特别是元代的王祯所做的生产工具制作说明书,并不是真正意义上的岗位说明书。

2.限制岗位分析思想与活动在我国发展的社会根源

由于我国缺乏相应的社会经济基础与实践需要,因此岗位分析思想与活动一直未能在我国得到应有的发展。

(1)岗位分析的社会基础。岗位分析的社会基础是社会分工的高度发展。社会分工的高度发展必将促进商品经济的发展,而后者的发展必将引发资本主义的产生与发展。

(2)岗位分析的经济基础。从一定程度上说,资本主义制度与商品经济模式,既是社会分工发展水平的衡量指标,又是促进社会分工进一步发展的社会基础。

(3)中国缺乏相应的实践需要。我国社会分工水平低下,行业种类缺乏,工业经济落后,大大限制了我国岗位分析思想与活动的发展。

第二章　分析内容:标准用语　准确保证

引导案例:HR 交付了什么及要怎样交付[①]

从很多公司人力资源管理现状来看,作为供给方,HR 到底交付了什么? 大致可以分为以下三种:

第一,一堆的制度、文件。各种制度、规章、方案,各种部门职责、岗位说明书、员工手册等,一摞一摞的,一般都少不了。

第二,KPI 考核目标。比如招进来多少人才,举行了多少场培训、开展过多少次文化活动等量化指标。

第三,提供了一些服务,包括人事政策咨询、手续办理、处理员工纠纷、劳动争议等这些事务性工作。

显然,对于以自我为中心,强调专业和模块的本位 HR 思维会认为,"我有什么,就卖什么"。而那些以客户为中心,关注用户需求的产品经理思维的 HR,则会问自己:"我能提供什么?"

比如极简是乔布斯的产品哲学,主张产品好用,并能给用户良好的体验。1980 年的一天,乔布斯带着一本电话簿走进一场设计会议,并把电话簿扔在桌子上。乔布斯说,"那是麦金塔能够做的最大尺寸,绝对不能更大。如果再大,消费者会受不了。"当时,房间的人都傻了,这本电话簿只是过去出现过的电脑的一半大小,实现它是根本不可能的,那些电脑配件、CPU 等绝对无法放进那么小的箱子里。后来,他又要求把笔记本电脑做到最薄,甚至能放到牛皮纸袋里。

如果按照乔布斯的极简主张,从提供人力资源管理产品的角度思考这样的问题:每次考核能否让员工少填一些复杂的表格? HR 能否更快速地响应各个部门的人力资源需求? 更进一步,能否有效承担起企业数字化转型中的战略合作伙伴的职能(参见图 2-1)?

人力资源管理,不是招几个人、算算工资、提供一些表格和模板那样简单。其核心是做出让用户有价值感知的事情。具体措施如下:

第一,让整个产品实现过程有参与感。

心理学的一项调查显示,对于同一种观点,参与讨论过的人和没有参与讨论的

---

① 喻德武. 互联网+人力资源管理新模式[M]. 北京:中国铁道出版社,2017:27-31.

图 2-1　人力资源部战略合作伙伴角色的工作任务

人相比,参与过的人明显更有认同感。没有参与感就没有认同感。而这种参与应该贯穿整个产品设计到实现的全过程。在产品设计之初,设计者就要与用户紧密互动,一方面了解用户的真实需求,另一方面也有利于充分沟通,让用户了解设计的初衷,多一些认同。

比如设计人力资源管理制度,并不是 HR 坐在那里闭门造车,而是需要先进行充分的调研和认证,了解真正需要解决的问题在哪里;然后,确立好基本思路和框架,再征求制度相关方,包括领导和员工的意见,之后一步一步设计和制定出管理制度。

第二,让个性化需求和标准化模块有效对接。

可以按照不同的用户群,设计出众多的标准化知识模块,形成一个较大的数据库,就像一个个零件,都是标准化的,但是可以组合成千变万化的产品。这些模块可以划分为人事服务模块、政策咨询模块、专家顾问模块,然后再进行细分。最后针对不同的用户需求,组合成不同的产品,做到量身定制、随要随取。

当这些知识模块建立以后,可以对 HR 人员进行相应分工。但是,不再按照传统模式进行岗位划分:我做培训、你做考核、他做招聘……以至于彼此难以协作,更重要的是,员工有问题了,不知道该找哪一位,这样的感知能好到哪里去?所以,针对不同的用户群,要和不同的 HR 人员对接,设置 HRBP 岗就是一个很好的实践模式。

第三,交付的产品和服务要精准。

人力资源工作很多时候容易混淆客户和用户的需求,比如关于招聘需求,谁是用人方?表面上是公司,实际上,是用人部门的领导,只不过用人部门领导得到了

公司的委托授权,对人员进行招聘把关,一旦企业缺乏用人标准,用人部门领导又习惯按照自己的偏好招人,就会给公司带来很多隐患。所以,这时候就需要HR来权衡。

人力资源管理需求往往是个性化的,这就需要面对不同对象、不同需求做定制化的产品,这样才能定位精准。

第四,一个好的产品经理,还需时刻关注组织形态的变化,对相应的人力资源产品不断进行升级和迭代,以适应不同时期组织的要求。

通过第一章的学习,我们知道岗位分析主要解决两件事情:第一,明确企业中每个岗位都在做些什么工作;第二,明确这些岗位对员工有什么具体的从业要求,即确定员工录用与上岗的最低条件。为达到分析目的,还需要针对每一岗位,清楚地回答六大问题,简记为5W1H,也即:①此项工作做什么(What)?②为何要完成此工作(Why)?③工作何时做(When)?④工作在哪里做(Where)?⑤怎样操作(How)?⑥需要哪些物质与人力条件(Which)?而这恰好构成了岗位分析的八大内容。

一、岗位分析的八大内容

(一)岗位识别

岗位识别又称岗位标志、工作认定,主要包括岗位名称与工作身份两部分内容。

1.岗位名称

岗位名称是区分某一岗位与其他岗位的首要表现,在某种程度上是一种身份的象征,如软件开发部经理、软件开发高级工程师、软件开发助理工程师等。

岗位名称的重要性首先反映在它的心理作用上,即暗示岗位任职者的工作地位;其次,应指明任职者在组织等级制度下的相关等级;最后,要反映该职位的主要职责。

2.工作身份

工作身份一般在岗位名称之后,它包括所属的工作部门、直接上级、工作等级、所辖人数、定员人数等。

(二)岗位编号

1.内涵

岗位编号又称岗位计算机代码,是岗位的身份证。

在大型企业中,岗位名称已经不能够作为区分岗位的唯一标志,为了便于区别,需要有类似身份证的代码,可以通过代码将此岗直接定位。如“统计员”,在人力资源部、财务部、销售部的统计员,尽管名称一致,但所需要统计的内容、统计的技术方法、统计人员的水平显然有明显的区别,应该说是三个明显不同的岗位,因此需要一个跟所属部门挂钩的名称。如同我们常用的居民身份证一样,需要由所属的省、区、市以及出生年月日等代码组合而成,即将组织内的所有岗位从大分类到中分类再到小分类、细分类逐一通过代码加以确定,可以使组织内所有岗位通过岗位编号达到唯一指定。

2.示例

表 2-1 与表 2-2 是北京市人力资源和社会保障局公布的北京市 2023 年第三季度公共就业服务机构供求状况的职业编码示例。

表 2-1　2023 年第三季度北京市人力资源市场需求大于供给缺口最大的十种职业

职业代码	职业名称	需求人数	求职人数	缺口数	求人倍率
401020000	销售人员	19 831	7 988	11 843	2. 48
402020000	道路运输服务人员	16 208	4 908	11 300	3. 3
403020000	餐饮服务人员	9 662	897	8 765	10. 77
402070000	邮政和快递服务人员	7 958	605	7 353	13. 15
409080000	环境卫生服务人员	13 257	7 421	5 836	1. 79
403010000	住宿服务人员	6 088	1 604	4 484	3. 8
407020000	商务咨询服务人员	3 403	1 299	2 104	2. 62
406020000	房地产中介服务人员	2 158	253	1 905	8. 53
631010000	机械设备修理人员	2 417	531	1 886	4. 55
407060000	市场管理服务人员	1 953	130	1 823	15. 02

2023 年第三季度,北京市公共就业服务机构市场供求状况呈现以下特征:

(1)从供求总体情况看,需求总量 160 038 人,求职总量 89 917 人,求人倍率为 1. 78(招聘需求人数与求职人数的比值)。与上季度相比,劳动力供需两端均呈现下降趋势,求人倍率基本持平,其中需求总量环比下降 24. 79%、求职总量环比下降 26%。与去年同期相比,供需两端一升一降,求人倍率下降 0. 38,其中需求总量同比下降 8. 70%,求职总量同比增长 10. 80%。

（2）从用工需求结构看，第三产业用工需求稳居主体地位，占比 91.12%。从行业看，本季度用工需求主要集中在“居民服务、修理和其他服务业”“租赁和商务服务业”“批发和零售业”“住宿和餐饮业”“科学研究和技术服务业”五个行业，合计占总需求量的 66.10%。与去年同期相比，“金融业”“批发和零售业”“教育”用工需求涨势明显，同比分别增长 109.22%、85.27%、70.14%。

（3）从职业供求对比情况看，本季度，“社会生产服务和生活服务人员”在供需两端均占比最高，需求端占 74.40%、求职端占比 65.60%，缺口数为 60 082 人，占季度缺口总量的 85.68%。从职业看，需求大于供给缺口人数排名前三位的职业为：销售、道路运输服务、餐饮服务。

表 2-2 中数据显示，在供需热门职业月薪中，中间价位集中在 4 500 元，用人需求量较大的企业负责人、生活照料服务人员、道路运输服务人员、销售人员、邮政和快递服务人员薪酬最高价位在 8 000 元及以上。

表 2-2　2023 年第三季度北京市人力资源市场中的热门职业薪酬情况

职业代码	职业名称	最低价位（元/月）	中间价位（元/月）	最高价位（元/月）
106010000	企业负责人	2 920	6 000	21 421
410010000	生活照料服务人员	2 655	5 000	11 000
402020000	道路运输服务人员	2 483	4 900	9 286
401020000	销售人员	2 469	4 151	9 283
402070000	邮政和快递服务人员	2 460	6 000	8 000
403020000	餐饮服务人员	2 473	4 000	7 875
402060000	仓储人员	2 417	4 000	7 857
403010000	住宿服务人员	2 433	4 000	6 500
407050000	安全保护服务人员	2 396	3 500	5 533
409080000	环境卫生服务人员	2 371	3 000	5 233

显然，通过岗位编码，我们不仅可以对岗位作唯一指定，而且可以为人力资源规划做数据准备，更可以对组织内部人力资源管理问题进行深入分析。

（三）工作概要

1.内涵

工作概要又称岗位摘要，是指用精练的语言陈述该岗位存在的理由和目的，描述岗位的主要角色,它要回答这样三个问题:①它的长远目标是什么?②这个岗位在什么限制下工作?③这个岗位为什么存在?岗位摘要可在开始时撰写,也可在职责描述完成后总结。

一般通过“为……(目的、目标)”“在……(限制)/通过……(手段)”“做……(岗位存在理由)”的句型来写出。在此句型结构中,“目标”主要指市场业绩、利润、效率、生产率、质量、服务、期限、安全持续性等;“限制”主要指法律、价值观、原则、政策、策略、方针、模型、方法、技术、体系、做法、习惯、程序、条件、模式、规定、常规、指示、规则、准则等;“做什么”参见图 2-2。

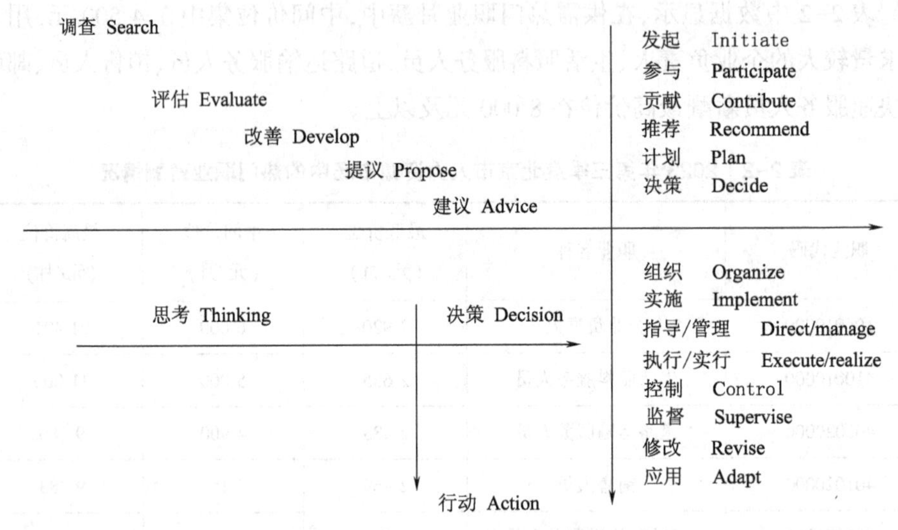

图 2-2 “做什么”的用词参考

2.示例

以下通过九个岗位来说明工作概要编写的两大要求:具体实用、高端统领。

(1)房地产经纪人:从事商品房买卖工作,促成买卖双方交易。

(2)食品质量控制主管:管理、监督食品生产过程,实现公司食品质量管理目标。

(3)大客户经理:计划销售策略,观察、监督、领导销售代表完成销售目标和建立市场信息渠道的任务,实现公司扩大市场、提升产品形象的目标。

(4)人力资源部部长:完善人力资源管理与开发模式,提高人力资源效益,满足企业发展对人力资源的需求。

(5)技术开发部部长:组织实施新产品开发,优化工艺技术,促进企业技术创新,提高企业的可持续发展能力。

(6)市场部部长:落实公司营销战略,提升企业形象和品牌形象,促进产品销售。

(7)物资部部长:对采购控制流程的管理和运行负责,确保生产经营活动所需物资按质、按量供应,降低采购成本,提高公司核心竞争力。

(8)仓储部部长:对公司物流全过程进行管理,确保储运工作的安全性、科学性、准确性和时效性,满足生产经营活动对仓储运输的要求。

(9)信息系统主管:为了通过科技手段提高工作效率与生产力,在公司经营目的及政策限制下,向公司各部门提供有关电脑管理及信息沟通服务的建议。

(四)工作关系

一个组织的岗位体系如图 2-3 所示:

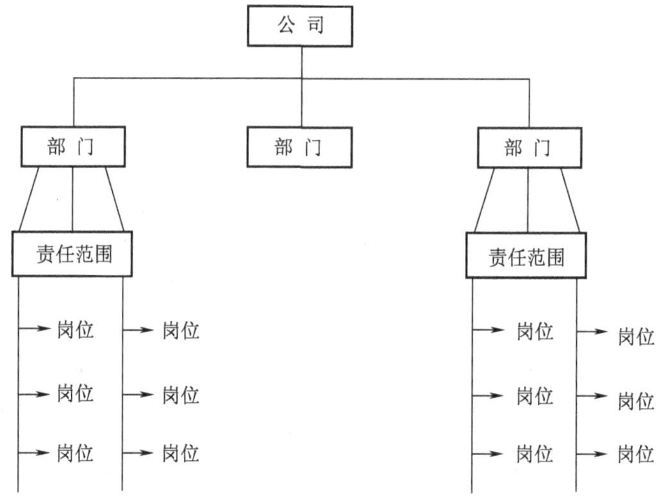

图 2-3 岗位体系

那么岗位之间存在着什么样的关系呢?岗位关系表现为两种方式:一种是表面上的岗位关系;另一种是实质上的岗位关系。

1.表面上的岗位关系

表面上的岗位关系就是一个组织岗位设置所直接反映出的岗位之间的关系,主要有两个方面:上下级关系和同级关系,如图 2-4 所示。

2.实质上的岗位关系

在表面的岗位关系下,不同的企业管理会形成不同的实质上的岗位关系,主要有三种情况,如图 2-5 所示。

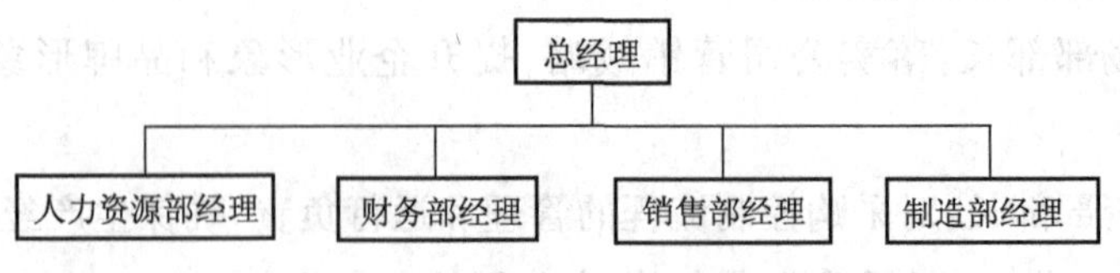

图 2-4　表面上的岗位关系

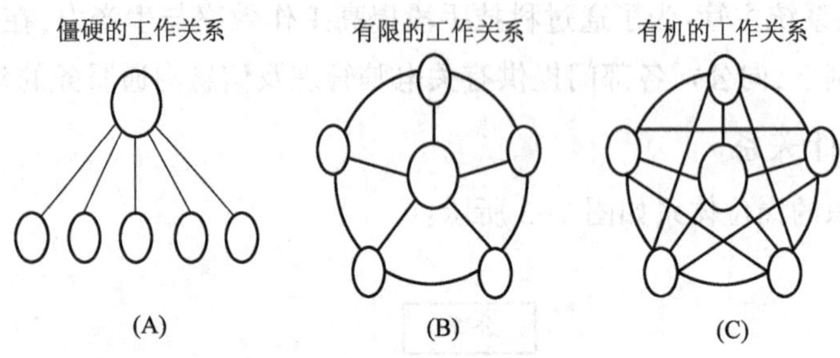

图 2-5　实质上的岗位关系

图 2-5(A)所示的岗位关系在实质上和表面上看起来并没有多大区别，每一个任职者只和其主管上级进行沟通，而在同级之间缺乏必要的沟通，这显然不是一种理想的工作关系。而图 2-5(B)说明除了上下级之间的沟通外，同级之间也存在着一些沟通，表面上看，这种工作关系优于图 2-5(A)所示的关系。但实际上，这种有限的工作关系往往更多地建立在任职者的个人喜好基础之上，并没有严格地遵循工作本身的要求，因而容易导致管理中的一大困难，即非正式团队的形成，所以这种工作关系也不是理想的工作关系。理想的工作关系如图 2-5(C)所示，所有岗位之间除了形成上下级关系外，还形成有机的工作关系，即各个岗位从工作需要出发，形成有机的沟通。

3.岗位分析中的"工作关系"

工作关系显示这个岗位与组织内、外部联络的对象以及相互影响的关系，即权力隶属关系、监督指挥汇报关系、公关联络关系等。

一份详尽的工作关系应包括联系对象、联系内容、联系频次、联系方式、联系时所采用的工具等。但在岗位分析的实际操作中应重点关注联系对象和联系内容，因为这两个方面说明了联系的本质特征与沟通的难度，可以运用于岗位评价。表 2-3是人力资源部经理的工作关系示例，图 2-6 是人力资源总监的工作关系示例。

表 2-3 人力资源部经理的工作关系

内 外	联系部门或单位	联系的主要内容
与公司总部各部门的联系	财务部	薪酬预算、薪酬发放
	行政部	文件、档案管理
与公司子公司的联系	子公司人事部	人员招聘、培训、调动、考核
	子公司总经理	业务协商
与公司外部单位的联系	人才市场、高校、猎头公司	人员招聘
	外部培训机构	人员培训

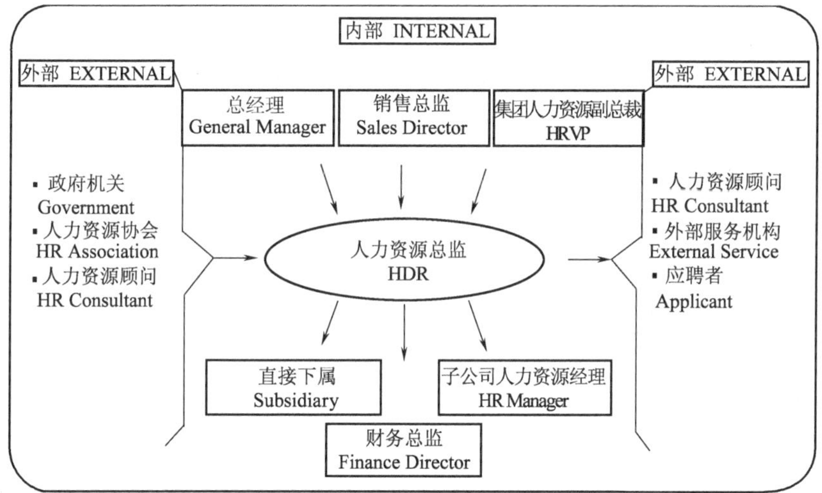

图 2-6 人力资源总监的工作关系

（五）岗位职责

1.内涵

岗位职责就是指该岗位所需要履行的、长期的、经常性的、占用大量时间的事情，或指任职者应该主要做的事情。

2.职责描述句式规范

岗位职责的陈述用简短的句子来做综合概括，主要描述“做什么”，而不是“如何做”。一般采用“做什么+工作结果”的句型结构，在此需要特别注意“用动词准确描述出工作内容”。这是因为，一份好的岗位说明书包含了准确描述“需要做什么”的以动词开头的语句，例如，可用“起草”“审核”“执行”“指导”

等具体动词的，尽量避免只使用“负责”“管理”“监控”等笼统的词。用动词描述岗位的具体职责时，对每一项职责尽可能描述出管理监督的具体事项，例如：“每季度起草报告向……”“倾听客户的买卖指令……”“比较部门实际费用与预算费用的差别……”

示例 2-1——某岗位说明书中有关岗位职责的陈述

职责一：负责公司日常行政工作的组织和管理。

职责二：负责销售公司（上海）办公室日常人事、行政事务的管理及办公用品的配置管理。

职责三：负责销售公司（上海）与新疆办公室的协调管理工作。

职责四：负责公司文件的打印、速递、传真等事务。

职责五：负责销售公司客户接待工作。

职责六：及时向各大区办公室传递公司的通知、文件及酒业公司的各种文件。

职责七：负责销售公司的员工考勤工作。

职责八：负责处理销售公司办公室的各种票务费用，如水电费等。

职责九：协助市场部展开各种营销公关活动。

职责十：负责销售公司（上海）人员的招聘、培训及薪酬福利管理工作。

职责十一：其他与人事及行政相关的工作。

示例 2-1 告诉我们：

首先，切忌频繁使用“负责”一词。因为，谁对企业不应负责任呢？“负责”一词的频繁使用实际上只表明一件事，那就是岗位分析人员对所分析岗位的工作内容界定不清楚。

其次，一条岗位职责应是一系列紧密相关的任务（如用于完成一项职责的几个步骤）或类似职责的高度综合概括。而从示例 2-1 中所列出的 11 项职责中，看不出该岗位的核心工作内容是什么，只是看到许多繁简程度不一的工作任务的罗列。

因此，在岗位职责编写过程中除了需要注意职责动词（见表 2-4）的撰写外，还需要注意以下三点：

第一，职责顺序的确定。应该按照岗位职责的重要性顺序填写，重要的职责应填写在前面，即将岗位职责按重要程度由高到低排列，且所填写的各项职责内容不可交叉重复，尽可能全面照顾到该岗位所负责任，每条岗位职责描述字数不能超过50个。

第二，职责条目的确定。任何一个岗位分析都不可能包括所有职责（见案例 2-1），而且岗位职责强调长期性及持续性的工作内容，而非短期或临时性的工作任务，因此，一般岗位职责描述数量为 3～7 项，对个别岗位可酌情增加或减少。

除非是特别重要的职责，每项被描述的职责占用的时间不大于总工作时间的 5%，未被逐条详细描述的"其他"职责所占用的时间一般不超过该岗位完成所有职责工作时间的 10%。

第三，职责内容的确定。每一条职责描述仅是工作的成果而非过程，职责内容不能是广义的、含糊的说明。如果岗位没有发生改变，职责也不会改变。表 2-4 是岗位职责编写中常用的动词，图 2-7 是岗位职责描述的示例图。

表 2-4　岗位职责编写中常用动词汇总表

职责类型	动词词汇
决策或设定目标	批准　指导　授权　建立　制订　规划　决定　准备　预备　发展
执行管理	达成　增进　评估　赢得　评定　吸引　限制　确保　维护　衡量 监控　取得　认同　审核　找出　执行　指明　改善　标准化
专业与支援	分析　辨明　界定　建议　提议　促使　预测　协调　解释　支援
特定性	检查　检验　履行　对照　提出　提供　提交　分配　处理　收集 汇集　生产　制造　分发　进行　获得　操作　供应
一般性	管理　联系　协助　控制　监督　协调

示例 2-2——董事会秘书的岗位职责描述过程（参见图 2-7）

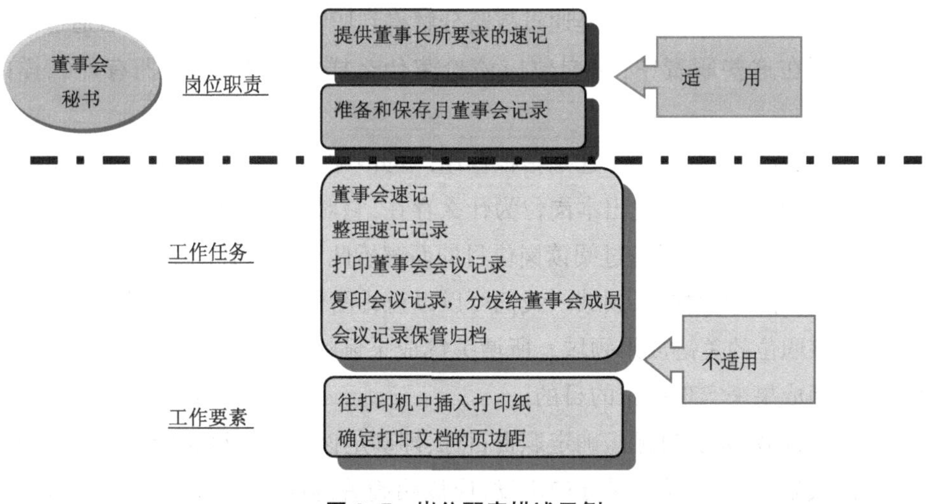

图 2-7　岗位职责描述示例

【案例 2-1】岗位职责的分析

在一个生产车间,一个机床操作工把大量液体洒在操作台周围的地板上。正在一旁的车间主任见状立即走上前要求这名工人打扫干净。不料这名工人一口回绝道:“我的职责只是保证机床的清洁,但并不包括清扫地板,您应该让勤杂工做这样的工作。”车间主任无奈,只得去找勤杂工,而勤杂工不在。因为,勤杂工要在工人下班后才开始清理车间。

于是,车间主任就找来一名分配到车间做杂务的临时服务工来做清扫工作。但是临时服务工也同样拒绝,理由为“他的岗位职责是协助操作工,如领取原料和工具,随叫随到,即时服务,但是没有包括清扫工作”。这个工作应该由勤杂工来完成,因为勤杂工的责任之一就是做好各种形式的清扫工作。车间主任威胁临时服务工说要解雇他,临时服务工才勉强同意清扫,但是在清扫完以后他立即向公司投诉。

请问:案例 2-1 带给我们何种启示?

分析:案例 2-1 带给我们两点启示:一是企业对员工的管理必须职责明确,而职责明确必须进行岗位职责分析和说明。二是岗位分析不可能包括员工所有的职责。这是因为:①这样做成本太高;②并不是企业一出问题,就要做岗位分析,只有当组织(体制与结构)变革、工作方法改变(新技术、新方法、新工艺的产生,以及团队工作的兴起)、工作内容扩大化和丰富化(一些人身兼数职)时,才会做岗位分析。

3.岗位职责的构建方法

(1)下行法。下行法是一种基于组织战略,并以流程为依托进行工作职责分解的系统方法。具体来说,就是通过战略分解得到职责的具体内容,然后通过流程分析来界定在这些职责中,该岗位应该扮演什么样的角色,应该拥有什么样的权限。

第一步,确定岗位目的。这是指根据组织的战略目标和部门的职能定位确定岗位目的,即要精练地陈述出本岗位为什么存在,它对组织的特殊(或者是独一无二)贡献是什么。任职者通过阅读岗位目的而辨析此工作与其他工作的不同。

第二步,分解关键成果领域。我们可以以鱼骨图作为工具,通过对岗位目的的分解得到该职位的关键成果领域。所谓关键成果领域,是指一个岗位需要在哪几个方面取得成果来实现岗位的目的。

第三步,确定职责目标。确定职责目标,即确定该岗位在该关键成果领域中必须取得的成果。因此,从成果导向出发,应该明确关键成果领域要达成的目标,并确保每项目标不偏离职位的整体目标。

第四步,确定工作职责。这是指确定任职者到底要进行什么样的活动,承担什么样的职责,才能达成这些目标。因为每一项职责都是业务流程落实到职位的一项或几项活动(任务),所以该职位在每项职责中承担的责任应根据流程而确定,也就是说,确定应负的职责就是确定该职位在流程中所扮演的角色。

在确定责任时,职位责任点应根据信息的流入流出确定。信息传至该职位,表示流程责任转移至该职位;经此职位加工后,信息传出,表示责任传至流程中的下一个职位。该原理体现了“基于流程”“明确责任”的特点。

以某公司的招聘工作为例,员工招聘的工作流程可以分为四个环节:①招聘计划的制订、审核与审批。②招聘费用的预算、审核与审批。③招聘工作的实施。其中,一般人员的招聘,应有人力资源部与主管部门负责人参加;关键员工的招聘,应有高层管理人员、人力资源部和主管部门负责人参加。④招聘工作的反馈与检查。

在招聘工作过程中:人力资源部招聘专员制订招聘计划,然后上报人力资源部经理审核,这样招聘专员制订招聘计划的职责就算完成了;计划的审核职责归属人力资源部经理,如果审核没问题,就报人力资源总监批准,这样审批计划的责任就转移到人力资源总监的身上了。审批完成后,进入招聘流程的下一个环节。

可以看出,基于流程的职责分析,明确界定了每项职责中职位应该扮演什么样的角色,以及拥有什么样的权限。要想明晰地表达出职位在各项职责中扮演的角色及权限,在职责描述中就要准确规范地使用动词,就像上例中的“制订”“审核”“审批”等。

第五步,进行职责描述。通过以上两个步骤明确职责目标和主要职责后,我们就可以将两部分结合起来,对职责进行描述,即:职责描述=做什么+工作结果。

(2)上行法。上行法与下行法在分析思路上正好相反,它是一种自下而上的“归纳法”。具体来说,就是从工作要素出发,通过对基础性的工作活动进行逻辑上的归类,形成工作任务,并进一步根据工作任务的归类,得到职责描述。虽然上行法较下行法来说不是一种特别系统的分解方法,但在实际工作中更为实用、更具操作性。

利用上行法撰写职责描述的步骤是:第一步,罗列和归并基础性的工作活动(工作要素),并据此明确列举出必须执行的任务;第二步,指出每项工作任务的目的或目标;第三步,分析工作任务并归并相关任务;第四步,简要描述各部分的主要职责;第五步,把各项职责与职位的工作目的对照起来,完善职责描述。

以公司董事会秘书的某项职责的撰写为例(见示例 2-2),图 2-7 中罗列的工作要素项目构成了“打印董事会会议记录”这项工作任务,而把图 2-7 中所列的各项工作任务归并就形成了该项职责。

(六)岗位权力

1.内涵

岗位权力是指为了保证职责的有效履行,任职者必须具备的、对某事项进行决策的范围和程度。通俗地讲,岗位权力是指一个岗位所拥有的人权、财权与物权。从管理活动具体分类来看,岗位权力分为以下七类:

(1)从总体生产经营活动上看,该岗位对各类管理活动是否具有决策权、命令权、计划权、组织权、指挥权、监督权、协调权、控制权。

(2)从所涉及决策行动上看,该岗位对各种重要决策是否具有决定权、监督权、参与权、执行权。

(3)从所涉及各类计划活动看,该岗位对某项计划是否具有制订权、审核权、批准权、执行权。

(4)从所涉及各类信息看,该岗位对某种信息是否具有采集权、处理权、检索权、存储权、传递传、反馈权、沟通权。

(5)从所管辖的下属人员看,该岗位对下属人员是否具有指派权、调动权、指导权、建议权、使用权、分配权、奖惩权、辞退权。

(6)从使用的各种资金看,该岗位对资金是否具有审批权、调动权、支配权、使用权。

(7)从使用的生产资料看,该岗位对某类工具设备、材料、产品等资产是否具有出让权、处置权、维护权、保管权、使用权。

另外,还有项目经费分配权、合同签批权、直接下级岗位调配权、工作争议裁决权、业绩考核评价权、日常运营工作决定权、物资采购权、仪器设备使用权等权力。

2.常用职权具体界定

表 2-5 针对岗位中常见的 11 种职权,给出具体界定。

表 2-5 岗位中常用的职权名称及其定义

职权名称	定　义
建议权	对管理方案(制度)提出建议和意见的权力
提案权	提出或编制管理方案(制度)的权力
审核权	对管理方案(制度)的科学性、可行性进行审议、修订或否定的权力
审批权	批准管理方案(制度)付诸实施的权力
执行权	组织执行管理方案(制度)的权力

续表

职权名称	定　　义
考核权	对管理方案(制度)执行结果进行考核的权力
审计权	对管理方案(制度)执行结果的真实性和合规性进行审计的权力
监控权	对管理方案(制度)执行过程进行监督和调控的权力
奖惩权	根据考核和审计结果按照相关规定对相关责任者进行奖惩的权力
申诉权	对考核结果或者管理决议进行申诉的权力
知情权	对管理方案(制度)相关信息知情的权力

(七)工作环境与劳动条件

工作环境有广义与狭义之分，广义的工作环境是指劳动场所内外状况与条件，包括工作物理环境、工作安全环境和工作社会环境。其中，工作物理环境是指工作时间、空间、温度、湿度、粉尘、噪声、作业面的振动等；工作安全环境是指工作危险性、可能发生的事故、过去事故发生率、对人的危害程度、劳动安全卫生条件、易患的职业病；工作社会环境是指工作所在地生活方便程度、工作团体情况、工作环境孤独程度、上级领导工作作风、同事间关系等。

狭义的工作环境特指从事生产劳动活动场所的外部环境条件，主要分析那些对劳动者身心健康和劳动效率可能产生影响或危害的环境条件。因此，工作环境不能由工作人员自由支配，并且工作环境会影响到工作人员的身体或心理健康，所以工作环境的特定性将会决定工作所需要的人员的条件。

劳动条件特指任职者所处的物理环境的艰苦程度及完成工作任务时所需使用的工具、仪器和设备等，如电话、计算机、扫描仪等。

(八)任职资格

任职资格是指承担工作的最起码的资格条件，包括知识、技能、能力、个人特点等。其中，知识指完成工作所必需的信息、资料和关系网络；技能指完成机械性任务所需的能力，如操作机器、文字处理等；能力指完成非机械性任务所需的能力，如沟通能力、推理能力、解决问题的能力；个人特点指适应工作环境的意愿与能力，如忍受单调乏味的能力、加班的意愿、友善待人的特质等。

这里须注意技能与能力的区别。技能具有习得的、熟练掌握的、可重复的等特点，如打字技能；而能力是指可预期的潜质，能在不同环境下综合运用，其心智过程不可完全重复，如创新能力。

【案例 2-2】孙子:"将"的素质要求

《孙子兵法》在第一篇《计篇》中分析了战争的五个关键成功要素:道、天、地、将、法。其中,将的素质要求是智、信、仁、勇、严。"智能发谋、信能赏罚、仁能附众、勇能果断、严能立威",这五项素质足以将优秀的将帅与平庸之辈区分开来。

孙子并没有提到一个将帅需要掌握哪些战争知识、技能,而是透过这些表面性的东西深入本质,把重点放在态度、个性品质等基本素质上面。

知识、技能很容易学,可以大量复制,所以无法形成核心竞争力,但基本素质的塑造并不容易,它需要更长的时间和更多的精力,并且学习知识技能的快慢、多少是由基本素质决定的,就像电脑的运行速度是由 CPU、内存等整体配置决定的一样。

不同公司对相同岗位会有不同的任职资格,公司根据业务要求来确定公司各个岗位的任职资格,并结合人才市场供需情况对任职资格做适当调高或调低。在实际工作中,考察岗位的任职资格要求也就是考察承担该岗位人员的最低能力要求,包括看得见的能力要求与看不见的能力要求。

1.看得见的能力:受教育程度、经验、技能及身体条件等

(1)受教育程度、经验与技能。受教育程度指相关专业知识水平程度,衡量标准为培训证、学位证等证书(指拥有某个方面能力的证明);经验表示完成此类岗位工作、解决相关问题的实践积累程度,通常用曾任职公司的岗位名称、工龄等来度量;技能指所具有的专业技术技巧能力,一般通过职业等级资格证或实际操作来衡量,如语言、特殊技术。

(2)身体条件。身体条件包括年龄、性别、身高、体力与健康状况等人的自然属性。

亨利·福特在其传记《我的生活和工作》中叙述了一款轿车近 8 000 道工序对工人的身体要求:949 道需要强壮、灵活、身体各方面都非常好的成年男子;3 338 道需要身体普通的男子;剩下的工序可由女工或年纪稍大的儿童承担(50 道可由没有腿的人完成,2 637 道可由有一条腿的人完成,2 道可由没有手的人完成,715 道可由有一只手的人完成,10 道可由失明的人来完成)。

在我国东莞市,某个玩具制造企业为了应对 2008 年的金融危机,不得已需要辞退一批一线缝纫女工。由于该企业过去一直采用低工资广招人战术,因此只要会用缝纫机的女工均可进入企业做工。但受此次危机及中国未来经济结构调整的影响,该企业被迫从代工生产向自主研发生产转型,所以,急需挑选出一批熟练的缝纫女工以备危机过后的生产所需。于是,这家企业聘请一位管理咨询专家来为它做这件事。这位专家到后,要求所有缝纫女工全部到岗,而且要以自己的最快速度做两件事:一是轧出一条老虎的尾巴;二是轧出一个心形图案。很快评比结束,当排在前十位的缝纫女工走到该玩具企业老板面前时,老板着实吓了一跳,因为这十位女工身高出奇地一致,均为 1.5 米。这家企业后来在招聘缝纫女工时,招聘条件中列明身高需在 1.5 米左右。

2.看不见的能力:价值观

人们很多时候把价值观和伦理这两个词等同使用,但两者并不相同,是有差异的(Corey and Callanan,1993)。价值观这个词源自拉丁语“Valere”,意思是“强壮、勇敢、无畏”(Raths,Harmin, and Simon,1996)。当价值观作为名词时,是衡量事物的一种标准,表明“在拥有者眼里是最重要的东西”;当价值观作为动词时,意思是高度重视、高度评价、赞扬某事物。

价值观代表一系列的理念和信念,其终点就是理想,即一个人的人生追求。例如,有的人以为他人服务为目的,有的人以追求真理为目标,有的人则追求物质的享受。拉斯(Raths,1966)在《价值观与教学活动:教学中的价值观》一书中,提出了建构价值观的三条标准(参见表 2-6),如果人们自己在选择价值观并落实自己的选择的过程中,此三条标准都没达到,那就说明价值观的定向不明确或价值观正处于“形成时期”。

表 2-6　价值观的建构标准及其界定

价值观三条标准	价值观标准的界定
选择(第一条标准)	自由地选择
	从各种可能的选择中进行选择
	对每种可能选择的后果认真考虑后作出选择
赞赏(第二条标准)	珍爱自己的选择,并为此选择感到满意
	愿意公开并确认自己的选择
行动(第三条标准)	按照自己的选择来行动
	以某种生活方式,不断重复坚持自己的价值观

德鲁克在研究了 689 家企业后发现:一个企业所能依赖的只有企业精神,而这种企业精神的实质往往受到企业领军人物核心价值观的影响。企业领袖的精神是企业生存、公司基业长青的强有力的心理支撑,领袖的精神影响到企业文化的形成发展和公司重大政策的制定落实,是企业的核心理念、经营哲学、管理方式、用人机制、绩效评估、职业发展以及行为准则的总和。

【案例 2-3】高瓴张磊点评王兴、张一鸣:长期主义创造《价值》①

与不同行业、不同背景的创业者们交流,是我非常激动的时刻,他们对科技创新、产业进化有着近乎本能的、天然的知觉和渴望。创业意味着永远在路上,而且有的时候,创业者是非常孤独的,因此在价值投资过程中,选择好的创业者、与伟大格局观者同行是非常重要的一环。我认为,凡盛衰,在格局。格局大,则虽远亦至;格局小,则虽近亦阻。想干大事、具有伟大格局观的创业者、企业家是最佳合作伙伴,"格局观"就是我们与企业的接头暗号。

我们对创业者、企业家伟大格局观的定义包含四个方面:第一,拥有长期主义理念,能够在不确定性中谋求长远;第二,拥有对行业的深刻洞察力,在持续创新中寻找关键趋势;第三,拥有专注的执行力,运用匠心把事情做到极致;第四,拥有超强的同理心,能协调更多资源,使想法成为现实。

将"拥有长期主义理念"放在第一位,源自我所坚持的投资标准——做时间的朋友。大多数创业者在创业时没有经营资本、行业数据、管理经验或者精英员工,任何创业都不可能一夜成功,但如果坚持不看短期利润,甚至不看短期收入,不把挣钱当作唯一重要的事,而把价值观放在利润的前面,坚信价值观是这个企业真正核心的东西,那么利润将只是做正确的事情后自然而然产生的结果。这是一种非博弈性的企业家精神,越是这样的创业者,反而越能够专注于做长期创造价值的事。对长期主义理念的理解包含三个层次。

一、坚持初心

对长期主义理念的第一层理解是坚持初心。我们会考量,这个创业者做事情是为了短期目标,还是从自己的初心出发去完成崇高的使命和夙愿。这个初心有多强大?

每位创业者在率领企业寻找前进方向的过程中,唯一已知的东西就是眼前充满未知。优秀的创业者能够不被眼前的迷茫所困惑,他的内心是笃定的,他所看到的长期是未来 10 年、20 年,甚至横跨或超越自己的生命。在接纳新事物和迎接挑战时,他们既享受当下,又置身于创造未来的进程中,对未知的世界充满好奇和包容。坚持初心就是关注自身使命和责任,在短期利润和长期价值之间做出符合企业价值观的选择。

比如美团创始人王兴,他是一个永远充满好奇心和爱思考的人,喜欢读书,爱问问题,学习能力极强。他的初心是"互联网改变世界"。2003 年,在美国读博士的王兴,感受到社交网站的兴起,毅然决然地放弃学业,回国创业。不像比尔·盖

① 张磊. 价值[M]. 杭州:浙江教育出版社,2020.

茨、马克·扎克伯格、史蒂夫·乔布斯辍学创业时基本有了成熟的创业思路、靠谱的创业班底,或者至少能找到车库作为办公场地,王兴凭着一颗初心就开启了创业历程。此后,王兴先后创办校内网、饭否网,之后又创办美团网,在本地生活服务领域不断深耕。往往初心有多大,创业的蓝图可能就有多大,正是这种朴素的想法,让美团可以不关注“边界”,只关注“核心”,即用户的需求是什么?互联网、科技有没有为用户创造价值?

再比如恒瑞医药前董事长孙飘扬,也十分令人感动。这位被戏称为“药神”的企业家,早年是药厂的一名技术员。有专业背景的他,在很早的时候就下定决心:“你没有技术,你的命运就在别人手里。我们要把命运抓在自己手里。”药厂若不改变技术层次低、产品附加值低的问题,是没有出路的。在他的理解中,仿制药能够让一家药厂活得很好,因为仿制药价格低廉,有很好的销路,但创新药才是保证一家药厂真正立足于市场的核心竞争力。此后,恒瑞医药相继在海内外成立研发中心和临床医学部,构建了药物靶标和分子筛选、生物标志和转化医学等创新平台,不断增加科研投入,打赢一场又一场攻坚战。现在回看,10 多年来,孙飘扬始终保有创业之初的那份“精神头”,始终不渝地研发新药,做长远打算。

二、保持进化

对长期主义理念的第二层理解是要保持进化。机会主义者往往重视一时的成功,会给由运气或偶然因素造成的机遇赋予很大的权重,结果影响了自己的认知和判断。而长期主义者能够意识到,现有的优势都是可以被颠覆的,技术创新也都是有周期的。

因此,长期主义者要做的就是不断地设想“企业的核心竞争力是什么,每天所做的工作是在增加核心竞争力,还是在消耗核心竞争力”,且每天都问自己这个问题。

杰夫·贝佐斯在创办亚马逊时,选择从网上书店这个很垂直的细分领域切入。亚马逊做书店之前,美国最大的书店是发迹于纽约第五大道的巴诺书店(Barnes and Noble)。从 20 世纪 80 年代末到 90 年代末,巴诺书店在全美大规模扩张,10 年间新开出 400 多家“超级书店”,最多的时候有超过 1 000 家实体店、4 万余名员工。在亚马逊创办初期,贝佐斯和员工需要把书打包,然后自己送到邮局寄送。在把实体书店颠覆之后,贝佐斯远没有满足,因为亚马逊似乎还不足以站稳脚跟。所以,亚马逊不断进化,从进军零售业,到成为全球最大的云服务提供商,再到智能家居、视频流媒体领域,其商业版图没有边界。而支撑这些的,自然是贝佐斯的长期主义理念。在他的所有信念中,“消费者为中心”是长期的选择,也是一种精神力。

所以,他可以放弃企业的短期利润,坚持追求极致的消费者体验,保持“Day 1”

的精神,把企业资源配置到持续创新的布局中,让资产价值和商业模式不断更新迭代。因此,亚马逊难以被复制,因为它仍在不断生长。

字节跳动创始人张一鸣对保持进化也有独特的理解,那就是"延迟满足"。别人喜欢调试产品,他喜欢调试自己,把自己的状态调节在轻度喜悦和轻度沮丧之间,追求极致的理性和冷静,在此基础上为了长远的战略目标强迫自己尝试许多不愿意做的事情。我经常说,懂得"延迟满足"道理的人已经先胜一筹了,他还能不断进化。这种进化状态,是先把最终的目标推得很远,去想最终做的事情可以推演到多大,再反过来要求自己,不断训练和进步。所以,当张一鸣在调试自己的同时,又把公司当作产品一样调试时(develop a company as a product),我们无法想象这家公司的边界。

长期主义者在保持进化时,往往不会刻意关注竞争对手在做什么。一旦盯着竞争对手,不仅每天会感到焦虑,而且会越来越像你的竞争对手,只会同质化,而难以超越它。如果把眼光局限在未来三五年,或盯在具体的某个业务上,你身边的许多人都是竞争对手;但如果着眼长远,不断进化,可以和你竞争的人就很少了,因为不是所有人都能够做长远的打算。所以,保持进化最大的价值在于竞争对手会消失,而自己才是真正的竞争对手。

三、没有"终局"

对长期主义理念的第三层理解是"终局游戏"的概念。商业世界的"终局游戏"不是一个终点,而是持续开始的起点,是一场"有无数终局的游戏"。换句话说,商业史从来没有真正的终局,只有以终为始,站得更高看得更远。

从创业早期的高速成长到爬坡过程中的攻坚克难,其实这些都还只是过程。拥有伟大格局观的创业者会去推想行业发展到某个阶段,市场竞争趋于稳定的时候,哪些资源是无法扩张的,哪些资源具有独占性或稀缺性,再去想怎么超越这些障碍,争取更大的发展空间。换句话说,在打"预选赛"的时候,既要想到阶段性的"总决赛",又要想到更长远的未来,按照"永远争夺冠军"的决心排兵布阵,步步为营。这样思考的话,就有可能始终参与这场无限游戏,而不会被淘汰出局。当你的竞争对手还在疲于奔命地思考第二天赛况的时候,你已经看到了决战的时刻;当你的竞争对手以为决战到了的时候,你已经看到了更长远的竞争状态,这体现了不同的格局。

爱奇艺创始人龚宇对"终局游戏"有自己的理解。在视频服务领域,要培养用户的收视黏性就要苦练基本功,这个基本功非常烧钱,而且会不断吞噬创业者的意志和投资人的信心。但看待这个问题的角度决定了把烧钱换来的东西看作资本(asset)还是费用(cost),是否相信它在未来能够产生价值。

龚宇曾在一次演讲中说："当时我们花了 8 000 万元买一个剧，最后只挣了 1 000万元。但再想想，买下这个剧也许可以帮我们节约后面的 2 亿元、3 亿元。""终局游戏"意味着把战略着眼点放在"后面"，思考商业模式的无限终局，超前地创造服务或产品的新范式。

再比如爱尔眼科的创始人陈邦，这位因"红绿色盲"而被军校退回的老兵，投身商海几经沉浮，无意间与眼科诊疗结缘。在爱尔眼科的发展历程中，看得远成为战略布局的关键。

如何在中国的医疗市场中，找到独立、可持续的民营专科医院发展路径？陈邦通过实践给出了很好的答案：其一是探索分级连锁模式，而这也顺应了"医改"推行的分级诊疗大趋势，通过把内部的资源打通，将最好的科研成果、最好的医疗服务主动贴近患者，让诊疗服务的重心下沉，创造本地就医的便捷性；其二是超前的、创新的人才培养体系，通过"合伙人计划"，激励和充实人才队伍，让医生的成长领先于企业的发展。这些战略构想的出发点是不断地酝酿和准备，一旦企业有了内生的动力，就能够不断拓展规模，寻求新的市场、新的格局，始终围绕下一场"比赛"来储备力量。

哥伦比亚商学院教授迈克尔·莫布森（Michael Mauboussin）在《实力、运气与成功》（*The Success Equation*）一书中提到这样一个观点："凡涉及一定运气的事情，只有在长期看，好过程才会有好结果。"运气总是飘忽不定的，拥有长期主义理念的创业者，本质上是具有长线思维的战略家。他们往往选择默默耕耘，不去向外界证明什么，而是把自己的事情做好。事情做得久了，就成了他的核心能力。他们会重新定义因果论，重视客户的价值主张是因，提高产品和服务质量是因，完善组织运转效率也是因，自然而然就会产生很好的结果。因果轮回，平衡调和之后来看，很多事情短期看是成本，长期看却是收益。拥有长期主义理念，把信念和持续创造价值作为安身立命之本，这是非常值得钦佩的伟大格局观。

二、岗位分析的价值与作用

通过对岗位分析内容的介绍，我们了解了岗位分析可以促使岗位名称与含义在整个组织中表示特定而一致的意义，实现工作用语的标准化，让员工了解工作性质，明确职责和权利；便于企业制订个人工作计划和部门工作计划，为确定组织的人力资源需求、制定人力资源规划提供依据；协助招聘与选拔，在招聘人员时可了解岗位所需人员的资格条件，确定员工录用与上岗的最低条件，帮助新员工进入职业角色；确定工作要求，以建立适当的指导与培训内容，提供有关培训与发展的资料,按其工作要求培训所需知识与技能;确定岗位之间的相互关系,以利于合理的晋升、调动与指派;通过岗位分析中大量信息的收集与分析,为制定考核程序及方法提供依据,使绩效考核的结果更具客观性和针对性;提供薪酬评价标准,按工作职责大小等要素来核定其薪酬高低。

(一)岗位分析的价值

岗位分析的价值体现在多个方面,这里主要从五个方面介绍岗位分析对人力资源管理的价值。

1.岗位分析对岗位说明书的价值

岗位描述又叫岗位说明,它常与岗位规范编写在一起,统称岗位说明书。岗位说明书的编写是在岗位信息的收集、比较、分类的基础上进行的,是岗位分析的最后一个环节。岗位描述是职务性质、工作环境、资格能力、责任权限及工作标准的综合描述,用以表达职务在单位内部的地位及对工作人员的要求。它体现了以"事"为中心的岗位管理,是考核、培训、录用及指导员工的基本文件,也是岗位评价的重要依据。事实上,表达准确的岗位规范一旦编写出来,该岗位的等级水平就客观地固定下来了。

2.岗位分析对工作岗位设置的价值

工作岗位的设置科学与否,将直接影响一个企业的人力资源管理的效率和科学性。在一个组织中设置什么岗位、设置多少岗位,每个岗位上安排多少人、安排什么素质的人员,都直接依赖岗位分析的结果。

3.岗位分析对岗位等级确定的价值

通过岗位分析,提炼评价工作岗位的要素指标,形成岗位评价的工具;通过岗位评价,确定工作岗位的价值。根据岗位的价值划分岗位的等级,为宽带薪酬体系的建立奠定基础;根据工作岗位的价值,明确求职者的任职实力;根据岗位价值或任职实力,发放薪酬、确定培训需求;等等。

4.岗位分析对工作再设计的价值

利用岗位分析提供的信息,对一个新建组织,要设计工作流程、工作方法、工作环境条件等;而对一个已经在运行的组织而言,则可以根据组织发展需要,重新设计组织结构,重新界定工作内容,改进工作方法,提高员工的参与程度,从而提高员工的积极性、责任感和满意度。前者是工作设计,后者则是工作再设计,改进已有工作是工作再设计的目的之一。工作再设计不仅要根据组织需要,还要兼顾个人需要,重新认识并规定某项工作的任务、责任、权力及在组织中与其他工作的关系,并认定岗位规范。

5.岗位分析对定员定编的价值

根据岗位分析确定工作任务、人员要求、岗位规范等,只是岗位分析第一层次的工作目标。在此基础上,根据工作任务、人员素质、技术水平、劳动力市场状况等,协调有效地将人员配置到相关的工作岗位上,则需要合理的定编定员并为以下工作提供科学依据:①编制企业人力资源计划和调配人力资源;②充分挖掘人力资源潜力,节约使用人力资源;③不断改善劳动组织,提高劳动生产效率。

(二)岗位分析的作用

1.岗位分析是整个人力资源开发与管理科学化的基础

人力资源管理过程包括岗位设计、招聘、配置、培训、考核、付酬等环节,每个环节的工作均需要以岗位分析为基础。岗位分析的结果——岗位说明书是岗位评价的重要根据,但它同时为其他的人力资源管理做铺垫。实际上,企业招聘(如在人才招聘网站看到的企业招聘岗位信息)、晋升(岗位的要求及上岗的标准)、培训(岗位员工是否欠缺岗位的技能)等各个环节都建立在完整的岗位信息基础之上。

例如,某建筑公司人力资源部在本公司薪酬方案设计过程中,按照工作流程先从岗位分析开始,制作了全部岗位的岗位说明书,并且顺利地完成了岗位评价和薪酬方案的设计。没想到不久后公司又要进行绩效考核方案的设计,当咨询顾问提出要先进行岗位分析时,人力资源部就把前面制作的岗位说明书拿出来以证明进行了分析,但咨询顾问在看过这些说明书后认为说明书的内容过于单一,只满足了岗位评价的要求,不能支撑绩效方案设计,还需要进行补充分析。于是该公司不得不又投入人力、财力对岗位进行补充分析,延迟了绩效方案的设计进度。

这家建筑公司出现的问题在我国具有一定代表性。我国企业认识到岗位分析是源于组织内部分配制度改革,设计薪酬要进行岗位评价,而岗位分析需要提供岗位说明书,但并没有认识到这一工作对于整体人力资源管理工作的重要意义,所以就造成同一项工作在不同的管理环节反复去做,既浪费了时间又增加了管理成本。其实不仅在工作评价时,在人力资源管理的许多环节,岗位分析都是重要的基础。

(1)对绩效考核的作用。这一作用主要体现在两个方面:一是岗位说明书的必备项目中有"岗位关键业绩指标"这一内容,这些指标指明了对该岗位任职人员应从哪些角度进行考核,也指出了岗位任职人员的努力方向,而绩效考核方案的起点就是部门和岗位考核指标的选择,广义的工作分析甚至可以提供部门的关键绩效指标;二是岗位说明书如果包含"工作关系"这一项目,就可以清晰地指明绩效考核的主体与考核层级关系,因为沟通关系中明确了汇报、指导与监督关系。

(2)对人员招聘与录用的作用。岗位说明书的另一项必备内容就是岗位任职资格条件。这些条件既是岗位评价的重要参考要素,又是该岗位人员空缺时设计招聘要求的基础。招聘广告中一般有空缺岗位的学历、工作经验、专业技术水平、能力方向、人格特征等要求,而这些内容在岗位说明书的任职资格条件项目中均可找到。

(3)对员工培训与职业生涯设计的作用。企业员工培训的一个重要特点是具有强烈的导向性,这个导向的重要依据之一就是岗位说明书所规定的内容,尤其是岗位职责的要求、考核指标要求、能力要求等内容。在新员工培训中,新员工将要从事的岗位的说明书甚至成为其必备教材之一。另外,在对员工进行职业生涯设计时,岗位分析还可以提供职业发展的路径与具体要求。

(4)对人力资源规划的作用。人力资源规划的核心工作是人力需求与供给的预测。在运用技能清单法、管理人员置换图、人力接续计划、马尔科夫矩阵法进行供给预测时,都离不开清晰的岗位层级关系和晋升、岗位转换关系,这些都是岗位说明书所应该规定的。在进行需求预测时,除了需要对人力资源数量进行预测外,还需要对其质量要求进行预测,说明书中的任职资格条件就成为考察人力资源质量的重要参考。

2.岗位分析是组织现代化管理的客观需要

传统的管理模式有值得借鉴的地方,但也有不少弊端:凭经验管理;重视物力、财力因素而忽视人力因素的作用;重视人的现有能力而忽视对人的潜力的发掘。在现代社会生产中,工作效率的提高越来越依赖人力因素的作用。因此,现代管理的突出特点是强调以人为中心,强调在岗位分析的基础上进行岗位再设计和恰到好处地定员、定额,为任职者创造和谐的人际关系和组织气氛,创造良好的工作条件和工作环境,控制各种有害因素对人体的影响,保护任职者的身心健康,以激发任职者的自觉性、主动性和创造性,从而满足现代化管理的需要。

3.岗位分析有助于实行量化管理

现代企业管理实践表明,提高效益要依靠好的政策和技术进步,更要依靠严格和科学的管理。实行严格和科学的管理需要一系列的科学标准和量化方法。岗位分析通过岗位客观数据和主观数据的分析,充分揭示了整个劳动过程的现象和本质的关系,有助于整个企业管理逐步走向标准化和科学化。

4.岗位分析是管理者决策的基础

对于一个组织(包括公共事业组织和企业组织)来说,每个岗位的工作相当于建筑大厦中的砖块,不但是组织结构中最为基本的组成部分,而且是一切管理行为的出发点和归宿。任何一个管理者,包括高层决策者,都不能不考虑什么样的工作内容与条件才能让员工的潜能与积极性得到充分发挥,什么样的工作标准与要求才能使员工的产品或服务满足社会需求,从而使自己的组织得以生存和发展。岗位分析正是帮助管理者全面把握组织内外各项工作信息的有效工具,如果缺少这一过程,管理者的决策与管理将缺乏所需要的关于资源配置及其有效使用的重要信息。

5.岗位分析是当前组织变革与组织创新的重要手段

岗位分析为组织工作目标的重新选择、调整与组合提供了科学的依据与支持,为组织目标变革后重新界定各部门与各岗位的工作提供了一种思路和基础,因此,岗位分析对于组织变革与结构调整条件下的管理决策来说非常重要。

在现代竞争日趋激烈的市场经济条件下,组织的生存与发展越来越依赖于经营者能否不断地创新。在市场开拓与工作创新的过程中,需要打破和超越以往组织工作的传统习惯和工作内容,这就要求组织管理者通过岗位分析不断对工作内容、工作标准与工作过程进行创造与创新,并在岗位分析的基础上进行有效控制,以确保组织目标的实现。

6.岗位分析是提高现代社会生产力的需要

社会生产力的提高表现为生产效率和生产质量的提高。而提高生产效率与生产质量,关键在于简化工作程序,改进生产工艺,明确工作标准和要求,让每个人从事其最适合的工作,以达到最好的工作效果。

随着现代生产过程越来越复杂,企业规模越来越大,工艺流程越来越长,分工越来越细,具体的劳动形式和生产环节越来越多,对劳动协作在空间和时间上的要求也越来越高。为了科学地配置与协调不同劳动者的工作,必须对生产过程分解后的基本单位——岗位进行科学的分析。

7.岗位分析对于人力资源管理研究者不可或缺

人力资源管理研究者主要研究人力资源管理的现象与规律。所有人力资源活动中的"人"与"事"及其关系,是整个人力资源管理研究的基本点。其中,"事"是内核;"人"在这里不是一般意义的人,是与一定"事"即工作相联系的"人",是在职人员或求职人员。因此,对人力资源管理进行深入而科学的研究,不掌握岗位分析的理论和方法是不行的。

三、岗位分析的实施主体及其成员的角色分配

(一)岗位分析的实施主体

岗位分析是指对组织中的工作岗位进行分析,并制定工作说明书和岗位规范,因此在组织中涉及的范围较广。岗位分析绝不是人力资源部一个部门的事。岗位分析的实施主体的优点和缺点见表2-7 。

表 2-7 岗位分析的实施主体的优点和缺点

序号	岗位分析实施主体	优 点	缺 点
1	以人力资源部为主,其他部门配合	节省成本 实施主体了解企业文化、战略和现状	耗费大量人力和时间 如果岗位分析方面的经验不丰富,会影响实施效果
2	以岗位分析需求部门自己为主,人力资源部门提供支持	非常熟悉本部门工作,收集的信息全面、专业 节省成本	从人力资源管理的角度看,实施过程和形成的岗位分析结果文件可能不专业
3	以所聘请咨询机构为主,人力资源部门配合咨询顾问,协调问题,确保计划的实施	岗位分析经验丰富 处于第三方的中立位置,员工易于接受岗位分析结果,相对也容易提供真实的信息给岗位分析员	耗费咨询费用 咨询顾问不了解企业的具体情况,组织需要花费时间与他们进行企业文化、战略、管理等方面的沟通

组织可以考虑使用内部人员或者雇用外部顾问进行岗位分析。但是这个决策是非常困难的,因为需要考虑雇佣成本,而且还需要考虑许多其他因素,参见表 2-8。

表 2-8 内部操作与外部咨询多角度比较

比较角度	内部操作	外部咨询
方法技术复杂性	适用于只需要采用较为直接常规的分析技术的岗位分析	适用于需要掌握专业技术,如以工作评价、绩效考核、培训开发评估、招聘测试等为目标的岗位分析
成本	相对较少,包括员工薪酬、机会成本、培训费、收集信息费用等	成本较高,包括合同约定的各项费用,如咨询费、差旅费、住宿费等
时间	适合于长期的、动态的岗位分析	适合于阶段性的、短期的岗位分析
岗位的复杂性	适用于相对容易观察、简单的岗位	适用于不易观察、复杂的岗位
过程与结果的公正性	受到挑战,不容易被组织内部成员信服	具有权威性,更容易获得组织内部成员的信任和积极参与
岗位分析技术与经验	不够丰富	拥有岗位分析专业技术上的优势,岗位分析经验丰富
对组织情况的熟悉度	有优势,熟悉组织的战略、文化、制度及现存问题等情况	相对较弱

在进行岗位分析时,需要成立一个“岗位分析专家组”(见图 2-8),统领整个岗位分析过程。而岗位分析专家组成员的选择是从组织中诸多层次的群体中筛选的,只有那些能够客观、公正对待岗位要求,能够顾全公司整体,并具有良好的分析能力,将岗位需要与具体任职人员条件区别开来,特别是对公司事务总是报以高度参与激情的员工才能成为岗位分析专家组成员。

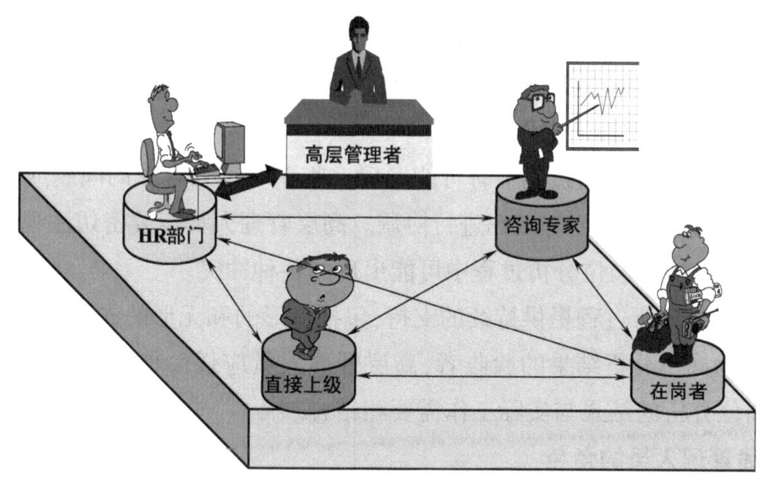

图 2-8 岗位分析专家组成员构成

(二)岗位分析专家组成员的角色分配

1.组织高层管理者的角色

(1)根据组织发展的状况,提出岗位分析的必要性,并在组织内发起岗位分析的工作。在实践过程中,组织最高层领导参加与否以及参与的态度是决定岗位分析成败的关键。最高管理层成员对岗位分析的态度将直接影响到其他人员对岗位分析的态度和配合度,最高管理层对岗位分析的需要程度与认识也决定着岗位分析过程的发展。

(2)发布政策陈述、指示和进行其他沟通,向组织内传递有关信息,倡导岗位分析过程。岗位分析的过程需要组织内高层管理者的直接倡导,其倡导程度与执行的决心也直接影响岗位分析的进展和结果。例如,由人力资源部倡导和发起的岗位分析过程与由总经理直接倡导和发起的岗位分析过程,对其他部门的管理人员、工作人员的配合度的影响是完全不同的,最高层管理者所直接倡导和关注下的岗位分析工作将受到组织内绝大多数成员的重视,从而获得更好的工作合作性。

(3)为执行岗位分析的多方面工作授权,在组织内安排相应的工作人员协调、组织岗位分析过程。岗位分析需要大量的人力、物力、时间的配合，常会与需要分析的岗位任职者的工作安排有冲突，因此，需要事先决定岗位分析的重要程度，在组织内选派有影响力、有权力的管理人员协调工作中可能出现的问题，组织、安排岗位分析的过程。

(4)为实施计划建立时间框架，为岗位分析过程确定明确的时间要求。岗位分析的过程最好能在一段持续的时间内完成，并能尽快产生一定的成果，以便岗位分析的结果能在实际工作中得到应用；否则，可能在组织中产生不利的影响。同时，岗位分析的过程也需要有计划地进行，因此，需要在真正的工作开始前制定岗位分析的进程和阶段性的工作要求。

(5)进行岗位分析的过程中有可能发现一些平时难以解决的问题或者为了适应岗位分析的进程而需要与工作进行协调。高层管理人员需要密切注视岗位分析的全过程，并解决在岗位分析过程中可能出现的各种冲突。

(6)为岗位分析过程提供持续的支持，包括有形的和无形的支持。

(7)作为岗位分析结果的验收者，高层管理人员应任命他人或亲自审核工作程序，使岗位分析的结果与实际工作需要相结合。

2.直线管理人员的角色

直线主管的参与能够提高岗位分析的接受性。实际上，直线主管通过了解工作要求可以作出明智的雇用决策，如果直线主管不了解某一工作需要完成哪些任务以及完成这些任务需要具备怎样的技能，就很难招聘到合适的人员。

(1)在需要的情况下，协助人力资源专家实施岗位分析计划。在实际工作中，中层管理人员对各工作岗位最了解，一般也是岗位分析结果最直接的使用者，因此，中层管理人员最容易接受岗位分析，也有能力承担岗位分析的部分工作。

(2)在必要的情况下参加岗位分析，为岗位分析提供相关的信息。岗位分析经常涉及中层管理人员在组织工作中的职责、角色，因此中层管理人员也是岗位分析的对象，也需要按岗位分析的要求接受信息调查，向分析人员提供有关岗位的工作信息。

(3)与涉及岗位分析的员工沟通，增强员工对岗位分析过程的认可度。在进行岗位分析的过程中，选择的信息来源是岗位分析成功的重要因素，为了保证岗位分析信息的准确、有效，需要中层管理人员选择胜任工作岗位、具备一定表达能力、能配合分析人员工作的员工接受工作人员的调查。

(4)中层管理人员对所负责范围的工作岗位的信息较为熟悉，在岗位分析完成后也可能直接应用岗位分析的结果。因此，需要审核和认可岗位分析过程中有关工作岗位的职责、任务、工作内容、活动及工作流程的初期结果。

3.专业岗位分析者的角色

有些岗位分析的方法需要专业的岗位分析者来提供。当然,也可以对直线主管和任职者进行培训,让他们担当专业的岗位分析者。但是,通常情况下都是由外部的咨询顾问或是公司人力资源部门的专业人员担当这一角色。岗位分析者是具有良好训练、从事和指导岗位分析的人员,通常是专家,是独立工作的,既不是经理,也不是工作任职者,而是“圈外人士”(out of the loop)。

专业岗位分析者的工作内容包括:

(1)为管理层提出岗位分析的建议。这项工作包括制订岗位分析计划、审核和检查工作流程。

(2)与岗位分析人员一起工作或在如下方面进行建议:数据收集和分析,编制工作说明书,符合法律需要,建立系统的工作程序。

(3)参与工资、薪酬管理的其他开发阶段工作(工作评价等)。

(4)监控岗位分析的全过程,使之能按预定计划进行。

从以上的分析可知,专业岗位分析者能够观察到许多处于不同工作地点的不同任职者在不同主管的管理下工作时的信息。专业的岗位分析者还能够阅读各种相关的组织文档与技术资料,因此,他们可以从这些非直接的二手资料中获取非常重要的信息。还有,专业的岗位分析者会比较全面地考虑到与之有关的各种法律问题。

专业岗位分析者尽管在实践中有许多优势,但是也存在一定的局限性,具体表现在以下三个方面:

第一,在经理和任职者的直觉中,岗位分析者是外人,从而对分析者的知识、能力和可靠性产生怀疑。

第二,岗位分析者实际上也可能缺乏具体的工作经验,尤其是对工作类型很多的组织,很难了解某一职务的方方面面。同时,在确定某一职务究竟应该包括哪些任务或活动时,他们常常会高度依赖自己的思维定式,通常是基于职务的头衔而不是充分考虑各种可能的信息之后作出决定。

第三,雇用岗位分析者(内部员工或者是外部专家)的费用也是比较高的。

4.任职者的角色

职务的任职者,就是担任现在职务的人,其有着与工作有关的最直接的知识。由于工作任职者最大的一个优点是他们熟悉工作任务,知识、技能和其他资格(knowledge, skills, abilities, and other qualifications, KSAO)以及工作环境,是岗位分析过程中主要的信息来源。

员工参与岗位分析过程的好处有:首先,他们掌握了与职务有关的最新的、最精确的信息;其次,通过让他们参与进来,直线主管和任职者本人才有可能就组织对该职务的期望达成一致意见;最后,他们的参与有助于增强雇员对于过程公平的认同,也有助于减少基于岗位分析的结果而引发的组织变革过程中可能出现的抵制。任职者主要承担的角色如下。

(1)参加数据收集(如填写调查问卷、参与岗位分析面谈)。当向员工清楚地解释岗位分析的目的和要求后,需要员工在岗位分析的过程中给予配合,如及时、按要求填写调查问卷、配合访谈过程、向岗位分析人员提供其他可能的信息等。

(2)如果公司政策允许,参与工作说明书草案的制定。由于工作任职者对于工作说明书是否符合实际情况及其合理性有绝对的发言权,让员工参与制定工作说明书的草案,有利于确保工作说明书的准确性,并提高员工对岗位分析过程、工作说明书的接受程度。

(3)在岗位分析的过程中,一般需要组成一个工作委员会来协助、监控岗位分析的过程。工作委员会需要有员工参与,以获得全体员工对岗位分析公平性的认同,以及对岗位分析的结果进行验收。

但是应该看到工作任职者可能缺乏知识或必要的洞察力,特别是试用期员工和临时工。一些员工没有能力描述他们的工作任务及推断工作必需的KSAO。另一个潜在的局限性是他们获取信息的动机不强,准确性不高。因为岗位分析与人力资源管理活动(如绩效评价与薪酬)有关,因此,任职者本人,甚至其主管,为了让组织给予的报酬水平更高,或者得到的尊重更多,也通常会故意夸大岗位的职责。

总之,岗位分析和工作描述的计划涉及公司的每一阶层,需要每个人的支持与合作。在实际工作中,当真正开始岗位分析时,首先要让员工克服对岗位分析的恐惧。

【案例 2-4】如何让员工克服对岗位分析的恐惧

人力资源部王经理从某外企跳槽到一家民营企业后,发现该民营企业管理有些混乱,员工职责不清,工作流程也不科学。她建议老板进行岗位分析,重新安排组织架构。老板马上点头答应,还很配合地做了宣传和动员。

王经理和岗位分析小组的成员,积极筹备一番后开始行动。不料,员工出乎意料地不配合。有的说:“我们部门可是最忙的部门了,我一个人就要干3个人的活。”还有的说:“我每天都要加班到9点以后才回去,你们可别再给我加工作量了。”

王经理经过多方了解,才知道,她的前任也曾做过岗位分析,而且还立即根据分析结果进行了大调整,不但删减了大量人员和岗位,还对员工的工作量做了调整,几乎每个人都被分配到更多的任务。

有了前车之鉴,员工们都忙不迭地夸大自己岗位的重要性及复杂性,生怕把自己的岗位给“分析掉”。

事例分析:解决员工恐惧问题的三个重要方面。

1.角色转换。要学会换位思考,即要从员工的立场出发考虑与分析问题,必要时需亲临工作现场体会员工的具体工作内容以及工作的繁忙程度、责任大小、工作负荷量等,这样才有可能得到员工对岗位分析的支持与帮助。

2.重视沟通。沟通是消除员工对岗位分析心理恐惧的一把金钥匙。与员工的沟通应该是贯穿岗位分析全过程的:从实施前的动员、实施过程中的答疑和核对与岗位相关的一切信息,到让员工积极参与并对岗位分析结果提出中肯建议。每一个环节都要力图减少员工对岗位分析的误解,进而才能减缓员工对岗位分析的焦虑心理,求得员工对岗位分析的支持。

3.鼓励参与。岗位分析不是岗位分析员单方面的工作,需要得到组织内所有成员的积极配合与支持。所以,在岗位分析过程中,要尊重员工,将员工看作其所在岗位的专家,鼓励他们参与到岗位分析中来,对所在岗位提出自己的建议和意见。

第三章　分析流程:模板框架　规范操作

引导案例:没有岗位说明书,就别指望员工把工作做好

案例背景:某企业行政部有十名员工,并且还设有一名行政部经理。但这个行政部经理非常头疼,因为该部门员工流行一句话“有事找经理”。无论是大事小事,其他部门员工找到行政部办事都要通过经理来解决,偏偏这个经理还非常忙,经常在外应酬、出差,常不在岗。别的人来找他,都扑了空,只能电话联系,给工作造成很大的麻烦。别人对行政部的意见很大,到了年底要绩效考核的时候,行政部总是垫底,经理的脸色可想而知了。为什么会出现这样的状况呢?

经过相关的调查发现,虽然行政部有十名员工,也设置了相应的工作岗位。但他们的工作任务却完全由经理进行安排,每周进行一次。所以员工只负责经理安排的事,对于经理没有安排的事情,他们一概不理。久而久之,行政部员工对于工作非常不满意,要么换了部门,要么直接离职;而且其他部门员工也纷纷抱怨行政部的员工太官僚。最为关键的是,行政部没有对应的岗位说明书。

案例分析:一旦提起岗位说明书,很多人可能就首先联想到岗位职责的清晰、分工的明确,并由此去认定岗位说明书的功效。分工的明确、职责的清晰固然重要,但岗位说明书有比这个更重要的价值,即借岗位说明书之手,进行岗位经验的内化和传承。

如果企业重视岗位说明书的编制并且能在日常工作中加以应用,那么任何一个人在企业的经验,都会因为这份岗位说明书的存在而固化,进而达到传承。

为什么但凡是个不错的企业,就一定有岗位说明书?

如果你是管理层或者企业家,你可以思考一下这几个问题:你的员工每天8个小时工作时间的利用率是多少?你的员工干的所有的事都和目标相关吗?你的员工每天都很忙但是拿不出结果,是不是根本没结果或结果并不好?

有一个非常残酷的现实摆在大家眼前:如果企业目标总是达不成,一定和以上几个问题相关。为什么员工工作没有结果或结果不好?

一是员工在工作时的效率低下;

二是员工的工作与目标不相关;

三是工作的事项与结果不相关。

例如,有个老板说他的很多连锁店表现都太不好,咨询人力资源管理专业教师，教师只提了一个问题，就将答案摆在这位老板面前。该教师说："你让店长和店员把每天上班到下班的时间都做了什么详详细细地列出来。"结果这位老板看完员工一天都做了什么后，自己就发现问题了，店长没干店长该干的事，员工也没有做好与目标相关的事。

同时，在工作中，我们有时会有这样的疑问：这件事应该找哪个部门？具体该由谁负责？这件事归属部门和负责人知道吗？这件事为什么是这个部门负责的，是不是归属另外一个部门更顺畅？当一项工作责、权、利不清晰的时候就容易产生推诿和低效，更容易增加部门间的摩擦与矛盾。解决范畴不清晰问题的一个重要抓手——岗位说明书，它是也是人力资源高效管理的重要工具。

通过该案例，大家可能觉得这是经理个人工作方式的问题，但最根本原因则是员工在工作岗位上，对自己究竟要做什么工作，完成什么样的任务，如何去完成等信息完全不清楚，工作只是被动接受领导的安排。假设每位员工都能有一份非常详尽的岗位说明书，告诉员工究竟该做什么，完成的程度如何，什么时候去完成，完成的流程步骤应该是怎样的，这样才能让员工避免总是被动地去接受工作安排，对于员工的管理也将走向科学化、规范化和标准化。

岗位分析是人力资源管理中一种常见的活动，由于整个人力资源管理活动中的岗位设计、招聘、培训、考核、薪酬等都与岗位分析有直接关系，所以岗位分析也经常被看作是人力资源管理的奠基工程。在现实中，我们经常发现这样一种现象，有些组织尽管进行了岗位分析活动，编写了岗位说明书，但无法将岗位分析的结果同招聘、培训和考核等人力资源管理工作相结合加以应用，即"雷声大，雨点小"。这种为了岗位分析而进行岗位分析的形式主义做法会直接影响到员工的行为，使员工感觉不到进行岗位分析之后带来的相应变化和改进，也就很难在今后的工作中再度配合人力资源部门的工作。

因此，在实际操作中，必须牢牢把握与工作岗位实际情况相结合的基本原则，即我们常说的"从工作中来，到工作中去"。具体而言，岗位分析的信息必须从本企业工作岗位中获得，而产生的岗位说明书也必须能够指导企业的实际工作，不能照抄照搬其他企业的岗位分析成果。

一、何时实施岗位分析最有效

(一)岗位分析专案的形成条件

1.公司对岗位分析的需求

公司在快速发展过程中,规模日趋壮大,同时显现出管理和流程的复杂性,表现在以下几个方面:

(1)公司战略传递的渠道不通畅,造成战略信息传递速度慢,且战略的贯彻执行力度不强。

(2)公司组织的设立没有统一的标准和规范,组织系统错综复杂,每个组织应发挥的作用不十分明显。

(3)公司流程设计大多以各部门为主,流程在部门与部门的联系上存在盲区,造成在流程的处理上效率不高。

(4)公司岗位设置多以部门的利益为主,没有考虑公司的整体战略和岗位设置的作用,造成岗位职责重叠、岗位工作无人做的现象时有发生。

(5)公司管理人员的层级和管理幅度不十分明朗,公司整个管理体系的系统性和实效性不强,造成公司的成本费用快速增加。

2.员工对岗位分析的需求

(1)员工对公司整个的岗位设置和岗位职责不十分清楚,造成一批员工不知道每天做什么,做到什么程度,做的意义在哪里。

(2)员工对公司要求的工作效果不清晰,就互相攀比、观望,造成工作效率不高。

(3)员工对自己岗位的定位不明确,对自己岗位在企业中的价值不明确,对自己的薪酬不满意,造成工作的积极性不高。

(4)员工对自己的职业通道不清晰,不知自己该往哪里发展,造成对公司整体失去信心,不愿在公司长远发展。

(5)员工对岗位的考核指标不明确,加上公司考核淘汰、晋升的力度不够,对员工的激励性小,造成大家做好做坏都一样,用心度不够。

公司和员工的强烈需求,需要公司对所有的部门和岗位进行清晰的定义,对部门和岗位应负的责任和拥有的权力进行详细划分,需要公司进行大范围内的岗位分析工作。

(二)人力资源工作者何时开展岗位分析最为有利呢

1.人力资源部门刚刚组建时期

人力资源部门的形成主要有三个途径:一是企业组建时设立的独立部门;二是

从办公室或其他行政部门中脱离出来的；三是由人事部门演变而来的。其实无论从哪个途径而来，建立一套切实可行的人力资源体系都是当务之急，因为整个企业都在观望这个刚刚组建的人力资源部门到底新在何处。这时与整个人力资源管理其他职能联系最为密切的工作分析，往往是最合适的突破口。只要工作分析做好，其他工作自然水到渠成。但对于是否采用简化的工作分析方法，还要依据企业实际及人力资源部门自身所处的状况确定。

2.企业面临管理变革时期

人们常说这个世界唯一不变的原则是变化，企业管理同样如此。当一个企业发展到一定时期，进行一定的管理变革往往是必然的，尤其是我们处于社会主义市场经济条件下，每天都有一批小作坊、小企业走向正规化。人力资源管理工作者必须随时保持与企业齐头并进的势头，这样就不得不对企业原有的人力资源体系进行变革，而最好的切入点恰恰就是工作分析。因为企业进行管理变革，所以变更部门职能与岗位职责是必然的。即使原来进行过工作分析，其结论也很难适应现在企业的状况。因此，为适应企业变革的节奏，作为人力资源工作者必须适时推行工作分析，以使自己处于企业变革的最前沿。

3.人力资源工作者刚刚进入一个陌生的企业时

人员流动是企业不可回避的问题，人力资源工作者也不可能为一个企业效力终身。作为一个自然人，从一个企业流向另一个企业也是经常发生的。可进入一个陌生的企业，面对一套与自己以前所经历的完全不同的管理体系如何才能迅速开展工作呢？笔者认为，最好的办法就是从工作分析入手，全面掌控人力资源工作。如果新进入的企业以前从来没有进行过工作分析，则可采用比较正规的工作分析方法，逐步开展工作分析；如果该企业以前已经做过工作分析，则可通过简化的工作分析方法进行补充和修正。这样做一方面可以使自己迅速进入工作状态；另一方面则可以使自己用最短的时间熟悉了解企业。

二、岗位分析实施流程

中国有句古话："凡事预则立，不预则废。"这就是说，做任何事情，如果要想取得成功就必须做好计划，否则，往往会失败。岗位分析活动同样如此，为了保证整个活动顺利开展，制订出周密的计划是前提。一般来说，岗位分析流程分为准备阶段、调查阶段、分析阶段和完成阶段，并按时间严格控制执行。

（一）准备阶段

1.确定岗位分析目的

岗位分析的目的就是将企业的职能分解到各项工作中，明确企业中各项工作的纵向和横向的关联关系,即明确工作职责、工作权限和工作关系等方面。

2.确定岗位分析团队

岗位分析由于涉及面大、内容多且需要专门的技术,因此在组织开展岗位分析活动之前要先成立岗位分析团队。岗位分析团队应由以下人员组成:一是项目组长,由公司高层领导如常务副总担任;二是项目执行组长,由人力资源部经理担任;三是岗位分析人员,主要由人力资源管理部门专业人员和熟悉部门情况的各部门经理助理组成。

3.确定团队成员分工

项目组长主要负责岗位分析的各项支持工作。副组长负责编写本工作团队岗位分析的工作计划,督导项目团队成员的工作。岗位分析人员的工作主要是:收集各项资料;下发与回收调查问卷;和岗位分析对象进行联络与确认;资料回收后进行汇总;编写岗位说明书。

4.讨论确定需要岗位分析的岗位

当需要分析的工作有很多而它们彼此又比较相似的时候,如果我们对它们逐一进行分析,必然非常耗费时间,同时成本会增加,在这种情况下,我们需要选择典型(关键)的岗位进行分析。

5.争取公司高层和全体员工的理解与支持,培训团队成员

岗位分析不是由人力资源管理部门单独完成的,也不是人力资源管理部门的人员仅凭个人对组织各个岗位的认识“闭门造车”编写出岗位说明书的。因此,岗位分析活动需要得到上至组织的高层下到每位员工的理解、支持和参与。

(二)调查阶段

1.确定岗位分析方法

岗位分析方法可分为定量的方法和定性的方法。定性的方法主要有问卷法、观察法、面谈法、主题专家会议法等;定量的方法主要有职位分析问卷法、管理职位分析问卷法、功能性工作分析法等。组织在开展岗位分析活动时,要根据实际情况进行选择。

2.设计调查问卷

调查问卷要求结构清晰、针对性强、内容翔实等。

(三)分析阶段

1.同分析对象共同审查核对所得资料

通过岗位分析的各种方法所得到的相关工作信息,只有与从事这些工作的人员以及他们的直接主管人员进行审查、核对和确认,才能避免出现偏差。这样做的好处在于：第一，有助于确定岗位分析所获得的信息是否正确、完整，初步信息中的不准确之处可以得到及时修正，同时也有助于岗位分析人员理解这些信息。第二，由于任职者和任职者的上级主管是岗位分析结果的主要使用者，请他们来审查和确认这些信息，有助于他们对岗位分析结果的理解和认可，为今后使用奠定基础。第三，收集岗位信息的人员有时实际上并没有从事过所分析的工作，因此对工作中的一些实际问题和标准并不是很了解，而在这些方面，现有岗位任职者和任职者的上级主管恰恰更有发言权。第四，让任职者及其直接上级共同对岗位信息提出意见，也有利于发现他们对工作不太一致的某些看法，使他们有一次沟通的机会，以便协调一致，为今后更好地开展工作做准备。

2.提炼出所需要的材料和要素

将所得的资料进行加工整理分析，分门别类，归纳和总结出编写岗位说明书需要的材料和要素。在分析过程中，要创造性地揭示出有关岗位和任职者的关键信息。

（四）完成阶段

1.草拟岗位说明书

根据分析阶段归纳和总结出的编写岗位说明书所需要的材料和要素，草拟岗位说明书。岗位说明书的内容应包括：该岗位的基本情况，如名称、职等职级、所属部门、编制等；该岗位存在的价值和目的；对该岗位的要求有哪些要素，如规划、组织、审核、创新等；对该任职者的责任和权力的定义；该岗位需要和外部进行的互动关系；该岗位需要使用的设备仪器和证照；该岗位的工作环境和工作地点；该岗位的上下级汇报关系和服务的相互关系；胜任这份工作需要具有的素质、技能和经验。

2.讨论验证岗位说明书

召集整个调查中涉及的管理人员和任职人员，讨论由岗位分析人员编制的岗位说明书，将岗位说明书初稿复印分发给他们，要求对其中每一句话、每一个词语进行斟酌、论证，发现问题并及时修改。

3.修改定稿

通过多次反馈、修改，最后确定详细的岗位说明书，经任职者、任职者的主管和人力资源部门负责人签字盖章认可后，进行归档保存并输入公司人力资源管理信息系统。岗位分析的实施流程如图 3-1 所示。

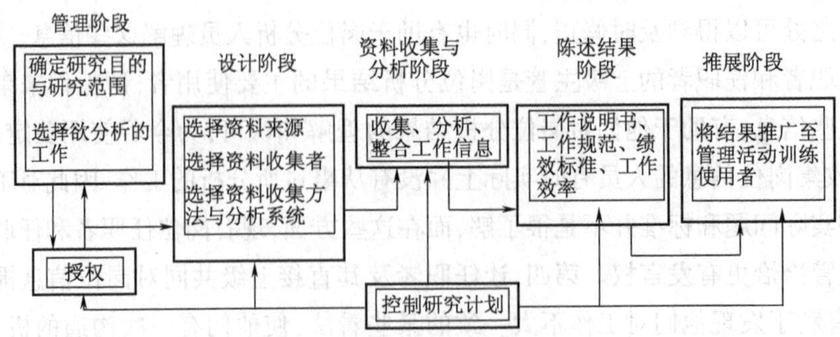

图 3-1　岗位分析实施流程

三、岗位分析遵循的原则与收集信息的渠道

（一）岗位分析遵循的五个主要原则

1.以战略为导向，强调部门/岗位与组织和流程的有机衔接

岗位分析必须以企业的战略为导向、与组织的变革相适应、与提升流程的速度和效率相配合，以此来推动部门职能和岗位的描述与任职资格要求相适应。

2.以现状为基础，强调部门/岗位对未来的适应

岗位分析必须以部门/岗位的现实情况为基础，强调岗位分析的客观性与信息的真实性，另外，也要考虑组织的外部环境、战略转型、技术变革、组织和流程再造、工作方式转变等一系列变化对部门/岗位的影响和要求，强调岗位分析的适应性。

3.以工作为基础，强调人与工作的有机融合

岗位分析必须以工作为基础，以此来推动岗位设计的科学化，强化任职者的职业意识与职业规范；同时，岗位分析又必须照顾到任职者的个人能力与工作风格，在强调工作内在客观要求的基础上，适当地体现岗位对人的适应，处理好岗位与人的矛盾，实现人与岗位的动态协调和有机融合。

4.以分析为基础，强调对部门/岗位的系统把握

岗位分析绝不是对职责、任务、考核指标、任职资格等要素的简单罗列，而是要在分析的基础上对其加以系统把握。所谓系统把握，包括系统把握该部门/岗位对组织的贡献，把握其与其他部门/岗位之间的内在关系，把握其在流程中的位置和角色，把握其内在要素的互动与制约关系，从而完成对该部门/岗位的全方位的、富有逻辑的系统思考。

5.以稳定为基础,但重视对部门职能说明书和岗位说明书的动态管理

为了保持组织与管理的连续性,企业内部的部门/岗位设置以及与此相对应的部门职能说明书和岗位说明书必须保持相对稳定。但另一方面,部门职能说明书和岗位说明书又并非一成不变,而是需要根据企业的战略、组织、业务与管理的变化适时进行调整,因此,需要在稳定的基础上,建立对部门职能说明书和岗位说明书进行动态管理的机制和制度。

(二)岗位分析收集信息的三大渠道

岗位分析需要收集三大类信息:工作背景信息、与工作相关的信息、与任职者相关的信息,具体见表3-1。而收集此三大类信息需要通过以下渠道进行。

表3-1 岗位分析需要收集的信息表

企业环境信息(工作背景信息)	
企业文化	企业的愿景、目标;企业文化的类型与特点
企业经营管理	企业的年度经营计划与预算;企业的经营管理模式;企业的组织结构、业务流程/管理流程;有关企业的研发、采购、生产、销售、客户服务的有关信息;企业的人力资源管理、财务、营销管理等
企业产品、技术	企业所提供的产品/服务;企业采用的主要技术
企业外部信息	行业中其他企业信息;客户(经销商)信息;顾客(最终用户)信息;外部供应商的信息;主要竞争对手的信息
与工作相关的信息	
岗位设置目的	本岗位在整个组织中的地位和作用
岗位职责和任务	本岗位负责的具体工作内容、计划组织职责、内部管理职责以及其他职责和任务
岗位权限	业务权限、人事权限、财务权限
工作沟通关系	内部沟通关系(与直接上司、其他上级、下属、其他下级、同事之间的关系); 外部沟通关系(与供应商、客户、政府机构、行业组织、社区之间的关系)
工作条件	使用工具设备、工作环境、工作时间特征、工作地点
工作特征	职位对企业的贡献与过失损害;所需承担的风险;工作的独立性;工作的创新性;工作中的矛盾与冲突;人际互动的难度与频繁性
与任职者相关的信息	
教育资历	学历和专业背景
专业经验	相关工作经历与时间
特殊要求	特殊资格证书以及性别、年龄、身高等身体特殊条件要求

续表

与任职者相关的信息	
知识技能要求	业务知识(从事本岗位工作必须掌握的专业知识);管理知识(从事本岗位工作所必须掌握的管理知识);基本工作技能(就业人员必备的一般工作技能)
基本素质要求	从事本岗位工作所必须具备的基本个人素质,如创新意识、分析判断能力、计划执行能力和项目管理能力、团队合作意识等

1.渠道一:企业所在的产业/行业的标杆岗位

当需要分析的工作有很多但它们彼此又比较相似的时候,如果我们对他们所做的工作逐一进行分析,必然非常耗费时间。在这种情况下,选择典型的岗位进行分析是十分必要的。特别是同一个职务的多个岗位可以使用同一份岗位说明书。这样通过参照外部组织相似的(或相近的)工作信息或岗位说明书,达到迅速获取岗位信息的目的。

相关岗位信息参照美国《职业名称辞典》及美国劳工部开发的“岗位信息网络”。

知识链接:DOT 与 O * NET 的含义

1936 年 4 月,美国岗位研究会以“编码表为基础”,以岗位分析为手段收集了大量事实资料,最终完成了著名的《岗位名称辞典》(*The Dictionary of Occupational Titles*,DOT)的编写。每个岗位都由唯一的 9 位数字代码标志,这些数字是按照工作任务的特征编排的,例如,出纳员岗位的工作代码是 211.362-018 。

DOT 对 12 000 多种岗位进行了描述,同时还列举了成功的任职者所需要达到的要求,并以对工人的知识、技能等最基本的要求为标准来划分各项工作岗位等级,因而受到了广泛好评,尤其为第二次世界大战中美国征兵工作提供了极大方便,甚至不少人戏称它为一部“专为战争而诞生的辞典”。另外,DOT 还提供了16 000个岗位名称。

DOT 不仅在公共部门得到了运用,在私营部门也同样得到了运用,它们都通过这一辞典实现了对岗位的高效人员配置。这部辞典对于劳动者来说也是非常有用的,因为它列举了劳动者为达到某些特定岗位的要求所必须具备或者开发的技术和教育水平方面的要求。但 DOT 也有局限性:随着产业结构的优化升级,劳动力转移经过三种方式转换,越来越多的原有的稳定、固定的生产性岗位向更为灵活、动态和服务型的岗位转变,但 DOT 的岗位资料不能满足未来雇佣和岗位的需要。因此,必须建立新的岗位信息数据库库,以满足未来的这些需要。

因此,美国劳工部在1998年摒弃了这套《岗位名称辞典》,同时开发了一套全新的岗位分析系统:岗位信息网络(Occupational Information Network,O * NET),此系统不依靠固定的岗位名称和范围狭窄的工作任务描述,而是运用一种从各种岗位中提炼出来的通用语言来描述各种岗位所需的能力、工作风格、工作活动以及工作背景,这些岗位的定义都非常宽泛(因为O * NET系统中描述的岗位只有1 000种)。它从以下六个方面来对岗位加以描述:

- 职业的一般要求(包括通常的工作活动、工作性质、机构的性质);
- 职业的具体要求(包括职业知识、职业技能、人物、机器、工具和设备);
- 职业特点(包括劳动市场信息、职业前景、工资);
- 任职者的特点(包括能力、职业价值观和兴趣、工作作风);
- 对任职人员的要求(包括基本技能、跨部门的技能、一般的知识、教育程度);
- 对经验的要求(包括培训、经验、职业资格证书)。

一旦数据库建立起来,未来就可以利用人工智能的方法,以收集到的信息为基础,预测所需的职业技能和新的、正在发展中的职业。

2.渠道二:组织内部文献

(1)岗位说明书建立的前提条件:有清晰的组织结构图、部门职能说明书、工作流程图、工作配置图、原有对部门/岗位职责的界定,并通过岗位分析建立了职位体系。

(2)建立岗位所需的支持性文件:指现有行业内或专业领域内的政策与制度;劳动合同;公司的战略规划文件、各职位所涉及的所有制度文件。

(3)国内外工作分类标准:如国际劳工组织制定的《国际标准职业分类》(1958)包括8大类、83小类、284细类、1 506种职业项目;《中华人民共和国职业分类大典》(1999)包括8大类、66中类、413小类、1 838种职业,是我国对职业进行科学分类的权威性文献;《中华人民共和国职业分类大典》(增补本)也是重要的参考文献。

3.渠道三:与岗位相关的各类人员

与岗位相关的各类人员包括:现有职位任职者和对该职位产生影响或受该职位影响的其他人员。这是因为公司组织图并不提供所有工作内容,亦无法显示出组织中实际的沟通形态,因此要了解公司所有工作人员每日的实际活动及其职责是需要透过岗位分析进行的。而在整个过程中最重要的是沟通,不只是向高管进行汇报,还要和各单位主管进行沟通说明,尤其是与主管密切配合,找出最了解工作内容的员工以及最能客观描述职责的员工。

四、岗位说明书的内涵与应用误区

岗位说明书,相信专业的人力资源公司都可以写得很漂亮,但这种漂亮在某种意义上可以和“不实际”画等号。这种不实际在真正工作中会有很多表现,例如:“公司的财务人员同样肩负着行政的职责”“以绩效和培训见长的人力资源部门在80%的时间里忙于处理员工关系问题”“拥有丰富的医药领域客户资源的销售总监长时间地带领团队维护快速消费品客户”……归纳一下,招聘的失败往往体现在企业对人选的不满意或者人选对职位设置的不理解上,要么大材小用,要么小材大用,要么边用边看。从网站上或者大纲里随便摘抄或组合一些条条框框组成一个岗位说明书,是最平常又是最忌讳的做法。那么,岗位说明书是什么?如何省时省力做出一个有效的岗位说明书呢?

(一)岗位说明书是什么

岗位说明书是岗位分析的结果,也称为工作说明书,它是以标准的格式对职位的工作内容及任职者的资格条件进行规范化描述的文件。岗位说明书的类型有:文字叙述型与表格型(见表3-2);简单型、较复杂型、完备型(见表3-3)。

表3-2 ××铝业公司岗位说明书模板

单位名称: 制作时间:

岗位基本信息	
岗位名称:	岗位编码:
所在部门:	岗位等级:
岗位定员:	岗位类别:
适用工时制度:	工作班制:
岗位概述:	
主要岗位职责与考核指标 (请描述该岗位4~8项应负责任,包括主要活动和要达到的结果,并请依据其重要性依次排列。绩效考核指标尽可能客观、量化,数据易采集)	

续表

序号	职责要项	权责	绩效考核指标
1			
2			
3			
4			
⋮			

工作工具与使用设备	

工作联系

（列出本岗位任职者需联系的对象，含公司内部和外部对象）

范围	联系的对象	联系的频率	联系的方式	联系的性质
公司内部				
公司外部				

任职要求

（请列出本岗位需要的最低的任职资格，含学历、专业资格、特殊训练、技能和经验等）

学历：　　　　　　　　专业：

职业技术资格：　　　　工作经验：

必备的知识与技能：

素质要求：

其他要求　　性别：男　女　　年龄：　　其他：

工作环境

工作场所：　　　　　　职业风险或安全风险：

危害源种类：　　　　　危害频率：

续表

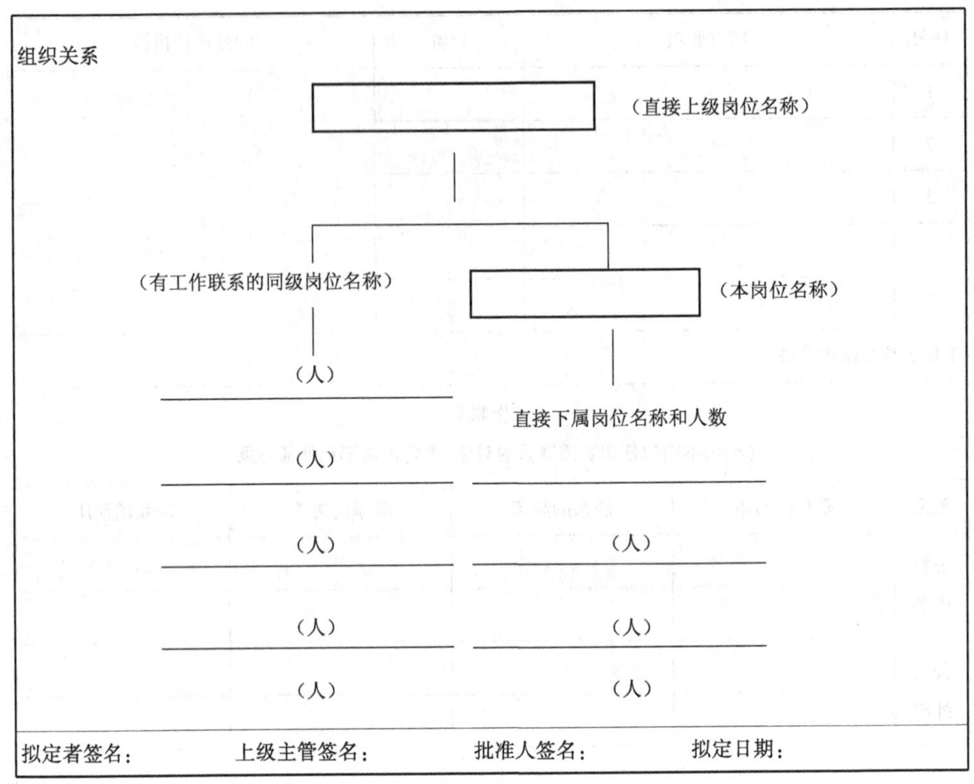

岗位说明书也被称作“职位手册”，一份完整的职位手册应该由职位描述书、任职说明书、工作指导书三部分组成。

职位描述书是对具体某个职位工作的性质等基本情况进行描述的文件。通过该文件，能了解该岗位的基本性质、工作环境、在组织中的地位、工作中的沟通协作关系以及职业发展通道。职位描述书可在招聘中帮助应聘者基本了解该岗位，是企业做岗位价值评估的基础资料之一。

任职说明书是说明任职者应具备的个体条件的文件，列举对任职者包括身体、心理、技能及知识学历等方面的要求，是企业人员招募甄选的依据，也是培训需求调研的依据，是企业实施绩效管理的基础。

职位描述和任职说明通过岗位分析不难实现，但编好工作指导书就不那么容易了，这是很多企业的岗位说明书成了摆设的主要原因所在。什么是工作指导书？顾名思义，工作指导书就是如何有效完成工作任务的指导性文件，内容应包括：①职责范围；②企业对该职位重要职责的绩效期望；③该职位所拥有的人、财、物上的支配权力；④能顺利履行各项职责、达成或超越绩效目标的工作程序；⑤注意避免的过失。

表 3-3 某公司战略发展部经理岗位说明书

<table>
<tr><td colspan="6">一、基本信息</td></tr>
<tr><td>岗位名称</td><td>经理</td><td>所属部门</td><td>战略发展部</td><td>岗位代号</td><td></td></tr>
<tr><td>直接上级</td><td>副总经理</td><td>岗位定员</td><td>1</td><td>岗位等级</td><td></td></tr>
<tr><td>直接下属</td><td colspan="3">4 人,行业分析/战略管理/项目管理/固定资产管理</td><td>工作地点</td><td></td></tr>
<tr><td>编写部门</td><td colspan="3"></td><td>生效日期</td><td></td></tr>
<tr><td colspan="6">二、工作概要</td></tr>
<tr><td colspan="6">负责公司的投资管理和战略管理以及公司固定资产管理</td></tr>
<tr><td colspan="6">三、岗位职责</td></tr>
<tr><td colspan="3">职责范围</td><td>职权</td><td colspan="2">制度依据</td></tr>
<tr><td colspan="3">1.草拟公司的战略和投资管理制度</td><td></td><td colspan="2"></td></tr>
<tr><td colspan="3">2.制订部门工作计划,并组织实施,指导、监督、考核部门员工的具体工作</td><td>部门领导权</td><td colspan="2"></td></tr>
<tr><td colspan="3">3.负责公司战略的拟定和修订</td><td></td><td colspan="2"></td></tr>
<tr><td colspan="3">4.投资方案策划和计划制订,项目的可行性分析、论证、审核</td><td></td><td colspan="2"></td></tr>
<tr><td colspan="3">5.投资项目的实施管理以及项目的评估和反馈</td><td></td><td colspan="2">投资项目按计划进行</td></tr>
<tr><td colspan="3">6.对参股企业的管理建议和对子公司投资的审核</td><td></td><td colspan="2">投资的效益</td></tr>
<tr><td colspan="3">7.负责公司的固定资产管理</td><td></td><td colspan="2">固定资产的购建分配符合质量成本标准
固定资产管理科学,合理维护,维修及时</td></tr>
<tr><td colspan="3">8.完成主管领导交办的其他工作</td><td></td><td colspan="2"></td></tr>
<tr><td colspan="6">四、工作关系</td></tr>
<tr><td colspan="6"> 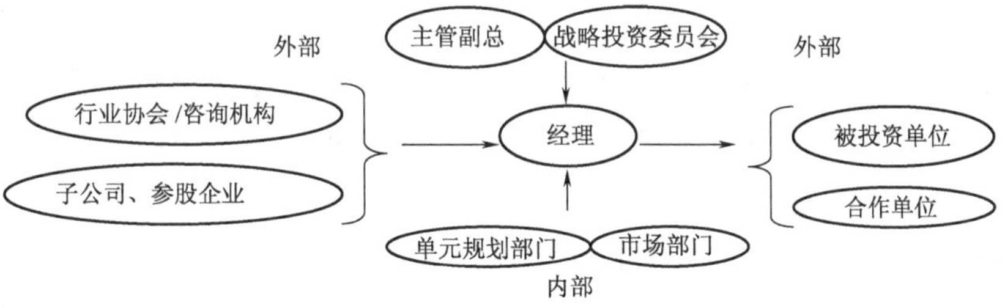外部
主管副总
战略投资委员会
外部
行业协会 /咨询机构
子公司、参股企业
经理
被投资单位
合作单位
单元规划部门
市场部门
内部</td></tr>
<tr><td colspan="6">五、任职条件</td></tr>
<tr><td>基本条件</td><td>性别</td><td colspan="2"></td><td>年龄</td><td></td></tr>
<tr><td>教育背景</td><td colspan="5">经济或管理相关专业本科以上</td></tr>
<tr><td>工作经验</td><td colspan="5">8 年以上,具有 5 年以上公司所在行业经验</td></tr>
</table>

续表

知识与技能	具备管理学、经济学、投资、财务管理、统计等专业知识 具备分析投资能力和调研能力 具备协调、判断、组织能力 具有计算机和网络应用技能 流利的英语听说读写能力
六、其他	
使用工具设备	计算机、电话、传真机、打印机、Internet/Intranet
工作环境	办公室
工作时间特征	正常工作时间,偶尔加班

(二)岗位说明书对企业和员工意味着什么

1.任职说明书部分

对管理者来说,可在对所辖各职位的任职能力清晰认知的基础上,结合现任员工的能力表现,制订出相应的指导和培训计划。对员工来说,任职说明书为自己的学习和提升指明了努力的方向。

2.工作指导书部分——从《戴尔,无情的印钞机》说起

《戴尔,无情的印钞机》一书介绍了戴尔公司如何通过将流水线生产的特性无一例外地拓展到戴尔公司的各个角落,包括销售与非生产性部门,将戴尔打造成具有绝对执行能力的、残酷竞争的组织。在戴尔的组织关系中,戴尔公司的决策层和执行层之间已经形成一种同样的"流程化、量化的关系"。这种关系使两者的沟通变得更为直接:决策者是流程的控制者,执行者则用最短的路径实现业务目标,但前提是执行者必须按照每个业务环节的标准进行。"流程最终是靠人的行为实现的,每个细节都变得标准,这样戴尔就可以对流程中的故障自我诊断,管理者们可以对业务运转中不恰当的地方及早作出适当的决定。"戴尔中国总裁符标榜如是说。

我们知道,产品制造的过程中,所有流程上的工人只要严格按操作规范(SOP)上的一道道指令进行操作,就能最大限度地保障成品率。在日常生活中,人们新购置了一台从没使用过的电器,只要认真地看使用说明书,很快就会使用。对于绝大多数电脑"白痴"来说,在电脑使用过程中遇到的大多数问题,只要会用搜索引擎,就能在网上找到解决方案,很多电脑高手早在网上热情、周到、详细地给我们提供了很多"傻瓜版"的解决方案。

从戴尔在所有岗位实施流程化管理的案例,我们可以得到这样的启发:①在各岗位的工作指导书中,若对各职责的履行过程进行有效合理的规划,且任职者能严格执行的话,可有效保障绩效目标得以实现;②从中层管理干部到基层员工的工作,若均能通过工作指导书实现流程化作业,可有效降低企业在选拔中对能力的要求,完全可以实现聘"二流"的人才做出"一流"的业绩。

(三)岗位说明书的应用误区

1.岗位说明书描述的是"现在做的",不是"应该做的"

在编制说明书的时候,人力资源部门的人员或岗位编写者往往参照自己或岗位人员目前做的工作进行编写,很容易犯下编写"现在做的",而不是"应该做的"的错误。岗位说明书的编写要"对事不对人"。

【案例 3-1】多变的岗位任职资格

某集团三产总公司在人力资源管理整体方案设计过程中出现了这样的情况:物业部张副经理多次要求修改岗位说明书的内容,第一次是要把他下属的电工岗位任职条件降低,以适应现有人员的实际情况;第二次是在进行岗位评价时要求提高任职条件;第三次是在重新进行岗位聘任时再次要求降低任职条件和绩效难度。类似的情况在部分岗位任职人员及其直接上级身上也有发生,使得人力资源部一度不知所措。

在许多国有企业中做基础工作分析信息收集时,不论岗位任职人员本身还是岗位的直接上级,出于对自身客观条件的担心,往往容易对岗位的任职条件要求努力压低,造成一种现有人员符合岗位要求甚至绰绰有余的感觉。但在进行工作评价时,由于较低的任职条件对岗位价值的评估不利,例如,一个需要本科文化程度和中级专业技术水平的岗位显然要比一个需要专科文化程度和初级专业技术水平的岗位的相对价值要大,从而评定的工资水平要高。这时,原工作分析信息提供者就会千方百计修改任职条件,努力提高要求,以获得较高的岗位工资标准。然而,当遇到设定绩效考核标准和岗位聘任时,这些人又会为当初抬高任职条件而后悔,因为要求较高岗位的绩效考核指标的实现难度显然要比要求较低岗位大得多,也就是说,虽然工资标准上去了,却挣不到手,水中捞月空欢喜;同样,较高的岗位要求也给岗位聘任时竞争该岗位增加了难度,这样别说拿到高标准的工资,甚至连岗位都有可能应聘不上。

2.岗位说明书的描述应以"优秀员工的岗位工作职责与工作任务"为基准

在企业里,有优秀/合格/不合格的员工。岗位说明书不能以"优秀员工的岗位工作职责与工作任务”为基准，应力求客观，在确保上岗资格都能达到的情况下，进行岗位分析。

【案例 3-2】岗位任职标准的高低之争

某公司发现某一个部门经理 A 升迁以后，其部门经理的职位始终招聘不到合适的人选，虽然后来又招聘一个部门经理 B，但后来 B 主动提出调离岗位，说压力太大。有人说 B 领导素质不能胜任，也有人说 B 领导管理水平太差，还有人说 B 领导沟通水平欠缺……其实最根本的原因是当时 A 升迁后，又参与部门经理的岗位说明书的描述，由于个人能力完全胜任本岗位，因此 A 在描述其岗位时，由于其在工作中经历过生产管理、经营管理、内控管理等方面的培训或历练，岗位标准按照最优的标准进行编写，导致岗位说明书的上岗资格要求过高。在这家公司里，实际上没有人能在生产管理、经营管理、内控管理等方面都得到培训，因此岗位标准成了空中楼阁，大部分人都无法胜任。

3.有了岗位说明书，就能按照岗位要求顺利工作了

岗位说明书只是提供了员工的一个工作范围或工作任务，对一些规范的企业来说，有了岗位说明书并不能保证新接手的员工顺利工作。岗位说明书中的很多职责、工作任务，只是一个笼统的说法，它只告诉了我们一个 W(what，做什么)，至于具体怎么操作(how)，什么时候做(when)，在哪里做(where)，谁做(who)，并没有通过岗位说明书进行明确。

因此，作为员工，要履行岗位说明书的职责，首先要了解该岗位在企业中的地位，其次要了解岗位的管理制度、岗位在企业中的流程节点以及本岗位的作业指导书，最后要认真履行这些制度、流程、规范、作业指导书，并在实际工作中不断完善。

特别是有了岗位说明书，一定要培养员工有使用岗位说明书的意识。这是因为，岗位说明书如果没有使用的话，只是一张张废纸，没有任何作用，只有跟人力资源管理的具体工作联系起来，才能起到基础的作用。这就要求岗位说明书编写出来以后，人力资源部需要做的不是松懈下来，而是趁热打铁，宣传岗位说明书的重要性，培训、指导各部门如何使用岗位说明书，建立一系列的制度、流程来充分发挥岗位说明书的作用。

4.岗位说明书的编写应该由上一级主管完成

岗位说明书的编写包括两部分：一是岗位分析过程；二是岗位说明书的编写过程。岗位分析就是以战略为导向，以组织为基础，与流程相衔接，对岗位信息进行收集、整理、分析与综合的一系列工作程序、技术与方法。岗位分析的成果就是岗位说明书。只有把岗位分析做好了,岗位说明书的质量才能得到保证。

岗位分析不是一项立竿见影的工作,不是人力资源部门单独可以完成的,它需要企业每个部门,甚至是每位员工的协助。人力资源部门专业人士在编写岗位说明书的工作中,虽然不是编写的主要负责人,但是作用非常重大,需要组织、培训、指导各部门进行岗位分析,编写岗位说明书,对质量进行把关,最后还需要使用、维护岗位说明书管理系统。

岗位分析实施过程中的重要工作是岗位信息的收集。通常情况下,都是从员工那里获取最原始资料,之后由上一级主管审核。在这里,人力资源部只能充当监督、指导说明书编写的角色,真正的责任人是各部门负责人,只有他们才最了解部门内部岗位的职责、部门运作的流程和人员的分工合作。部门负责人要对部门内所有岗位负责,安排任职者编写岗位说明书,对提交上来的岗位说明书进行审核。

在这样的过程中,上下级之间可以检讨是否在岗位职责方面有什么误解,主管对员工的要求是否得到员工清晰的领会。同时,这样的做法也避免了有很多下属的主管花费太多时间来填写描述书。在岗位管理体系建立起来之后,修正描述书或撰写新岗位的描述书的工作通常由上一级主管及人力资源部共同负责。

5.岗位说明书是一劳永逸的事

岗位说明书编写好以后,并不代表已一劳永逸地解决了问题。随着企业的变化、战略方向的改变、组织发生变革、流程优化,岗位的职责也会发生变化。所以,岗位描述和岗位任职资格要求要随着企业职位的调整和职能的转变而相应地变化。

岗位分析是一个连续的工作,当企业任何一个岗位发生变化时,就要对这个岗位重新进行岗位分析,调整该岗位的岗位描述和岗位资格要求。否则,岗位描述和岗位资格要求就会成为一纸空文,发挥不了作用。有些人事经理在进行完一次岗位分析后,就将分析的成果束之高阁,使岗位分析流于形式。

【案例 3-3】相同岗位的说明书,为何在猎头眼中不一样

大多数公司都有一个叫岗位说明书的东西,岗位说明书不仅是 HR 的好工具,也是各级经理很好的管理助手。好的岗位说明书,不仅是一个工作指引,而且对招聘工作帮助很大。

但是岗位说明书能不能起到好作用,关键得看岗位说明书的内容是怎么来的。

一是直接“拿来”然后稍加修改。直接从网上下载一个相同岗位的版本,在那个基础上稍加更改，然后交差、完事，这样做效率很高，但往往与实际工作内容不吻合。

二是凭过去经验写。自己过去怎么干的就怎么写，反正都觉得工作内容差不多，总结几条就是了。

三是工作分析后细致地写。公司对这个岗位设置的初衷是什么？是如何定位的？具体的工作内容是什么？按照结构化的思路，一条一条罗列出来，然后反复推敲、修改、增删，很认真地对待这件事，力求把岗位说明书做得更完美一些。

以上三种做法，都能做出岗位说明书，但输出的结果却大不相同。通过工作分析再写，永远比直接"拿来"更贴合实际，同时能够在写的过程中进一步加强对岗位的理解和认知，收获是很多的，所以最好的做法是抛开其他干扰因素，认真地进行工作分析，能写多少是多少，然后再找相关参考资料对照着修改，这样的效果是最好的。

什么样的岗位说明书能指导有效招聘？例如某公司通过猎头顾问，招聘市场总监，结果是在不同水平的猎头眼中，岗位说明书是不同的。

一、普通猎头顾问眼中的市场总监说明书

职位名称：市场总监。

（一）岗位职责

1. 根据公司整体发展目标，制定市场策略与实施方案。

2. 全面管理公司的市场工作，确保公司销售目标的实现。

3. 负责全国高校渠道拓展和关系维护，组织实施宣讲活动。

4. 科学管理公司市场团队，适时有效开展培训。

（二）任职要求

1. 有较强的市场感知能力，敏锐地把握市场动态、市场方向的能力。

2. 五年以上相关工作经验，可适应经常出差。

3. 熟悉高校市场，熟悉与高校的合作模式，有高校营销经验者优先。

4. 优秀的沟通、协调、组织与开拓能力。

（三）薪酬待遇

1. 薪酬面谈。

2. 各项福利待遇完善。

二、职业猎头顾问眼中的市场总监说明书

职位名称：市场总监。

（一）岗位职责

1. 根据公司整体发展目标，制定市场策略与实施方案。

2. 全面管理公司的市场工作,确保公司销售目标的实现。

3. 负责全国高校渠道拓展和关系维护,组织实施宣讲活动。

4. 科学管理公司市场团队,适时有效开展培训。

(二)任职要求

1. 男性,年龄在35岁以内。

2. 从事过一线、二线品牌销售工作,且最少有五年以上工作经验。

3. 公司总部在北京。

4. 全国市场总监,或各方面优秀的区域总监(区域所辖不少于5个省)。

5. 有成熟的高校IT培训招生的经验,最近三年平均业绩不低于4 000万元,最好有年超亿元业绩。

(三)薪酬待遇

1. Base 45K/M×12M+补贴2K/M×12M+业绩提成(完成销售任务的0.015%)。

2. 每年7月和1月两次调薪,幅度看公司的业绩,最近两年平均在20%。

请问,在不同水平的猎头眼中,市场总监岗位说明书为何如此的不同?

五、有效岗位说明书的编制关键与模板撰写要点

(一)有效岗位说明书的制作关键

通过对本章引导案例"没有岗位说明书,就别指望员工把工作做好"的深入剖析发现,增强岗位说明书的有效性,关键在于前期准备、岗位说明书的设计和工作指导书的编写。

1.前期准备

(1)了解公司。为什么要了解公司?因为同样的人在不同的公司会或多或少有着不同的表现。对公司的了解主要体现在组织架构、业务领域、目前发展状况、管理层、企业文化等几个方面。其中:组织架构能帮助你确认职位所处的部门情况、团队情况及相关部门内部协调情况;业务领域能帮助你确认公司的主要发展方向及行业内公司排名等情况;目前发展状况可以帮助你对目前公司需要的人才取向有一个简单的判断;对管理层和企业文化的了解可以让你清楚老板喜欢什么样的人以及什么样的人可能更适合公司氛围等问题。

(2)了解问题。这里所说的问题可以归纳为一点,公司遇到了什么问题才考虑进行岗位招聘的,这对于职位说明的设计至关重要。需要注意的是,公司通常会遇到很多问题,这需要招聘专员分清主次,找到问题的关键点,最多不能超过两个,

否则会导致岗位说明设计要点过多,从而降低招聘效果。

(3)了解相关职位在行业中的人才分布及薪水情况。“知己知彼,百战不殆。”了解同行业相关职位的人才分布及薪酬结构,可以在JD设计上抓住人才的需求点,实事求是地“引诱”我们的目标人才“上钩”,提升招聘成功率。

(4)密切保持同高层管理者及用人部门的沟通。在对以上问题准备充分后,千万别急于开始岗位说明书的设计及撰写工作,为了使招聘更有效果,务必要同高层管理者和用人部门保持密切沟通。充分了解他们对职位的认识和期望,同时对用人部门领导的意见和建议给予足够的重视。

同时,对于高层管理者和用人部门之间所存在的分歧性意见要利用自己之前所做的功课进行鉴别,并适时给予双方相应的影响,让他们知道什么要求是不现实的,什么要求是现在没必要注重的,力争和双方都取得共识,并且得出招聘需求关键点,也就是关键胜任素质。

需要说明的是,关键胜任素质即职位的关键点,也就是说招聘来的人要解决公司目前的什么问题,务必在此问题上达成共识。

只有对以上问题持有正确的认识,才能够全面地认识和理解此职位对公司的重要性,在职位说明的设计及撰写上才可以做到目的明确,有的放矢。

2.岗位说明书的设计

岗位说明书在企业管理中的作用十分重要,不但可以帮助任职人员了解其工作,明确其责任范围,还可以为管理者的决策提供参考。

(1)清楚。岗位描述应当清楚地说明岗位工作情况,文字要精炼,一岗一书,不能雷同,不能多岗一面、一岗概全。

(2)指明范围。在界定岗位时,要确保指明工作的范围和性质。此外,还要把重要的工作关系也包括进来。

(3)文件格式统一,参照典型岗位模板。但形式和用语应符合本公司的习惯,切忌照搬其他公司的范本。

(4)岗位说明书的详略与格式不尽相同。通常情况下,组织中较低级岗位的任务最为具体,岗位说明书可以简短而清楚地描述,而较高层次岗位则处理涉及面更广的一些问题,只能用若干含义极广的词句来概括。

(5)岗位说明书可充分显示工作的真正差异。各项工作活动以技术或逻辑顺序排列,或依重要性、所耗费时间多少顺序排列。

(6)对事不对人。无论谁在这个岗位上,所需要做的事情都是一样的。

(7)在描述工作时,不要忽视对绩效期望的描述。岗位说明书不仅要让员工通过阅读这份文件确切了解这项工作的内容和责任,还要了解公司希望将这项工作做到什么程度，达到什么样的目标，要尽可能写出一种可测量的期望结果，不能量化的，最好用清楚的语言描述出来。业绩标准不是简单地等同于绩效考核中的考核指标，它主要是告诉我们应该从哪些方面和角度去构建该岗位的考核指标体系，而没有提供具体的操作性的考核指标。

（8）关键点明确。所谓关键点就是此人的关键胜任要素，可分为硬件和软件：硬件为胜任此工作所需具备的从业时间、经验及教育背景以及语言等特殊要求；软件更多的是对性格、素质等方面的描述。其中，硬件针对职位，软件针对文化，当然两者都是职位的胜任要素，关键点因每个公司对职位的理解不同而有所区别。

因此，真正做好岗位说明的设计，不仅需要对公司有很好的认知，而且要注重同高层管理者和用人部门的密切沟通，并且一定要秉承“人职匹配”的专业精神，适时地对职位有自己的理解和认知，虽然说“隔行如隔山”，但优秀的人力资源管理者可以绕过“山”，做出高效实用的岗位说明书，为企业和人才搭建起一座沟通的桥梁。

3.工作指导书的编写

第一步：确定岗位职责。基层员工的职责由部门主管根据部门职责分解而得。表 3-4 是定责检查矩阵。

表 3-4　定责检查矩阵：部门职能与岗位职责中不能触碰的四根红线

		部门职能				
		职责1	职责2	职责3	职责4	职责5
岗位1	职责1	√		√		
	职责2		√			
	职责3			√		
岗位2	职责1		√			
	职责2	√				
	职责3					√
岗位3	职责1					
	职责2			√		
	职责3					√

1对多：表示岗位职责应细化，或部门职能应精炼

1对空：超出底线，表示职责冗余或部门职能缺失

多对1：可能存在职责重叠

空对1：表示职责遗漏

第二步：确定绩效期望。企业的经营绩效，来自每个岗位的绩效贡献，任何一个岗位表现不良，都会影响到总目标的实现。在工作指导书中标明绩效期望

值,一是可以帮助企业对实际达成数据在组织层面进行分析,找到阻碍该职位绩效未达标的根本原因所在,以制定出正确的改善措施;二是可以在企业和员工之间达成一种心灵契约,帮助员工建立起岗位使命,协助员工确定他在该职位上努力的方向。

第三步:明确各职位的权限。这主要是指对任职者在工作活动内容上的权限范围进行界定,包括决定的权限、对他人实施监督管理的权限等。

第四步:职责有效履行的流程规划。这是体现该文件功能(工作指导)的关键所在,也是难点所在。这是因为,在所有岗位实施模式化、流程化、标准化的作业后,久而久之,员工的创新意识和创新能力都会逐渐消失,员工内在的激励需求就难以得到满足,会导致他们逐渐失去在该职位积极投入的激情,甚至会使离职率增大。要想通过流程化的作业来提升执行力及绩效,还要有效避免以上问题的出现,需要通过"一个精神、一个系统、三化、一个管理"的编制原则来达到以上目的。

"一个精神",是指在指导书中灌以"超越精神"。将这一精神体现在工作指导书中的途径有两种:一是以看得见却做不到的"黄金法则"来确定各职位的绩效期望值,意思是这个期望值需要员工通过发展自己才能实现;二是可以将"作业流程的优化"列入每个职位的职责中。

"一个系统",是指员工学习工作指导书,可以让员工对自己的角色有清晰的认知,从而可以帮他们构建一个完整的"管理"系统。举例说明:某单位一个生产部门的职能有19项,下面设了5个车间和1个设备管理科,该部门经理的工作涉及30多个流程,需要他定期提交的报表及资料多达21份,若是将这些内容一一罗列出来,既冗繁,又会因他没法理清逻辑关系而不能有效地安排工作的优先顺序。解决以上问题的有效方式是,用"金字塔"式的思维结构,从他的角色扮演出发,将各项工作进行有效的分类。针对中层主管的工作指导书通常分为以下六大类:一是目标和计划管理;二是向上管理(公司例行会议、工作汇报、合理化建议);三是跨部门的沟通与协作;四是用人管理;五是部门业务管理(在这一类别下,又按业务职能做了细分);六是知识管理。这样一个系统建立的过程,对一个管理能力还不是很强的管理干部来说,对提升其管理技能的帮助是巨大的。

"三化",是指标准化、数字化、合理化。标准化和数字化是指在每项职责下面都对应着标准的执行动作,将"人、事、地、物"做清晰地描述,将"时——任务的完成时限"都界定得清清楚楚。合理化是指以"成效"为导向,一是将涉及的相关制度、表单去繁就简,做合理性的优化;二是在有沟通往来的相关职位间建立起任务接续关系,例如,在中层主管的指导书中要求他们在每年的12月15日前提交下年度的人员编制计划,那么,在总经理助理的指导书中就注明了每年 12 月 5 日前组织下一年度人员编制的研讨会议。

“一个管理”,是指知识管理。赋予工作指导书,能有效实现知识管理的功能,能有效开启团队成员的智能,以达到提高企业的应变和创新能力的目的。实现这一功能的措施如下:一是要求各职位的一级主管将所辖职位在各流程中出现过的过失、质量事故或客户投诉,悉数填进“注意避免的过失”模块下面,要求对“过失”用描述性的语言进行说明,同时说明“如何避免”,修改后的指导书要在人力资源部进行备案,要用修改后的资料对该职位的所有人员进行培训。二是对“合理化提案”在某个时间段内有明确的数量要求。一个过失的记录,就标志着一个错误得到了有效纠正;一个合理化提案得到许可并付诸执行,就标志着至少有一个动作得到了改善,企业和个人都可从中受益。

【案例 3-4】走出岗位分析的误区

L 君工作表现出色,引得另一家公司高薪挖角,高层顿时紧张不已。可结果却让公司大大松了口气,L 君竟然不为高薪所动,每天上班下班,一如往常。这下子,同事们都纳闷了,L 君连到手的前程都不要?

这时 L 君才道明原委:他的岗位说明书上明明白白写着,如果达到某一业绩指标,就能拿到和那家公司相差无几的报酬。现在,他离这个目标只有一步之遥了,如果走了不是前功尽弃吗?再说,跳槽也有不小风险。权衡再三,L 君谢绝了对方的美意。

说起这个故事,该公司人力资源总监的脸上难掩得意之色。他说:“岗位分析的目的不仅仅是说明这份工作需要做些什么,什么人可以胜任,最重要的是能够清晰地指明员工的职业发展方向。”

L 君的例子就体现出岗位分析找对“路子”的威力,但是很多企业往往达不到这种效力,究其原因,是走进了一些误区。

误区一:重公司,轻个人

大部分企业的岗位分析是完全站在公司角度进行的,就是说,分析的重点放在员工在这个岗位上应当怎么做。

对岗位内容的分析再详尽也是没用的,因为员工看不到自我价值的体现。而且,同事之间少不了互相攀比:为什么我干得比你多,钱却比你少?为什么你的工作技术含量比我低,却跟我拿一样的钱?如果岗位分析从员工角度出发,多分析岗位在公司内部结构中的地位和作用,员工的心态会平衡得多。

特别是有的公司把员工职业生涯规划也作为岗位分析的内容之一,这个思路非常好,但实施起来却往往失败,就是因为这种规划是公司一厢情愿的。如果员工在这个岗位上只能干三年,那为他设计10年的职业生涯有什么用呢?你应该分析,在这个岗位上干了三年之后,他能掌握什么知识技能、工作经验,可以再朝哪个方向发展。

误区二:重责任,轻权利

计划经济时代的岗位责任制,讲究责、权、利的统一,"责任"始终摆在第一位。

在目前人才竞争激烈的情况下,岗位分析则更应突出"利"和"权",表现出员工的价值,才能吸引人才。如果你是一名销售员,公司要求你拉来的客户越来越多,订单越来越大,却绝口不提给你报销手机费、交通费的事情,你能满意吗?

其实,这类福利企业一般都有,但有的企业就不明明白白告诉员工,结果令员工感到没什么奔头,最终一走了之。

误区三:重条文,轻主动

不要幻想能把某个岗位的工作内容全部列举出来。比如,如果一个人面对火灾却袖手旁观,并且说"我的岗位说明书上没写我要救火",这岂不是很荒唐!所以,进行岗位分析时,不要浪费时间去列举,而要写出几个主要的业绩要素。比如,对一个电工,要他"及时修理坏掉的电灯、电扇等电器",不如写"时刻保证管辖范围内的电器都处于正常运转状态"。

现在不少企业还习惯于一条条列举工作职责,这是过程导向的岗位分析,而我们应当提倡结果导向的岗位分析。

误区四:重业绩,轻动机

常言道:"道术合一。"然而,在岗位分析的过程中却屡屡出现重"术"轻"道"的现象。最明显的是,在绩效考核上只注重表现,不关注动机。一个人天天加班,是不是就应该表扬?其实,员工加班是对老板的讽刺。

如果事情多得做不完,老板应该增加人手;如果工作效率低,老板应该好好培训;如果他只是为了图表现,就更不能鼓励了,因为加班会浪费公司的资源。还有,一个人总是在上班时间看专业书,也要摸摸动机。如果他是为了把工作干得更好,应当鼓励;如果他是在悄悄为跳槽做准备,老板还笑得起来吗?所以,在岗位分析时还要加上个"动机导向"。

误区五:重画饼,轻可行

企业在招聘时都会说,你到我们这里来肯定大有前途,这等于是画了张大饼。

既然企业常讲以人为本,那就该落实到岗位分析中去。应聘者都会关心,我第一年有什么样的薪酬和培训?第二年呢?这些都应该分析清楚,给他前进的方向。L君的例子就很典型。

合同上写的都是固定数字，如月薪2 000元。但岗位分析不能这样做，应该设定弹性目标，如2 000~5 000元。这就等于告诉员工，干得好了能有5 000元，他就不会光想着跟别的岗位上的同事比，而是跟自己的过去比。

（二）岗位说明书模板的撰写要点注释（见表3-5）

表3-5 岗位说明书撰写要点注释

<table>
<tr><td colspan="2">部门：×××部</td><td>处（中心）：×××处</td><td>执行人：×××</td></tr>
<tr><td colspan="2">直接上级岗位：×××岗位</td><td>管理范围：×××部/×××处
（×××岗位）</td><td>制定时间：××××年××月××日</td></tr>
<tr><td colspan="4">1.部门、处、岗位的名称应与最近一次定编时的名称保持一致，新增岗位的名称应事先得到人力资源部的确认
2.几个人的岗位名称、岗位职责完全相同时，只需撰写一份岗位说明书
3.管理范围的填写，对处级经理以上（含处级经理）的干部列出下属部门或处的名称即可，对处级副经理则需列出下属岗位的名称</td></tr>
<tr><td colspan="4">岗位目的：
1.用一句话，简要概述该岗位的存在价值
2.标准格式为：为了……在……下，做……</td></tr>
<tr><td>岗位职责</td><td colspan="3">1.岗位职责的定义：
岗位职责是指为实现公司及部门宗旨，该岗位应承担的工作责任和应承担的工作项目
2.岗位职责描述：
①每一句话只完整表达一项基本职责（语言要求规范、准确，不可模棱两可）
②岗位职责要就本岗位的要求来制定，不能就现在本岗位工作人员的工作内容或该人员能不能完成来制定
③各岗位职责的汇总构成所在处的职责，各处职责的汇总构成所在部门的职责（检查各岗位的职责是否全面、岗位间职责是否有重复或整个处的职责是否有遗漏）
④列出的岗位职责最好不超过八项
⑤岗位职责中不应包含模糊、不确定的内容（如临时分派工作等）</td></tr>
<tr><td colspan="4">工作关系图：旨在描绘影响一个岗位的上下左右的各种工作关系和工作对象
1.输入：
①指导：对该岗位进行工作上指导的岗位，一般包括直线上级和虚线上级以及上级指定的指导人，对于没有虚线上级的岗位，可以空缺虚线上级一项
②客户需求：是指相对于该岗位而言，客户对其提出的工作上的需求，这种需求一般会与岗位职责相对应</td></tr>
</table>

续表

<table>
<tr><td>③外部信息：是指公司外部会影响到该岗位工作的信息，如客户、供应商、竞争对手、政府机关等
2.输出：
①工作产出：是指该岗位工作产出的结果，一般与客户需求相对应
②影响对象：是指该岗位的工作产出将影响到的各种对象，一般包括公司内部客户和公司外部的包括客户在内的各种对象
3.协同：
是指该岗位在履行本岗位职责的过程中，需要一起协同工作的岗位或部门。本项一般采用列举法，描述简洁，不要求对描述的对象进行细化</td></tr>
<tr><td>任职要求
1.基本条件：
①完成岗位基本职责所必须具备的年龄、性别、学历、专业、工作经验等方面的要求，如某项无特定要求，可空缺该项（如性别）
②对每一项描述要求明确，不能要求过高或过低，也不是条件越多越好
2.知识技能：
①知识技能是指为正确完成本岗位职责所必须具备的专业知识或技能（如 LINUX 研发工程师岗位的 LINUX 相关知识、人力资源岗位的人力资源理论知识、财务人员的财会知识等）
②知识技能要从两个方面来描述：知识技能的范围，即要求列出需要什么样的知识和技能，知识技能要有等级或水平的描述（如研发人员要求具备英语四级以上的英文能力，打字员要求每分钟打字 150 个等）
3.所需能力：
①描述或列举出为了正确履行岗位职责该岗位所必须具备的能力，一般不超过三项
②能力要求一般是指对该岗位而言最重要的能力，只具有普遍意义的一般能力则不做要求。如对于研发类人员而言，分析问题的能力和解决问题的能力非常重要，应是其必备的能力。但对于客服类人员来讲，沟通与协调的能力又成为最为重要的能力之一</td></tr>
<tr><td>岗位权限
1.权限是为保证岗位职责的完成所必须具备的权力，是其他岗位所不具备的，至少不是必备的
2.岗位的权力是有一定范围的，即在什么范围内享有此项权力（要描述准确）——权限
3.要注意岗位行政职责与权限的区别，行政职责不是此处规定的权限（如对下属进行岗位定级是干部负有的管理职责）
4.建议用下列三种权限来描述：
①建议权：不是泛指的建议，而是指保证岗位工作完成必须提出的（别的岗位可以不提的）、有关方面为使本岗位工作完成必须研究或考虑的一种建议，才享有此项权力
②调查权：为保证本岗位工作完成必须具备的、了解一定范围和一定业务内容的权力，其他岗位不具备此权力
③决策权：为保证本岗位工作完成必须具备的、对岗位职责范围工作最终的审批、裁决的权力</td></tr>
</table>

续表

岗位的轮岗 1.岗位的轮岗可以为员工将来的职业发展打下一个良好的基础 2.用列举法列出某岗位将可以轮换到的岗位
岗位绩效考核 1.考核岗位:指岗位的虚、实线直接上级岗位,不是某个人;对工作地点不在编制所在地的岗位,应明确指出其虚、实线上级;对其他岗位,列出直线上级即可 2.考核内容:对岗位从工作表现、工作能力、工作业绩三项考核,本内容对公司所有员工均一样 3.考核方式:以什么形式进行考核(自评或上级评分等),什么时间(多长时间)进行考核等

(三)岗位说明书编制的五表法

随着稳定性工作内容及岗位任职者素质要求改变,同一岗位的岗位说明书处于动态发展变化中,出于历史传承的记录,本教材所给出的岗位说明书模板中,增加了岗位说明书编写与修订履历表(参见表3-6)。

表3-6 岗位说明书编写与修订履历表

	编写/修订时间	修订内容	编写者/修订者	审核者	审批者
编写与修订履历	2004-02-10	版本建立	丁明杰	柯金财	邱智铭
	2007-04-01	版本第一次修订	丁明杰	王力	邱智铭
	2011-06-15	版本第二次修订	张殿臣	丁明杰	王力
	2017-06-01	版本第三次修订	高军	郭莎莎	王力

除此之外,本教材将现有最复杂岗位说明书模板分解为四张关键性表格,第一张是基本情况表(参见表3-7),第二张是岗位职责表(参见表3-8),第三张是工作权力、工作关系与工作环境表(参见表3-9),第四张是任职资格表(参见表3-10)。

表3-7 基本情况表

基本情况	岗位名称	财务部经理	岗位编号	
	所属部门	财务部	薪金级别	5
	直接上级	财务总监	直接下属	财务部副经理
	所辖人数	14	定员人数	1
	可升迁岗位		可调整岗位	
	岗位目标	负责公司财务全方位的事务,保证公司财务的运行畅通有效,数据提供的及时准确		

表 3-8　岗位职责表

职责模块	工作任务	占用时间	关键绩效标准
职责一	任务 1		
	任务 2		
	任务 3		
职责二	任务 1		
	任务 2		
	任务 3		
职责三	任务 1		
	任务 2		
	任务 3		
职责四	任务 1		
	任务 2		
	任务 3		
职责五	任务 1		
	任务 2		
	任务 3		

注：岗位说明书中的关键绩效标准仅作为绩效管理的基础信息，而非用于实际考核；而实际的绩效指标来源于当年度的组织及部门绩效指标的分解（具有变动性）。

正向的关键绩效指标

· 从正面的角度考察该项职责是否完成，以及完成的效果。如：目标达成率、计划执行质量、准确性、及时性等
· 适用于那些从正向角度易于衡量的岗位职责

反向的关键绩效指标

· 从反面的角度来考察该项职责的完成效果。如：差错率、失误率等
· 适用于那些从正面角度不易于衡量工作效果和质量的岗位职责

表 3-9　工作权力、工作关系与工作环境表

权限内容	权限范围	建议权	调查权	决策权
1.权 1 名称				
2.权 2 名称				
3.权 3 名称				

续表

权限内容	权限范围	建议权	调查权	决策权
4.权4名称				
工作协作关系的类型	协作单位或部门名称	联系岗位	联系内容	联系频次： 日常，有时，偶尔
1.部门内协作				
2.部门外协作				
3.企业外协作				
工作环境与劳动条件				
1.使用工具/设备				
2.工作物理环境				
3.工作安全环境				
4.工作社会环境				

表3-9中，工作权力指为了保证职责的有效履行，任职者必须具备的、对某事项进行决策的范围和程度。其具体包括：①建议权，不是泛指的建议，而是指保证岗位工作完成必须提出的（别的岗位可以不提的）、有关方面为使本岗位工作完成必须研究或考虑的一种建议，才享有此项权力。②调查权，为保证本岗位工作完成必须具备的、了解一定范围和一定业务内容的权力，其他岗位不具备的。③决策权，为保证本岗位工作完成必须具备的对岗位职责范围工作最终的审批、裁决的权力。

工作环境有大小之分，广义指劳动场所内外状况与条件，狭义特指从事生产劳动活动场所的外部环境条件，主要分析那些对劳动者身心健康和劳动效率可能产生影响或危害的环境条件。其具体包括：①工作物理环境，包括工作时间、空间、温度、湿度、粉尘、噪声、作业面的振动等；②工作安全环境，包括工作危险性、可能发生的事故、过去事故发生率、对人危害程度、劳动安全卫生条件、易患的职业病；③工作社会环境，包括工作所在地生活方便程度、工作团体情况、工作环境孤独程度、上级领导工作作风、同事间关系。

表3-10　任职资格表

项目名称	内容与标准
1.最低教育水平	
2.身体条件	性别、年龄、身高、体重、体力等健康条件

续表

项目名称	内容与标准
3.工作经验	指本岗和相关岗位经验,含工作年限
4.专业要求/培训经历	
5.相关专业知识	最主要的管理类知识、业务与技术知识、战略管理知识、人力资源管理知识、营销管理知识、财务管理知识、运营管理知识、项目管理知识、产品知识、采购知识、供应商管理知识、工程技术知识、法律知识、标准化知识、办公自动化知识、ERP 知识
6.相关专业技能	识人用人、团队整合、授权、培训下属、激励并关心下属、沟通协调、书面表达、行政事务处理、战略规划、决策能力、计划执行、团队协作、问题解决、关注细节、预期应变、市场分析、公关、项目管理、技术开发、成本意识、财务分析、商务谈判能力、时间管理、风险控制、冲突管理
7.从事本岗位所需要的核心能力	成就动机、主动性、人际理解力、客户服务导向、关系营造能力、影响力、亲和力、计划组织能力、指挥监控能力、团队合作意识、培养人才能力、信息搜寻能力、演绎思维能力、归纳思维能力、学习领悟能力、创新能力、市场开拓能力、自我抗压能力、灵活性、系统思维能力、绩效导向、组织承诺、坚持不懈、判断力、专业精神

六、传统岗位说明书还能适应时代变化吗

传统岗位说明书核心在于将工作职责的边界确定下来,伴随企业发展战略“目标”,逐层分解到“职责”,进一步细化工作内容到具体的“任务”(参见图 3-2)。

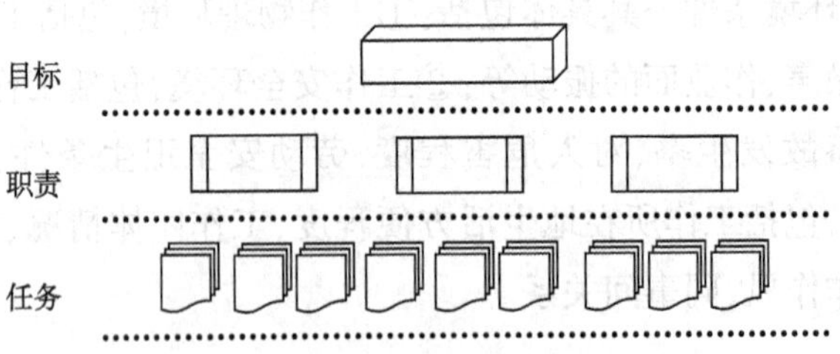

图 3-2 岗位内在结构三层次模型

图 3-3 明确表明,将企业所有现存岗位,按照岗位三层次模型,划分为传统职位、纯粹的知识工作、现实的职位三种类型。因此,传统岗位说明书仅适用于传统职位,分层分类岗位说明书应运而生(参见表 3-11)。由于现代企业工作任务的完成更

多基于项目制,即更多依托团队完成,此时传统岗位说明书已经远远无法适应团队工作,那么“角色分析”取代“岗位分析”是适应新时代要求的产物(参见表3-12)。

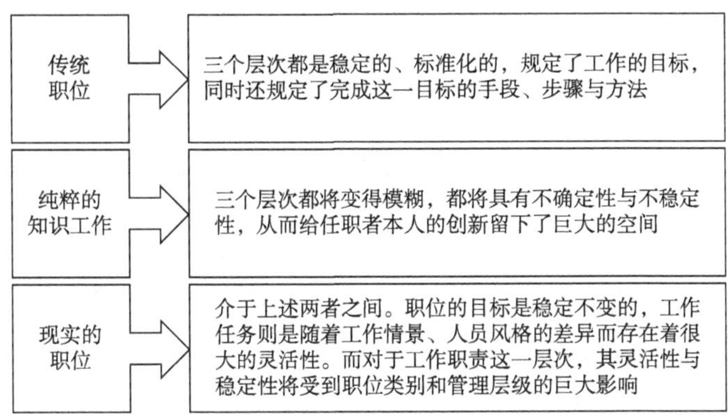

图3-3　依照岗位三层次模型划分的岗位类型

表3-11　岗位类别、工作特点以及岗位说明书的要求

岗位类别	工作特点	岗位说明书的要求
研发与高层管理岗	1.创新要求高 2.工作方式难以固定	1.应用更加宽泛的职责描述 2.强调职责界定的成果导向 3.注重任职资格中的创新要素
职能管理与基层直线管理岗	1.创新要求较低 2.规范化要求高 3.职业化要求高	1.采用严格、准确的职责描述 2.既要注重职责界定中的成果导向,也要注重职责界定中的过程性部分 3.任职资格的界定要注重“责任心、业务知识、专业技能”等有利于提高职业技能与职业规范的因素
生产操作岗	1.基本不需要创新 2.强调职位的标准化与操作一致性	1.不仅需要工作任务的界定,而且需要完成任务的工作程序的界定,包括完成工作所采用的工具、设备与技术 2.任职资格需要将心理能力与身体能力相结合

表3-12　团队工作分析法的具体含义

团队工作分析法	具体含义
用角色分析代替职位分析	在团队中往往并不强调对成员之间的职责进行明确界定,而是更加注重团队成员之间的协调、互助与信息共享。因此在团队中,宽泛的角色定位比严格界定的职位更能满足协同的要求

续表

团队工作分析法	具体含义
用角色间分析代替角色内分析	团队绩效依赖于协同，而协同的基础是要识别不同的角色之间在工作职责与任务层面上的相互依赖性。而对于这种相互依赖性的分析则必须通过分析角色之间的流程关系来实现
用团队素质结构分析代替职位任职资格分析	对于团队而言，单个成员的任职资格将逐步被团队整体的素质要求所取代，即需要按照团队整体目标实现与团队绩效提高的要求去确定不同成员之间如何形成具有差异性、互补性与协调性的素质结构

【案例 3-5】岗位分析为何只能隔靴搔痒

D 公司是我国西南地区的一家大型工程公司。近年来，由于市场竞争激烈，企业效益大不如从前。经多方面查找原因，公司领导认识到尽管目前每个员工在公司的管理上都有一个职位，却没有针对各自职位的详细说明。员工的工作都由经理安排，以一个工作周为周期，由经理在每周周一做口头安排，周末检查。经理就遵循着这样安排工作、监督工作、检查进程的管理顺序，员工则是接受任务、完成任务、汇报情况，一成不变。时间一长，员工倍感枯燥乏味，工作效率也随之降低。

于是，公司决定先从理顺企业的工作关系和工作职责入手来解决问题，为员工订立岗位说明书，让员工明确在实际工作中做些什么，怎么做，做到什么程度，做到这样的程度需要什么样的能力、资历与工作技能等。因此，公司责令人力资源部赵经理在两个月内理清各岗位的工作职责，完善岗位说明书系统。

赵经理凭借私人关系，拿到了某咨询公司所用的岗位说明书模版。回到公司后，赵经理信心十足地开展了岗位分析工作。他直接与岗位任职人员进行交流，将各岗位之间存在交叉的部分找出后，进一步理清了工作职责，在此基础上利用固定的模板撰写岗位说明书。两个月后，赵经理提交了厚厚的三大本关于企业近 100 个岗位的岗位说明书。

公司领导在检查赵经理提交的岗位说明书时，发现这近 100 个岗位的岗位说明书可以说套在任何企业都管用。因此，他们认为岗位分析纯粹是一项事务性工作，对企业的作用只能是隔靴搔痒，贴近不到企业的实际中来。于是，开始另觅他途来解决公司实际问题。

案例分析：

岗位分析是现代人力资源管理所有职能工作的基础和前提。岗位说明书是对岗位进行的文字性的界定和说明，是岗位分析的成果性文件之一。正如 D 公司领导者一开始所认识到的那样,一份合格的岗位说明书应该让员工明确在实际工作中做些什么,怎么做,做到什么程度,做到这样的程度需要什么样的能力、资历与工作技能等。

但是,为什么D公司经过岗位分析后做出来的岗位说明书只能隔靴搔痒,起不到实质性的作用呢?这跟该公司岗位分析的做法有关。原因主要可以归结为以下四点:

第一,缺乏与企业领导者的必要沟通。领导者是企业的领头羊,是企业所有管理工作顺利推动所必须依靠的中坚力量。岗位分析必须首先获得领导者的支持和认可。一般来说,岗位分析的正确做法是:在开展正式的岗位分析之前,人力资源经理必须首先要与企业的高层领导进行沟通和讨论。

进行这一步骤有以下三个主要目的:

一是通过与公司高层领导充分讨论,正确定位岗位说明书的编写意义和价值,并取得领导对岗位分析的理解、支持和认同,进而由公司的高层领导出面,以推动者的姿态,要求各部门的主管和员工积极配合,这样就方便人力资源经理顺利开展工作。

二是通过沟通,澄清公司战略调整的方向,把握公司高层对于未来发展的基本思路及定位,把握他们对各部门、各职位的总体要求,找准岗位分析的总体方向,这是确保岗位分析有效完成的必要环节。

三是通过沟通,使高层领导率先树立岗位责任意识,对各项工作实行归口管理,改变自由随意的管理风格,提高岗位分析结果的有效性。

案例中的赵经理在做岗位分析时,直接与岗位任职人员进行交流,找出岗位之间存在交叉的部分后,理清工作职责,在此基础上利用固定的模板撰写岗位说明书。不难发现,在此过程中,赵经理缺乏与企业领导者的必要沟通,这就导致岗位分析对企业大方向和领导者的意图把握不到位,进而导致岗位分析的效果不佳。此外,在岗位分析的过程中,也要注意保持与高层领导者的沟通,确保他们清楚工作的进程、难度及效果,获得他们的支持等。

第二,缺乏对企业的组织结构和流程的梳理。岗位分析最重要的是要解决好基础问题,但是案例中的D公司人力资源部赵经理在实际做岗位分析的时候,并没有追根溯源地先把部门及岗位在组织结构中所处的地位及流程中所承担的责任及价值分析清楚,由此得出来的工作描述必然无法满足企业的需要,难以尽可能将岗位所应承担的职责及意义展现出来,也无法体现岗位在分工之后如何进行协作以形成统一的整体。

可以说,赵经理撇开企业的组织结构和流程而进行岗位分析是导致岗位说明书失效的根本原因。

因为组织结构是支撑公司战略的重要因素,组织结构中的每一部分都在落实公司战略分解下来的任务。通过从部门到岗位的层层梳理,从纵的方面能够把握战略目标分解的方向;而横的方面,实际上就是业务流程的问题。每个职能、每项业务的开展都有大流程,大流程之下又有小流程,每个岗位又有自己的小小流程,通过流程的梳理,实际上就能把握岗位中的关键职责,并且可以非常清楚地看到岗位在结构及流程中的地位和作用。

因此,组织结构和流程没有事先梳理好,岗位分析只能是空中楼阁。这就要求在做岗位分析时,绝不能因为工作量大、工作烦琐而对组织结构不进行充分地分析,对业务流程不进行系统地梳理。

第三,缺乏员工的参与。岗位分析重要,关键是岗位分析的过程重要,岗位分析的过程在很大程度上决定了其实施效果。有效的岗位分析需要员工亲自参与,通过员工亲自参与岗位说明书的编写、讨论和修改,让员工对自己的职责、权限、任职条件等有一个全面的了解和把握。

只要员工真正了解、把握并认同岗位说明书的内容,那么打印出来的岗位说明书就只是一个形式了,而岗位说明书的有效执行也是水到渠成、顺理成章的事情了。

而案例中赵经理只是同岗位任职人员进行了交流,目的只是将不同岗位的职责存在交叉的部分找出来,进行工作职责的梳理……可以说,岗位任职人员在此过程中完全处于被动地位,对于岗位说明书的作用等都没有清晰的认识,对于自己的职责、权限等也缺乏认同感。

须知岗位分析只有在精通业务的岗位任职人员及其主管与人力资源专业人员的共同参与的前提下才能实现其真正价值。

总之,员工只有参与岗位分析过程,才会真正理解印刷出来的岗位说明书,也才能从思想上解决岗位说明书的应用和执行问题;只有在岗位分析过程中提高员工的参与程度,才能提高员工的积极性、责任感和满意度。

第四,缺乏对企业实际情况的个性化分析。现在市场上有各种各样的现成的岗位说明书的模板(如专业书籍和专业网站上都有罗列),已经成为很多企业人力资源部经理借鉴的对象。

在这些现成的岗位说明书模板当中,有的对岗位名称、岗位职责、任职资格、工作环境及工作条件等各项内容都进行了清晰、详尽的界定,看似非常完备。但是,必须指出的是:任何人、任何企业绝不可以直接拿来就用,或者将其简单改头换面就变成自己企业的岗位说明书。须知,岗位说明书的有效性的关键在于是否适用于本企业的实际情况。因此,要求各企业的人力资源专业人员在编写岗位说明书的时候,在参考岗位共性的同时,关键在于把握个性,一定要注意与本企业的实际情况相结合。只有这样,岗位说明书才能切合实际,也才能充分发挥其积极作用。

本案例中,赵经理借用了某咨询公司的一个几乎套在任何企业都管用的岗位说明书模板,所做工作只是找出各岗位之间的交叉部分,理清岗位职责,缺乏对本企业实际情况的深入分析和研究,导致做出的岗位说明书的描述脱离本岗位的实际,难以在实际工作中使用。

案例点评:

岗位分析事关重大,关系到人力资源管理的方方面面。在做岗位分析的过程中,必须做到以下几个方面。

首先,要与高层领导沟通,获得其支持和认可,并从中把握岗位分析的总体方向。

其次,必须对企业组织结构和流程进行梳理,绝不能因为工作量大、工作烦琐而不对组织结构和业务流程进行充分的分析和梳理。

再次,保证员工亲自参与,在提高岗位分析的有效性的同时,扫除岗位说明书使用中的障碍。

最后,在参考岗位说明书模板时,一定要注意在参考岗位共性的同时,把握其个性。

一、管理人员不够重视

在这里不是说企业家不重视,而是企业的管理人员,特别是中层管理人员不够重视,认为这是人力资源部的事。而岗位分析工作不是人力资源部门单独可以完成的,它需要企业每个部门,甚至是每位员工的协助,有时可能会不可避免地影响到其正常工作。

人力资源部在这里只能起到监督、指导说明书编写的作用,真正的责任人是各部门负责人,因为只有部门负责人才最了解部门内部岗位的职责、部门运作的流程和人员的分工合作。部门负责人要对部门内所有岗位负责,安排任职者编写岗位说明书,对提交上来的岗位说明书进行审核。

二、忽视岗位分析

岗位说明书的编写包括两部分:一是岗位分析;二是岗位说明书的编写。

岗位分析就是以战略为导向,以组织为基础,与流程相衔接,对岗位信息进行收集、整理、分析与综合的一系列工作程序、技术与方法。岗位分析的成果就是岗位说明书。只有把岗位分析做好了,岗位说明书的质量才能得到保证。

岗位分析不是一项立竿见影的工作。虽然它对人力资源管理的后续岗位影响是巨大的,但它很难对企业产生直接和立即的效应。这种特点可能会使人事经理将岗位分析工作一拖再拖,往往使其成为一件“跨年度工程”。

三、没有使用岗位说明书的意识和流程

岗位说明书编写出来以后,人力资源部就以为万事大吉了,把岗位说明书束之高阁。

岗位说明书如果没有使用的话,只是一张废纸,没有任何作用,只有跟人力资源的具体工作联系起来,才能起到基础的作用。

所以,完成岗位说明书以后,人力资源部需要做的不是松懈下来,而是趁热打铁,宣传岗位说明书的重要性,培训、指导各部门使用岗位说明书,建立一系列的制度、流程来充分发挥岗位说明书的作用。

四、忽略动态管理

岗位说明书的编写不是一劳永逸的事。随着企业发生变化、战略方向发生改变、组织发生变革、流程优化,岗位的职责也会发生变化。所以,岗位描述和岗位任职资格要求要随着企业职位的调整和职能的转变而相应地变化。

岗位分析是一个连续的工作,当企业任何一个岗位发生变化时,就要对这个岗位重新进行岗位分析,调整该岗位的岗位描述和岗位资格要求。否则,岗位描述和岗位资格要求就会成为一纸空文,发挥不了作用。有些人事经理在进行完一次岗位分析后,就将分析的成果束之高阁,使岗位分析流于形式。

五、对岗位分析基础性作用认识不够

(1)招聘时没有进行以岗位分析为基础的人事测评,仅仅注重学历要求和技术背景。

(2)安排工作时未充分考虑任职者的现实能力和岗位要求。

(3)工作过程中没有实施以岗位分析为基础的培训和绩效评估。

六、人力资源人员指导作用偏弱

人力资源人员在编写岗位说明书的工作中,虽然不是编写的主要负责人,但是作用非常重大,需要组织、培训、指导各部门进行岗位分析,编写岗位说明书,对质量进行把关,最后,还需要使用、维护岗位说明书管理系统。

如果人力资源人员的专业水平不到位的话,必然会影响岗位说明书的质量和系统管理。在现实中,导致岗位说明书夭折的原因是人力资源部门的专业指导不够,缺少足够的技能和方法。

第四章　分析前奏:满意测评　病症诊断

引导案例:企业要不要重视员工的精神待遇问题

李先生数月前被派往外地任分公司销售经理,薪水也增加了。可是,最近他工作不但没有热情,甚至还打算辞职。原来,他的上司对他大老远来到这里工作颇不放心,认为他年轻,人生地不熟,担心他做不好工作,总是安排一些很简单的工作,并且在李先生工作时也经常干预。李先生的工作能力和自尊心均较强,习惯独立思考问题、解决问题,曾取得不俗业绩,也正因为如此,他得以在原部门脱颖而出。然而来到了这个新岗位,上司却当他是新人。面对上司的不信任和频繁干预,他非常不习惯,并逐渐产生不满,工作也提不起劲来。

显然,李先生的上司在管理上出了问题,未能做好激励下属的工作。说到激励,很多人会想到晋级、加薪,但李先生的个案却说明,仅靠晋级、加薪并不一定能有效激励员工,作为管理者,还必须掌握其他激励方法,尤其是那些无薪的精神激励,更能体现出管理者的领导能力和企业管理水平。

这里涉及重视员工精神待遇的问题。员工的待遇包含物质待遇和精神待遇两个部分,员工除了有诸如薪水、奖金、津贴、福利和股票期权等物质待遇的需求外,还有工作的胜任感、成就感、责任感、受重视、有影响力、个人成长和富有价值的贡献等精神待遇的需求。不过,由于精神待遇具有隐蔽性的特点,它常常容易被管理者所忽略,在谈到待遇时管理者也往往倾向于谈物质待遇,但精神待遇是人的一种本能的心理需求,它不会因为这种忽略而消失,特别是当企业重视员工的精神待遇时还能有意想不到的收益。

1929 年世界经济不景气时,曾经畅销的松下国际牌自行车灯也出现滞销。松下公司决定裁员节支,躺在病榻上的松下幸之助闻讯断然反对,并促请前来探望他的董事会监事回公司向员工传达他不同意裁员的意见。备受裁员气氛困扰的员工听完感到十分欣慰,立即加班加点四处推销。数月之后,原本堆积如山的车灯便告售罄,而且还接来新的订单。至此,松下公司终于熬过逆境,走出低谷。松下的成功在于尊重员工,真正视员工为企业的主人,让员工有施展身手的天地,使员工有信任感、归属感而无后顾之忧。松下先生在公司遇到困难时没有解雇员工,反而愿意与员工一起接受困难的考验,充分反映了他尊重员工、爱护员工、信赖员工、愿与员工同甘共苦的良好品性,广大员工在精神上受到尊重、在生活上获得保障的前提下,知恩图报,同心协力帮助公司渡过难关,这正是松下公司重视员工精神待遇的回报。

由著名的人力资源公司翰威特咨询公司与《亚洲华尔街日报》和《远东经济评论》联合主办的“2003年度亚洲最佳雇主”调查中,荣登“亚洲最佳雇主”榜首的上海波特曼丽嘉酒店获得了员工满意度最高分。在“对公司哪一方面最满意”的回答上,员工一致填写了“酒店把我们当绅士淑女看待”。上海波特曼丽嘉酒店经理认为,员工不是仆人,不低人一等。他坚信每个员工都有服务的天赋,作为总经理不是控制、监督他们,而是培养、看重他们的能力,并给每位员工自由的空间。这也是精神激励的成功范例。

如果我们问“开展员工满意度调查,你究竟是为了调查什么”,大家一定会对这个问题不以为意。员工满意度调查当然是调查员工是否满意了,因为没有满意的员工就没有满意的顾客。但是如果我们追问一句“你究竟是想调查‘员工’是否满意,还是想调查员工对‘哪些事情’是否满意”,可能很多人就很难马上作出回答了。

“满意”从心理学角度讲,是个体认知的一种情绪反应,是一种非常不稳定的情绪。昨天满意的事情今天可能就不满意了,对这方面满意可能对其他方面不满意。因此,仅仅停留在员工满意与否,或者员工对哪些事情是否满意,这样的调查是远远不够的。那么,什么是员工满意度?为什么要做员工满意度调查?在员工满意度调查中,我们到底想要知道什么?采用何种方法可以准确测度我们想要知道的内容?

一、为什么要做员工工作满意度调查

现在很多企业都以“实现客户满意”为工作的重心,并为此千方百计地变换着提升和改进服务的新招式,但是不论通过什么样的工作,最后企业都普遍感觉到,这些方式起到的效果并非总是那么明显。于是,测评客户满意度成为企业一个新的热点话题。然而,被企业普遍忽视的一个问题是,外部客户的满意是由企业的员工创造的,企业是否想过自己的员工是不是满意呢?试想,如果员工有一肚子的怨气,那么还能为客户提供满意的服务吗?如果员工心态不稳定,来一批走一批,那么还能保持优质的服务水准吗?

这为企业提出了新的课题——需要密切关注员工满意度,因为对于企业来说,员工的感受就像一个“黑箱”,如果不及时了解员工的需求以及对公司的看法,等到一切问题都尖锐地暴露出来,想挽回就困难了。一个好的管理文化,不应该压制

员工自主决策及其创造性,而应该强调提高效率,鼓励员工去做新的尝试;一个好的管理文化,会对员工的成绩适时给予鼓励,其中当然也包括精神方面的鼓励。在这种环境下,优秀的人才才有充分展现才华的机会,也真正认同公司的发展目标,个人也更有成就感。

如果说“以铜为镜,可以正衣冠;以人为镜,可以知得失;以史为镜,可以知兴替”,那么“以满意度为镜,可以验管理”。也就是说,员工的工作满意度调查越来越成为衡量企业在各方面管理工作的重要指标,同时,也是企业借以了解员工状况的主要途径。美国心理学家赫茨伯格在企业调查中发现,员工感到不满意的因素大多与工作环境或工作关系有关,这些因素的改善可以预防或消除职工的不满,或使职工获得满足感,产生强大而持久的激励作用。

尽管现在很多企业设置了“意见箱”,但是员工害怕暴露自己,也觉得这种方式不真实,不愿意发表意见;一些企业的人力资源经理不定期向员工了解情况,即使将某些员工的情况反映到了管理层,管理层也会认为这个意见并不全面和客观,而并不及时采取措施;管理层直接来询问员工,又很少有人敢真实地反映问题。以上这些情况使得员工与公司的管理层之间缺乏有效的沟通桥梁,导致员工层面信息的缺失,使管理工作的改进不能沿着正确的方向进行。

因此,员工满意度调查对公司来说就成为一个很好的沟通和交流的工具。通过调查,管理层能够有效地诊断公司潜在的问题,了解公司决策对员工的影响,以对公司管理进行全面审核,保证企业工作效率和最佳经济效益,减少和纠正低生产率、高损耗率、高人员流动率等紧迫问题。

二、什么是员工工作满意度

人力资源管理中存在两个基本问题:一是员工的工作能力问题,二是员工的工作愿力问题。员工是否愿意工作的重要性要远远超过是否有能力工作。人力资源管理的工作正是全力以赴地提高员工的这两个“力”,首先提高的是愿力,以保证员工乐于工作,其次提高的才是其能力。

(一)工作满意度内涵

明兹伯格(Muneserberg)在其1913年出版的《心理学与工业效率》一书中,在对工作与工作者之间进行的相关研究中首提工作满意度(job satisfaction)这一概念,而美国心理学家霍波克(Hoppock)在其1935年出版的《工作满意》一书中对此概念进行了首次界定:工作满意度是指员工在生理、心理上对环境因素的感受,即员工对工作环境的主观反应。之后,有关工作满意的理论相当多,其中大多以激励理论的观点为理论基础,本书仅列举常见且重要的理论。

1.需要层次理论(need hierarchy theory)

马斯洛(Maslow,1954)认为人是需要的动物,需要必须加以满足,而未能获得满足的需要常可左右人们的行为。依马斯洛的分类,人类的需要按重要性由低至高排列可分为五个层次:生理需要、安全需要、社会需要、尊重需要及自我实现的需要。当某一层次的需要于实质上获得满足后,下一个较高层次需要即成为主要支配力量。而且人的需要是由下往上发展的,只有在较低层次的需要获得满足后才会发展到较高层次的需要;但不论是哪一层次的需要都不会因为下一个高层次需要的发展而消灭,各个层次的需要是相互依存且重叠的,高层次的需要发展后,低层次的需要依然会继续存在,但会降低追求低层次需要的行为。因此,当某一层次的需要获得满足后,该需要层次便不容易继续有激励作用,下一较高层次的需要才是激励的因子。

2.双因子理论(two-factor theory)

双因子理论由心理学家赫茨伯格(Herzberg,1959)提出,认为员工的工作态度对于工作绩效有决定性的作用。他认为导致工作满意的因素与导致工作不满意的因素是分开而有别的,因此,将诸如公司政策与行政管理、监督、人际关系、工作环境及薪资等归类为"保健因子"(hygiene factors),而这些因素完全存在时,能消除员工不满意,但员工也不会感到满意;要激励员工努力工作,应把注意力放在"激励因子"(motivators)上,包括成就感、认同感、成长机会及负担重要职责等,这些激励因子可以激发员工内心的满意感。

3.三需求理论(three needs theory)

由麦克里兰(McClelland,1961)等人提出"三需求理论",认为在工作情境中有三项主要的动机或需求:第一项是成就感的需求(need for achievement),即想超越他人,达成某种目标或标准,希望从工作中得到他人的肯定;第二项是权力需求(need for power),即使他人听命、服从于己,亦即拥有权力与影响力的欲望;第三项是归属感的需求(need for affiliation),即希望得到他人之认同,与他人建立友善而亲密的人际关系之欲望。经过广泛研究后发现,成就感需求与工作绩效呈正相关关系,即高成就需求者认为有责任担当极具挑战性的工作,对他而言有强烈之激励作用。另外,一位优秀的管理者通常具有高权力需求与低归属感需求。

4.公平理论(equity theory)

公平理论由亚当斯(Adams,1963)提出,认为员工会以自己本身的"投入"及"产出"作比较,主要包括"工作投入""工作所得""参照人物""公平—不公平"四部分。他认为一个员工满意与否决定于"本人工作所得与工作投入之比率"(即A=本人工作所得/本人工作投入)与"一个或多个参照人物的工作所得与工作投入之

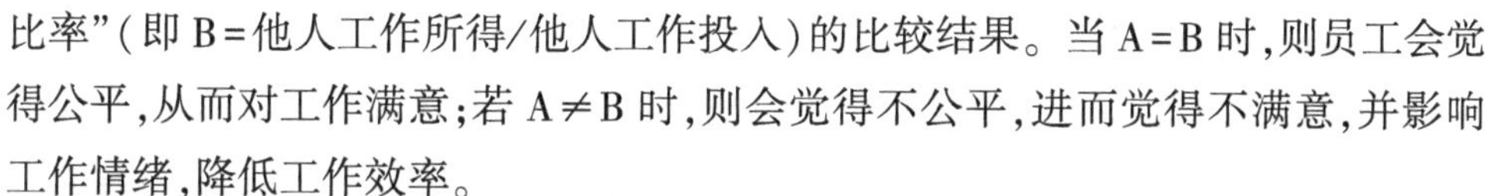

比率”(即 B=他人工作所得/他人工作投入)的比较结果。当 A=B 时,则员工会觉得公平,从而对工作满意;若 A≠B 时,则会觉得不公平,进而觉得不满意,并影响工作情绪,降低工作效率。

韦克斯利和尤克(Wexley and Yukl,1977)曾归纳有关公平理论的实证研究结果,发现公平理论能相当有效地证实“社会比较历程”对员工工作满意的影响,但对于“不公平”感觉如何影响员工的工作表现则结论不一。另外,公平理论没有明确指出参照人物是如何选出的,也没有说明选出多少位参照人物较好。

5.期望理论(expectancy theory)

期望理论由弗洛姆(Vroom,1964)提出,该理论认为人们采取某种行为倾向的强度,决定于该行为之后已知结果能随之而来的期望强度以及这种结果对于个体的吸引力。因此,期望理论有三项变数:第一项是吸引力(attractiveness),即指工作中所能获得的潜在结果或报酬在个体心目中所重视之程度;第二项是绩效与报酬之关联性(performance-reward linkage),即指个体相信其绩效达到某特定水准时,能否获得期望报酬结果的程度;第三项是努力与绩效之关联性(effort-performance linkage),即指个体认为其所付出的努力,是否使绩效达到某特定水准的程度。

期望理论强调报酬,组织应提供与员工想获得的报酬一致的报酬,让员工得以追求最大满意度。除此之外,期望理论认为没有一个皆可适用的原则,可用来解释不同个体的激励作用。一个人行为强弱,受到他本身期望目标与价值的影响,以及他认为以此行为来换取上述目标,报酬是否值得;这些因素是属于个人主观上的认知,期望是否合乎实际或理性都不是重点,所以个体对于自己的绩效、报酬与目标的期望才能决定他努力的程度。

6.差距理论(discrepancy theory)

洛克(Locke,1969)认为,一个员工对于工作某一特质的满意与否,主要是依其觉得此工作特质中“实际获得的”与“希望获得的”两者之间的差距而定,也即“工作满意度=员工实际感知 - 员工期望”与“0”比较,或“工作满意度=实际获得/期望获得”与“1”比较。显然,比较结果中会有“=,>,<”三种符号出现。若出现“=”,则表明员工满意。若出现“>”,则超过部分对员工而言是有利的,则他会觉得更满意;若此超过部分对他而言是不利的,则他会觉得更不满意。若出现“<”,而且此短少部分是他希望的报酬,他会不满意,此差距越大则觉得越不满意。

波特(Porter,1961)则认为,工作满意的大小是依一个员工觉得他“应该获得的”与“实际获得的”两者间的差距大小而定。基本上,波特与洛克(Locke)的观点相当相似,但是波特更强调公平的因素对工作满意度的影响程度。

7.ERG 理论(ERG Theory)

ERG 理论由奥尔德弗(Alderfer,1969)提出,该理论依据马斯洛的需求层次理论发展修正而成,其认为人有三种核心的需求:第一是生存需求(existence needs)。此为最低层次之需求,与生理有关,如食物、水、生理安全、工作的薪资、福利、工作环境等方面的需求,而生存需求与马斯洛需求层次理论中之生理与安全需求相似。第二是关系需求(relatedness needs)。这是指与他人互动的需求,包括与同事、上司、部属、朋友、家庭成员等互相尊敬,自我肯定及隶属感的人际关系。关系需求与马斯洛需求层次理论中之尊严,爱与隶属需求相似。第三是成长需求(growth needs)。这是指与个人自身有关的需求,如工作可能提供成长机会及发展的需求,包括工作应有的挑战性、自主性、创造性,成长需求与马斯洛需求层次理论中之尊严与自我实现的需求相似。

此理论除提出需求满意外,也提到追求需求满意过程中如遇挫折,会退而追求较低层次的需求满意。另外,奥尔德弗认为个体可在同一时间追求一种以上的需求,某一需求满意后,并不一定会产生较高层次之需求。此两种观点与马斯洛的需求层次理论颇有差异。

表 4-1 为工作满意度概念界定时序汇总表。

表 4-1 工作满意度概念界定时序汇总表

作 者	年 限	定 义
霍波克(Hoppock)	1935	他认为工作满意度就是员工心理与生理两者对环境因素的满意感受,也就是指员工对工作情境的主观反应
帕克(Parker)	1951	快乐的工人也就是有生产力的工人,因此,为使工人发挥较大生产力,就必须使其需要获得较大满足
谢弗(Schaffer)	1953	把工作满意度看作个体需要被满足的结果之一
弗洛姆(Vroom)	1964	工作满意度是指员工对其在组织中所扮演角色的感受或情绪性的反应
波特和劳勒(Porter and Lawler)	1968	工作满意度视为一个人从工作中实际获得的报酬与本身预期报酬的差距,差距越小,满意程度越高,反之,满意程度越低
史密斯(Smith)	1969	认为工作满意度是由多种要素构成的,它取决于个体对其工作构成各方面的认知评价和情感反应
洛克(Locke)	1976	工作满意度是一种情绪性的反应,这一反应源于个人的工作满足或符合其重要的工作价值观
哈克曼和萨特尔(Hackman and Suttle)	1977	工作满意度是在组织中工作的人通过在组织中的工作经历来满足个人重要要求的程度描述

续表

作 者	年 限	定 义
卡勒贝里(Kalleberg)	1977	工作满意度为一个单一的概念,工作者能够将其在不同工作构面上的满意与不满意予以平衡,形成集体满意
阿莫尔德和费尔德曼(Amold and Feldman)	1986	工作满意度是个人对工作具有的总的积极情感的程度
普赖斯和米尔(Price and Mue)	1986	个人对自己工作喜欢的程度
施蒂尔斯(Steers)	1994	工作满意度是对工作及工作经验进行评价,而逐渐产生愉快或积极情绪状态
韦斯和克罗潘扎诺(Weiss and Cropanzano)	1996	工作满意度是一个人对其工作进行评估而得出的判断,这种判断部分源于工作中的情绪体验
斯佩克特(Spector)	1997	工作满意度就是人们喜欢其工作的程度
纽斯多姆和戴维斯(Newstorm and Davis)	1997	工作满意度是员工对自己工作喜欢或不喜欢的感情或情绪
斯佩克特(Spector)	1997	工作满意度即人们对工作的感觉及对工作的各种观点
罗宾斯(Robbins)	1998	工作满足是指员工对其工作所抱持的一般性态度,员工对工作越满足,即表示对他的工作抱持着越正面的态度

(二)员工工作满意度影响因素

1.满意度与敬业度、忠诚度之间的联系

员工对其工作满意或不满意的程度,并不取决于客观上组织或企业做得如何,更重要的是取决于员工对组织的期望,以及员工对工作特征、工作环境、同事关系等现状的看法。国内外的很多研究显示,只有员工满意,才能带来客户满意,才能使企业产生持续的利润增长,而不满意的员工则会以不同的方式导致公司的各项工作事倍功半,带来的结果是“较高的员工流动率”“较低的生产效率”,以及“下属的不忠诚”。

敬业度实际上是企业或者第三方对员工工作态度、职业操守的一个判断,这样的判断不可能由员工满意度问卷调查得出,因为这种调查问卷具有很明显的倾向性,存在是非价值判断。现代人力资源管理理论认为,员工忠于自身的职业发展的意愿远大于忠于某个企业。

例如,曾在惠普公司任职超过10年的符标榜于2001年离开惠普加入戴尔,任戴尔计算机(中国)有限公司总裁,后于2006年6月加盟神舟电脑任总裁。从这样的经历来看,符标榜显然不是一个“忠诚”的员工,因为戴尔、神舟电脑对于惠普

来说,都是直接的竞争对手。但就是这样一个看似“不忠诚”的员工,却于2007年4月,重回惠普出任中国区总裁。而曾在惠普工作17年的高建华,也是三进三出惠普。这样的行为你能称之为“忠诚”吗?然而就是这样并不忠诚的行为,在惠普看来却是自然而正常的,也是受到鼓励和支持的。可见,对企业的忠诚与否并不重要,重要的是在企业的工作期间能够遵守职业操守,发挥自己的能力,为企业创造价值。

2.员工工作满意度的外在表现形式及影响因素

毫无疑问,员工工作满意度会影响员工的工作绩效及其他工作表现。员工可以通过各种方式来表达他们的不满,可以从建设性还是破坏性、积极还是消极两个维度将员工的反应方式分为四类:一是辞职(破坏性和积极的),员工选择离开组织;二是提建议(建设性和积极的),与上级讨论所面临的问题,指出症结所在,提出建设性的改革措施;三是忠诚(建设性和消极的),虽然对工作不满,但仍然尽力维护组织的利益和形象,相信组织和管理层会采取正确的举措;四是忽视(破坏性和消极的),消极地听任事态向更糟糕的方向发展,包括抱怨、情绪抵触、旷工、迟到、怠工、错误率增加等。

具体来说,员工的工作满意度会影响到以下几个方面:

(1)工作绩效。工作满意度与工作绩效之间关系的研究结果,反而更支持高的工作绩效会促成高的工作满意度这一观点,而非人们通常认为工作满意度导致工作绩效提高。这是因为,更高的绩效一般会为员工带来经济上、社会上和心理上的更高回报,从而提高满意度。而高满意度又会增加员工的组织忠诚度,促使员工对工作更加投入,最终又促使绩效得以提高,从而形成一个良性循环。因此,管理者需要努力帮助员工提高绩效,以促使工作满意度提高。

(2)缺勤和迟到。一般而言,工作满意度低的员工往往会经常缺勤。迟到可以被看作一种短期的缺勤行为,表示员工对工作的不满。它是员工在身体上懈怠,减少在组织中积极投入的另一种方式。迟到可能会阻止工作及时圆满地完成,破坏与同事之间的工作关系。缺勤和迟到常常是消极态度的表现,需要引起管理者的注意。满意度与缺勤率之间存在着一种稳定的消极关系,呈负相关关系,其相关系数一般小于0.4。满意度与缺勤率之间的负相关关系还受到其他因素的影响,如公休日加班而无加班费,则无人愿加班,导致缺勤率高。

(3)离职率/流动率。高的工作满意度与低的员工离职率通常是联系在一起的。离职率是指在一定时期内(通常为一年)离开组织的员工人数占员工总人数的比例。满意度高的员工更可能长久地留在组织中。满意度较低的员工通常离职率也较高,因为他们不能自我实现,工作上很少得到认可,或与主管、同事不断地发生冲突，或事业上停滞不前。这些因素导致他们更可能到别的组织中寻求发展。另外，工作满意度与离职率之间的关系还受到其他一些因素的影响，如人才市场的供求状况、新的工作机遇的诱惑、工龄等。满意度与流动率之间也是负相关关系，而且负相关程度比满意度与缺勤率之间的负相关程度高，即高于0.4。影响满意度与流动率之间负相关关系的还有员工绩效水平、任职时间、工作机会和劳动力市场状况等。

(4)偷窃与暴力行为。偷窃行为是指员工未经许可拿走或利用组织的资源或产品。员工出现偷窃行为有多种原因。例如，可能是因为感到被剥削、在组织中受到没有人情味的待遇而采取的报复行为，也可能是认为这种不道德的行为是合理的，并将偷窃行为作为重建公平的自我知觉的一种手段等。暴力行为或工作中的各种形式的口头、身体侵犯行为是员工不满意的最极端的后果之一。工作压力能引发暴力行为，反过来，暴力行为也会加大工作压力。

(5)组织公民行为。与缺勤、迟到、偷窃等消极行为相反，组织公民行为是一种典型的积极的工作行为。组织公民行为是指员工做出的对组织生存和高效运作起到积极作用的行为，但这些行为又不是员工职责范围之内的，因而通常不能得到组织在薪酬上的回报。员工可以通过以下方式表现出组织公民行为：在履行一般的工作责任时显示出少有的责任心，或者主动解决疑难问题，或者自愿承担额外的工作，或者与其他员工分享自己的时间和资源等。工作满意度高的员工更可能表现出组织公民行为。

（三）员工工作满意度调查作用

忽视员工满意度是不可取的，但是满意度高绝不是最终目的。那么，对于员工满意度调查我们究竟应该调查什么呢？彼得·德鲁克认为，在企业内部开展经常性的员工满意度调查，对企业经营和管理作出经常性的反思，通过调查研究获取企业经营管理中的前瞻性数据，并适时调整经营决策，只有这样企业才能保持基业长青。

我们应该从企业经营管理的整体角度来进行员工满意度调查，而不仅仅是从员工关注的自身利益方面来进行满意度调查。我们只有从这群直接执行公司各项管理制度、直接体会公司流程组织的群体中洞察企业管理问题，才可能了解并进而采取行动改善企业管理。我们应该珍惜每一次员工满意度调查的机会，员工满意度调查绝不仅仅是调查员工是否满意，而是应该更好地发挥员工的智慧，从组织的角度来诊断企业管理问题。

具体来说，员工满意度调查对企业能起到下列重要作用。

1.预防和监控的手段

员工满意度调查不仅能调查出员工对企业的评价，也能通过这些评价识别出员工的心理状态。这是一个双向的过程。员工满意度是员工实际感受和心理预期之差。不同级别、不同心理状态的员工对企业的心理预期是不一样的,因此,关注方面、关注程度也不同。

员工所期望的回报包含两项内容,一项是内在回报,另一项是外在回报。前者指员工的工作环境、学习机会、发展空间、归属感与成就感;后者指员工通过为公司或单位创造价值而得到的物质酬劳,包括基本薪酬、奖金、住房、福利、保险与期股期权等。根据员工满意度调查数据,我们可以将员工分为四种类型:

(1)敏感状态群体。这一群体重外在报酬而轻内在报酬,或者相反。前者看重金钱物质报酬,而对学习、晋升与公司发展前景漠不关心,外界高薪高福利对其诱惑大,容易跳槽;后者在内在回报问题上也会引起不稳定情绪。

(2)危险状态群体。他们所获得的内在回报和外在回报都偏低,其原因是能力差、知识水平低、不敬业;也可能是素质优秀而未被发现或无条件去发挥。

(3)过渡状态群体。他们的外在回报与内在回报中等,只要有一个因素变化就会导致其进入其他群体。通常情况下这一群体占员工的大多数。

(4)稳定状态群体。他们的内在回报与外在回报都很高,处于薪酬待遇与发展机会均佳的状态,有成就感而无失落感,是单位中处于关键岗位的骨干。

不同状态的群体可以相互转化,关键在于企业是否能够针对员工满意度调查的结果采取有效措施解决问题,促进良性的人才流动与群体转化。

2.管理诊断和改进的工具

企业进行员工满意度调查的目的是了解企业内部在哪些方面亟待改进,以及企业变革的成效及其改革对员工的影响,可以为企业人力资源管理决策提供重要依据。

一个非常典型的现象是很多企业的员工满意度调查结果都显示出员工对薪酬不满,但是单纯的加薪往往是徒劳无功甚至是有害的。薪酬体现了员工付出与回报的关系,薪酬与公司的机制、经营状况都有密不可分的关系。结合员工满意度调查的访谈资料和其他企业公开披露的材料,我们也许会从薪酬问题中发现企业业务流程需要改进,以便提高员工劳动生产率。

另一种经常会出现的现象是,员工关注的焦点往往会集中在人力资源管理方面,因此人力资源部门在做完员工满意度调查后感觉压力巨大。但若企业中只有人力资源部门针对员工满意度调查采取行动,能够取得的改进是非常有限的。因此,即使员工满意度调查反映的是有关人力资源部门的问题,也需要各部门领导共同努力改善管理。

3.广泛听取员工意见和激发员工参与的一种管理方式

通过员工满意度调查能够收集到员工对改善企业经营管理的意见和要求,同时又能激发员工参与组织变革的积极性,提升员工对组织的认同感和忠诚度。

员工满意度调查要取得实效离不开员工的信任与支持。很多做员工满意度调查的企业都觉得让员工说出真心话不容易,但只要企业管理者能及时地、真实地向员工反馈满意度调查结果,并根据调查结果采取措施,解决问题,第二年再做员工满意度调查一定会得到员工极大的支持,因为这让他们感觉到自己的意见被重视了,员工满意度调查并不是走过场,而是产生了实际效果。

三、员工工作满意度的测量技术

员工满意度调查(employee satisfaction survey)是一种科学的管理工具,它通常以调查问卷等形式收集员工对企业各个方面的满意程度。员工满意度往往与顾客满意度成正比。这对于企业来说并不陌生,而且越来越多的企业开始关注员工满意度,并实施了员工满意度调查。最早对员工满意度进行调查的是霍波克(Hoppock,1935)。他运用瑟斯通态度量表测量员工满意度,发表了第一篇员工满意度研究报告。在员工的满意度调研上,西方企业的发展经验相当成熟。由于企业快速地成长以及全球化进程的加快,企业更加需要了解和把握每一名员工的能力与需求,重视员工对待工作以及企业的态度,而运用调研的方法可以科学、方便地实现这一目的,从而也形成了西方企业特有的精神和文化。

中国最早开展员工满意度调查是在1980年,是由著名组织心理学家徐联仓和凌文辁对北京的一家大型国有企业的上千位工人进行的工作中的需要调查,并将调查结果刊登在1980年8月22日《光明日报》第二版上,标题为《工人思想动态的心理学研究》。这也许是中国企业开展员工满意度调查的开山之作。1985年,随着中国行为科学协会的建立,员工态度调查在我国的许多大型国有企业中有一定程度的开展,但这些工作在相当程度上是由党委组织开展的,因而在不同时期受到我国政治气候和政治运动的影响和干预。随着更多的中国企业面向全球化竞争,员工满意度调查成为人力资源管理中极为重要的环节。以下介绍四种经典测量技术。

(一)工作描述法(最有名、适用范围最广)

工作描述法由布雷菲尔德和罗恩(Brayfield and Rothe,1951)提出,主要衡量工作者一般的工作满足(综合满意度)。该方法主要通过对工作本身、收入、晋升和公司群体四方面内容(见表4-2)给出各种可能情况的描述,由被调查者按照“是否符合自身的实际情况”的感受进行选择。

表 4-2 工作描述法问卷题目示例

如果项目描述符合工作的实际情况，则在项目旁边写上 Y，如果不符合则写上 N，不确定则写上“？”				
当前岗位上的工作	当前的收入	晋升机会	直接上司	现在的同事
1)令人着迷的 2)常规的 3)令人满意的 4)枯燥的 5)有创造性的 6)受尊重的 7)愉快的 8)有用的 9)感到疲倦的 10)有挑战性的 11)受挫折的 12)简单的 13)有成就感的 14)快乐的来源 15)沉闷的 16)有趣的 17)糟糕的 18)重要的	1)收入刚好够日常的消费 2)靠收入勉强为生 3)很低的 4)没有安全感的 5)少于我应得的 6)太低了 7)不公正的 8)丰厚的 9)足够得到我想要的东西	1)好的晋升机会 2)机会多少有些有限 3)根据能力晋升 4)没有发展前途的工作 5)很少有提升 6)定期晋升 7)非常好的晋升机会 8)很容易得到晋升	1)很难取悦的 2)不礼貌的 3)会对出色的表现加以表扬的 4)老练的 5)思想跟得上潮流的 6)急躁的 7)对我的工作定位混乱的 8)烦人的 9)固执的 10)非常清楚工作情况的 11)坏的 12)聪明的 13)需要时常在身边的 14)懒惰的 15)阻碍我工作的 16)给出模糊指导的 17)了解如何做好领导的 18)不能被信任的	1)令人鼓舞的 2)沉闷的 3)动作慢的 4)有企图心的 5)笨的 6)负责任的 7)聪明的 8)容易成为敌人的 9)话语太多的 10)烦人的 11)懒惰的 12)令人不愉悦的 13)主动的 14)兴趣狭隘的 15)忠诚的 16)工作中很好相处的 17)打扰我的 18)浪费时间的

(二)明尼苏达工作满意调查量表

明尼苏达工作满意调查量表是由韦斯等(Weiss et al.,1967)编制的，它共有20个大项内容，每一项有5个小项。这20个大项是：个人能力的发挥、成就感、能动性、公司培训和自我发展、权力、公司政策及实施、报酬、部门和同事的团队精神、创造力、独立性、道德标准、公司对员工的奖惩、本人责任、员工工作安全、员工所享受的社会服务、员工社会地位、员工关系管理和沟通交流、公司技术发展、公司的多样化发展、公司工作条件和环境。表4-3为明尼苏达工作满意调查问卷题目举例。

表 4-3　明尼苏达工作满意调查问卷题目示例

就目前的工作而言，我对以下各题叙述的项目感觉：	非常不满意	不满意	一般	满意	非常满意	原因
1)所有的时间都能够忙于工作	□	□	□	□	□	______
2)有独立的工作机会	□	□	□	□	□	______
3)时常有机会去做不同的事情	□	□	□	□	□	______
4)我的老板管理部属的方式	□	□	□	□	□	______
5)我的督导在决策上的能力	□	□	□	□	□	______
6)我的工作的稳定性	□	□	□	□	□	______
7)我的薪资与我的工作量	□	□	□	□	□	______
8)工作上晋升的机会	□	□	□	□	□	______
9)工作的环境	□	□	□	□	□	______
10)我的同事和别人相处的方式	□	□	□	□	□	______
11)我从工作中所得到的成就感	□	□	□	□	□	______

问一下自己：我对工作这一方面的满意度如何？这里，与工作相关的方面就是指上述 20 个大项内容。以下 20 道题将构成明尼苏达满意度问卷短式量表，其采用 5 点（5＝极度满意，4＝很满意，3＝满意，2＝有点满意，1＝不满意）计分法，并使用加权平均法计算最终得分。

(1)能够一直保持忙碌的状态

(2)独立工作的机会

(3)时不时地能有做一些不同事情的机会

(4)在团体中成为重要角色的机会

(5)我的老板对待他/她的下属的方式

(6)我的上司做决策的能力

(7)能够做一些不违背我良心的事情

(8)我的工作的稳定性

(9)能够为其他人做些事情的机会

(10)告诉他人该做些什么的机会

(11)能够充分发挥我能力的机会

(12)公司政策实施的方式

(13)我的收入与我的工作量

(14)职位晋升的机会

(15)能自己作出判断的自由

(16)自主决定如何完成工作的机会

(17)工作条件

(18)同事之间相处的方式

(19)工作表现出色时,所获得的奖励

(20)我能够从工作中获得的成就感

(三)工作满意度指数量表

工作满意度指数量表最初的编制是引用波特和劳勒(Porter and Lawler,1968)对于工作满足所做的定义,即员工对于其所处工作环境之整体看法中所认知的"期望获得的满足"与"实际获得的满足"差距的总和。

它通过六个问题构成工作满意度测评量表,具体问题如下:

(1)你对自己所从事的工作的性质感到满意吗?

(2)你对指导自己的人(你的上司)感到满意吗?

(3)你对组织中共事的人(你的同事或平级的人)之间的关系感到满意吗?

(4)你对你的工作收入感到满意吗?

(5)你对你在组织中能获得的晋升机会感到满意吗?

(6)考虑到工作中的每个方面,你对你当前的工作情形感到满意吗?

本量表计分方式由施赖谢姆和崔(Schreisheim and Tsui,1980)提出,即采用5点正向计分作答(其中,1=非常不同意,3=没意见,5=非常同意),来评估对工作本身、领导、同事、收入、晋升机会以及工作整体的满意程度,分数越高者,代表其工作满意度越高。

随后,学者们对此六个问题从不同角度做细化分解,形成一系列员工工作满意度测评指标体系(见表4-4)。

表4-4 员工工作满意度测评指标汇总表

作 者	测评指标
洛克(Locker)	工作本身、报酬、提升、认可、工作条件、福利、自我、管理者、同事和组织以外成员
阿莫尔德和费尔德曼(Amold and Feldman)	工作本身、上司、经济报酬、升迁、工作环境和工作团体
史密斯(Smith)	工作、升迁、报酬、管理者及同事
韦斯(Weiss)	能力使用、成就、活动、提升、权威、公司政策和实施、报酬、同事、创造性、独立性、道德价值、赏识、责任、稳定性、社会服务、社会地位、监督——人际关系、监督——技术、变化性和工作条件

续表

作　者	测评指标
弗洛姆(Vroom)	管理、提升、工作内容、上司、待遇、工作条件、工作伙伴
陈畅、谢永珍、赵京玲、冉斌	对工作本身的满意度(工作合适度、责任匹配度、工作挑战性、工作胜任度)；对工作回报的满意度(工作认可度、事业成就感、薪酬公平感、晋升机会)；对工作背景的满意度(工作空间质量、工作时间制度、工作配备齐全度、福利待遇满意度)；对工作人际关系的满意度(合作和谐度、信息开放度)；对企业整体的满意度(企业了解度、组织参与度)
胡蓓	工作本身(工作内容和工作自主权)、工作关系(同事关系、上下级关系以及组织内的集体活动)、工作环境(工作条件、工作时间、组织文化和管理政策)
陈曦、谢晓非	组织承诺、组织公民行为、公平的报酬、支持性的工作环境、融洽的同事关系等

在众多满意度指标体系中，笔者认为陈畅、谢永珍、赵京玲、冉斌所做的员工工作满意度指标体系在我国更具实践价值，工作满意度指标详细解释在表 4-5 中给予展示。

表 4-5　工作满意度测评指标体系内容指标及其释义

内　容	指标及其释义
工作岗位满意度	工作适合度：工作适合自己的期望、兴趣、提供学习的机会、机遇等
	权责匹配度：有适当、明确、匹配的责任、权力
	工作挑战度：适度挑战
	工作胜任度：拥有工作要求的技能、素质、能力、自信等
工作回报满意度	工作认可度：适度表扬与批评等
	事业成就度：工作激发成就感，满足成就需要
	培训与晋升机会度：灵活、务实的培训时机与充分、公正的晋升机会
	薪酬公平度：与自己付出或与企业内外部相关人员相比，薪酬数量或所制定报酬依据的公平性
工作环境满意度	工作空间质量：对工作场所的温度、通风等物理条件及企业所处地区环境的满意度
	工作时间制度：合适的工作小时、上下班时间、休息时间、合理的加班制度等
	工作配备齐全度：工作所必需的工具、条件、设备以及其他资源是否齐全、够用
	福利待遇满意度：对福利、退休金、医疗保险、每年的假期、休假的满意度
工作群体满意度	合作和谐度：上级的管理水平与风格，上级的信任、支持、关心、指导，同事之间合适的心理距离，同事之间相互理解、开诚布公，以及下属领会意图、完成任务的情况
	信息开放度：信息渠道畅通，信息传播准确、高效等
工作单位满意度	企业了解度：对企业历史、文化、战略、政策、制度的理解和认同程度
	企业形象满意度：企业知晓度、知名度及用户满意度
	组织参与度：员工的意见和建议得到重视及参与决策等

(四)开放式问答法——彼得需求满意调查表

开放式问答法能够给被调查者以足够的表达空间,便于挖掘问题的原因。其典型代表是"彼得需求满意调查表",它更适用于管理人员,其提问集中在管理工作的具体问题上,每个问题都涉及理想与现实状况,例如:你在当前的管理位置上权责利匹配度如何?理想的状况应该怎样?现在的实际状况又如何?你在当前的管理位置上个人成长和发展的机会如何?理想的状况应如何?现在的实际状况又如何?

四、员工工作满意度问卷的编制、实施与注意事项

员工满意度将是今后企业人力资源管理的开发重点,对人力资源管理而言,没有哪一个指标能像员工满意度指标那样,既一针见血又真实地反映企业在这一领域的管理水平。员工满意度包含诸多内容,如责任感和使命感、成本和效益关系、个人价值的提升、认同企业文化、提高顾客满意度。因此,员工满意度问卷天然带有更多的使命。

(一)员工满意度调查途径

员工满意度调查有企业自行操作和专业机构进行调查两种途径。

1.企业自行操作

企业依靠自己的人力资源管理部门和研究小组来开展工作,这种形式在中国国有企业中已司空见惯。例如,年度、季度的工作总结,民主考评会,合理化建议、意见箱等,多数采取匿名方式,但是企业和员工之间的微妙关系通常让员工顾虑重重。即使员工流露出一些想法,也会因为了解的信息片面、不足而使所提观点被搁置一边,有时也因为企业中发出的不同声音而被扼制。

因此,企业自行开展员工满意度调查时,员工常常抱着观望的态度而不是积极配合的态度。另外,员工满意度调查是一项复杂的、专业化的工作,企业在技术和人员上的差距,也影响到后期解决方案的产生,员工甚至会怀疑企业的初衷,因此调查中会出现人云亦云或万马齐喑的现象,使员工满意度调查流于形式,无法取得预期的激励员工的效果。

2.专业机构进行调查

专业的机构对企业进行调查(称为第三方调查)是世界各国企业普遍采用的调查途径。员工的满意度是企业价值中关键的因素与核心驱动力,更是企业追求的目标和方向,因此越来越多的企业开始重视和需要更加全面、细化的员工激励方法来达到员工对企业的认可。与第三方合作,企业可以有效地利用第三方人员和

技术上的优势，增加员工对调查的信任度，得到尽可能真实的数据，提高调查的质量，为最终提出解决方案打好基础。

企业自行开展员工满意度调查和委托外部专业机构进行满意度调查所需花费的时间、精力、费用、效果等都有所不同，可以从表4-6中看出。

表4-6　员工满意度调查途径的比较

比较内容	企业自行开展	委托专业公司
数据收集和分析	耗费人力，不够专业	计划周详，操作流程规范，利用专业统计软件分析数据，结果科学、客观、精确
员工的配合程度	员工往往心存疑虑，配合较差，较难保证员工的保密要求	代表第三方立场，员工配合程度较好，能确保员工的隐私权不受侵犯
问卷质量	完整性和真实性均受影响	真实性和完整性有保证
访谈的深度	真实度低，挖掘深度往往不够	代表第三方立场，信息详尽，真实度高
调查结果的分析	可能带有主观和感情色彩，缺乏有效的跟踪和横向比较	客观、公正，能如实指出企业的不足之处；可将纵向数据和横向数据进行比较分析，并建立跟踪机制
费用	表面上看没有现金的支出，但企业在人力上的投入同样存在人工成本的支出	一定的费用，取决于调查的范围和内容
精力	从问卷设计到访谈，到问卷回收，到数据分析和结果汇报，需要投入许多人力，耗费大量的时间和精力	只需很少的人配合相关事宜，如问卷内容的审核、问卷的发放等

（二）员工满意度调查问卷的编制结构

企业通过员工满意度调查，对企业存在的问题有了科学的、全面的了解，并且可以在此基础上明确解决的方案，从而促使企业有针对性地改善管理，达到提高企业业绩的最终目标。但是员工满意度调查是一项复杂的、专业的工作，如果操作不当，会影响调研的有效性。因此，需要我们了解调查问卷的编制原理。

1.标题

标题是对调查内容的高度概括。

2.卷首语

卷首语也称封面信或前言。一般包含自我介绍、调查目的与回收事宜。

（1）自我介绍：让调查对象明白你的身份或调查主办的单位。

（2）调查目的：让调查对象了解你想调查什么。

(3)回收问卷的时间、方式及其他事项。例如,告诉对方本次调查的匿名性和保密性原则,本调查不会对被调查者产生不利的影响,以及答卷时的注意事项等。最后,真诚地感谢被调查者的合作与支持。

3.指导语

指导语旨在告诉被调查者如何填写问卷,包括对某种定义、标题的限定以及示范举例等内容。另外,指导语要简明易懂,使人一看就明白如何填写。

填表示例:您对公司的总体满意程度:

非常不满意 1——2——3——④——5 非常满意

如果您对公司总体上较满意,查上表得分为 4 分,则您只需要在"4"分值上画"○"即可(如图示)。如果您需要修改答案,请在原来选择数字上画"×",重新选择分数值画"○"。

4.主体

主体是指问卷的问题部分,可根据答案标准化程度,分为开放题与封闭题、半开放题三种。问题设计将决定问卷质量,因此在设计问卷时,应该注意以下四大原则:

(1)内容主题明确。所提问题避免使用模糊性词语,尽可能使用中性词语,且所提问题应有确切性答案(即能被回答)。应该删去那些与调查主题无关或相关性不强的题目,删去不能鉴别出不同受试者反应的题目;应该避免使用主观性的字句,或者诱导性题目,或者涉及社会禁忌及被试者隐私问题。

(2)表达通俗易懂。题目内容不能超出被测对象的知识与能力范围,避免使用专业性很强的术语(行话),尽量少用双重否定句;题目尽可能短一些,简单一些,一句话只说明一个概念。研究表明,由 10 个以内的字组成的短问题远比由 33 个以上的字组成的长问题易被人理解与注意。

(3)逻辑顺序合理。针对问题难易程度顺序:先易后难,先简后繁,先具体后抽象。针对问题敏感度顺序:先是熟悉与感兴趣的问题,后是敏感与威胁性问题。针对问题内容顺序:相同主题的问题放在一起,相同形式的问题放在一起。

(4)格式美观。题目格式不应引起误解,题目应易于编码、录入、汇总和数据处理,因此,问卷要美观,避免杂乱拥挤。

5.结束语

结束语要对被调查者的合作再次表示感谢,以及提醒被调查者不要漏填与复核的请求,以消除无回答问题及有差错的答案。例如,可以这样说:"问卷到此结束,请您检查一遍是否有漏答与错答的问题。最后,衷心地感谢您对我们调查的热情支持!"

除了表示感谢之外,还要在卷尾以开放题形式提出本次调研中的一个重要问题。

(三)员工满意度调查 PDACR 循环

工作满意度调查的步骤,也可称为 PDACR 循环,其具体含义如下:

第一步是制订调查计划(plan),即企业高层管理者从战略高度意识到"以人为本"的重要性,决心实施提高工作满意度工程而责成人力资源部制订调查计划。

第二步是实施调查方案(do),即为了完成规定的调查任务,根据事先拟订的调查计划,管理层可以灵活地选择不同的调查方法、实施方案,并形成书面报告。

第三步是分析调查结果(analyze),即实施调查后收回大量问卷和调查报告,调查人员通过检验、归类、统计,形成用文字、图表表达的调查结果,并对现存问题进行总体评价分析,提出改革的具体措施,最终提交综合报告。

第四步是实施改进措施(correct)。针对调查结论,实施改进措施是十分必要的,否则员工会把满意度调查看成形式主义,对企业领导丧失信任。而且这些矛盾不会随着时间的推移自动消失,积累的时间越长,爆发的力度越大。

第五步是跟踪反馈效果(rcview),实施改进措施并不是员工满意度调查工作的终结,人力资源部还要对改进措施进行两方面的效果评估:一是评价措施的经济性,即能够以一定的投入获得较大的产出;二是评价措施的实用性,即改进措施对员工满意度指标的改善,以便总结经验和教训,更好地开展下一步的工作。

(四)员工满意度调查的 11 种常见的错误与解决方法

1.时机选择不恰当

员工满意度调查越来越多地被运用于公司面临重大变革或者剧变的时候。调查成为组织重组的一种工具——它不是为了提供有用可行的信息,而是为决策服务。在公司面临重大变革的时候,员工的想法会有很大的波动。当调查结果出来的时候,员工的想法已经发生了很大的变化,为什么要选择在这个时机做调查呢?

解决方法:进行低调的定性的访谈来判断目前的变革对员工想法的影响。这能够帮助管理者决定是否需要一个全面的调查,同时帮助他们关注员工目前的想法。

2.一不做二不休

国际调查研究公司发现,许多公司急于调查所有员工的意见,而事实上,调查20%甚至更少比例的员工就可以比较准确地得到全体职员的满意度情况(但要这个公司的人数超过 2 000 人)。对全体职工进行满意度调查的难点在于如何通过表格形式整理这些数据,如何解释这些数据以及如何作出反应。"全民普查"会发现许多问题,而所有这些问题都不是马上可以解决的。这就会给公司造成麻烦,尤其是对第一次进行调查的公司,因为员工会在参与调查的过程中提高期望值。

解决方法:采用抽样调查的方式,同时对需要特别关注的或在战略上对公司未来绩效有重大影响的部门进行普查。

3.调查过于频繁

许多公司进行年度、半年度甚至季度的员工满意度调查。通常,调查的结果只有很小的变化,即便是年度性的调查也是如此。因此,在一年的时间内进行一次以上的员工满意度调查是一种浪费,没有什么明显的效果。而且,这样做可能对生产率产生负面影响,因为公司难以如此迅速和频繁地满足员工的期望(调查提升了员工的期望值),这将导致员工士气低落。

解决方法:避免“调查瘾”,在上一次的调查带来实际的改善之后,再开展下一次的调查。调查的频率和调查的深度将取决于公司的规模。

4.调查过于简单

一些公司过于频繁地面向所有员工做满意度调查,因此,它们试图简化调查的过程,采用简化的员工满意度或员工激励调查指标,这就有可能会偏离研究人员和管理者希望了解影响员工士气的关键因素的愿望。这也降低了调查指标的有用性,因为它们不能有效地解释员工满意度的偏差。

解决方法:要设计出一个有效的员工满意度调查指标,唯一的方法就是在获取完整问卷结果的基础上,进行二次统计分析。这样得出的调查指标就具有很强的解释性和预测性。

5.参与调查的团队人数太少

为了了解对员工士气有负面影响的因素,高层管理者倾向于针对若干人数很少的团队(不超过10人)进行调查。这在理论上是行得通的,但是实际上这种方式可能并不能达到预期效果。一个人可能就会影响到25%的总体结果,使整体团队实际的满意度情况发生严重偏差。而且如此小范围的调查,匿名性基本上得不到保证。由于员工知道他们可以对直接上司的结果施加影响,员工满意度调查会变得政治化。

解决方法:更为成功的调查通常在不少于30人的团队中开展。

6.将调查结果和奖金联系在一起

由于员工满意度对公司的重要性仅次于客户服务和盈利率,因此许多公司会根据员工满意度调查的结果来决定发给管理者的奖金。这样做自然有一定的价值,但是这也可能导致调查被滥用。一个管理者如果觉得自己可能有失去奖金的危险,那他或她可能会在调查开始前的几周之内“迎合别人的趣味”来影响调查的结果。因此，员工满意度可能由于投机性的操纵而短期内获得提高，但对公司的长期业绩而言有害无益。

解决方法：如果具有限制操纵结果的严格规定的步骤和协议，并且考虑到长期的利益，那么，根据员工满意度调查结果来奖励管理者也不失为好的方法。

7.随意设定调查目标

公司常常会根据去年的调查结果为今年制定随意的并且往往不切合实际的员工满意度目标。仅仅根据去年的满意度调查结果设计出满意度调查指标并且随意地推断出增长幅度，就没有遵循调查的原则，或者没有认识到调查的“常规模式”。

举例来说，一个过渡时期的公司（正在经历变革的公司）在福利方面获得了51%的满意度，今年可能就会制定60%的目标。这很可能是不切实际的，因为表现非常优异的公司的常规模式只有59%。不了解其中可能的得分范围而设定改进目标，会成为“拍脑袋”的工程。

解决方法：调研问题的设计需要以大量初步的调查和分析工作为基础，切忌想当然。要考虑到当前企业的实际情况，了解当前在企业流传的各种言论，总结自己最关注的企业问题以及企业最关注的人群。如果由第三方开展调研，要及时做好相关信息的沟通工作。只有在这样的基础上进行的调查才是有针对性、有重点的。

8.调研结论作为决策依据

当公司面临重大变革的时候，进行员工满意度调查，其目的是了解员工的心态。而通常在公司变革的时候，员工的心态或多或少都会有波动。一项革新的措施出台的时候，往往都会遇到来自各方面的阻力和抵抗情绪，如果调查的结果显示员工普遍反对，这并不说明公司的变革就要取消。

解决方法：不能简单地把调查结论作为决策的依据。调研活动是一个沟通的平台，我们正是要通过这样一个平台来了解员工的想法，从而做好相应的信息沟通工作，稳定员工的情绪，从而有利于推行新的措施。

9.调研内容一味追求详细

一方面，内容越详细，就意味着题量越大，要占用员工时间越多，给员工带来不便，即使之前的沟通工作做得再好，也难以避免员工产生应付心理，答题的质量自然受到影响。另一方面，调研活动只是帮助找到公司存在问题的方向，想仅仅依靠调研就发现企业的具体问题是不现实的，具体问题的发掘和产生原因还需要后续大量的分析、考察和考证工作。

解决方法：调研内容既要考虑质量又要考虑数量，在保证有效性的前提下设计合理数量的题目。同时为吸引和提高员工的参与度，题目的形式应多种多样，或者表达形式应更有新意。

10.因多数而放弃少数

当一个企业80%的利润是由20%的人创造的时候,我们可以为了另外的80%的人而放弃这关键的20%吗?如果忽略了那关键的20%,调研报告的有效性将大打折扣,企业该解决的问题还是没有解决或者是错误地解决,那样损失将更大。

解决方法:在分析调研报告的时候,不能随意忽略少数人的意见,因为"真理往往掌握在少数人手中"。同时,在设计调研问题的时候,要设计一些问题对参加者的身份进行识别。这样既有利于找到企业关键的20%,对他们的问题进行科学地分析和系统地解决,从而对企业业绩的提高起到事半功倍的效果;也有利于找到不同工作类别的员工所存在的不同问题,从而有针对性地改善公司的管理,提高员工的满意度。

11.调研重点关注满意度分数

开展调研的目的不是得到满意度分数。不同企业或不同时期,满意度分数没有可比性,并不是说分数高企业就不需要改进,分数本身不能说明问题。调研的重点还在于:通过调研本身来构建一个沟通的平台,弥补日常沟通的不足,得到更多员工没有说出但最想说的话。

解决方法:应把重心放在对结果的深层次分析上,透过分数看本质,而不是简单就一项指标的得分与往年同期或者与别的公司做比较。

五、员工工作满意度调查问卷示例

第一部分(行政人事管理部分)

1.你认为公司的招聘程序是否公正合理?如果不合理,在哪些方面还需改进?( )

A.很合理 B.较合理 C.一般 D.较不合理 E.很不合理

需改进的方面:

2.你认为员工的绩效考评应该从以下几个方面考核(可多选):( )

A.任务完成情况 B.工作过程 C.工作态度 D.其他:

3.在绩效考评中,你认为第2题的选项中哪项应为主要考核内容:( )

4.你认为公司应该依据下述哪些标准发放薪酬(可多选):( )

A.绩效考评结果 B.学历

C.在公司服务年限 D.其他:

5.在薪酬标准中,你认为第4题的选项中哪项应为主要依据:( )

6.你认为与公司签哪种劳动合同更为合适(只限专职员工回答)?( )

A.1年 B.2年 C.3年 D.没有具体年限限制,如果员工认为公司不

合适或公司认为员工不合适可随时协商解除劳动合同

7.你认为公司目前的福利政策(节日礼品、生日礼物、健康体检、带薪假期、社会养老/失业保险)是否完善,若不完善,还需进行哪方面的改善?(　　)

A.是　　B.否,改善:

8.你认为自己最需要哪些培训?

9.你认为是否有必要对公司的中层经理进行管理知识培训?(　　)

A.有　　B.没有

10.如果是技术认证培训,并且需要个人出资,你最大的承受能力是多少?(　　)

A.100 元内　　B.500 元内

C.1 000 元内　　D.若该项培训对自己很重要,还可承担更多

11.你认为在公司工作有没有发展前途?(　　)

A.有　　B.说不准　　C.没有

12.除薪酬外,你最看重:(　　)

A.提高自己能力的机会　　B.好的工作环境

C.和谐的人际关系　　D.工作的成就感

13.你认为目前最大的问题是:(　　)

A.没有提高自己能力的机会　　B.工作环境较差

C.人际关系不太和谐　　D.工作没有成就感

14.你认为目前的工作:(　　)

A.很合适,并且有信心有能力做好

B.是我喜欢的工作,但自己的能力有所欠缺

C.不是我理想的工作,但我能够做好

D.不太适合,希望换一个岗位

15.你的职业倾向:(　　)

A.希望在目前这个方向一直干下去　　B.希望换一个方向

C.没有想过　　D.根据环境的变化可以变化

16.你认为公司环境卫生情况如何?(　　)

A.很好　　B.良好　　C.一般　　D.较差　　E.很差

17.你认为现行考勤制度是否合理?(　　)

A.合理　　B.不合理,原因:

18.你认为当前的人力资源管理的最大问题在什么地方?(　　)

A.招聘　　B.培训　　C.薪酬　　D.考评

第二部分(员工个人部分)1~9题如果选D或E,请进一步填写你希望有所改进的地方。

1.你认为公司目前的工作环境:(　　)

A.很好　B.较好　C.一般　D.较差　E.很差

2.现在工作时间的安排是否合理?(　　)

A.很合理　B.较合理　C.一般　D.较不合理　E.很不合理

3.你对工作紧迫性的感受如何?(　　)

A.很紧迫　B.较紧迫　C.一般　D.较轻松　E.很轻松

4.你认为工作的挑战性如何?(　　)

A.很有挑战性　B.较有挑战性　C.一般

D.较无挑战性　E.无挑战性

5.你认为自己的能力是否得到了充分发挥?(　　)

A.已尽我所能　B.未能完全发挥　C.没感觉

D.对我的能力有些埋没　E.没有能让我施展的机会

6.你的工作是否得到了领导及同事的认可?(　　)

A.非常认可　B.较认可　C.一般　D.较不认可　E.非常不认可

7.你对目前的待遇是否满意?(　　)

A.很满意　B.较满意　C.一般　D.较不满意　E.不满意

8.你与同事的工作关系是否融洽?(　　)

A.很融洽　B.较融洽　C.一般　D.较不融洽　E.很不融洽

9.你与其他部门的合作是否融洽?(　　)

A.很融洽　B.较融洽　C.一般　D.较不融洽　E.很不融洽

10.是否受多重领导?(　　)

A.经常是　B.偶尔　C.从来没有

如果选A,你希望哪方面有所改进:

11.工作职责是否明确?(　　)

A.是　B.不是

如果选B,你希望哪方面有所改进:

12.你对哪层领导寄予希望?(　　)

A.直接上级　B.主管经理　C.总经理

13.你认为公司的主要优势是什么?(　　)

A.技术　　B.市场　　C.管理

请简述理由：

14.你认为公司的主要问题是什么？（　　）

A.技术　　B.市场　　C.管理

请简述理由：

15.你希望公司用什么样的方式奖励你的出色表现（请概述）：

16.你对公司的其他建议（请概述）：

第五章 分析方法:多管齐下 搜寻信息

引导案例:令人反感的工作日志①

背景:

为了提高工作效率,某公司高管要求下属员工必须做工作日志,日志中要写清楚工作日每天、每小时的工作内容和产出。员工对工作日志非常反感,因为工作中有很多琐事是没有产出的,比如和客户沟通业务、查找资料等,但这些工作都是正常工作必须做的内容。由于要记录每个小时的工作内容和产出,员工不但要忙于工作,还要花时间写记录,有时候忙起来就忘记了,还得补写。

在日志记录中,没有产出的工作内容会在例会上被高管批评,高管认为这是员工工作懈怠、不够高效的表现。后来大家也学"精"了,都不按照实际的工作情况进行记录;另外,对于那些没有产出的工作内容,只好利用下班时间来完成,不得不加班。

员工们非常想和高管建议,改变这种记录工作日志的方式,但又迫于权力的压力,不敢提出,因此大家都情绪低落,非常苦恼。

分析:

这个案例核心问题在于"日志"这种方式究竟有没有价值和存在的必要,对此,有人认为工作日志不应该是单纯展示给领导看的一种工作记录,而应加入员工自己在工作中的问题分析、工作感悟反思等;另外,"日志"的目的和呈现方式在很大程度上影响着员工的主观感受,而且这种方式大多与个体的行为习惯有关,在公司中加以制度化推行确实不多见。

单就"记日志"这个事情本身而言,连续认真写几个月之后,再回头看看,就会发现自己的成长进步以及重复发生的问题,也往往能够激发自己"做得更好的斗志"。

"吾日三省吾身",工作日志就是见证自我成长的一个最佳工具。主要好处是:

首先,对于员工而言,可从工作日志中归纳、总结出自己的工作重点、工作内容的规律。

---

① 高颖.领导力与决策案例及评析[M].北京:经济科学出版社,2019:66-72.

其次,对于管理者而言,可从工作日志中发现不同员工的工作习惯、工作方式和工作特点,可以及时对员工的不良习惯和方式进行提醒、干预;也可以据此优化本部门各岗位的工作职责及人力资源配备,实现员工效能 1+1>2 的效果。

最后,对于单位而言,可从工作日志中判断人力资源的分配情况是否合理,据此对单位部门设置、岗位设置等进行合理调整;此外,还可以看出单位各年度、季度、月度工作计划的完成是否顺利,并及时采取有效措施。

弗兰克·吉尔布雷斯于 1885 年受雇于一建筑商时进行了著名的"砌砖研究",弗雷德里克·泰勒于 1898 年在美国伯利恒钢铁厂进行了著名的"铁铲试验"与"搬铁块实验",这些实验标志着对"岗位"的研究从过去定性的探讨阶段进入到定量的测量阶段。从动作时间分析法逐渐过渡到我们目前非常熟悉的通用方法——观察法、访谈法、文献分析法、主题专家会议法等。随着统计技术的发展,调查问卷法越来越成为现代岗位分析的主流方法,主要用于定量分析。例如,美国普渡大学职业研究中心开发的"职位分析调查问卷(PAQ)"就主要用于定量分析,以便获取更为具体、详细、量化的岗位信息;而临界特质分析系统(TTAS)主要从任职者行为的角度出发描述职位,侧重于描述任职者在履行工作职责时所需的知识、技术、能力以及其他行为的特征。

一、通用岗位分析方法

(一)访谈法(面谈法)

访谈是两个或更多的人交流某项或某系列工作信息的会谈,如面对面地询问任职者及其主管/下属、与该岗位工作联系比较密切的工作人员、业内专家等对此岗的意见和看法。

通过访谈法收集的工作信息不仅是岗位分析的基础,而且可以为其他岗位分析方法提供最初始的资料供给。此法能够适用于各层各类职位特别是适合于中高层管理职位的岗位分析。

【案例 5-1】令小王困惑的访谈

在某公司的一次岗位分析访谈中,岗位分析员在向任职者提问时问道:"请你谈谈你这份工作对公司的价值。"听到这样的问题,小王愣住了,该怎么回答呢?当然要说价值很大啦,怎么大呢?思索了半天,她也不知道该如何回答,只能说"我的工作是公司正常运转不可缺少的一个环节",心里暗想,这回答还真是废话!

原本以为人力资源部在了解情况后会对每个人的工作做出评价,谁知道上来就让员工自己谈价值。这下可把大伙难住了,说高了,一听就是空话;自谦一下,不就等于让人家来炒自己鱿鱼吗?只好统一口径,简单几句话把进行岗位分析的人打发走。

问题:如果你是这家公司的岗位分析员,你该如何做?

1.访谈者的角色定位——消极信息的记录者与积极思维的引导者

作为信息记录者,访谈者的主要职责是根据访谈提纲尽可能收集其需要的信息,以信息的完备性作为其追求的目标,因此,需要完整记录被调查者的原话,这样才能保证获得的信息是“绿色信息”。

作为思维引导者,访谈者应积极引导任职者进行扩展思维,根据任职者提供的线索深入追问,以获得附加信息,以信息的广度和有效性作为其追求的目标。例如,为启发被访谈者列举工作内容,可以提问:①假设此刻是你正常的一个工作日的开始,那么你做的第一件事情是什么?能举个例子吗?②接下来你会做什么?

2.访谈时间及访谈对象的选择

第一次的谈话对象最好是基层的管理者,他们能更好地提供有关工作的情况,并能将职责与岗位很好地联系起来。其次,是实际任职者。在这个访谈的过程中,要不断与关键管理岗位的人员如总经理、总经理办公室主任沟通。

每天的谈话对象最好不要超过两个人,谈话时间每人不超过3个小时。

3.访谈问题

麦克里兰于1979年提出了访谈岗位分析法的五大标准:①所提问题要和岗位分析的目的有关;②岗位分析人员语言表达要清楚,含义要准确;③所提问题必须清晰、明确,不能太含蓄;④所提问题和谈话内容不能超出被谈话人的知识和信息范围;⑤所提问题和谈话内容不能引起被谈话人的不满,或涉及被谈话人的隐私。

访谈时应避免的提问方式:①诱导性问题,例如,我觉得你不喜欢督导你的员工,是吧?②连珠炮式问题,例如,你的日常工作是哪些?你每周要接触多少客户,下多少个订单?有没有权限审批费用?③偏见式陈述,例如,仓库保管员常常没什么事做。④多选式问题,例如,你是每周、每月还是每两个月与客户见一次面?

4.开始阶段的访谈

第一,采取随意简单方式进行自我介绍。例如:你好!我叫王海,是本公司人力资源部岗位分析员。想必你的上司已经和你沟通过,我们将通过访谈等方式对你的岗位(证券分析员)进行岗位分析,确定该岗位的工作职责及任职资格。本次项目选取了公司证券投资部5个核心岗位作为标杆进行分析,证券分析员这一岗位我们选取了公司5位职员进行访谈,你是我们访谈的第二位。通过本轮访谈收集的信息将连同岗位分析问卷一起作为岗位分析的信息基础,最后的成果在正式提交前,我们会再次和你沟通确认。当然,对于本次访谈的内容,我们会予以保密。在访谈开始前,你还有问题需要向我们提出吗?

第二,尝试发现被访谈者爱好的话题,从这些话题出发展开访谈。

第三,在话题开始时,采取鼓掌、适度赞扬等方式表达对被访谈者的欢迎,以缓和紧张气氛。

5.结束阶段的访谈

就细节问题进一步追问并与被访谈者最后确认所有信息的真实性与完整性,特别重申岗位分析的目的与访谈收集信息的用途,提前告知下次访谈的内容(最终确认成果)。邀请被访谈者在需要时与岗位分析小组联系,最后感谢被访谈者的帮助与合作。

6.访谈技术运用及开发

(1)沟通(communicating)。被访谈者往往不知道岗位分析师需要哪些与工作有关的信息,因此,岗位分析师可以适当使用语言(例如"是的"或"我懂了")或动作(如点头)等方式与被访谈者进行交流。

这种交流首要的作用是使被访谈者认识到他提供了岗位分析师所需要的信息。

根据斯金纳的"强化理论",对一种行为的肯定或否定的后果至少在一定程度上会决定这种行为是否重复,因此这种认同的交流方式,会增强被访谈者的自信,从而提供更多的有效信息。

(2)提示(prompting)。岗位分析师的另一项十分重要且行之有效的技能是根据访谈的进程对工作的相关信息进行提示,引导被访谈者思维。在访谈过程中,当被访谈者不清楚应该提供什么信息、语言阐述有障碍或是不愿谈论其工作时,岗位分析师可以采用如下启发式问题来引导:

根据我们的经验和所获得的与你工作相关的信息,某项工作应该在你的职责范围之内,你认为呢?

(如果回答是肯定的,则继续提问)

请你详细谈谈这项工作职责的细节问题。能举几个相关的例子吗?

(3)静默(silence)。在访谈的过程中,采取适当的静默有利于访谈者更好地整理思路、组织语言,避免整个访谈过程枯燥乏味;同时,适当的静默是鼓励被访谈者继续谈论的信号。

访谈者应根据实际情况判断双方沉默时被访谈者的意图,采取适当的应对措施,过多的静默会造成双方的尴尬,破坏访谈过程的连贯性。

(4)控制(control)。访谈者应控制整个访谈过程使其不致偏离主题,但同时要努力维持轻松的交流氛围。

过度控制表现:被访谈者缺乏兴趣、回答过于简单、访谈者发言过多等。访谈者可以通过转换话题或变换面部表情和姿势等方式缓解现场气氛,同时也要努力克制不要打断被访谈者的发言。

访谈失控表现:回答问题过于冗长、被访谈者过多地谈及题外话、被访谈者提问过多等。访谈者可以及时总结相关话题,结束在无关问题上的纠缠,在必要时,访谈者可以直接结束话题,如可说:"为了节省时间,我们应该转入下一问题了,以后有机会我们再就这一问题进行沟通吧。"

(5)追问(probing)。追问时要注意以下几个问题。

第一,注意简短语言的使用。使用简短的语言,从是什么、怎样做、什么人、什么时间、什么地点以及对象是什么等角度询问详细信息。

例如:

被访谈者:"我的工作是为市场部提供信息支持。"

岗位分析员:"提供何种信息?"("怎样提供信息?""什么时间提供这种信息?")

第二,使用附和式提问。这样的提问会促使被访谈者详细解释其工作中的细节问题。

例如:

被访谈者:"我的工作是处理服务订单。"

岗位分析员:"处理?"

被访谈者:"是的,我审核这些订单,并整理排序,同时将已经答复的订单归档。"

岗位分析员:"审核?"

第三,有意或无意地暴露自己认识中的误区。

访谈者往往对工作细节不甚了解,对工作也难免会有错误的理解,因此,有意或无意地暴露自己认识中的误区,由被访谈者给予解答,也会收到查漏补缺的效果,同时也能激发被访谈者表达的欲望。

岗位分析员一定要坚定这样的信念:被访谈者是这一领域的专家。当访谈所获得的信息与我们通过其他渠道了解的信息相矛盾时,切忌和被访谈者发生争执,待访谈结束后再通过其他渠道加以证实。

第四,在就某些细节问题进行追问时,我们应注意以下几个误区:

首先,不要使用封闭式或可以用“是”或“否”回答的问题,例如:“是不是……”

其次,不要使用类似“为什么……”这样的提问方式。因为这样的提问方式会让被访谈者感到自己的表述缺乏可信度,因而访谈者需要加以证实,从而导致被访谈者产生不合作的情绪。

最后,不要使用轻率的判断型问题和行为,这样容易降低所收集信息的准确性。例如,问被访谈者:“你负责处理服务订单,不是吗?”这种带有强制性的提问容易让被访谈者感觉到这项工作是访谈者对其工作的期望,或许反映了上级的意图,从而将这项原本不属于自己的职责纳入自己的工作范围。再者,要适度使用表达赞同或反对的语言和动作,因为过度的判断言行会导致被访谈者投其所好,导致信息收集发生偏差。

7.岗位分析访谈法提纲

岗位分析访谈法的通用访谈提纲参见表5-1,访谈法岗位分析表参见表5-2。

表5-1　通用访谈提纲

1.请您用一句话概括您的职位为什么能在本公司存在?它要完成的主要工作内容和要达成的目标是什么? 2.请问与您进行工作联系的主要人员有哪些?联系的主要方式是什么? 3.您认为您的主要工作职责是什么?请至少列出8项职责。 4.对于这些职责您是怎样完成的,在执行过程中碰到的主要困难和问题是什么? 5.请您指出以上各项职责在工作总时间中所占的百分比重。(请指出其中耗费时间最多的3项工作) 6.请您指出您的以上工作职责中最为重要、对公司最有价值的工作是什么? 7.组织所赋予您的最主要的权限有哪些?您认为这些权限有哪些是合适的,哪些需要重新界定? 8.请您就以上工作职责,谈谈评价这些职责是否出色地完成的标准是什么? 9.您认为在工作中您需要其他部门、其他职位为您提供哪些方面的配合、支持与服务?在这些方面目前做得好的是什么,尚待改进的是什么? 10.您认为要出色地完成以上各项职责需要什么样的学历和专业背景?需要什么样的工作经验(类型和时间长度)?在外语和计算机方面有什么要求?您认为要出色地完成以上各项职责需要具备哪些能力? 11.您认为要出色地完成以上各项职责需要具备哪些专业知识和技能?您认为要出色地完成以上各项职责需要什么样的个性品质? 12.请问您工作中自主决策的机会有多大?工作中是否经常加班?工作是否具有很大的不均衡性?工作中是否要求精力高度集中?工作负荷有多大?

表 5-2 访谈法岗位分析表

岗位名称:________ 主管部门:________

所属部门:________ 工作地点:________

间接主管:________ 监督者:________

直接主管:________

一、岗位设置的目的

企业为什么要设置本岗位,它的使命与基本性质是什么?

____

____

二、基本职责描述

按顺序列举说明本岗位的工作责任及其重要性

(责任分为每日、一定时期内与偶尔担负的三种类型)

1.每日必做的　　完成该任务花费的时间占全部工作时间百分比

(1)________ ________

(2)________ ________

(3)________ ________

(4)________ ________

2.一定时间内必做的工作　　完成该任务花费的时间占全部工作时间百分比

(季/月/周)

(1)________ ________

(2)________ ________

(3)________ ________

(4)________ ________

3.偶尔需要做的工作　　完成该任务花费的时间占全部工作时间百分比

(1)________ ________

(2)________ ________

(3)________ ________

三、教育状况基本要求

对于本岗位的工作来说,哪些教育或知识是必需的?这些教育与知识可以从学校获得,也可以通过自学、在职培训或工作实践获得。请确定下列技能或知识哪些是必要的,并在每条开头的横线上打"√"。

______任职者能够读写并理解基本的口头或书面指令。

______任职者能够理解并执行工作程序,以及理解上下级的隶属关系,能够进行简单的数学运算和办公室设备的操作。

______任职者能够理解并完成交给的任务,具备每分钟打 50 个汉字的能力。

______具备本岗位工作需要的专业知识。

______具备相近专业领域的一般知识。

______具备商业管理与财政方面的基础知识与技能。

续表

______具备商业管理与财政方面的高级知识与技能。

______其他方面要求:

____

____

四、岗位工作经验要求

本岗位要求任职者具备哪些工作经验?请标明下列哪些经验是必需的。

________只需要1个月的相关实习期或在职培训期。

________只需要1~3个月的相关实习期或在职培训期。

________只需要4~6个月的相关实习期或在职培训期。

________只需要7~12个月的相关实习期或在职培训期。

________只需要1~3年的相关实习期或在职培训期。

________只需要3~5年的相关实习期或在职培训期。

________只需要5~8年的相关实习期或在职培训期。

________需要8年以上的相关实习期或在职培训期。

其他方面的经验要求:

____

____

五、担负的管理职责

任职者担负的管理责任有哪些?下列每项工作所花费时间的百分比是多少?

(1)工作指导　________　________________

(2)布置工作　________　________________

(3)检查工作　________　________________

(4)制订计划　________　________________

(5)目标管理　________　________________

(6)协调活动　________　________________

(7)解决雇员问题________　________________

(8)评价下属　________　________________

____

____

任职者直接管理的职工人数________________________

六、工作联系

本岗位的工作者之间有哪些联系?在描述这些联系时,要考虑这些联系是怎样建立的,在部门内部还是部门外部,联系次数是否频繁,联系中包括信息搜集判断还是仅仅作为一种服务形式,哪些联系对部门有用。这里的联系对象包括本部门与外部的所有人员。

____

____

续表

七、本岗位所受到的监督与管理

本岗位需要接受哪些监督和管理？接受的程度如何？通过下列情况加以确定并在每条开头的横线上打“√”。

______直接。任职者的工作简单重复进行，工作处于明确、具体的指导下，基本上每天都接受指导。

______严密性。任职者要求按程序工作，从上级部门接受任务安排。

______一般性。任职者可以有计划地安排自己的工作，但需要不定期地与上级商讨例外的、复杂的问题。

______有限性。任职者在一定目标与指导下，计划自己一定时期（每月）内的工作。

______宏观指导。任职者可以独立地计划与实施自己的主要工作，只需要在目标方向上与主管的要求保持一致。

______自主性。任职者可以自主地确定工作目标。绩效标准只需与他人协商即可，不需要征得上级同意。

八、决策责任

任职者独立决策的权限与范围有多大？他作出的决定是否要由他人审核？如果要，那么由谁审核？

____

____

九、错误分析

1.最易犯的错误有哪些？举例说明，并指出它们是操作上的，还是观念上的，或两者皆有。

____

____

2.这些错误多长时间才能被发现，谁能发现，常在哪些工作环节上被发现？

____

3.纠正这些错误存在哪些障碍？在纠正错误过程中可能出现什么枝节问题？

____

____

十、数据保密

任职者是否要对一些数据加以保密？保密的程度如何？保密对公司的利益有无影响？请对下列情况予以确定并在每条开头的横线上打“√”。

______不保密。工作中没有任何数据需要保密。

______有一点保密。偶尔有些数据需要保密。

______一般保密。一般情况下，需要保密，泄密将对公司产生负面的影响。

______绝大部分工作都需要保密，泄密将对公司产生重大影响。

______完全保密。稍加泄露，便会有损公司的名声和地位。

十一、工作条件

描述工作顺利进行时必需的生理条件、物理条件，如任职者工作期间站、走、负荷的时间各是多少？

____

____

续表

十二、心理要求

为了使岗位工作顺利进行,对任职者在心理方面有哪些要求?

____

____

十三、岗位工作中所使用的机器或设备

	一直使用	经常使用	偶尔使用
________	____	____	____
________	____	____	____
________	____	____	____

十四、附加说明

本岗位还有哪些方面需要补充说明的,请列出。

____

____

(二)观察法

科学的观察是获得并积累感性材料的重要渠道,不仅可以直接获得第一手材料,而且能及时获取反馈信息,比如及时了解被观察者的行为变化情况及工作情况。在观察活动中,根据是否透露身份和参与程度,观察者扮演三种不同类型的角色:①完全观察者,指观察者与被观察者无关,对被观察者的行为与事件的发展不施加任何影响,也不参与任何活动;②完全参与者,不透露身份,积极参与观察对象活动并进行观察的观察者;③参与观察者,透露身份,并通过参加观察对象活动进行观察的观察者。

观察法是由岗位分析人员在工作现场通过选定 3~5 位任职人员作为观察对象,进行实地观察、交流、操作等方式收集工作信息的过程。侧重点在于分析、提炼从事职位所包含的工作活动所需的外在行为表现以及体力要求、环境条件等。观察法可分为直接观察法、自我观察法(工作日志)和工作参与法(工作实践)三大类。

1.直接观察法

直接观察法主要适用于相对稳定的重复性的操作岗位,如装配线工人;不适用于职能和业务管理岗位以及处理紧急情况的间歇性工作岗位,如律师、教师、急救站的护士等。

(1)观察时间地点的确定原则。

第一是典型性：观察的时间、地点应为该职位的典型、常规的工作时间和地点，而不是偶尔发生的工作时间和地点。

第二是经济性：尽量不要影响组织的日常运营过程，同时在收集完整信息的前提下，尽量减少时间跨度和空间的转移。

第三是全面性：对于周期性的工作岗位，观察的时间最好覆盖某一典型工作的周期；对于非周期性的工作岗位，应从多方面收集其典型工作发生的时间段，在这些时间段中对其进行观察。例如，可通过与上司、本人进行沟通讨论，确定典型时间段，作为观察时间。

第四是民主性：观察的时间和地点的选择可以征求本人和上司的意见，在双方沟通交流的基础上确定，这样做可以增加观察对象的参与程度，降低其抵触情绪。

(2)观察员的选拔。若观察的目的是“描述”，则观察员最好是目标职位任职者中的一人或是任职者的同事。

若观察的目的是“验证”，则观察员最好是“外部人”或是和任职者无利益关系的人。而且观察员应作出如下承诺——尊重隐私权、保证匿名性、授予拒绝参与权和结果知情权。

需要注意的是，观察员在观察过程中可能出现一些错误，见图5-1。

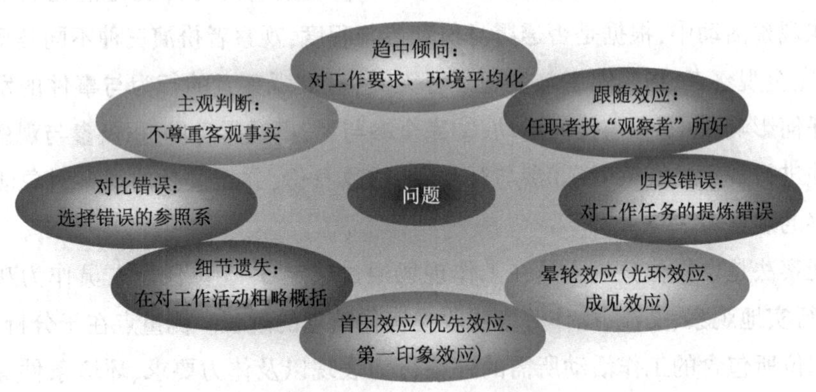

图5-1 观察过程中可能出现的错误

2.观察前的准备——观察提纲

为避免机械记录，需确定观察内容，即要求在一定时间内，工作内容、程序、对工作人员的要求不会发生明显变化，不适用于观察紧急而偶然的工作；确定观察时刻和观察位置，即足以保证可以观察到工作执行者的全部行为且不影响被观察人员的正常工作;准备供观察使用的记录表,即事先对观察工作有大量了解,并整理成观察记录表,以便记录,参见表5-3。

表5-3 某生产流水线岗位分析观察表

一、岗位
1.岗位名称:
2.产品名称:
3.流水线类型:
4.工序名称:
5.工序类型:A.部装　B.组线　C.其他
6.岗位在工序中的作用及其重要性:A.一般岗　B.关键岗　C.质控岗　D.关键质控
7.具体工作任务:
二、设备与产品
1.设备与用具:

	名称	型号	数量
设备			
模具			
量具			
铺具			

2.加工或装配的零部件及零件号:
三、身心活动
1.工作姿势:A.站　B.坐　C.蹲　D_1.空走　D_2.搬物直走　D_3.弯腰搬物走
2.体力负荷:

单位:次数或千克

项目	1~3	4~5	6~10	11~25	26~50	51~	备注
负重							
拿							
搬							
推拉							

续表

3.其他身心活动:

内容名称	程度说明
眼手灵活性	高1　2　3　4　5低
眼手脚协调性	高1　2　3　4　5低
视力等级	好1　2　3　4　5差
听力	强1　2　3　4　5弱
触摸	频次高1　2　3　4　5频次低
记忆	强1　2　3　4　5弱
分析	高1　2　3　4　5低
观察	高1　2　3　4　5低
注意力	集中1　2　3　4　5分散
紧张程度	高1　2　3　4　5低
计算程度	难1　2　3　4　5易

四、任职资格

1.所需最低工作熟练程度等级:

A.初级工　一级　二级　三级

B.中级工　一级　二级　三级

C.高级工　一级　二级　三级

2.所需最低学历:A.小学　B.初中　C.技校或高中　D.大专　E.大专以上

3.相同或相似岗位工作经验:A.半年　B.一年　C.两年　D.两年以上

4.岗前培训时间:

5.年龄:A.18~23岁　B.24~28岁　C.29~33岁　D.34~38岁　E.39岁以上

6.性别:A.男　B.女

五、工作关系

1.是否有人指导监督:A.有　B.无

2.什么人?

3.什么性质:A.定期　B.不定期

4.是否指导别人:A.是　B.否

5.什么人?

6.什么性质:A.定期　B.不定期

7.与上下工位的联系方式:A.口头交流　B.动作交流　C.文档交流

8.与同事的合作与协调:A.多　B.一般　C.少

续表

六、工作评价标准

产品合格率/班	
生产数量/班	
单件操作时间	
设备保养标准	
其他	

七、工作环境与条件

内容名称	程度说明
空气	污浊 1 2 3 清新
油污	有 1 2 3 无
粉尘	多 1 2 3 少
液体	有害 1 2 3 无害
气体	有害 1 2 3 无害
温度	不适宜 1 2 3 适度
通风	不好 1 2 3 好
噪声	大 1 2 3 小
照明	暗 1 2 3 明
火花飞溅	有 1 2 3 无
电弧光	有 1 2 3 无
场面清洁	脏 1 2 3 洁
设备清洁	脏 1 2 3 洁
警觉程度	需要 1 2 3 不需要
危险程度	大 1 2 3 小
铁屑飞溅	有 1 2 3 无

八、差错类型与影响程度

一次差错对企业造成的损失:

A.10 元以下 B.11~100 元 C.101~1 000 元 D.1 001~10 000 元 E.10 001 元以上

九、工作准备与安排

1.原材料:A.需要准备 B.不需要

需要多少时间:A.少于 10 分钟 B.11~15 分钟 C.16~20 分钟 D.21 分钟以上

续表

2.设备运行前准备： 设备试运行：A.需要　　B.不需要 设备保养：A.需要　　B.不需要
十、与外部配件的关系
外部配件、原料、毛坯的质量对本岗位影响：A.严重　　B.不严重　　C.无影响
表现在哪些方面：
十一、需要说明的其他问题

（三）工作日志法

工作日志法也称为自我观察法、岗位写实法、工作日写实、工作活动记录，是指任职者在规定的时限内实时、准确记录工作活动与任务的工作信息收集方法，是一项来源于任职者的单向信息获取方式。作为原始工作信息搜集方法，特别是在缺乏工作文献时，日志法的优势尤为明显。

实践证明，由于职位所包含的工作活动数量多、内容庞杂以及大量的重复性，“造假”成为相当困难或是微不足道的事情。

1.工作日志中填写的时间区间

（1）工作日志填写的时间范围：一般对于能划分完整工作周期的职位，在可能的情况下，可以选其一个工作周期作为填写工作日志的总体时间跨度；对于大多数职位，一般选取每月或每半月作为工作日志填写的时间跨度。

（2）每日填写的时间间隔：一般每日填写时间间隔为半小时，应保证在尽可能不影响日常工作的前提下记录完整准确的工作信息。

表5-4是工作日志法的表例。

表5-4　某岗位的工作日志表

姓名：

填写日期：_____年____月____日

工作岗位：

所属部门：

部门经理姓名：

时间	任务来源	任务内容	结果传递	工作类别	完成情况
8:00—8:30					
8:30—9:00					

续表

时间	任务来源	任务内容	结果传递	工作类别	完成情况
9:00—9:30					
9:30—10:00					
10:00—10:30					
10:30—11:00					
11:00—11:30					
13:00—13:30					
13:30—14:00					
14:00—14:30					
14:30—15:00					
15:00—15:30					
15:30—16:00					

注：工作类别指日常性工作、定期性工作、临时性工作、兼办性工作、协办性工作、代理性工作和特殊性工作七种。

2.工作日志法的功能

（1）提醒作用：员工在实际操作过程中，可能会同时做多项工作（尤其是企业的最高管理者），会因为注意细节而忽略重要的事情，所以，及时地查看工作日志，进行标注，对企业的每一位员工都有重要作用。

（2）跟踪作用：企业的最高管理者根据工作日志所记录的内容，对相关员工的重要事件进行跟踪，在跟踪过程中增加资源支持的优势，把风险降到最低限度。

3.工作日志法示例

表5-5是工作日志表的填写说明与填写项目示例。

表5-5 工作日志表填写说明与填写项目示例

工作日志表填写说明示例

前 言

姓名（ ）职位名称（ ）：

首先，感谢您在繁忙的工作中抽出时间参与本次岗位分析活动，本次岗位分析的主要目的是确定此岗位新的任职者的培训需求。您填写的工作日志将帮助我们全面界定此岗位的主要职责。

续表

在接下来的一个月里,请在您完整的工作日内,每隔半小时如实记录前面半小时的工作内容(若任务连续不可间断,在任务完成后请立即填写)。请于本月末将填写的工作日志交至公司人力资源部××。 当您在填写过程中遇到困难时,请及时与我们联系,电话××××。 再次感谢您的支持与合作! ×××公司岗位分析项目组 工作日志表填写项目示例 (1)活动名称:工作活动概述(2~4字)。 (2)编号:记录工作活动的顺序。 (3)活动方式:动词,准确描述如何完成该活动。 (4)活动对象:工作活动的客体,活动加工的对象。 (5)活动结果:工作活动带来的直接成果。 (6)频次:在此段时间内重复出现的次数。 (7)起止时间:工作活动发生的起止时间(原则上,每隔半小时填写一次工作日志;若有跨时间区间的工作活动,则在工作结束后填写)。 (8)活动地点:活动发生的地点以及地点转移。 (9)工作联系:与部门其他人员、其余部门人员、外部人员发生的工作联系的内容以及对方的身份(企业、部门、职位)。 (10)性质:常规或临时,区分常规工作活动与临时性、偶尔发生的工作活动。 (11)重要性程度:采用三等级尺度,依次为很重要、重要、一般。

(四)文献分析法

文献分析法是一种经济且有效的信息搜集方法,它通过对现存的与工作相关的文档资料进行系统性分析来获取工作信息。使用文献分析法无法弥补原有资料的空缺,也无法验证原有描述的真伪,因此文献分析法一般用于收集工作的原始信息,编制任务清单初稿。

在使用文献分析法时需要注意两件事:一是注意信息甄别,二是注意做阅读标记。当发现有效信息后,可以根据收集信息内容的不同,使用各种符号进行标示,或者采用不同的颜色标示,以便以后快速查找;对于文献中信息不完整和缺乏连贯性的情况,应及时重点标出,为未来深入访谈做准备。

(五)主题专家(subject matter experts,SEMs)会议法

SMEs 会议在整个组织管理过程中有着极其广泛的用途,如传统的德尔菲法

等。具体在岗位分析中,SMEs 会议也通常扮演极为重要的角色。SMEs 会议是所有与岗位相关的人员集思广益的过程,由熟悉目标岗位的人员组成专家组就目标岗位的相关信息展开讨论,从而达到收集数据及验证、确认分析结果的目的。SMEs 会议还担负着最终确认岗位分析成果并加以推广运用的重要职能,即通过 SMEs 会议,使得有关岗位分析结果在组织的内部与外部,流程的上游与下游,时间上的过去、当前与将来等多方面、多层次都达到高度的协调和统一。通常说来,在岗位分析中,SMEs 会议主要用于建立培训开发规划、评价工作描述、讨论任职者绩效水平、分析工作任务、岗位设计等。下面介绍一下主题专家会议法的操作流程。

1.确定会议主持人

SMEs 会议要求其主持人有较强的表达能力、协调能力以及阅读并驾驭整个会议的能力,有的 SMEs 会议还要求主持人具备与讨论的目标职位相关的知识。最好是选用组织内与目标职位相关的中层管理者担任主持人,需要人力资源部的工作分析专业人士对主持人进行专业的指导与培训。SMEs 会议主持人所承担的主要职责见表 5-6。

表 5-6 主持人所承担的主要职责

职责项目	主要范围
召集会议	根据会议计划,召集并协调相关人员参加会议
调节会议进程	根据会议日程展开讨论,确保会议有序、高效地进行
提出议题	根据会议纲要,提出讨论范围和内容,并及时调整会议议题
决议	根据会议参加者讨论的结果对目标职位作出判定
提供资料	准备并分发会议的相关资料
复核	对讨论过程中的分歧,会后进行调研复核,并将结果反馈给相关人员

在会议中,主持人所起的作用直接决定了主持人所需具备知识能力的高低。

若主持人在会议中的参与程度较低,则不必具备太多与职位相关的知识;若主持人参与程度较高,在会议中扮演重要角色,则应充分了解该职位的相关信息。

在实践中,主持人一般应对目标职位有一定程度的了解,同时对会议将要使用的各种资料理解透彻,以便更好地推动会议的进程,达到预期效果。

2.甄选与会专家

参加会议讨论的专家一般以 5~8 人为宜,其选择主要根据会议的目的进行。

(1)如果会议的主要目的是进行工作设计,则与会专家应包括目标职位任职者的上级、咨询专家、外部客户、其他组织标杆职位的任职者等。

(2)如果会议的目的是确定任职资格,则与会专家主要是目标职位任职者的上级主管、具有本岗位长期实践经验的任职者和外部专家等。

3.准备相关材料

为了使讨论更加具有针对性,提高会议的效率,主持人应事先准备好讨论所需的相关书面材料或其他媒体材料,如待确认的工作分析初稿、调查问卷、访谈提纲等。

4.会议组织与安排

此环节的主要工作是进行会场布置以及后勤准备工作,提前通知与会者,并协助其准备好会议所需要的相关文件资料。

表 5-7 和表 5-8 是两个 SMEs 会议议程的示例。

表 5-7 编制任务清单的某公司 SMEs 会议议程

第一天	开场白	8:30
	会议简介	8:45
	讨论具体目标以及相关用途	9:00
	讨论目标工作	9:15
	目标工作任务陈述并提供相关实证	9:30
	会议休息	10:30
	讨论工作结果及影响	10:45
	介绍并讨论工作任务列表	11:45
	午饭	12:00
	逐项评价并修订任务列表	13:00
第二天	填写与目标职位相关的调查问卷	8:30
	集中分析问卷数据	10:30
	午饭	12:00
	讨论与各项任务项对应的 KSAOs 要求	13:00
	最终定稿	14:30

表 5-8 编制岗位说明书定稿的 SMEs 会议议程

会议步骤	议 题	发言人
会议开始	说明会议目的、主要内容与意义,宣布会场纪律以及注意事项等	主持人
会议议程说明	说明会议流程	岗位分析小组成员
工作职责自我阐述	在岗位分析小组整理的岗位说明书初稿中“工作职责”内容的基础上,岗位任职者对自己所担任职务的职责进行修正,补充性自我阐述,说明自己对所担任职务的理解	岗位任职者

续表

会议步骤	议　题	发言人
工作职责讨论	先由岗位关联人员与 SMEs 小组成员逐一发言,对所讨论职务的"工作职责"进行期望,即说明此职务所承担的"工作职责"是否有缺损、过重、错位等,然后讨论形成结论	SMEs 成员,岗位相关者
任职资格讨论	以岗位分析小组整理的岗位说明书初稿中的"任职资格"内容为基础,讨论担任该岗位人员需要具备的资格与条件,包括教育背景(含专业与学历要求)、工作经验、培训经历、知识与能力要求等	SMEs 成员,岗位相关者
工作条件讨论	以岗位分析小组整理的岗位说明书初稿中的"工作条件"内容为基础,讨论该岗位在工作条件方面的特征,包括工作关系、工作场所、环境状况、危险性、工作设备、工作时间等内容	SMEs 成员,岗位相关者
岗位设置讨论	以岗位分析小组建议的岗位设置为基础,讨论本部门的岗位设置方案与调整方案,同时讨论将本部门所涉及的流程—职能如何分解到各个岗位	参会人员
会议结束	由会议主持人根据会议讨论结果做结束发言,安排会议后续工作;岗位分析小组将会议成果整理成文,修改岗位说明书,形成岗位说明书的修订稿	主持人

在实施主题专家会议法时,应该注意的是:①讨论会的主持人最好选用组织内与目标职位相关的中层管理人员,并注意营造轻松、平等、互信的会议气氛。②讨论会的组织者应进行周密的会议安排,确保提供相关信息材料,充分协调时间,做好会议后勤的保障工作。③讨论会应有专人记录,以备查询和资料整理,防止信息流失。④对于专家讨论会上未形成决议的事项,应在会后由专人负责办理,然后将成果反馈给与会专家。

5.SMEs 法优缺点

(1)优点。其操作简单、成本低,适合各类企业开展;可以运用于工作分析的各个环节,具备多方沟通协调的功能,有利于工作分析结果最大限度地得到企业的认同以及后期的推广。

(2)缺点。参加会议的人数有限,因此代表性不充分;其结构化程度低,缺乏客观性;要受到与会专家的知识水平及其相关工作背景的制约。

(六)问卷调查法

1.岗位分析调查问卷的一般制定步骤

首先,通过定性分析,找到有效搜集与各种岗位信息相关的要素、指标;其次,用语言恰当描述这些要素、指标;再次,给每一要素指标语句赋予适当的评定等级数字,便可形成一份初步岗位分析调查问卷；最后，使用这一初步问卷进行规范的抽样试调查，并进行信度、效度检验，就可得到一份较为科学的正式岗位分析调查问卷。

2.采用问卷调查法时需要注意的事项

问卷发放的同时请向被调查员工讲解工作分析的意义，并说明填写问卷调查表的注意事项；鼓励员工真实客观地填写问卷调查表，不要对表中填写的任何内容产生顾虑；人力资源部的调查人员随时解答员工填写问卷时提出的问题；员工填写完毕后，调查人员要认真地进行检查，查看是否有漏填、误填的现象；问卷填写准确无误后，完成信息收集工作，请向填卷员工致谢。

3.岗位分析调查问卷模板

表 5-9、表 5-10、表 5-11、表 5-12 是岗位分析调查问卷的四种模板示例。

表 5-9 岗位分析调查问卷模板一

岗位编号：　　　　　　　　　　　　　　　　　　日期：　　年　月　日

<table>
<tr><td colspan="2">部　门</td><td></td><td colspan="3">岗位名称</td><td colspan="4"></td></tr>
<tr><td rowspan="4">岗位概要</td><td>工作对象</td><td colspan="8"></td></tr>
<tr><td>直属上级主管</td><td colspan="8"></td></tr>
<tr><td>下级</td><td colspan="8"></td></tr>
<tr><td>工作目的</td><td colspan="8"></td></tr>
<tr><td colspan="2" rowspan="2">岗位职责
（按重要性排序）</td><td rowspan="2">职责细化</td><td colspan="6">频度（画√）</td><td rowspan="2">占用时间</td></tr>
<tr><td>每日</td><td>每周</td><td>每月</td><td>每季</td><td>每半年</td><td>每年</td></tr>
<tr><td colspan="2" rowspan="3">1</td><td>1.1</td><td></td><td></td><td></td><td></td><td></td><td></td><td></td></tr>
<tr><td>1.2</td><td></td><td></td><td></td><td></td><td></td><td></td><td></td></tr>
<tr><td>1.3</td><td></td><td></td><td></td><td></td><td></td><td></td><td></td></tr>
<tr><td colspan="2" rowspan="2">2</td><td>2.1</td><td></td><td></td><td></td><td></td><td></td><td></td><td></td></tr>
<tr><td>2.2</td><td></td><td></td><td></td><td></td><td></td><td></td><td></td></tr>
<tr><td colspan="2" rowspan="4">3</td><td>3.1</td><td></td><td></td><td></td><td></td><td></td><td></td><td></td></tr>
<tr><td>3.2</td><td></td><td></td><td></td><td></td><td></td><td></td><td></td></tr>
<tr><td>3.3</td><td></td><td></td><td></td><td></td><td></td><td></td><td></td></tr>
<tr><td>3.4</td><td></td><td></td><td></td><td></td><td></td><td></td><td></td></tr>
<tr><td rowspan="5">任职资格</td><td>1.教育</td><td colspan="8"></td></tr>
<tr><td>2.工作经验</td><td colspan="8"></td></tr>
<tr><td>3.知识</td><td colspan="8"></td></tr>
<tr><td>4.技能/能力</td><td colspan="8"></td></tr>
<tr><td>5.其他</td><td colspan="8"></td></tr>
</table>

表 5-10 岗位分析调查问卷模板二

<table>
<tr><td>姓　名</td><td></td><td>部　门</td><td colspan="2"></td><td>现任岗位</td><td colspan="2"></td></tr>
<tr><td>学　历</td><td></td><td>所学专业</td><td colspan="2"></td><td>直接上级</td><td colspan="2"></td></tr>
<tr><td>社会工龄</td><td></td><td>入职时间</td><td colspan="2"></td><td>月平均收入</td><td colspan="2"></td></tr>
<tr><td colspan="4">自参加工作以来从事本岗位工作时间</td><td colspan="4"></td></tr>
<tr><td colspan="2">对本岗位工作内容的兴趣?</td><td colspan="6">没有兴趣□　不好说□　一般□　还可以□　很感兴趣□</td></tr>
<tr><td colspan="2">你对自己工作适应性如何</td><td colspan="6">不能适应□　不好说□　一般□　还可以□　非常适应□</td></tr>
<tr><td colspan="2">工作概要(用一句简洁的话语描述本岗位的工作范围和内容)</td><td colspan="6"></td></tr>
<tr><td colspan="2">岗位使命(用一句简洁的话语来表达)</td><td colspan="6"></td></tr>
<tr><td rowspan="3">工作直接目标(按重要程度依次填写)</td><td colspan="7">1.</td></tr>
<tr><td colspan="7">2.</td></tr>
<tr><td colspan="7">3.</td></tr>
<tr><td rowspan="5">工作职责</td><td colspan="2" rowspan="2">职责名称</td><td colspan="2" rowspan="2">估计占你全部时间的百分比</td><td colspan="3">权　限</td></tr>
<tr><td>承办</td><td>需报审</td><td>全责</td></tr>
<tr><td colspan="2">1.</td><td colspan="2"></td><td colspan="3"></td></tr>
<tr><td colspan="2">2.</td><td colspan="2"></td><td colspan="3"></td></tr>
<tr><td colspan="2">3.</td><td colspan="2"></td><td colspan="3"></td></tr>
<tr><td rowspan="8">失误的影响</td><td colspan="2" rowspan="2">在你的岗位工作出现失误产生的影响会涉及</td><td colspan="5">影响程度如何</td></tr>
<tr><td>轻</td><td>较轻</td><td>一般</td><td>较重</td><td>重</td></tr>
<tr><td rowspan="2">经济损失</td><td>1</td><td></td><td></td><td></td><td></td><td></td></tr>
<tr><td>2</td><td></td><td></td><td></td><td></td><td></td></tr>
<tr><td rowspan="2">有损公司形象</td><td>1</td><td></td><td></td><td></td><td></td><td></td></tr>
<tr><td>2</td><td></td><td></td><td></td><td></td><td></td></tr>
<tr><td rowspan="2">其他损害(如工期、质量安全、设备等)</td><td>1</td><td></td><td></td><td></td><td></td><td></td></tr>
<tr><td>2</td><td></td><td></td><td></td><td></td><td></td></tr>
<tr><td rowspan="5">工作重要性</td><td colspan="4">1.不影响他人工作的正常进行。　(　)</td><td colspan="3" rowspan="5">如果出现多种情况，请按影响程度由高到低依次填写在下列空白处：</td></tr>
<tr><td colspan="4">2.只影响本部门内少数人。　(　)</td></tr>
<tr><td colspan="4">3.影响整个部门。　(　)</td></tr>
<tr><td colspan="4">4.影响其他几个部门。　(　)</td></tr>
<tr><td colspan="4">5.影响整个公司。　(　)</td></tr>
</table>

续表

<table>
<tr><td rowspan="5">工作创新</td><td colspan="2">1.一切工作已有明确的规定动作,不需要进行创造和改进。 ( )</td></tr>
<tr><td colspan="2">2.需要根据现行办法,进行一般性改进。 ( )</td></tr>
<tr><td colspan="2">3.需要根据公司的经验,创立新的方法和技术。 ( )</td></tr>
<tr><td colspan="2">4.需要根据行业的先进经验,创立新的方法和技术。 ( )</td></tr>
<tr><td colspan="2">5.没有可借鉴的经验,需要进行革新性的新发明。 ( )</td></tr>
<tr><td rowspan="4">领导风格</td><td colspan="2">1.上级经常给予帮助,以保证自身工作的顺利进行。 ( )</td></tr>
<tr><td colspan="2">2.上级偶尔给予工作上的辅导,以有利于工作的进行。 ( )</td></tr>
<tr><td colspan="2">3.上级只是给予工作上的关心。 ( )</td></tr>
<tr><td colspan="2">4.上级只是给予生活上的关心。 ( )</td></tr>
<tr><td rowspan="5">内部沟通</td><td>内容/频度</td><td>沟通频度:</td></tr>
<tr><td>1.只与本部门内几个同事接触。 ( )</td><td rowspan="4">偶尔 经常 非常 频繁
1 2 3 4 5</td></tr>
<tr><td>2.需与其他部门的人员接触。 ( )</td></tr>
<tr><td>3.与其他公司人员和政府机构接触。 ( )</td></tr>
<tr><td>4.与其他公司、政府机构、外商接触。 ( )</td></tr>
<tr><td rowspan="4">外部接触</td><td>1.不与本公司以外的人员接触。 ( )</td><td rowspan="4">沟通内容:
1. 一般信息交流
2. 对他人施加影响的沟通
3. 事关重大决策的沟通</td></tr>
<tr><td>2.与其他公司人员接触。 ( )</td></tr>
<tr><td>3.与其他公司人员和政府机构接触。 ( )</td></tr>
<tr><td>4.与其他公司、政府机构、外商接触。 ( )</td></tr>
<tr><td rowspan="4">工作的联系</td><td>需要联系或接触的具体部门、单位</td><td>联系或接触的目的</td></tr>
<tr><td>1.</td><td></td></tr>
<tr><td>2.</td><td></td></tr>
<tr><td>3.</td><td></td></tr>
<tr><td rowspan="2">监　督</td><td colspan="2">1.直接领导你的人员有(　　)人,岗位为:</td></tr>
<tr><td colspan="2">2.被你直接领导的下属人数(　　),职务为:</td></tr>
<tr><td rowspan="4">工作独立性</td><td colspan="2">1.工作的职责明确具体,时刻受到上司的控制。 ( )</td></tr>
<tr><td colspan="2">2.根据常规的方法工作,每完成一步时受到上司的控制。 ( )</td></tr>
<tr><td colspan="2">3.根据既定的方案和程序工作,上司通过工作检查来控制。( )</td></tr>
<tr><td colspan="2">4.根据战略目标工作,上司以工作的最终结果来控制。 ( )</td></tr>
</table>

续表

<table>
<tr><td colspan="3">你感觉到哪些方面的工作比较棘手？</td></tr>
<tr><td colspan="2">1</td><td></td></tr>
<tr><td colspan="2">2</td><td></td></tr>
<tr><td rowspan="9">工作压力</td><td colspan="2">1.在每天工作中是否经常要迅速作出决定？（ ）
A.没有 B.很少 C.偶尔 D.很多 E.非常频繁</td></tr>
<tr><td colspan="2">2.你手头的工作是否经常被打断？（ ）
A.没有 B.很少 C.偶尔 D.很多 E.非常频繁</td></tr>
<tr><td colspan="2">3.在你的工作中是否需要运用不同方面的专业知识和技能？（ ）
A.否 B.很少 C.有一些 D.很多 E.非常多</td></tr>
<tr><td colspan="2">4.在你单位中你所做工作本身是否引起一些令人不愉快、不舒服的感觉？（ ）
A.没有 B.有一些 C.能明显感觉到 D.多 E.非常多</td></tr>
<tr><td colspan="2">5.在工作中是否需要灵活地处理问题？（ ）
A.不需要 B.很少 C.有时 D.较多 E.非常多</td></tr>
<tr><td colspan="2">6.你的工作是否需要创造性？（ ）
A.不需要 B.很少 C.有时需要 D.很需要</td></tr>
<tr><td colspan="2">7.你在履行职责时是否有与员工发生冲突的可能性？
A.否 B.很少 C.一般 D.很有可能</td></tr>
<tr><td colspan="2">8.你是否经常感到工作时间不够用？（ ）
A.否 B.很少 C.是</td></tr>
<tr><td colspan="2">9.你感觉周围同事的竞争性怎么样？（ ）
A.没感觉 B.还可以 C.很强</td></tr>
<tr><td rowspan="6">任职资格要求</td><td colspan="2">1.你在起草或撰写的文字资料有哪些？例：编写 trade 核心编码、改写客户资料等。</td></tr>
<tr><td colspan="2">（1）</td></tr>
<tr><td colspan="2">（2）</td></tr>
<tr><td colspan="2">2.你的岗位工作需要计算机处理水平：</td></tr>
<tr><td rowspan="2">3.从事本职工作应具备的</td><td>专业要求：</td></tr>
<tr><td>最低教育程度：</td></tr>
</table>

续表

<table>
<tr><td rowspan="23">任职资格要求</td><td colspan="3">4.为顺利履行工作职责,应进行的培训</td></tr>
<tr><td>培训科目</td><td>培训内容</td><td>最短培训时间(月)</td></tr>
<tr><td>(1)</td><td></td><td></td></tr>
<tr><td>(2)</td><td></td><td></td></tr>
<tr><td>(3)</td><td></td><td></td></tr>
<tr><td colspan="3">5.需要多长时间的工作经验才能胜任本岗位的工作?( )
A.1 年以下　B.1 年　C.3 年　D.5 年　E.8 年以上</td></tr>
<tr><td>6.胜任本岗位所需要的能力</td><td>等级</td><td>说明:需求程度</td></tr>
<tr><td>(1)判断决策能力</td><td></td><td rowspan="10">1　2　3　4　5
低　较低　一般　较高　高</td></tr>
<tr><td>(2)领导能力</td><td></td></tr>
<tr><td>(3)计划能力</td><td></td></tr>
<tr><td>(4)分析能力</td><td></td></tr>
<tr><td>(5)组织能力</td><td></td></tr>
<tr><td>(6)创新能力</td><td></td></tr>
<tr><td>(7)内部协调能力</td><td></td></tr>
<tr><td>(8)外部沟通能力</td><td></td></tr>
<tr><td>(9)协作能力</td><td></td></tr>
<tr><td>(10)信息管理能力</td><td></td></tr>
<tr><td colspan="3">7.从事本岗位工作所需要的知识</td></tr>
<tr><td colspan="3">(1)</td></tr>
<tr><td colspan="3">(2)</td></tr>
<tr><td rowspan="3">考　核</td><td colspan="3">对于你所从事的工作,你认为:</td></tr>
<tr><td>考核要素</td><td colspan="2">具体考核标准</td></tr>
<tr><td>1.
2.
3.</td><td colspan="2"></td></tr>
<tr><td rowspan="2">备注</td><td colspan="3">1.你认为本部门应设置哪些岗位,岗位名称为:</td></tr>
<tr><td colspan="3">2.你还有哪些需要说明的问题?</td></tr>
<tr><td>直接主管意见</td><td colspan="3">签字:
日期:</td></tr>
</table>

表 5-11　岗位分析调查问卷模板三

<table>
<tr><td colspan="4">一、基本资料</td></tr>
<tr><td>岗位名称</td><td>填写所在岗位名称</td><td>所在部门</td><td></td></tr>
<tr><td>岗位定员及人员来源</td><td colspan="3">填写目前从事类似岗位职责的人员数和人员的来源，如正式员工、返聘、借调或聘任等一一列举</td></tr>
<tr><td>直接上级</td><td>填写岗位名称</td><td>从事本岗位工作时间</td><td></td></tr>
<tr><td>直接下级</td><td colspan="3">填写目前直接下级岗位名称、各岗位当前人数、人员来源，正式员工、返聘、借调或聘任等一一列举</td></tr>
<tr><td>问卷填写日期</td><td>年　月　日</td><td>填写人姓名</td><td></td></tr>
<tr><td colspan="4">二、工作描述</td></tr>
<tr><td colspan="4">1.本岗位工作目标</td></tr>
<tr><td colspan="2">主要目标</td><td colspan="2">其他目标</td></tr>
<tr><td colspan="2">（1）</td><td colspan="2">（1）</td></tr>
<tr><td colspan="2">（2）</td><td colspan="2">（2）</td></tr>
<tr><td colspan="2">2.工作任务
请认真、详尽地一一对应描述您所从事的工作、占年度工作时间的百分比和相应的发生频次</td><td>占年度工作时间的百分比</td><td>发生频次
（年、季、月，每日发生为日常）</td></tr>
<tr><td colspan="2">（1）主要工作任务（即任务中属较为重要的职责）</td><td rowspan="3"></td><td rowspan="3"></td></tr>
<tr><td colspan="2">①</td></tr>
<tr><td colspan="2">②</td></tr>
<tr><td colspan="2">（2）日常工作任务（即每日工作中都需要从事的工作）</td><td rowspan="3"></td><td rowspan="3"></td></tr>
<tr><td colspan="2">①</td></tr>
<tr><td colspan="2">②</td></tr>
<tr><td colspan="2">（3）临时工作任务（即领导临时交办的或公司组织大型活动时所涉及的工作）</td><td rowspan="3"></td><td rowspan="3"></td></tr>
<tr><td colspan="2">①</td></tr>
<tr><td colspan="2">②</td></tr>
<tr><td colspan="4">权限</td></tr>
<tr><td colspan="4">决策权、建议权、裁决权、决定权、人事权、审批权、审定权、监督检查权、使用权、制止权和处罚权、命令整改权、盘查权、指挥权、督办权、监督实施权、督促权、索取权、提名权等</td></tr>
<tr><td rowspan="3">目前拥有权限：请描述目前在完成本岗位职责时，您所拥有的权限</td><td colspan="3">权限一：</td></tr>
<tr><td colspan="3">权限二：</td></tr>
<tr><td colspan="3">权限三：</td></tr>
</table>

续表

<table>
<tr><td rowspan="3">所缺权限:为更好地完成本岗位职责,目前尚缺乏哪些权限</td><td colspan="4">权限一:</td></tr>
<tr><td colspan="4">权限二:</td></tr>
<tr><td colspan="4">权限三:</td></tr>
<tr><td colspan="5">工作协作关系
请详细地描述您在工作中需要接触到哪些岗位、哪些部门、哪些外部单位</td></tr>
<tr><td rowspan="3">内部协调关系</td><td colspan="4">部门内岗位协调关系:(请一一列举所联系岗位名称)</td></tr>
<tr><td colspan="4">部门间较为密切的协调关系:(请一一列举所联系部门名称)</td></tr>
<tr><td colspan="4">其他相关部门:(请一一列举所联系部门名称)</td></tr>
<tr><td rowspan="2">外部协调关系</td><td colspan="4">经常性的协调关系:(请一一列举所联系外部单位、部门名称)</td></tr>
<tr><td colspan="4">临时性的协调关系:(请一一列举所联系外部单位、部门名称)</td></tr>
<tr><td colspan="5">三、任职资格</td></tr>
<tr><td>教育水平</td><td colspan="4">您认为基本胜任本岗位所需的最低学历应该是什么</td></tr>
<tr><td>专业</td><td colspan="4">您认为可基本胜任本岗位的学历专业有:(请一一列举)</td></tr>
<tr><td rowspan="5">经验</td><td colspan="4">1.您认为一位刚刚开始走向工作岗位的毕业生,基本胜任该岗位工作需要多长的时间(请在认可的选项上画“√”)</td></tr>
<tr><td colspan="4">3个月以下　3~6个月　6~12个月　1~2年　3~5年　5年以上　其他</td></tr>
<tr><td colspan="4">2.您认为一位已有工作经历的人员,若能基本承担本岗位工作职责,需具备哪些方面的工作经验,约多少年</td></tr>
<tr><td colspan="3">工作经历要求</td><td>最低时间要求(年、月)</td></tr>
<tr><td colspan="3"></td><td></td></tr>
<tr><td>培训</td><td colspan="4">您认为较好地完成岗位工作应该接受哪些培训课程?
培训课程包括从业人员应有的心理准备、公司简介、主要制度规章办法说明、本公司工作精神及观念介绍、岗位实习、必备的知识和技能、质量管理、市场营销、货款回收、债权及票据有关法律知识、领用调查实物、商业知识、人事考核管理、薪酬制度、事务处理流程及改善、人际关系培训、有关政府政策演变、公司产品介绍等</td></tr>
<tr><td>培训科目</td><td>培训内容</td><td>培训方式
(包括新员工职前培训、在职培训、脱产或半脱产培训)</td><td>最低培训时间</td><td>培训绩效</td></tr>
<tr><td></td><td></td><td></td><td></td><td></td></tr>
<tr><td></td><td></td><td></td><td></td><td></td></tr>
<tr><td></td><td></td><td></td><td></td><td></td></tr>
</table>

续表

<table>
<tr><td rowspan="2">知识</td><td colspan="7">为完成本岗位的工作要求，您认为应该具备基本层面的知识涉及哪些？对应的水平是什么？（通晓、熟悉、具备、了解）</td></tr>
<tr><td colspan="7"></td></tr>
<tr><td rowspan="4">熟练程度</td><td colspan="7">1.您认为对于初次承担该岗位工作的人员，多长时间才能较熟悉地开展工作？（请在认可的选项上画“√”）</td></tr>
<tr><td>3 个月以下</td><td>3~6 个月</td><td>6~12 个月</td><td>1~2 年</td><td>3~5 年</td><td>5 年以上</td><td>其他</td></tr>
<tr><td colspan="7">2.您认为对于有类似岗位工作经验的人员，尚需多长时间才能较熟练地开展该岗位工作？（请在认可的选项上画“√”）</td></tr>
<tr><td>3 个月以下</td><td>3~6 个月</td><td>6~12 个月</td><td>1~2 年</td><td>3~5 年</td><td>5 年以上</td><td>其他</td></tr>
<tr><td>技能技巧</td><td colspan="7">为更好地完成岗位职责，您认为需具备的技能应该有哪些？如办公软件应用、英语应用水平、管理办法的掌握（看板管理、滚动计划等）、网络知识、软件编辑能力、写作水平等</td></tr>
<tr><td colspan="8">四、其他</td></tr>
<tr><td rowspan="2">使用工具/设备</td><td colspan="7">1.请列举您目前岗位工作中用到的主要办公设备和用品，如计算机、电话、传真机、打印机、网络、通信设备、计算机、档案柜等</td></tr>
<tr><td colspan="7">2.请列举您目前岗位工作中需用到，但至今尚未配备的办公设备和用品：</td></tr>
<tr><td rowspan="2">工作环境</td><td colspan="7">1.请描述您目前开展工作的环境，如独立办公室/一般工作环境/敞开办公等：</td></tr>
<tr><td colspan="7">2.请描述您认为可较为有效开展工作所需的环境：</td></tr>
<tr><td rowspan="8">工作时间特征</td><td colspan="7">请您在以下各类问题中填写您目前岗位工作时间的特征：</td></tr>
<tr><td colspan="7">1.每日午休时间为（　　）小时，（　%）情况下可以保证</td></tr>
<tr><td colspan="7">2.每周平均加班时间为（　　）小时</td></tr>
<tr><td colspan="7">3.实际上下班时间是否随业务情况经常变化？（请在以下认可的选项后面画“√”）
总是（　　），有时是（　　），否（　　）</td></tr>
<tr><td colspan="7">4.每周外出时间占正常工作时间的（　%）</td></tr>
<tr><td colspan="7">5.外地出差时间每月平均（　　）次，每次平均（　　）天</td></tr>
<tr><td colspan="7">6.本地出差时间平均每周（　　）次，每次平均（　　）天</td></tr>
<tr><td colspan="7">7.其他需要补充说明的问题：</td></tr>
<tr><td rowspan="4">所需记录文档</td><td colspan="6">请简明地列举您目前岗位工作中作为档案留存的文件名称（包括通知、简报、信函、汇报文件或报告、总结、公司文件、研究报告、合同或法律文本、经营票据或其他等）：</td><td>所需传送的部门、岗位：</td></tr>
<tr><td colspan="6">1.</td><td>1.</td></tr>
<tr><td colspan="6">2.</td><td>2.</td></tr>
<tr><td colspan="6">3.</td><td>3.</td></tr>
</table>

续表

考核指标:	
1.对于您承担的岗位职责,目前公司是从哪些指标项开展考核的,考核的基准(指标值)是多少?	
考核的角度:	对应的考核基准:
(1)	(1)
(2)	(2)
(3)	(3)
2.对于您承担的岗位职责,您认为公司应该考核哪些指标项,基准是什么?	
考核的角度:	对应的考核基准:
(1)	(1)
(2)	(2)
(3)	(3)
3.您认为公司以及所从事的工作中存在哪些不合理的地方,应该如何改善?	
不合理处:	对应的改进建议:
(1)	(1)
(2)	(2)
(3)	(3)

表 5-12 岗位分析调查问卷模板四

指导语:在人力资源管理的大部分活动中,几乎每一个方面都涉及岗位分析取得的成果,岗位分析是整个企业人力资源管理的基础平台。没有人希望自己所做的事情缺乏现实意义,没有人希望自己的工作缺乏效率。为了加强企业管理,做好岗位分析,我们设计了这套调查问卷。填空题为带有下划线的主观题,选择题则全部为单项选择。

请您认真分析所在岗位的工作并真实、客观地填写以下内容。谢谢!

<table>
<tr><td>岗位基本信息</td><td>1.姓名：________所属部门：________岗位名称：________
进入本公司时间：________从何时开始在本公司从事本岗位工作：________________
2.您所从事的岗位工作应达到什么目标？________________________________
3.简要说明您主管哪些工作：____
4.请详尽描述您所在部门的工作职能：________________________________</td></tr>
<tr><td>岗位基本活动</td><td>1.本岗位工作活动内容：
注：请尽可能按主次顺序列举您的全部工作内容，说明您在从事该具体工作时所负有的责任内容（如全权负责、监督执行、经上级批准办理、组织执行、做具体工作等）与责任程度（如全部责任、主要责任、部分责任、次要责任、不负责任），并根据您的工作经验粗略估计出下列各项工作占您全部工作量的比重（%）或其在周、月、季、年内的发生次数。
2.请简要描述您在本职位最近一年所做过的几项重大事情或关键事件：
3.请列举工作中的突发事件及每月可能发生的次数：
4.您是否经常参加公司内部或公司外部的各种会议，请举例：
5.您认为哪些工作不属于本岗位职责范围，但您却正在做：
6.请计算用于您所在岗位一年的费用，并说明具体费用项目：
7.本岗位经常需要统计整理的表格、单据及需要文字处理的资料有哪些，说明其工作量：
8.请简明地列举您写的需要作为档案留存的文件名称和内容提要：
9.您工作时常用到的原始资料有：</td></tr>
<tr><td>工作权责与考核</td><td>1.交易风险控制的责任：指在不确定的条件下，为保证贸易、投资及其他项目顺利进行，并维持我方合法权益所担负的责任，该责任的大小以失败后损失的大小作为判断基准。
A.不负责交易，无任何风险；
B.仅有一些小风险，一旦发生问题，不会给公司造成多大影响；
C.有一定风险，一旦发生问题，给公司带来的影响能明显感觉到；
D.有较大风险，一旦发生问题，给公司带来的影响较严重；
E.有极大影响，一旦发生问题，对公司造成的影响不仅不可挽回，而且会使公司发生经济危机甚至倒闭。
2.如果您的工作出现失误，将会造成：
A.严重的经济损失；B.一般的经济损失；C.较小的经济损失；
D.使公司形象严重受损；E.影响公司的业务拓展；F.其他可预计的损失。
3.如果您的工作出现失误，可能会发生下列哪一种情况（　　），若出现多种情况，请按影响程度由高到低填写：
A.不影响其他人工作的正常进行；　B.影响本部门部分或全部工作的正常进行；
C.影响本公司全局工作的正常进行；　D.影响到多个部门工作的正常进行。
4.成本控制的责任：指在正常工作状态下，因未尽责而造成成本、费用、利息等额外损失所承担的责任。责任大小，以损失金额的多少作为判断基准，以月平均值为计量单位：
A.不可能造成成本、费用方面的损失或损失金额少于100元；</td></tr>
</table>

续表

工作权责与考核	B.损失金额在100元至500元；　C.损失金额在500元至2 000元； D.损失金额在2 000元至5 000元；E.损失金额在5 000元至10 000元； F.损失金额在10 000元以上。 5.指导监督的责任：指在正常权力范围内所执行的正式指导、监督。其责任大小根据所监督、指导的人员数量和层次进行判断。 A.不指导、监督任何人； B.监督、指导3个以下基层员工； C.监督、指导3~5个基层员工，或者1个基层管理人员； D.监督、指导5~7个基层员工，或者2个基层管理人员； E.监督、指导7~10个基层员工，或者3个基层管理人员； F.监督、指导4个基层管理人员，或者2个中层管理人员； G.监督、指导2个以上中层管理人员。 6.内部协调的责任：指在正常工作中，需要指导各部门合作、顺利开展业务的协调活动，其责任大小以协调对象所在层次、人员数量及频繁程度和失调后果作为判断基准。 A.不需要与任何人进行协调，若有，也是偶尔与本部门的一般员工进行协调； B.仅与本部门员工进行工作协调，偶尔与其他部门进行一些个人协调，协调不利一般不会影响自己或他人正常工作； C.与本部门员工和其他部门员工有密切的工作联系，协调不利会影响双方的工作； D.与各部门的经理或负责人有密切的联系，在工作中需要保持随时联系和沟通，协调不利对整个公司有重大影响。 7.外部协调的责任：指在正常工作中需要维持密切的工作关系，以便顺利开展工作方面所负有的责任。其责任大小以对方的重要性作为判断标准。 A.不需要与外界保持密切的工作关系，即使有也仅限于一般工作人员，且偶然性较强； B.因工作需要与外界几个固定部门的一般人员发生较频繁的业务联系，所开展的业务属于常规性的； C.需要与厂商、政府机构等保持密切的联系，联系的原因限于具体业务范围内； D.需要与上级或其他政府主管部门的负责人保持密切联系，频繁沟通，联系的原因往往涉及重大问题或者重要决策。 8.工作结果的责任：指对工作结果承担多大的责任。以工作结果对公司的影响大小作为判断标准。 A.只对自己的工作结果负责； B.需要对自己所监督、指导的工作结果负责； C.对整个部门的工作结果负责； D.对整个公司部分部门的工作结果负责； E.对整个公司的工作结果负责。 9.组织人事的责任：指在正常工作中，对人员选拔、聘用、考核、工作分配、激励等具有法定的权力和责任，其责任大小以人事决策的层次作为判断标准。 A.不负有组织人事责任；

续表

<table>
<tr><td rowspan="1">工作权责与考核</td><td>B.仅对一般员工有工作分配、考核、激励的权责;
C.对一般员工具有选拔、聘用、管理的权责;
D.对基层负责人有任免的权力;
E.对中层领导有任免的权力。
10.请选择:
A.只对自己负责;
B.对员工有监督指导的责任;
C.对员工有分配工作、监督指导的责任;
D.对员工有分配工作、监督指导和考核的责任。
11.请描述您在财务与货物方面的权限范围:

12.法律上的责任:指在正常工作中,需要拟定和签署具有法律效力的合同,并对合同的结果负有相对责任。其责任大小以签约、拟定合同的重要性及后果的严重性作为判断标准。
A.不涉及有法律效力的合同和签约;
B.工作需要偶尔拟定有法律效力的合同,受上级审核方可签约;
C.工作需要拟定合同和签约,领导只做原则审核,个人承担部分责任;
D.工作需要经常审核业务方面的合同或其他合同,并对合同的结果负有全部责任;
E.工作需要以法人资格签署有关合同并对合同的结果负有全部责任。
13.决策的责任:指在正常工作中,需要参与的决策,其责任大小以参与决策的层次作为判断标准。
A.工作中需要做一些决定,一般不影响他人;
B.工作中需要做一些大的决定,只影响与自己有工作关系的部分普通员工;
C.工作中需要做一些决策,对本部门或所属人员有一定影响;
D.工作中需要做一些大的决策,但必须与其他部门负责人共同协商;
E.工作中需要参与最高层决策。
14.您日常工作主要是以什么方式来安排:
A.自我安排为主;B.上级安排为主。
15.在工作中您要做计划的程度:
A.在工作中无须做计划; B.在工作中需要做本岗位的计划;
C.在工作中需要做本部门的部分计划; D.在工作中需要做本部门的全部工作计划。
16.您制订工作实施方案的复杂程度:
A.没有;B.简单;C.一般;D.较复杂;E.复杂。
17.您每次完成任务的依据是,请按顺序排列:
A.凭经验;B.上级的要求;C.货单或任务单;D.操作工艺规程;
E.经过专门训练所掌握的技能;F.师傅的指导。
18.在一般情况下,遇到何种事情需要向本岗位的上级汇报:

19.您是否经常请求上级的帮助,上级是否经常检查或指导您的工作?</td></tr>
</table>

续表

工作权责与考核	20.请简明描述您的上级是如何监督您的工作的？以何种方式进行工作指导？ 21.本职位所受直接上级的领导方式，请选择： A.有关工作的程序和方法、内容均由上级详细规定，遇到问题随时请示上级解决，上级对工作结果予以详细审核； B.分配工作时上级仅指出要点，工作中上级不经常指导，但遇到问题时可直接或间接请示上级，工作结果由上级审核要点； C.除重要问题外，一般例行事务由本岗位自行处理，上级对工作结果做重点考核； D.确定工作的指导原则或作出重要指示，工作的程序和方法、内容由本岗位自行确定，上级对工作结果做原则性考核； E.工作有固定的原则和目标要求，工作的程序和方法、内容由本岗位自行确定，上级对工作岗位做整体评价。 22.请简明描述您的哪些工作是不受上级监督的： 23.本岗位的上级一般包括哪些工作，您认为上级应包括哪些工作？ 24.请列举您直接领导的下属的职务、姓名和工作内容： 25.本岗位的下属一般有哪些工作需向您汇报？ 26.您是如何管理和指导下属的？ 27.您是否需要具备和下属同样丰富的专业或技术知识？为什么？ 28.请详尽地描述您在工作中需要接触到哪些职务的其他员工，并讲明接触的原因： 29.您认为本部门还应该有哪些职能： 30.您认为本岗位还应该有哪些工作权责： 31.对本岗位您认为从品德、能力、勤奋、绩效四个方面应考虑哪些具体的指标和项目，考核的标准是什么？ 32.请列举能够反映本岗位工作绩效的各种指标，包括定性的角度和定量的数据：

续表

工作权责与考核	33.对于您所从事的工作,您认为应从哪些角度进行考核,基准是什么? 34.本岗位关键经济指标有: 35.本岗位可细化的具体工作目标有:
任职资格和培训	1.最低学历要求:指顺利履行工作职责所要求的最低学历要求,判断标准按相当于正规教育的水平。您认为胜任这个职务需要什么样的文化程度? A.初中及初中以下;B.高中毕业;C.职业高中或中专; D.大专 E.大学本科;F.硕士;G.硕士以上; H.不好估计。 2.知识多样性:指在顺利履行工作职责时,需要使用多种学科、多个专业领域的知识,判断标准在广博,不在精深。本岗位: A.偶尔使用其他学科知识;B.较频繁地使用其他学科的一般知识; C.频繁地综合使用其他学科的知识;D.工作要求经常变换专业领域。 3.熟练期:指具备工作需要的专业知识的一般劳动力,需要多长时间才能胜任本工作。您认为没有相关工作经验的大专学历的人员,需要多长时间的培训可以胜任本工作? A.不需要培训;B.3 天;C.15 天;D.1 个月;E.3 个月;F.半年;G.一年;H.一年以上;I.不好估计。 4.工作复杂性:指在工作中履行职责的复杂程度,判断标准根据所需要的判断、分析、计划水平而定。本岗位: A.工作是简单的、独立的,不必考虑对他人有什么妨碍; B.只需要简单的指示即可完成工作,不需计划和独立判断,偶尔亦需考虑自己是否妨碍了他人工作; C.需进行专门训练才可胜任工作,但大部分时候只需一种专业技能,偶尔需要进行独立判断或计划,要求考虑如何工作才能不妨碍他人工作; D.工作时需运用多种专业技能,经常做独立判断和计划,要有较高的解决问题能力; E.工作需要有高度的判断力和计划性,要求积极地适应不断变化的环境和问题。 5.工作灵活性:指在工作中需要灵活处理事情的要求。判断基准取决于工作职责的要求: A.属于常规性工作,很少或不需要灵活性; B.大部分工作属于常规性工作,偶尔需要处理一些一般性问题; C.工人一般属于常规性的,经常需要灵活处理工作中出现的问题; D.工作一大半属于非常规性的,主要靠自己灵活地按具体情况妥善处理; E.工作是非常规性的,需在复杂多变的环境中灵活处理重大的偶然性问题。 6.工作经验:指工人达到基本要求后,还必须随经验的不断积累才能掌握的技巧,判断基准是掌握技巧所需花费的时间。您认为胜任这个职务需要几年的相关经验? A.3 个月以内;B.6 个月;C.12 个月;D.2 年;E.2~5 年;F.5 年以上;G.不好估计。 7.综合能力:指为顺利履行工作所具备的多种知识、素质经验和能力的总体要求。本岗位:

续表

<table>
<tr><td rowspan="1">任职资格和培训</td><td>A.工作单一，简单，无须特殊技能和能力；
B.工作规范化、程序化，仅需某方面的专业知识和技能；
C.工作多样化，灵活处理问题的要求高，需综合使用多种知识和技能；
D.非常规性工作，需在复杂多变的环境中处理事务，需具有高度的综合能力。
8.语文知识：指工作中所需要的实际运用文字的程度。本岗位需具备的语文知识涉及：
A.一般信函、简报、便条、备忘录和通知；
B.报告、汇报文件、部门或公司总结；
C.公司文件、制度或研究报告；
D.合同或法律文件。
9.本岗位需具备的计算机知识：
A.计算机基础知识；
B.熟练掌握办公软件，打字速度在每分钟 50 字以上；
C.熟练掌握财务软件；
D.具备其他计算机知识，如：
10.体力要求：指在工作中对体力的要求，判断标准取决于工作姿势、持续时间长度和用力大小等。本岗位：
A.工作时姿势随意；
B.站立、久坐时间占全部时间的 50%以下；
C.站立、久坐时间占全部时间的 50%以上；
D.需经常远程外出。
11.创新和开拓：指顺利进行工作时对创新与开拓的要求。本岗位：
A.全部工作为程序化、规范化的，无须创新与开拓；
B.工作基本规范化，偶尔需要开拓创新；
C.工作时常需要开拓创新；
D.工作性质本身即为开拓创新性的。
12.您所在岗位需要哪些专业知识和专业技能？按重要程度列出，请你举出工作中的实例来说明。

13.您认为什么样的知识范围能够更好地胜任该工作：

14.您是如何掌握新的专业知识的？脱产培训还是在职培训？还是其他？

15.公司是否提供类似的专业知识培训？
□没有　□很少　□经常
16.您认为具有什么样的性格、能力的人能更好地胜任该职务：
17.对本岗位所要求的其他能力及其等级：
A.低；B.较低；C.一般；D.较高；E.高。</td></tr>
</table>

续表

任职资格和培训	18.您认为承担本岗位工作对外语有要求吗？如有，您认为适合本专业的外语水平应为： A.流利运用外语；B.能读懂外文书籍；C.认识简单常用的词汇；D.不必懂外语。 19.您认为哪些政策、法律、法规、规章与本岗位业务有关系？请举例。 20.您认为该岗位必须具备哪些上岗证书： 21.您认为要承担本岗位的工作： (1)在招聘时应对候选人进行哪些科目的考核或考试？上岗应具备哪些基本素质？ (2)新员工上岗前应进行哪些培训？具体有哪些科目？ (3)上岗后，为了提高员工素质，满足公司发展的要求，还需要进行哪些科目的培训？
工作压力和工作环境	1.本岗位的工作情况是： A.工作任务比较单一，在规定时间内能顺利完成； B.同时处理多项工作任务； C.在A的基础上，工作中经常出现新问题、新情况，需提出解决方法； D.在B的基础上，工作中经常出现新问题、新情况，需提出解决方法。 2.您所负责的岗位的工作量是否饱满，负荷程度如何？ A.超负荷；B.满负荷；C.半负荷；D.无负荷。 若有补充： 3.工作压力：指工作本身给任职者带来的压力。根据决策的迅速性、工作常规性、任务多样性、工作流动性及工作是否时常被打断来判断。本岗位： A.极少迅速地做决定，工作常规化，工作很少被打断或干扰； B.很少迅速地做决定，任务多样化，手头工作有时被打断； C.需要经常迅速地做决定，任务多样化，手头工作经常被打断，工作流动性很强； D.经常迅速地做决定，任务多样化，工作时间很紧张，工作流动性很强，很难坐下来安静地处理问题。 4.工作紧张程度：指工作时限、工作量、注意力转移程度和工作所需对细节的重视所引起的工作紧迫感。本岗位： A.工作时限、节奏由自己掌握，没有紧迫感； B.大部分时间工作时限、节奏自己掌握，有时较紧张，但持续时间不长； C.工作时限、节奏自己基本无法控制，明显感觉到工作紧张； D.为完成每日工作，需加快工作节奏，持续保持注意力高度集中，每天下班时经常感到疲劳。 5.工作均衡性：指每天工作忙闲不均的程度。 A.一般没有忙闲不均的现象； B.有时忙闲不均，但有规律性，最忙发生在： a.第　季度；b.第　月；c.上旬　中旬　下旬；d.一般连续　天；e.有补充： C.经常忙闲不均，无明显规律性； D.经常忙闲不均，且忙的时间持续很长，需打乱正常的作息时间。 6.您的工作是否出现过无法顺利进行的现象：□经常　□有时

续表

<table>
<tr><td rowspan="1">工作压力和工作环境</td><td>7.在日常工作中,是否出现过由于处理一些不属于本岗位或未表明是本岗位的杂事而影响了本岗位主要工作的情况?这种冲突发生的频率如何?
8.工作的时间特征:指工作要求的特定起止时间。本岗位:
A.按正常时间上下班;
B.基本按正常时间上下班,偶尔早到、晚退;
C.上下班时间根据工作情况而定,但有一定规律,自己可以控制、安排;
D.上下班时间根据工作具体情况而定,无明显规律,自己无法控制、安排。
9.您加班的时间一般是:
A.午休;B.晚上;C.周末;D.若有补充:
加班时间一般为每月　　次,每次平均　　小时,若有补充:
10.您每周平均出差　　次,每次平均　　小时,若有补充:
11.您在工作中与同事协作感到:
A.十分愉快;B.比较愉快;C.淡薄;D.不适应;E.关系紧张。
12.您在工作中与领导协作感到:
A.十分愉快;B.比较愉快;C.淡薄;D.不适应;E.关系紧张。
13.请列举工作中需要用到的主要办公设备和用品:

14.请描述该职务的工作环境,您认为什么样的工作环境更合适工作:

15.危险性:指工作本身可能给任职者带来的伤害。本岗位:
A.不可能给人体造成任何伤害;
B.不注意可能造成人体局部损伤,具体如:
C.可能造成较严重伤害,或偶尔远程出差;
D.常进行危险性作业或出差。
16.职业病:指由工作造成的身体疾病。本岗位:
A.无职业病的可能;
B.会对身体某些部位造成轻度损害;
C.会对身体某些部位造成能明显感觉到的损害;
D.对身体某些部位造成损害,而且很痛苦。
17.环境舒适性:指工作环境对任职者身体、心理健康的影响程度。本岗位:
A.非常舒适,无不良感觉;
B.不舒适时间占全部时间的10%~15%;
C.不舒适时间占16%~25%,或极不舒适时间占10%~15%;
D.不舒适时间占26%~50%,或极不舒适时间占16%~25%;
E.不舒适时间占50%以上,或极不舒适时间占26%~50%;
F.极不舒适时间占51%以上。</td></tr>
</table>

续表

<table>
<tr><td rowspan="10">工作适应性</td><td>1.请描述您为自己设定的职业发展目标。</td></tr>
<tr><td>2.在当前的职务情况下，您是如何向您的职业发展目标迈进的？</td></tr>
<tr><td>3.您是否喜欢为自己的工作做计划？　□是　□否</td></tr>
<tr><td>4.您能否解决上级交给您的问题，或者说您是否知道该如何解决这些问题？</td></tr>
<tr><td>5.在工作中您觉得比较困难的工作是哪些？您通常是如何处理的？</td></tr>
<tr><td>6.您自己在工作中最大的困难和苦恼是什么？</td></tr>
<tr><td>7.您是否还具有工作的热情？如果没有，请说明原因是什么？</td></tr>
<tr><td>8.您是否能在没有工作热情时同样做好自己的工作？　□是　□否</td></tr>
<tr><td>9.您是否认为工作和兴趣相结合很重要？　□是　□否</td></tr>
<tr><td>10.您是否对现在的工作状态感到满意？您希望是什么样的状态？</td></tr>
<tr><td rowspan="5">个人建议</td><td>1.您对该岗位的总体评价：</td></tr>
<tr><td>2.您认为本岗位工作安排有哪些不合理的地方？应如何改善？本部门的工作内容、工作分工、职责划分是否有不合理的地方？本部门与其他部门的职责划分是否有不合理的地方？请您提出您的意见和合理化建议：</td></tr>
<tr><td>3.您认为直接上级应该再给您哪方面的权力？</td></tr>
<tr><td>4.您对职位任职资格要求有哪些建议和意见？</td></tr>
<tr><td>5.请将您认为有必要说，但上面没有列出的内容写在下面：</td></tr>
<tr><td colspan="2">如果您在以后发现有遗漏、错误，或其他需要说明的情况，请与人力资源部联系。
再次感谢您的真诚合作！
填写人签名：　　　　年　月　日</td></tr>
</table>

二、传统岗位分析方法

泰勒所处的时代，特别是19世纪的最后数十年中，美国工业出现前所未有的资本积累和技术进步。但是，低劣的管理方式却严重阻碍了生产效率的提高，另外，劳资关系的对立也严重影响了企业的劳动生产率。当时工人和资本家之间的矛盾严重激化：资本家对工人态度蛮横，工人生活艰苦，而资本家个人却过着奢侈的生活；工人则不断用捣毁机器和加入工会组织领导的大罢工来争取自己的权利。对于如何发挥劳动力潜力的问题，有人主张使用优良机器替代劳动力，有人主张试行分享利润计划,还有一些人主张改进生产的程序、方法和体制。泰勒当时是一位年轻的管理人员和工程师,是美国工程师协会的成员,因而很了解上述人们提出的一些解决办法,并在此基础上提出了他的具有划时代意义的科学管理理论和方法,在此理论中他提出了"工作研究"这一传统岗位分析方法。

(一)工作研究法

所谓工作研究,又称动作和时间研究(motion and time study),是指运用系统分析的方法把工作中不合理、不经济、混乱的因素排除掉,寻求更好、更经济、更容易的工作方法,以提高系统的生产率(提高工作效率、降低工作疲劳)。其基本目标是避免时间、人力、物料、资金等多种形式的浪费。西方企业曾经用一句非常简洁的话来描述其基本目标:"Work Smart,not Hard"。

使用工作研究法,与使用其他岗位分析方法一样,需要注意:①建立良好的合作氛围:管理部门需要得到员工的信任,才能最大限度地消除他们的抵触情绪。②得到高层管理者的支持,这样利于工作的开展。③挑选工作研究人员,应当考虑其教育程度、实践经验以及个人品质。

1.工作研究作用

工作研究对提高企业生产效率的作用表现在四个方面:①有利于重新组织工作并提高组织的生产效率,这种方法很少甚至无须对厂房和设备进行投资。②此方法是系统性的,保证不忽略任何一个影响作业效率的因素。③此方法是规定绩效标准的最精确的方法,能够为生产的有效计划与控制提供依据。④此方法可使产品质量在稳定的基础上稳步提高,因为作业规范化、工作标准化。

2.工作研究实施步骤

(1)选择研究对象。生产运作管理人员每天遇到的问题多种多样,同时工作研究的范围也是极为广泛的,这就有一个如何选择合适的工作研究对象的问题。一般来说,工作研究的对象主要集中在系统的关键环节、薄弱环节,或带有普遍性的问题方面,或从实施角度看容易开展、见效的方面。因此,应该选择明显效率不高、成本耗费较大、急需改善的工作作为研究对象。研究对象可以是一个生产运作系统全部,或者是某一局部,如生产线中的某一工序、某些工作岗位,甚至某些操作人员的具体动作、时间标准等。

(2)确定研究目标。尽管工作研究的目标是提高劳动生产率或效率,但确定了研究对象之后还需规定具体的研究目标。这些目标包括:减少作业所需时间;节约生产中的物料消耗;提高产品质量的稳定性;增强职工的工作安全性,改善工作环境与条件;改善职工的操作,减少劳动疲劳;提高职工对工作的兴趣和积极性等。

(3)记录现行方法。这是指将现在采用的工作方法或工作过程如实、详细地记录下来。可借助于各类专用表格技术来记录,动作与时间研究还可借助于录像带或电影胶片来记录。尽管方法各异,但都是工作研究的基础,而且记录的详尽、正确程度直接影响着下一步对原始记录资料所做分析的结果。现在有不少规范性很强的专用图表工具,它们能够帮助工作研究人员准确、迅速、方便地记录要研究的事实,为分析这些事实提供标准的表达形式和语言基础。

(4)信息分析整理。这是指详细分析现行工作方法中的每一个步骤和每一个动作是否必要,顺序是否合理,哪些可以去掉,哪些需要改变。这里,可以运用表 5-13 所示的“5W1H”分析方法从六个方面反复提出问题。

表 5-13 工作研究中的信息需求

Why	为什么这项工作是必不可少的	What	这项工作的目的何在
	为什么这项工作要以这种方式进行	How	这项工作如何能更好地完成
	为什么这项工作制定这些标准	Who	何人为这项工作的恰当人选
	为什么完成这项工作需要这些投入	Where	何处开展这项工作更为恰当
	为什么这项工作需要这样的人员素质	When	何时开展这项工作更为恰当

(5)设计和使用新方法。这是工作研究的核心部分,包括建立、使用和评价新方法三项主要任务。建立新的改进方法可以在现有工作方法基础上,通过“取消—合并—重排—简化”四项技术形成对现有方法的改进,这四项技术俗称工作研究的 ECRS(或四巧)技术。具体指:

第一是取消(elimination)。对任何工作都要先问为什么要干?能否不干?包括减少工作中的不确定性。除必要的休息外,取消工作中的一切怠工和闲置时间。

第二是合并(combination)。如果工作不能取消,则考虑是否应与其他工作合并。比如,将多个方向突变的动作合并,形成一个方向的连续动作,实现工具的合并、控制的合并、动作的合并。

第三是重排(rearrangement),指对工作的顺序重新排列。

第四是简化(simplification),指工作内容、步骤方面的简化,也指动作方面的简化,能量的节省。

(6)新方法实施。工作研究成果的实施可能比对工作的研究本身要难得多,尤其是当这种变化在一开始还不被人了解,而且改变了人们多年的习惯时,工作研究新方案的推广会更加困难。因此,实施过程要认真做好宣传、试点工作,做好各类人员的培训工作,切勿急于求成。

【案例5-2】工作研究应用成果——福特T型车的流水装配线

T型车是福特汽车公司于1908年至1927年推出的一款汽车产品,并且T型车以其低廉的价格使汽车作为一种实用工具走入了寻常百姓之家,美国亦自此成为"车轮上的国度"。投产第一年,T型车的产量达到10 660辆,创下了汽车行业的纪录。到了1921年,T型车的产量已占世界总产量的56.6%,而此时车的售价也降到了260美元,美国的普通家庭开始率先进入汽车时代。在T型车投产的19年里,仅在美国就销售了超过1 500万辆。而创造如此神话般的生产销售纪录的原因就是流水装配线的成功应用。

福特公司生产效率之所以如此之高,主要原因在于其对于生产方式的大胆改良。设计人员通过参观芝加哥的一个屠宰厂的动物肢解与传送带传送的过程,发现了个体工人重复切片的高效率工作,并将其成功引入T型车的制造当中,创造出了流水装配线。

传统的工作方式是,由一个工人组装一台完整的磁石发电机,这就意味着每个工人需要完成的步骤都很多,因此他们需要掌握很多的技巧。

流水装配线的原理是,不让每个工人都去组装一台完整的磁石发电机,而是将发电机的一个部件放在传送带上,在它经过时,每个工人都给它添装上一个部件,并且每次都装配同样一个部件。在日积月累的过程当中,大量的重复性工作,就使得工人能够相当熟练地掌握自己的工作技巧。

有人回忆当时的工作状况时这样说,前一天,完成整个组装过程的工人,平均每人每20分钟组装一台磁石发电机。可是那一天,在这条装配线上的装配组,每人平均每13分10秒钟就组装一台。然而不到一年,装配时间便减少到5分钟。

1914年到1915年,经过优化的流水装配线已经可以在93分钟内生产一部汽车,而同期其他所有汽车生产商的生产能力总和也不及于此。在这一年里福特的第1 000万辆汽车问世,此时全世界90%的汽车都是福特汽车公司生产的。直到1927年停产,全世界共有超过1 500万辆T型车被生产,而这个纪录保持了将近一个世纪。

(二)动作研究法

1.内涵

动作研究,也即工作方法设计,有时也称为方法研究,是工作研究中的重要组成部分,它是对现行作业系统的记录和分析,寻找最经济、最合理的工作程序和操作方法的一种管理技术。具体而言,就是通过对现行工作的过程和动作进行分析,从中发现不合理的动作或过程并加以改善。其主要功能就是在现有条件下,不增或少增投资,消除工作中费力的动作,减少停工、等待等浪费工时的现象,充分发挥员工的潜力。

动作研究的主要发明者是弗兰克·吉尔布雷斯和丽莲·吉尔布雷斯。弗兰克于1885年受雇于一建筑商时进行了著名的"砌砖研究"。在该研究中,他通过对砌砖动作进行分析和改进,使工人的砌砖效率提高了近200%,该研究的示例见图5-2。1912年,吉尔布雷斯夫妇在美国机械工程师学会会议上,首次发表了题为《细微动作研究》的论文,在文中他们首创用电影摄影机和计时器将作业动作拍摄成影片并进行分析的方法,同时通过自己的研究将人的作业动作分解成17种基本动作:伸手、握取、移物、装配、应用、拆卸、放手、检验、寻找、选择、计划、对准、预对、持住、休息、迟延和故延。其中,前8种动作称为"必需动作",中间5种动作称为"辅助动作",最后4种动作称为"无效动作"。

图5-2　砌砖工方法对比效果图

图5-2展示了采用有效方法的砌砖工与没有采用有效方法的砌砖工实践对比:一批经挑选并熟练使用新方法的工人,每人每小时能砌砖350块,而农村来的工人用老方法操作的平均速度是每人每小时120块。产生如此大差异的原因在于"工作方法的设计"。

2.技术方法类型

(1)样本法。样本法在作业测定中也是使用很广泛的一种方法。这种方法的基本原理是,并不关心具体动作所耗费的时间,而是估计人或机器在某种行为中所占用的时间比例。例如,加工产品、提供服务、处理事务、等候检修或空闲,这些都可看作某种“行为”,都会占据一定的时间。对这些行为所占用时间的估计是在进行大量观察的基础上作出的。其基本假设是:在样本中观察到的某个行为所占用的时间比例,一般来说是该行为发生时所占用的时间比例。在给定的置信度下,样本数的大小将影响估计的精度。

(2)标准要素法。标准要素法的基本原理是:在不同种类的工作中,存在着大量相同或类似的工作单元,实际上不同工作是若干种(这个种类是有限的)工作单元的不同组合。因此,对于工作单元所进行的时间研究和建立的工作标准,可应用于不同种类工作中的工作单元。而这样的工作单元的标准一经测定,即可存入数据库,需要时随时可用。

(三)时间研究法

时间研究又称“作业测量”或“工作测量”,其主要内容是通过科学方法测定合格工人按规定的作业标准,完成某项工作所需要的具体时间(即工作的实际时间),以此作为制定工作定额、核算成本、计划生产以及检验工作方法效率等的基础。

时间研究的主要发明者是弗雷德里克·泰勒,1898 年泰勒在美国伯利恒钢铁厂进行了著名的“铁铲试验”与“搬铁块实验”。在铁铲研究中,他比较了工人铲煤与铲矿砂间的差异,对工人的铁铲进行了改进,并制定相应的劳动定额及奖励制度,从而在短短的三年半时间内,使该厂原需 400~600 人的工作降低到只需 140 人即可完成。在搬生铁实验中,他把劳动时间与休息时间很好地搭配起来,既提高了工作生产率又不让员工感到很疲劳。

泰勒在时间研究上的最主要贡献之一是指出了时间研究的过程。他认为时间研究包括工作分析和工作建立两大范围。其中,工作分析是:①将作业动作分解成最简单的基本动作;②删除无效动作;③观测部分熟练工人的各项基本动作,借助秒表记下最佳及时间最短的动作方法;④记录、说明、依次标出每一基本动作及恰当的动作时间;⑤分析、记录各类宽放率或宽放时间。

工作建立则是:①将经常以同样顺序在作业中出现的基本动作合并成一组,记录并标示各组动作;②通过分析、比较,从所有动作组中选择适当的动作组应用于当前情境;③将所有基本动作时间汇总,再加上各类宽放时间,即可估计出各类作业的工作时间。

泰勒一生大部分的时间所关注的就是如何提高生产效率。这不但要降低成本和增加利润,而且要通过提高劳动生产率增加工人的工资。泰勒对工人在工作中的“磨洋工”问题深有感触。他认为“磨洋工”的主要原因在于工人担心工作干多了,可能会使自己失业,因而他们宁愿少生产而不愿意多干。泰勒认为,生产率是劳资双方都忽视的问题,部分原因是管理人员和工人都不了解什么是“一天合理的工作量”和“一天合理的报酬”。此外,泰勒认为管理人员和工人都过分关心如何在工资和利润之间分配,而对如何提高生产效率而使劳资双方都能获得更多报酬几乎一无所知。概而言之,泰勒把生产率看作取得较高工资和较高利润的保证。他相信,应用科学方法来代替惯例和经验,可以不必花费更多的精力和努力就能取得较高的生产率。但泰勒的做法和主张并非一开始就被人们所接受,相反还受到包括工会组织在内的人们的抗议。例如,一位名叫辛克莱的年轻的社会主义者写信给《美国杂志》主编,指责泰勒“把工资提高了 61%,而工作量却提高了 362%”。

【案例 5-3】泰勒著名的时间研究实验

一、铁锹实验

早先工厂里工人干活是自己带铲子。铲子的大小也就各不相同,而且铲不同的原料用的都是相同的工具,那么在铲煤时重量如果合适的话,在铲铁砂时就过重了。泰勒研究发现每个工人的平均负荷是 21 磅,后来他就不让工人自己带工具了,而是准备了一些不同的铲子,每种铲子只适合铲特定的物料,这不仅是为了让工人的每铲负荷都达到 21 磅,也是为了让不同的铲子适合不同的情况。为此他还建立了一间大库房,里面存放各种工具,每个的负重都是 21 磅。同时他还设计了一种有两个标号的卡片,一张说明工人在工具房所领到的工具和该在什么地方干活,另一张说明他前一天的工作情况,上面记载着干活的收入。工人取得白色纸卡片时,说明工作良好,取得黄色纸卡片时就意味着要加油了,否则的话就要被调离。将不同的工具分给不同的工人,就要进行事先的计划,要有人对这项工作专门负责,需要增加管理人员,但是尽管这样,工厂也是受益很大的,据说这一项变革可为工厂每年节约 8 万美元。泰勒还对每一套动作的精确时间做了研究,从而得出了一个“一流工人”每天应该完成的工作量。这一研究的结果是非常杰出的,堆料场的劳动力从 400~600 人减少为 140 人,平均每人每天的操作量从 16 吨提高到 59 吨,每个工人的日工资从 1.15 美元提高到 1.88 美元。

二、搬铁块实验

1898 年,泰勒从伯利恒钢铁厂开始他的实验。这个工厂的原材料是由一组记日工搬运的,工人每天挣 1.15 美元,这在当时是标准工资,每天搬运的铁块重量有 12 吨~13 吨,对工人的奖励和惩罚的方法就是找工人谈话或者开除,有时也可以选拔一些较好的工人到车间里做等级工，并且可得到略高的工资。后来泰勒观察研究了75名工人，从中挑出了4个人，又对这4个人进行了研究，调查了他们的背景、习惯和抱负，最后挑了一个叫施密特的人，这个人非常爱财并且很小气。泰勒要求这个人按照新的要求工作，每天给他1.85美元的报酬。泰勒通过仔细地研究，转换各种工作因素，来观察工人对生产效率的影响。例如，有时工人弯腰搬运，有时他们又直腰搬运，后来他又观察了行走的速度，持握的位置和其他变量。通过长时间的观察实验，并把劳动时间和休息时间很好地搭配起来，工人每天的工作量可以提高到47吨，同时并不会感到太疲劳。他也采用了计件工资制，工人每天搬运量达到47吨后，工资也升到1.85美元。这样施密特开始工作后，第一天很早就搬完了47吨，拿到了1.85美元的工资。于是其他工人也渐渐按照这种方法来搬运了，劳动生产率提高了很多。

【案例5-4】家具企业的时间研究

根据家具厂生产的实际情况，许多作业岗位是多人共同作业，辅助作业时间的周期较长，重复较少，一般采用两种方法研究：一是用秒表法或摄像法研究工时定额时间；二是用工作抽样法研究各种作业时间的比例，特别是对非定额时间或无规律的辅助时间的研究。

所谓秒表法，就是使用秒表直接进行作业时间观测的方法。优点是简单易行，成本较小，但评定较为困难。秒表法比较适用于观测单人作业，且作业要素的分隔时间不能太短，否则用秒表测出的值误差较大；对于多人作业的情况，就很难同时准确记录多人作业动作的时间。

所谓摄像法，就是利用摄像机把作业过程录制下来，到环境较好的地方(如会议室)播放，再根据摄像机所记录的时间进行统计分析。所摄的录像可以反复播放，同时可以进行微动作分析，容易进行评价，但花费的成本较高，它更适用于动作分析与改进。

工作抽样法是运用概率统计原理，用随机的方法对调查对象进行间接观测，并用测得的数据来估计总体样本的方法，只要选择的样本足够大，观测的精度就可满足研究的要求。

一、秒表法的研究工具

1.秒表一只。一般采用数字型秒表(精确到0.01秒)。秒表要有挂绳，可直接挂在脖子上，以便于观测。

2.记录板一个。

3.卷尺一把。总长度为2.5米即可。

二、秒表法的研究流程

1.选取典型零部件。选取标准是所选择的零部件生产的数量较多且能够代表不同尺寸规格。

2.选择测试对象——选择合格的操作者。不同作业者的加工速度是不一样的，一位熟练工人可以比一个学徒工要快许多倍，因此我们要选取熟练的工人作为观测对象，主操作工要求工龄在三年以上且掌握各种操作技术。

3.根据主管部门的计划安排来确定零件的测定时间。观测时间要保证在正常的工作时间内，如遇到加班时间，则向后顺延；如遇到所测的零件为非正常条件下生产，则不予记录。

4.要征得部门主管的同意和配合，并向操作工人说明观测的目的、方法和流程等，以免工人因观测而紧张，致使加工速度过快或者出现怠工，失去了数据的准确性。

5.做好观测前的准备工作，包括一只秒表，一本记录本，一把卷尺。

6.实施观测。

(1)观测者要站立在合适的位置，以不影响操作工人的作业为原则。一般观测者站在主操作工左前方约30°~45°的位置，距主操作工5~10米范围内。

(2)在时间测定表中记录相关的数据，如零件的型号、规格、数量，进料速度，工作环境的噪声、温度、湿度，画出零件的简图和零件摆放位置等。具体数据记录可参见表5-14。

表5-14　时间测定表

零件名称		零件规格		物料重量		作业人数		熟练程度	
作业内容		加工设备		进料速度		材料数量		材料等级	
作业要素	1	2	3	4	5	6	7	8	平均
上料									
基本作业									
下料									
辅助动作									
辅助工时									
测定时间									

注：上料时间是指从料堆拿料开始到物料开始加工所需要的时间。下料时间是指机器加工完之后卸下零件的时间。基本作业时间(基本工时)指直接改变加工零件的形状、尺寸、表面状态所消耗的时间。辅助工时指调机时间、换刀时间、首件确认等，根据所测定的机器不同而有所不同。

(3)为了能够达到观测精度,一般连续测定3个零件,作为1个记录单元,并且有15个重复,然后用统计的方法求取平均值。异常值不计入在内。

7.分析数据。作业时间的数据值包括两种类型:常值型数据和函数型数据。

常值型数据:它在一定的作业条件下是固定的,在汇总数据时求作业时间的平均值即可。例如,用三排钻加工特定材料、特定质量的零件时,其钻孔时间的变化幅度较小,可以用平均值来计算。

函数型数据:作业时间值与零件的尺寸或切割的长度有某种数学关系,对于这种情况我们要建立数学模型,推测出其他相似零件的作业时间值,从而可以节省大量的工作量,且能预测新产品的工时。例如,电子七排钻的调机时间与钻孔数目之间,直线封边机的封边时间与零件的边长之间,电子开料锯的切割时间与切割长度之间等都呈现一定的函数关系。

三、秒表法的时间测定技巧

用秒表进行观测时,应根据测定对象的不同而采取不同的测定方法。

1.一人作业,且基本作业是机手并动的。应该对生产准备时间、基本作业时间、辅助作业时间、生理需要时间及其他管理性时间分别进行测量。典型的作业岗位为下轴铣床,企业一般称为单立轴或锣机。工人进行下轴铣床加工时,刀轴转动且操作者完成进给运动。

生产准备时间:生产准备时间与企业的管理方式及车间的布局有密切关系,而管理方式与车间的布局在短时间内不会有太大的变化,因此可以测定若干零件的生产准备时间,求出平均值即可,如领物料时间。

基本作业时间:其值为一个零件的加工流程时间。如下轴铣床作业岗位,操作工人从进料开始到零件的铣削完成的流程时间即为该零件的基本作业时间。

辅助作业时间:包括换刀时间、换模时间、调机时间、打扫工作地卫生时间等。对有规律的辅助时间,可以实际测量其时间值;而对于无规律的辅助时间,可以用工作抽样法来确定其占基本作业时间的比例。如对于下轴铣床的调机时间,当加工每一批次零件所使用的刀型不一致的时候,每一批次的加工都要进行换刀调机,我们需要测定其实际的时间值。而对于双头剪的换据片时间,它并不是加工每一批次而进行的作业要素,只有当锯片用钝时才进行更换。但换锯片的次数与锯切的时间是有关系的,因此可以研究换锯片时间与基本作业时间的比值来确定其辅助时间。打扫工作地卫生的时间值一般是固定的,一般企业会留出最后10分钟来打扫卫生。

生理需要时间:一般按整体作业时间的3%~5%计算。

管理性时间:主要是指开早会、周会的时间等。这类时间一般是固定的。

2.一人作业,基本作业是机动或多人作业,非通过式机械加工。此种情况应根据人机操作图的流程进行工时计算。其生产准备时间、基本作业时间、辅助作业时间之间很大一部分是相互重叠的,必须将叠加的时间去掉。例如,在电子开料锯的作业岗位上,当锯片进行切割时,操作工人可以完成下料或其他辅助动作;在热压机贴面作业岗位上,当机器进行热压的作业时,上料工人完成下一批料的上料工作,而下料工人完成上一批料的下料工作;在两个工作台面的CNC加工中心作业岗位上,当机器进行铣削或钻孔加工时,操作工人可以在另外一个工作台上完成上料及下料的作业。上面的例子中在进行时间统计时,要将重叠的时间去除。

3.多人作业,通过式机械加工。通过式机械加工指零件可以连续进给的机械加工方式,此类作业岗位也可称为小流水线式作业。其上料时间、下料时间与基本作业时间是重叠的,物料的进给是连续的,此岗位的作业时间是由其生产节拍决定的。测定时要以某一个定点为观测基本点来测定零件经过基本点的所有时间,一般连续三个零件为一组。例如,在直线封边机的作业岗位上,当上一零件正在进行封边作业时,操作者也正在进行下一零件的上料作业,其作业时间是由两上料时间的间隔决定的。此类作业岗位还包括宽带砂光机作业岗位、电子七排钻作业岗位、四面刨作业岗位、双端铣作业岗位等。

三、现代岗位分析方法

(一)职位分析问卷(position analysis questionnaire,PAQ)

1972年由美国普渡大学(Purdue University)的教授麦考密克(McComick)、詹纳雷特(Jeanneret)和米查姆(Mecham)设计开发了有严谨结构的工作分析调查问卷,该问卷无须修改就可用于不同的组织和不同的工作。

1.PAQ的内容

PAQ的初衷在于开发一种通用的、以统计分析为基础的方法,用以准确确定岗位的任职资格,同时运用统计推理估计每个岗位的价值,进而为制定薪酬标准提供依据。PAQ代表了能够从各种不同的职位中概括和提炼出来的各种工作行为、工作条件以及职位特征因素,因此,它涵盖了所有工作特征的维度和要素,便于按照一个企业所包括的各种类型的工作进行分类。PAQ应用得最广泛、最有效的领域是岗位评价。

PAQ的关键数字:194(题项或称工作要素)、6(大类信息)、13(综合指标)、32(具体指标)。

PAQ 由对所分析的工作非常熟悉的分析人员填写,采用五分刻度法来描述每个工作要素在工作中的使用程度、对工作的重要程度、所需的时间、发生的概率、适用性等。

具体而言,此六大类信息包括:①信息投入,任职者从哪里以及如何获得完成工作所需信息;②脑力运用,在执行工作任务时所需完成的推理、决策、计划以及信息处理活动;③体力产出,任职者在执行工作任务时所发生的身体活动以及所使用的工具、设施等;④与他人的关系,在执行工作任务时需要同其他人发生的关系;⑤职位背景,执行工作任务时所处的自然环境、社会环境;⑥其他特点,其他与该职位相关的各种活动、条件以及特征。

表 5-15 是一个 PAQ 的示例。

表 5-15 PAQ 示例

信息输入	
1.信息输入	
1.1 工作信息的来源:	
根据员工在工作时将下列各项作为信息源的实际使用频度来评价其等级	
1.1.1 可视工作信息源:	
(1)书面材料	
(2)量化资料	使用程度 NA 不使用 1. 稍许 / 极少 2. 偶尔 3. 适度 4. 相当频繁 5. 大量使用
(3)图片资源	
(4)模板/相关工具	
(5)指示器	
(6)测试计	
(7)机械性器具	
(8)零件、原料	
(9)自然环境特征	
(10)人为环境特征	
⋮	

2.PAQ 的结果

PAQ 结果为三种工作分析报告。

报告一:工作维度得分统计报告。这是被分析职位在 PAQ 各评价维度上得分的标准化和综合性的比较分析报告。所有的评价维度得分均采用标准分的形式,标准得分直接反映目标职位与 PAQ 提供的样本常模在该维度上的差异,百分比直观地说明目标职位在评价维度上的相对位置,便于不同职位之间进行相互比较。图 5-3 为工作维度得分统计报告。

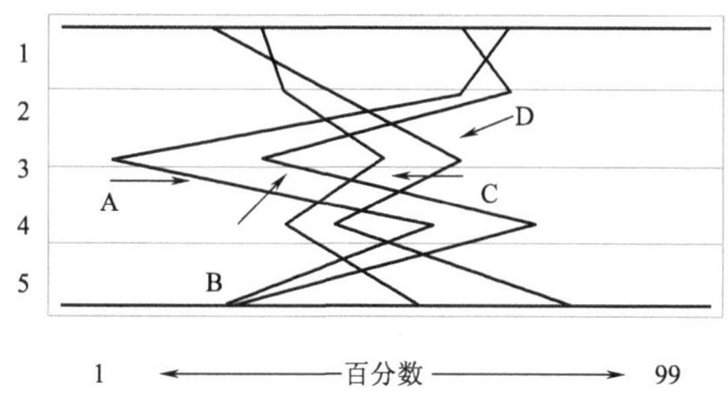

图 5-3 工作维度得分统计报告

报告二:能力测试估计数据。

PAQ 确定该职位对于任职者各项能力的要求,并且通过与能力水平常模的比较,将能力测试预测分数转化为相应的百分比形式,便于实际操作。其重要用途之一是人员甄选。表 5-16 是能力测试估计数据的示例。

表 5-16 能力测试估计数据示例

题项编号	PAQ 题目具体内容	评价成绩(能力测试分数)	比例值(百分比)
	职位信息的可见资源:未被改变的材料		
9	当在仓库中的物品或材料等被检测或处理时,未被转变或调整的零件、材料、物品等是信息的资源	5.0	99
72	运输和机动设备:电动设备不是用来在公路上使用的可移动的设备的操作,如仓库小货车、叉式升运机	3.0	98
132	其他的组织活动:协调行为、监督或组织其他人以达到某个目标的行为,但是并不是直接管理者,如法律顾问或行政助理	3.5	96

报告三:确定岗位薪点值。

对通过 PAQ 内在的职位评价系统所收集的职位信息进行评价,确定各职位的相对价值。

表 5-17 是 PAQ 在岗位评价中的作用。

表 5-17 PAQ 在岗位评价中的作用

岗位性质	岗位名称	岗位评价点值
小时工	保洁员 机械操作员 初级维修员	308 370 539
一般职位	办公室服务员 打字员 客户服务代表	295 381 452
管理职位	值班主管 维修主管 控制间主管	611 694 781

3.PAQ 的缺点

(1)时间成本高,也非常烦琐。

(2)问卷的填写人员要求是受过训练的工作分析人员,而不是任职者或上级。

(3)格式标准化,因此工作特征很抽象,不能描述工作中特定的、具体的任务活动。

(4)对于工作描述和工作再设计,不是一个理想的工具。

(二)管理职位描述问卷(management position description questionnaire,MPDQ)

管理职位描述问卷法是美国著名工作分析专家亨普希尔(Hemphill)、托诺(Tornow)以及平托(Pinto)于 1976 年针对管理工作的特殊性而专门设计的,定型于 1984 年,与 PAQ 方法类似。MPDQ 主要收集、评价与管理职位相关的活动、联系、决策、人际交往、能力要求等方面的信息数据,通过特定的计算机程序加以分析,有针对性地制作各种与工作相关的个性化信息报告,为人力资源管理职能板块提供信息支持。

1.MPDQ 的产生背景

管理人员在组织中的特殊地位使得专门针对管理人员的工作分析系统具有很高的价值。我们知道,管理人员的工作是多变的,并且是相当复杂的;而另一方面,成功的管理无疑会大大提高组织的效率。为了确保组织拥有高素质的管理人才,如下的工作显得至关重要:甄选管理者、评价管理者、提拔管理者、向管理者支付合

理的薪酬以及正确地界定管理者的工作职责等。为了做好这些工作，组织需要通过工作分析明确各类管理人员的工作内容以及各类管理工作之间的相同点和不同点。在这方面，MPDQ 是最好的选择。

长期以来，很少有系统研究管理工作的方法，这是因为：①管理行为的复杂性与广泛性使得其难以用简单的语言加以描述；②一些认知行为或思想活动是管理工作的重要组成部分，比如，制订工作计划的过程难以被详细地观察到；③工作中所需要的处理人际关系的艺术，如领导下属的艺术，难以从行为上加以描述界定；④现有的工作分析系统都力求能够分析所有类型的工作，缺乏针对性，难以深入地针对管理人员这一特殊群体的特点进行分析。

研究者们认为传统的工作分析系统难以抓住管理工作的实质，因此需要有一种与管理工作特点相对应的方法来更准确地分析管理岗位，MPDQ 就是在这种情况下产生的。它的设计原则包括：①力求能明确并量化不同管理岗位工作内容的差别；②力求能评价不同管理职位的价值和等级；③力求能有效分析和评价各种环境下的管理职位，包括不同地理环境下的管理职位；④力求提供准确、全面的工作信息，以高效履行企业人力资源管理的各项职能。

2.MPDQ 梗概

MPDQ 是一种结构化的工作分析问卷，分析对象是管理职位和督导职位，由任职人员自己完成。MPDQ 具有数量形式，能够通过电脑进行结果分析。

通过各种回答形式，MPDQ 能够提供关于管理职位的多种信息，如工作行为、工作联系、工作范围、决策过程、素质要求及上下级之间的汇报关系等。这些信息将为达到一些人力资源管理的目标服务，比如，管理工作内容方面的信息将通过计算机分析转化为以应用为导向的分析报告供管理者和人力资源管理人员使用。MPDQ 的分析结果将形成多种报告形式以应用到工作比较、工作评价、管理人员开发、绩效评价、甄选/晋升以及工作设计等人力资源管理职能中去。

最早的 MPDQ 产生于 1974 年，其初衷是为某公司（Control Data）描述、比较和评价管理职位的。经过广泛的测试和深入的修改，MPDQ 作为工作评价的项目在该公司全面展开实施。接着，作为工作评价工具，MPDQ 被用于在《财富》杂志中排名前 100 位的三家企业中。1984 年，经过 10 年的发展和应用，MPDQ 终于趋于成熟，形成了最终的模式。它涉及管理者所关心的问题、所承担的责任、所受的限制以及管理者的工作所具备的各种特征。它由 274 个题项（15 个部分）组成，主要包含信息输入、信息分析和信息输出三个板块。

MPDQ 的内容参见表 5-18。

表 5-18 MPDQ 的内容

15 大部分	内容说明	题项数
1.一般信息	描述性信息,如工作代码、预算权限、主要职责等	16
2.结构图	职位在组织架构中的位置,如上级、平级、下级等	5
3.决策	决策活动描述和决策的复杂程度	22
4.计划组织	战略性规划和短期操作性计划、组织活动	27
5.行政事务	写作、归档、记录、申请等活动	21
6.控制	跟踪、控制和分析项目、预算、生产、服务等	17
7.监督	监督下属的工作	24
8.咨询创新	为下属或其他工作提供专业性、技术性的咨询指导	20
9.工作联系	内外部工作联系,包括联系对象与目的	16
10.协调	在内部联系中从事的协调性活动	18
11.表达	在推销产品、谈判、内部激励等工作中的表达行为	21
12.商业指标监控	对财务、市场、生产经营及政策等指标的监控与调节	19
13.知识、技能和能力	工作对任职者知识、技术和能力的要求以及所需要的培训活动	31
14.自我评价	上述十项管理功能的时间和相对重要性评价	10
15.反馈	任职者对本问卷的反馈意见以及相关补充说明	7

表 5-19 是 MPDQ 的一个示例。

表 5-19 MPDQ 示例

指导语:	维度:控制
第一步——评定重要性 指出每项活动对你职位的重要程度,以 0~4 记分,写在每个项目后面的空白处。注意,你要考虑的是该活动和其他职位活动相比的重要性程度和发生次数的多少 第二步——评论 在后面的空白处写下你认为在该维度中还应该包括的其他工作	■审阅提交计划以和组织的目标与策略保持一致 ■追踪并调整工作活动的进度,以保证按时完成目标或合同 ■为项目、计划和工作活动制定阶段目标、最后期限,并将职责分派到人 ■监督产品的质量或服务效率 ■对部门的发展和效率设计评估标准 ■在计划、项目结束后,评估其效果并记录在案 ■至少每个月分析一次工作成败 ■分析工作报告 ■控制产品生产或服务的质量 ■监督下属完成部门目标的工作进程 ⋮

注:“0”——该活动与本工作完全无关;“1”——该活动只占本工作的一小部分且重要程度不高;“2”——该活动属于本工作的一般重要部分;“3”——该活动是本工作的重要组成部分;“4”——该活动是本工作的关键部分或者说至关重要的部分。

3.管理工作维度

开发 MPDQ 的原始目的是要利用它辅助实现人力资源管理的多种职能,比如实现工作评价、绩效评估等。为了达到这个目的,需要把 MPDQ 收集而来的工作描述性信息进行转化,以满足不同的人力资源管理需求。为实现不同的人力资源管理职能,人们往往从不同的角度看待工作,从不同的角度对工作进行分析、研究和描述。比如:薪酬管理人员往往从“报酬因子”(compensable factors)角度分析和描述工作;培训与开发专家从“素质”(competencies)角度研究工作和做工作的人;绩效评价主管从“绩效维度”(performance dimensions)角度分析工作;定岗定编人员和工作设计人员则从“工作因子”(work factors)角度描述工作。MPDQ 就试图从这类因子出发设计问卷,以满足人力资源管理不同职能的需求。经过大量的调查研究,MPDQ 实现了这样的目标,从三种有关管理职位的因子出发对工作进行分析,即管理工作因子、管理绩效因子和工作评价因子。在 MPDQ 形成的最终分析报告中,将对这三种因子进行说明和评定。

(1)管理工作因子。管理工作因子是一组描述工作内容的因子,用来反映不同职位工作内容的相同点和不同点。因子名称及解释如表 5-20 所示。

表 5-20　管理工作因子

1.决策(decision making)
评定各种信息和各候选方案
2.计划与组织(planning and organizing)
制订长期和短期计划,包括制订长期目标和战略规划以及制订短期计划和日程安排,如计划产品或服务的设计、发展、生产和销售等
3.行政(administering)
准备和保管档案和文件,监控规章制度和政策的执行,获取和传递信息
4.控制(controlling)
控制和调整人力、财力和物力的分配,调拨材料、机器和服务,建立成本控制体系
5.咨询和创新(consulting and innovating)
应用高级技术解决疑难问题,为决策者提供关键信息和咨询,开发新产品和开拓新市场,密切关注技术前沿动态
6.协作(coordinating)
与其他团体合作实现组织目标,在不能实施直接控制的情况下能团结他人、整合力量,协商组织资源的使用,需要时能解决矛盾与分歧
7.表现力(representing)
与个人或团体沟通交流,如客户、供应商、政府和社区代表、股东和求职者,促销组织的产品和服务,谈判并签订合同

续表

8.监控商业指标(monitoring business indicators)
监控关键的商业指标,如净收入、销售额、国际商业和经济趋势、竞争者的产品线和服务

管理工作要素通常为薪酬管理人员和招聘人员所用,使他们能很快从总体上把握工作的内容,同时也为管理者从整体上理解自己职位与其他职位的不同点提供方便。在下面关于分析报告的说明中将详细介绍管理工作因子的使用。

(2)管理绩效因子。管理绩效因子是为了对管理工作的绩效进行评价而选取的工作要素,也就是说,从这些方面对管理工作的绩效进行评价有助于发展和提高管理业绩。

管理绩效因子强调的是那些能辨别管理工作开展得有效还是无效的要素。通过与管理者和人力资源专家的讨论以及利用MPDQ数据进行统计分析最终选出9个管理绩效因子,对它们的描述如表5-21所示。

表5-21 管理绩效因子

1.工作管理
管理工作执行情况和资源使用情况,监控和处理各种信息,确保产品和服务按时完成
2.商业计划
为达到目标,制订并实施计划与战略
3.解决问题/制定决策
分析技术上或商业上的问题与需求,制定决策,选择适当的方案或进行创新
4.沟通
高效、全面和准确地进行沟通,正确地分享或交换信息
5.客户/公众关系
代表组织与客户、预期客户及其他公共群体发生往来
6.人力资源开发
通过有效的工作分配、指导、培训和绩效评价开发下属员工的潜能
7.人力资源管理
监督和管理下属员工,提供指导和领导
8.组织支持
有归属感,能得到其他管理者的支持,共同实现个人的、团队的和组织的目标
9.专业知识
具备实现既定绩效目标所需要的技术知识

这9个绩效因子主要有两种用途:①帮助上级主管评价和指导管理者的绩效;②帮助上级主管和培训专家明确对管理者的培训需求。在MPDQ中,将有三份报告用到绩效因子,在下面有关MPDQ分析报告的描述中将进行详细介绍。

(3)工作评价因子。工作评价因子是用来评价管理类工作相对价值的维度,即用来衡量某一管理工作(职位)相对其他工作(职位)而言对组织的贡献度有多大。薪酬专家们应用它们来确定职位或工作的等级,并最终确定它们的报酬水平。

工作评价因子及其描述如表5-22所示。

表5-22 工作评价因子

1.制定决策
制定决策的权限有多大,要考虑决策的性质、影响范围、复杂程度以及需要付出的努力程度
2.解决问题的能力
为解决所出现的问题需要投入的分析与创造性思考属于哪种等级,考虑问题的性质、所涉及的范围以及解决方案所需要的创造性
3.组织影响力
对组织的影响范围有多大,包括职位对实现组织目标、对开发或销售产品(服务)、对制定战略或执行计划、对制定政策或工作流程、对实现销售收入和利润或其他业绩指标的重要程度
4.人力资源管理职能
监督指导职能的大小,可以通过下属员工的等级和数量,以及所提供指导的复杂程度来衡量
5.知识、经验和技能
职位所需要的用来解决关键性组织问题的知识、经验和技能的程度,以及在多大程度上需要将这些知识、经验和技能应用于解决实际问题
6.联系
内部联系与外部联系的范围和程度,可以从联系对象、联系目的以及联系的频率等方面进行考虑

4.MPDQ 分析报告

利用MPDQ问卷对工作进行分析,最终可以形成多份分析报告,其中最主要的报告包括以下几个。

管理职位描述:对管理职位进行概括性的描述。包括对单个管理职位的财务职能、人力资源管理职能、重要活动、人际关系以及职位所要求的知识水平、技能和能力水平的描述。

管理职位价值报告:该报告将通过与参照性职位的比较,对被分析管理职位的管理工作因子进行说明,然后从工作评价因子出发评价职位的相对价值。

管理职位任职资格报告:该报告反映对被分析职位而言,每个管理绩效因子的重要程度,以及对于MPDQ所包含的31项知识技术能力(KSAs),该职位要求达到什么样的熟练程度。

(1)管理职位描述。根据任职者对 MPDQ 的填写,概括总结出被分析管理职位的工作内容,从而形成 MPDQ 的第一份工作分析报告——管理职位描述,也就是说,通过研究多位同一岗位任职者对 MPDQ 的回答,得到该岗位工作内容的描述。管理职位描述报告通常包括五个部分,分别说明该职位:①财务管理和人力资源管理职责;②根据重要程度排序的职位活动;③内部与外部联系;④决策的性质;⑤所需要的知识、技能和能力的熟练程度。表 5-23 展示了该问卷的部分内容。

表 5-23 管理职位描述(部分)

姓名:×××	公司名称:CDBA
员工编号:222	直接上级姓名:×××
职务名称:××管理者	直接上级职务:××管理者
管理级别:督导级(Supervisor)	完成时间:8/7/2010
1.一般信息	
A.人力资源管理职责 ——人力资源管理职责约占所有职责的 28% ——所辖下属的最高职务:高级程序员 B.财务管理职责 ——不对年度营业收支预算负责 ——对下列财务指标负责: ——上一会计年度销售收入 \$ 275 000 ——本会计年度销售收入目标 \$ 280 000	
2.职位活动	
A.制定决策 决策:任职者 5%的时间都用于制定决策而且对本管理职位而言决策是非常重要的职能 与决策相关的活动以及它们对本职位的重要程度:	

重要程度	序号	活动描述
关键性的	5	考虑决策的长期影响
关键性的	8	在没有指导和经验的情况下,在新的环境和突发事件中制定决策
关键性的	11	在有时间压力的情况下制定非常关键的决策
关键性的	18	在制定决策之前需要处理、评价大量信息
关键性的	21	制定对客户/消费者有重大影响的决策
重要的	7	在制定决策时要深入考虑法律的、道德的因素以及组织的政策和目标
重要的	14	在必要的时候决策不能有任何迟疑
一般的	1	在决策之前评价各种解决问题的候选方案各自的成本与收益

管理职位描述可以应用于多个方面,比如,可以让新员工在最短的时间内熟悉自己的工作内容;可以为招聘甄选人员提供关于职位的信息,从而提高甄选的质量;另外,薪酬管理人员可以利用这些信息确定管理职位的相对价值,并检验管理职位的薪酬水平和该职位所承担的责任是否一致等。

(2)管理职位价值报告。管理职位价值报告(参见表5-24)反映被分析职位在各工作维度以及工作评价因子上的得分。该报告最基本的应用就是提供给薪酬分析人员进行职位价值的比较。任职者在工作维度上的得分将被用来和参照组的得分相比较,参照组由分析人员确定,通常是同一职位名称下的多名任职者。工作维度的得分为工作评价提供了职位的背景资料,因为薪酬分析人员在进行工作评价时通常都希望能了解工作的背景及其基本职责。

表5-24 管理职位价值报告(例)

姓名:×××	公司名称:CDBA
员工编号:222	直接上级姓名:×××
职务名称:××管理者	直接上级职务:××管理者
管理级别:督导级(Supervisor)	完成时间:8/7/2010

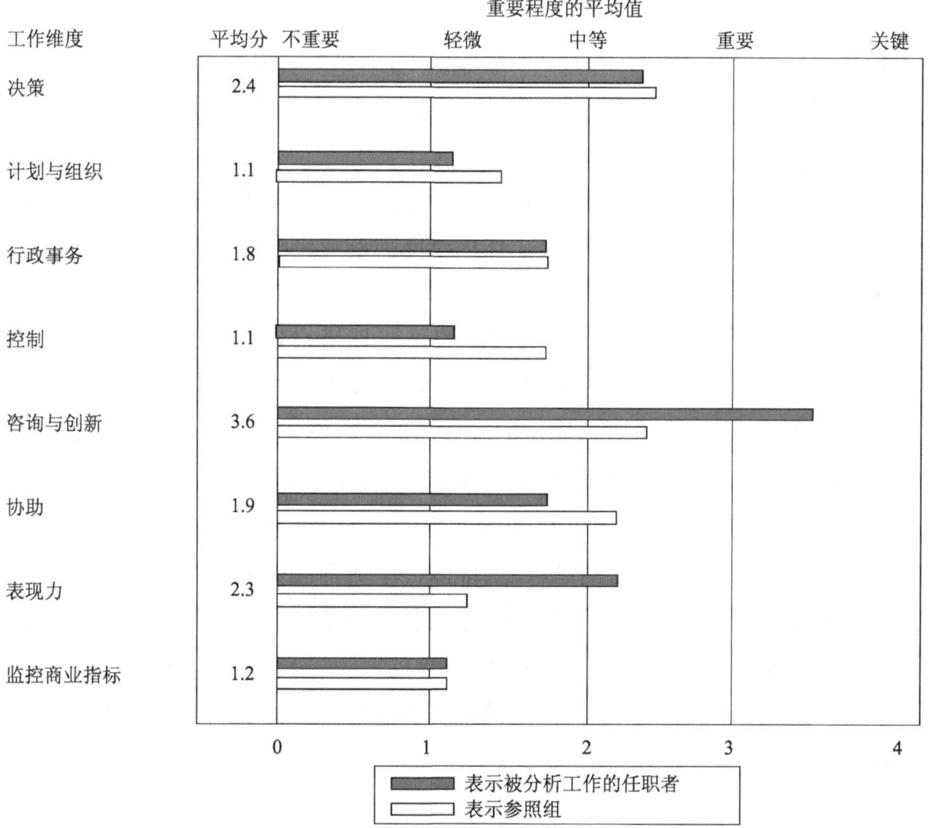

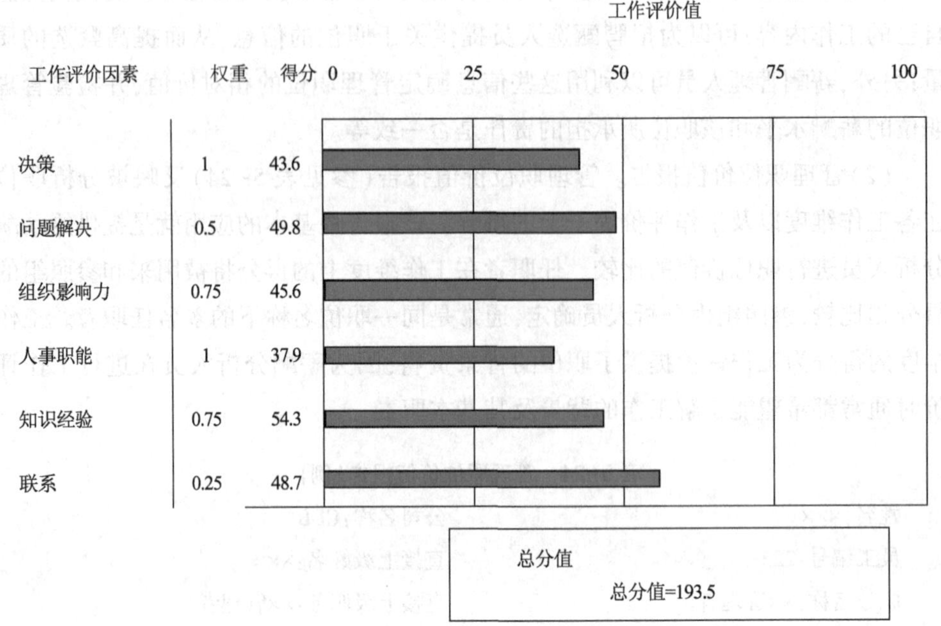

报告的第二部分描述了工作评价因子,这些因子的得分反映出该职位的等级,或者说相对价值。每个因子被赋予一定的权重,加权后则得到该职位的总分值,在本例中,该职位的总得分为193.5。再结合组织的薪资架构,就能确定该职位的薪酬等级。

总的来说,管理职位价值报告最基本的用途就是为薪酬管理人员进行工作评价提供依据,另外,它所包含的管理工作因子能被职业生涯规划专家用来分析不同管理职位之间的内在联系,从而帮助职员进行职业生涯的设计。

(3)管理职位任职资格报告。管理职位任职资格报告(参见表5-25)反映了对被分析职位而言,每个绩效因子的重要程度,即反映哪些因子是影响该职位绩效高低的重要因素,哪些因子对该职位的绩效高低没有影响。另外,该报告还反映该职位对MPDQ所包含的31项知识、技术和能力(KSAs)的需求程度。

绩效因子的得分来源于MPDQ中的问题(items),每个绩效因子都与MPDQ中的部分题目相联系,而且通过这些问题,绩效因子的内涵得到了很好的诠释。将多名任职者在这些问题上的得分进行加总平均就得到了绩效因子重要程度的得分。

本报告的第二部分列出了MPDQ所包含的31项资格要求,并归纳对于被分析的职位,哪些知识、技术和能力需要的熟练程度高,哪些知识、技术和技能并不需要具备。

表 5-25　管理职位任职资格报告(例)

姓名:×××　　　　公司名称:CDBA

员工编号:222　　　　直接上级姓名:×××

职务名称:××管理者　　　　直接上级职务:××管理者

管理级别:督导级(Supervisor)　　　　完成时间:8/7/2003

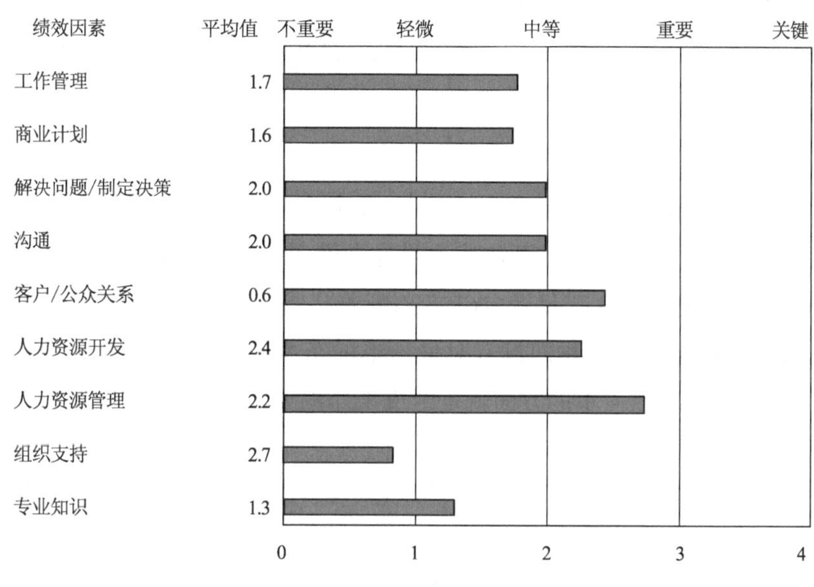

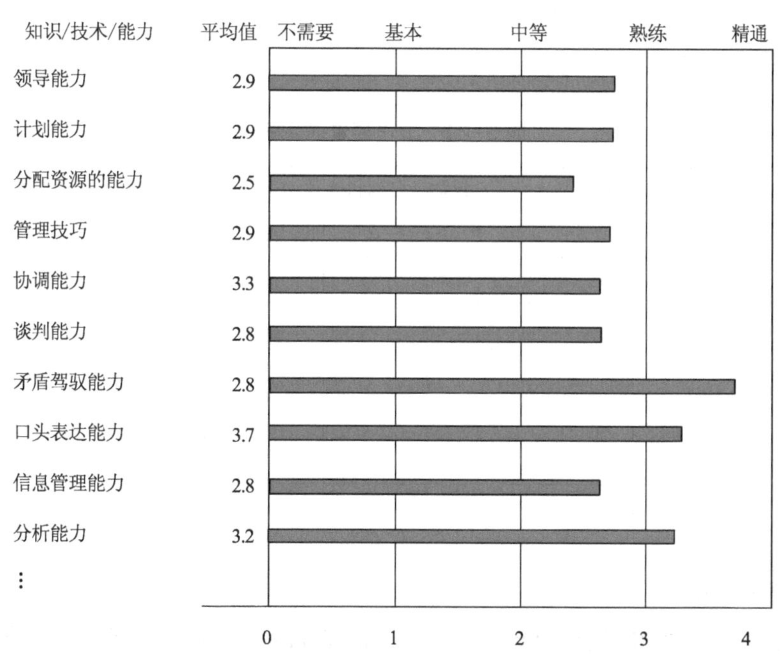

5.MPDQ 的优缺点

MPDQ 的优点体现在:通过计算机程序,降低了主观因素的影响;其最终报告大多以图表形式出现,信息充足,简单易懂,提高了组织人力资源管理的效率;管理职位描述问卷结果,对评价管理工作、决定该职位的培训需求、管理工作分类、薪酬评定、设计绩效评估方案等人事决策活动具有重要的指导作用。

MPDQ 的缺点体现在:由于管理工作的复杂性,难以深入分析所有类型的管理工作,因此它的灵活性不足;各种管理分析维度是在对国外管理人员进行实证研究基础上形成的,在中国必将有个“本土化”的修订过程,因此其成本较高,投入较大。

(三)工作要素法(job element method,JEM)

工作要素法是一种典型的开放式人员导向性工作分析系统,它的发明者是美国人事管理事务处的 E.S.普里默夫(E.S.Primoff)。该系统遵循德国心理学家冯特所提出的基本原则,即“在我们没有对最简单的东西熟悉之前不可能了解复杂的现象”,对于工作来说,简单的方面就是组成工作的要素或影响工作者成功完成工作所需的人员特征。

需要有一组专家级的任职者或者任职者上级(SMEs)来对成功完成特定领域的工作有显著作用的行为及其行为依据进行确定、描述和评估。广泛的工作因素包括知识、技术、能力、愿望、兴趣和个性特征,但并不包括任何与具体工作任务有关的信息。JEM 法对人员的甄选、培训最有效。

表 5-26 是工作要素法的示例。

表 5-26 工作要素表示例

岗位名称:软件工程师			评估者名称和编号:王明 0012345				日期:2010.10.16	
要素名称	*B*	*S*	*T*	*P*	*IT*	*TV*	*TR*	*TV* 转化值
变化适应力								
孤独排遣力								
忍耐力								
记忆力								
信息接受力								
理解力								

1.填表说明

在表 5-26 中,B 评估最低要求(barely acceptable workers),指对于勉强接受员

工都需要具备的要素，要求所有在此类岗位的员工都应具有的最低限度素质，填写说明："2=都具备，1=一些具备，0=几乎无人具备"。S 评估优秀要求(to pick out superior worker)，指对于每一要素，确定它们是否作为区分优秀员工的重要特征，填写说明："2=非常重要，1=有价值，0=没有区分性"。T 评估问题出现的可能性(trouble likely if not considered)，指如果不考虑该因素，出现问题的可能性有多大，填写说明："2=带来很大麻烦，1=带来一些麻烦，0=无影响"。P 评估实际实施的可能性(practical demanding this element，We Can)，指对于每一要素，确认若出现职位空缺，并以该要素的要求作为招聘标准时，是否能使这些空缺的职位得到填补，填写说明："2=填充所有职位，1=填充一些职位，0=无法填充职位"。

当 $B \geq 75$，$P \geq 75$，$T \geq 50$ 时，该要素被确定为最低要求要素，即表明该要素属于那种勉强合格的人员应该具备的，若将此要素当作任职标准，在实际招聘过程中不会导致太多的职位空缺，并且忽略该要素会带来较大的问题。一般用 SC 来标志最低要求要素。

IT (item index)表明此项工种对任职人员的一般能力要求的大小，计算公式：$IT=SP+T$。当 $IT \geq 50$ 时，表示该要素将被看作甄选求职者的显著性要素，此要素用 S 来标志。

当一种要素同时具有 S 与 SC 的特征，即 $IT \geq 50$，$B \geq 75$，$P \geq 75$，$T \geq 50$，表明该要素为最低选拔要求要素，此要素用 RS 来标志。

表 5-27 是工作要素表结果的应用示例。

表 5-27　工作要素表结果应用示例

要　素	*B*	*S*	*T*	*P*	*IT*	*TV*
应付高压力工作的能力(S)	50	92	58	67	61	98
应对困难和挫折的能力(S)	50	92	58	67	58	93
心理控制能力(S)	67	83	58	58	53	72
变化适应能力(S)	58	83	75	50	53	83
孤独排遣能力	83	33	33	50	22	-21
忍耐力(SC)	78	83	58	82	42	67
勇气	83	50	33	50	28	0
激励能力	92	50	17	75	31	-16
平抑不满能力(RS)	75	58	50	78	53	41
心理调节能力(E)	S	100	92	58	69	150
判断能力(S)	62	100	67	75	72	94

续表

要　素	B	S	T	P	IT	TV
抽象能力(S)	43	92	67	50	9	93
记忆能力(RS)	75	58	67	75	56	47
逻辑思维能力(S)	53	92	92	50	58	84
推理能力(S)	42	83	67	75	64	98
快速思维能力	33	58	42	33	22	36
信息接受能力(S)	50	83	67	50	50	83
理解能力(E)	67	92	92	83	83	119

TV(total value)表明对任职人员综合能力的要求,用以判断该工作要素是否有存在的价值。它包含两部分,一部分是强调优秀员工和其他非优秀员工间的区分,计算公式为 $S-P-B$;另一部分则强调该要素在实际区分求职者的测试过程中的显著性,其数值为 IT。当 $TV \geqslant 100$ 时,表明该要素将要被确定为一个维度,此要素用 E 来标志,代表着该要素不再做进一步区分与评估。

TR(training value)表明培训价值,即求职者不具备且勉强合格人员很少具有,但与优秀员工有密切联系,不过不具备也不会出现太大问题,但难达到优秀绩效的那些要素。令 P'为 P 的倒算值,即若 $P=2$,则 $P'=0$;若 $P=1$,则 $P'=1$;$P=0$,则 $P'=2$。因此,$TR=S+SP'-T-B$。

当 $TR>75$ 时,该要素将被评为培训要素,用 TS 来标志。

2.JEM 的优缺点

JEM 的优点是:第一,JEM 开放性程度高,可以根据特定工作提取个性化的工作要素,可以比较准确、全面地提取影响某类工作的绩效水平的因素;第二,与其他系统相比,JEM 的操作方法和数值的标准转化过程具有一定的客观性;第三,JEM 对于人员招聘过程中的人员甄选以及确定培训需求具有重要的应用价值。JEM 分析结果中的选拔性最低要求要素为人员甄选提供了可靠的依据;而培训要素为企业确定员工培训需求找到了重要的来源。

JEM 的缺点是:第一,初步确定目标工作的工作要素时,过于依赖工作分析人员来总结要素。工作分析人员对工作的看法不同,导致大量要素的出现,而有些要素并不是对目标工作而言很重要的因素,而是一些几乎适用于所有工作的要素,这无疑会导致许多无用工作,因为正常情况下,这些要素是会被剔除的。第二,评分过程比较复杂,需要强有力的指导与控制。第三,焦点小组成员在工作要素评价时,容易偏向于肯定回答,认为这些要素很重要,另一些要素也很重要,难以取舍。

这主要是因为他们进行的是主观判断,没有一定的客观标准。这样做的后果是得出的分析结果,如最低要求要素、培训要素等,数量太多,难以突出重点,大大降低了工作分析结果应用在其他人力资源管理职能中的操作性和最终效果。

(四)临界特质分析系统(threshold traits analysis system,TTAS)

TTAS 是完全以个人特质为导向的工作分析系统。它的设计目的是提供标准化的信息以辨别人们为基本完成和高效完成某类工作,分别至少需要具备哪些品质、特征,TTAS 称这些品质和特征为临界特质,用以评价在该工作岗位上达到可接受的或优秀的绩效水平与哪些特质相关,需要达到哪种等级,这种要求是否切合实际等。需要注意的是一些后天特征"受教育程度、工作经验"并没有被列入特质清单中。

1.TTAS 的发现过程

皮瑞恩和罗兰(Prien and Ronan)在对工作分析的文献进行研究时指出:"长期以来,人们试图研究出一种分类(taxonomy),它能涵盖所有工作的某方面特征,而且可以提供一种标准,按照这种标准,可以对工作进行比较。"TTAS 也正是在这样的目标基础上发展起来的。研究者通过分析工作分析专家普里默夫、麦考密克(Primoff、McCormick)等人的研究成果,得出三点结论:

第一,每个工作都具有两方面的特征。一是任职者必须完成的工作任务和活动;二是为了完成这些工作任务需要满足的条件。一份完整的工作说明书必须包括和这项工作相关的所有任务、活动与要求。

第二,为了实现人员甄选、配置、开发和激励,一份工作说明书必须明确任职者完成工作职能所需要具备的特质。

第三,为了便于辨别工作对任职者特质的要求,有必要开发一种特质库,这种特质库能用有限的特质描述涵盖所有工作和职业对任职者的要求。

研究者通过对工作分析资料以及有关特质的资料进行因素分析,得出了三大类特质维度:身体技能、认知能力、个性或动机因素。F.M.罗派兹(F.M.Lopez)将其扩展为五个主要的工作范畴(work domains),即身体特质(physical)、智力特质(mental)、学识特质(learned)、动机特质(motivational)和社交特质(social),我们可以通过研究工作与这五类工作范畴的相关性对所有工作进行描述。

以麦考密克(McCormick)及其同事的因素分析为起点,分析人员又提炼并定义了 21 种工作职能(job functions),如信息处理、感官投入等,并将其分配到五个工作范畴中。在对有关特质的文献进行综合研究之后,他又针对这 21 种工作职能提炼出了 33 种特质因素(traits)(见表 5-28),这些特质力图涵盖从事任何一项工作所需要的所有特质。

表 5-28 TTAS 特质表

工作范畴	工作职能	特质因素	描述
身体特质	体力	1.力量	能举、拉和推较重的物体
		2.耐力	能长时间持续地耗费体力
	身体活动性	3.敏捷性	反应迅速、灵巧、协调性好
	感官	4.视力	视觉和色觉
		5.听力	能够辨别各种声响
智力特质	感知能力	6.感觉、知觉	能观察、辨别细微的事物
		7.注意力	在精力不集中的情况下仍能观察入微
		8.记忆力	能持久记忆需要的信息
	信息处理能力	9.理解力	能立即口头表达或书面表达各种信息
		10.解决问题的能力	能演绎和分析各种抽象信息
		11.创造性	能产生新的想法或开发新的事物
学识特质	数学能力	12.计算能力	能解决与数学相关的问题
	交流	13.口头表达能力	口头表达清楚、简练
		14.书面表达能力	书面表达清楚、简练
	行动力	15.计划性	能合理安排活动日程
		16.决策能力	能果断选择一种解决问题的方法
	信息与技能的应用	17.专业知识	能处理各种专业信息
		18.专业技能	能进行一系列复杂的专业活动
动机特质	适应能力	19.适应变化的能力	能自我调整，适应变化
		20.适应重复的能力	能忍受重复性活动
		21.应对压力的能力	能承担关键性、压力大的任务
		22.对孤独的适应能力	能独立工作或忍受较少的人际交往
		23.对恶劣环境的适应能力	能在炎热、严寒或嘈杂的环境下工作
		24.对危险的适应能力	能在危险的环境下工作
	控制能力	25.独立性	能在较少的指导下完成工作
		26.毅力	能坚持一项工作任务直到完成
		27.主动性	主动工作并能在需要时承担责任
		28.诚实	遵守常规的道德与规范
		29.激情	有适当的上进心

续表

工作范畴	工作职能	特质因素	描　述
社交特质	人际交往	30.仪表	衣着风貌达到适当的标准
		31.忍耐力	在紧张的气氛下也能同他人和睦相处
		32.影响力	能影响别人
		33.合作力	能适应团队作业

资料来源:LOPEZ F M, KESSELMAN G A, LOPEZ F E. A empirical test of a trait-oriented job analysis technique[J].Personnel psychology,1981, 34:479-502.

2.TTAS 内容

TTAS 对每个特质的含义都进行了严格的界定,而且对每个特质都列出了若干等级,并对每个等级进行了描述(见表 5-29),以供分析人员判断选择。

表 5-29 解决问题的能力(Problem-Solving)(例)

所属工作范畴:智力特质(Mental)

所属工作职能:信息处理(Information Processing)

工作职能的内容		任职者必须做到	
信息处理:对信息进行处理,得出特定的解决方案或得到某个问题的答案;处理信息,能对别人的建议提出正确的评价和修改意见		对信息进行分析,并通过演绎推理,提出正确的结论和解决方案	
等级	等级描述	等级	对任职者的要求
0	工作任务需要解决一些细小的问题,提出简单的解决方法	0	任职者必须能解决细小的问题并给出简单的解决方案
1	需要解决一些包含有限个已知因素的问题(如诊断机器故障或解决客户投诉等)	1	任职者必须能解决包含有限个已知因素的问题
2	需要解决一些包含许多已知因素的问题(如投资可行性分析等)	2	任职者必须能解决包含许多已知因素的问题
3	需要解决一些复杂的、抽象的且包含许多未知因素的问题(如设计或研究某套系统的改良方案等)	3	任职者必须能解决复杂的、抽象的且包含许多未知因素的问题

资料来源:LOPEZ F M, KESSELMAN G A, LOPEZ F E.A empirical test of a trait-oriented job analysis technique[J].Personnel psychology,1981, 34:479-502.

仔细分析表5-28所列特质,可以看出对TTAS而言,人的特质首先可以分为两大类,即一类是能力(ability)因素或者说"能做什么"("can do");另一类是态度(attitudinal)因素或者说"愿意做什么"("willing to do")。身体特质、智力特质和学识特质这三类特质属于能力特质;而动机特质和社交特质属于态度特质。能力特质又可以进一步分为两个子类,即发展性能力(aptitude)和熟练能力(proficiency)。发展性能力是员工通过培训能掌握或达到一定级别的能力;熟练能力描述员工已经掌握的知识或技能。在第三层分类上,熟练能力,或者说已掌握的能力,又可以分为一般性(general)知识/技能和特殊性(craft)知识/技能。前者指在一个人的成长早期通过社会的正式教育获得的知识和技能,比如阅读能力和口头表达能力,雇主在选拔求职者时,通常都希望他们较好地具备这些能力;而后者是在工作中或特殊的专业培训中获得的知识和技能,比如服装设计的能力等,雇主通常都愿意为员工获得或发展这方面的能力而提供支持。这种分类与定义看起来很理论化,但是在将来分析结果的应用以及求职人员的评价与选拔上会很有用处,比如通过了解这些分类和定义,雇主在甄选过程中可以判断哪些能力求职者不具备也能接受,哪些能力求职者必须具备。

3.TTAS 评价维度

在对特质进行评价时,需要用到三类评价维度。

(1)等级(level):等级描述的是特定特质的复杂度要求或强度要求,比如表5-29中"解决问题的能力"这一特质有四个等级。

(2)实用性(practicality):实用性是针对等级评价而言的,即对某工作而言,要任职者达到该工作需要的等级是否具备可行性,也就是说,实用性描述的是在求职者当中,有多大比例的求职者能够具备这一特质并达到评定的等级。如果预计10%以上的求职者能达到评定的特质等级,则被认为这一评定是实用的(practical);如果预计只有1%~10%的求职者能具备评定的特质等级,则被认为是基本不实用的(somewhat impractical);如果预计不到1%的求职者能达到评定的特质等级,则被认为这一评定是不实用的(impractical)。这一维度的评定将反过来影响等级的最终评定。举例而言,如果对某一管理工作,"解决问题的能力"被评定为需要达到"3"等级,而在任职者中,只有不到1%的人员能达到"3"等级的要求,那么这一评定会被认为是不实用的。因为这一特质的"实用性"值是零,那么它将被从任职资格要求中剔除。

(3)权重(weight):权重表示的是与目标工作相关的特质对工作绩效的影响程度。权重值对于甄选计划、评价不同工作的相对价值以及设计培训需求计划等都具有重要的参考价值。

4.TTAS 实施步骤

完整的临界特质分析系统包括三种分析技术:临界特质分析(threshold traits analysis,TTA)、工作要求与任务分析(demand and task analysis,DATA)、技术能力分析(technical competence analysis,TCA)。TTA 是其中的主要部分,因此本节将对 TTA 进行重点介绍。

TTAS 比较注重对被分析工作,也就是关键工作的选择。因为对组织中所有工作进行分析是不实际的,也是没有必要的,所以工作分析的第一步应该选择和明确需要对哪些工作进行分析。为了完成这项工作,TTAS 采用职业矩阵(career plan matrix)的方法对工作进行挑选。职业矩阵通过两维指标对工作进行分类,这两维指标是:工作簇(job family)、工作复杂程度和责任大小,如表 5-30 所示。利用职业矩阵可以区分哪些是关键岗位。所谓关键岗位,是指那些绝大多数初学者或者较低层次的员工都希望而且在一段时间内也有可能达到的工作岗位。

表 5-30 职业矩阵

等 级	工作簇		
	操作类	维修类	技术类
熟练的			
半熟练的			
初学工			

(1)技术一:临界特质分析(TTA)。在进行临界特质分析时,要由直接主管、其他主题专家成员(subject matter experts)和/或任职者评价 33 种特质的相关性(relevancy)、等级(level)、实用性(practical),也就是说评价在该工作岗位上达到可接受(优秀)的绩效水平与哪些特质相关,需要达到哪种等级,这种要求是否实际等。需要注意的是后天特征,比如受教育程度和经验年限等,并不在 TTA 的特质名单中。进行临界特质分析一般包括如下步骤:

①选择和培训分析团队成员。临界特质分析是由一组分析人员完成的。这个分析团队包括一名主持人以及至少 5 名分析人员,如果分析人员少于 5 位,分析结果的信度将大打折扣。主持人通常由组织内熟悉 TTA,熟悉组织的职业矩阵以及劳动力市场状况的人担当。由于主持人在整个分析过程中都扮演着十分重要的角色,因此对主持人的选择要谨慎。主持人的职责包括主持整个 TTA 分析过程,并负责监测分析人员评定的准确性、一致性和不同分析人员之间的一致性。通常情况下,他们自己并不参与对工作的评定。分析人员有多种来源,但一线的直接主管

通常都包括在内,因为是他们直接观察任职者的行为和特质。

在组成分析团队之后,需要对他们进行“如何进行分析”的培训。培训时,应提供给每位分析人员有关操作的书面材料,另外,组织他们实际分析一份他们熟悉的、与正式分析无关的工作,如棒球运动员、芭蕾舞蹈员等。书面材料需要包括每种特质的定义与等级界定、已完成的 TTA 卡(TTA chart)。主持人必须在肯定每位分析人员都了解特质分析的目的以及分析过程中的每个细节后才能开始正式的分析过程。

②完成 TTA 卡。临界特质分析开始于 TTA 卡的填写。TTA 卡的内容如表 5-31 所示。该卡分为三步完成。

表 5-31　临界特质分析卡

工作名称　技师 A　　分析人姓名　Mike

隶属部门　电力生产部门　　分析日期　2010.6.20

范　围	特　质	第一步			第二步		第三步	
		A	B	C	D	E	F	G
身体特质	1.力量	1	1	1	0	2	1	2
	2.耐力	1	1	1	1	2	1	2
	3.敏捷性	1	1	1	1	2	2	2
	4.视力	1	0	0				
	5.听力	1	0	0				
智力特质	6.感觉、知觉	1	1	1	1	2	2	2
	7.注意力	1	1	1	1	2	2	2
	8.记忆力	1	1	1	1	2	1	2
	9.理解力	1	1	1	1	2	2	1
	10.解决问题的能力	1	1	1	2	1	2	2
	11.创造性	0	0	0				
学识特质	12.计算能力	1	1	1	1	2	2	2
	13.口头表达能力	0	0	0				
	14.书面表达能力	1	0	0				
	15.计划性	1	0	0				

续表

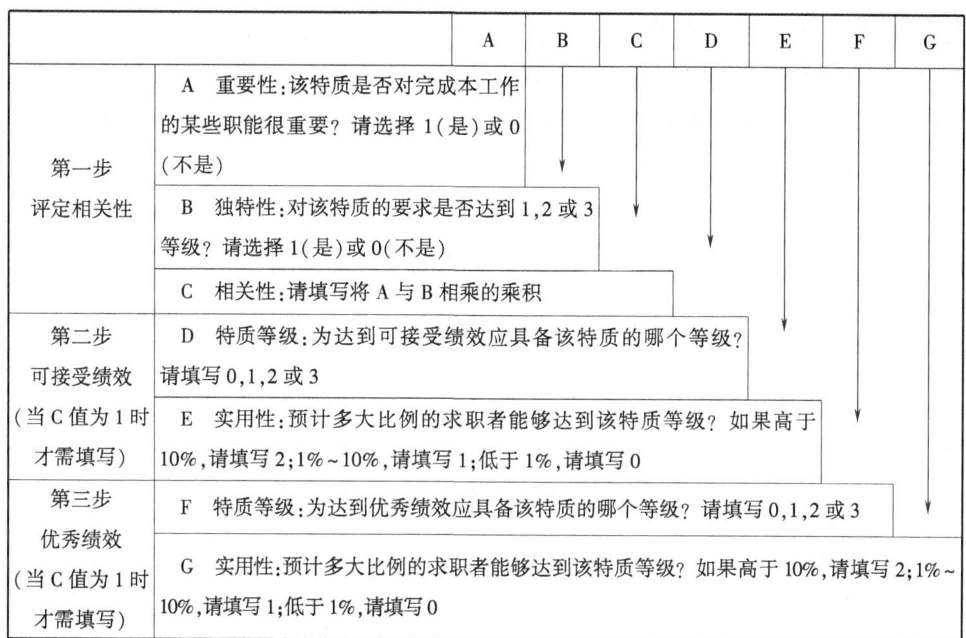

	A	B	C	D	E	F	G

第一步 评定相关性	A　重要性:该特质是否对完成本工作的某些职能很重要?请选择 1(是)或 0(不是)
	B　独特性:对该特质的要求是否达到 1,2 或 3 等级?请选择 1(是)或 0(不是)
	C　相关性:请填写将 A 与 B 相乘的乘积
第二步 可接受绩效 (当 C 值为 1 时才需填写)	D　特质等级:为达到可接受绩效应具备该特质的哪个等级?请填写 0,1,2 或 3
	E　实用性:预计多大比例的求职者能够达到该特质等级?如果高于 10%,请填写 2;1%~10%,请填写 1;低于 1%,请填写 0
第三步 优秀绩效 (当 C 值为 1 时才需填写)	F　特质等级:为达到优秀绩效应具备该特质的哪个等级?请填写 0,1,2 或 3
	G　实用性:预计多大比例的求职者能够达到该特质等级?如果高于 10%,请填写 2;1%~10%,请填写 1;低于 1%,请填写 0

资料来源:LOPEZ F M. Threshold analysis technical manual[M].Port Washington,NY:Lopez & Associates,1986.

第一步,通过评定每个特质的重要性和独特性评定它们与工作的相关性。重要性表示的是特定特质对工作绩效的影响程度;独特性表示的是该工作的可雇用群体中,包括该工作的任职人员和求职人员,有多大比重的人具有这种特质。TTA 中,每一特质的 0 等级是最普通的等级,即可雇用群体中的 90%能达到这个等级,因此"独特性"的描述就转化为"对该特质的要求是否达到特质的 1,2 或 3 等级"。当重要性与独特性的乘积,即 C 值为 0 时,该特质就被认为与目标工作无关,在接下来的分析中将不再考虑这些特质。

第二步,明确为了达到可接受的绩效水平需要达到各相关特质的哪一等级。"可接受的绩效水平"指能够使任职者得到绩效工资的绩效水平。为了确保等级评定的准确性,有必要考虑组织实际提供给任职者的薪资水平以及组织面对的劳动力市场状况。举例而言,一名分析人员认为从事文书工作应该具备较高的统计和数学知识水平,但是公司只为从事文书工作的职员提供相当于低层次一般文秘工作的薪资水平,因此公司并不能吸引来达到较高等级的求职者,这一等级评定也就失去了原来的意义。

第三步,确定任职者如果试图取得优秀的绩效,他需要达到哪一等特质水平。"优秀绩效"的标准是任职者达到的绩效水平使得他有晋升的可能或工资水平能得到较大的提升。

表 5-31 由分析人员独立完成,并交给主持人。主持人将对每个分析人员填写的 TTA 卡进行检验,如检查是否有自相矛盾之处,程序上是否有不合要求的地方,以及分析人员之间是否存在一致性。在分析人员填写 TTA 卡的过程中不要给他们指导和提示,由他们独立思考并进行判断。TTAS 本身有许多"防护墙",以防止分析人员不经意的失误。

如果在分析人员之间出现了非常大的差异,比如,部分分析人员评定为"0"等级,而对于同一特质另一些分析人员评定为等级"3",这时主持人就需要召集所有的分析人员讨论出现这种差异的原因,进而将差异抹平。在这类差异被消除后,分析人员的参与就结束了。

③整理并总结 TTA 卡。在分析人员完成 TTA 卡的填写后,剩下的内容就由主持人来完成。主持人首先要检查 TTA 卡是否存在错误。然后需要填写表 5-32 中的 H,I 和 J 三列,这三列实际上是 TTA 卡的一部分,由主持人填写,是对分析人员的评定结果进行处理。

H,I,J 列值的来源:对每一个被分析人员评定为相关(即 $C=1$)的特质,当 $F=D$ 且 $G \geqslant E$ 时,则 $H=D \times E$,$I=F \times G$,$J=H+I$;当 $F>D$ 且 $G<E$ 时,则 $J= D \times E+G$(如表 5-32 中的特质 29),注意此时的 J 是一个加权平均数值。

表 5-32 临界特质分析卡

工作名称 技师 A 分析人姓名 Mike

隶属部门 电力生产部门 分析日期 2010.6.20

范围	部门	第一步			第二步		第三步		主持人		
		A	B	C	D	E	F	G	H	I	J
身体特质	1.力量	1	1	1	0	2	1	2	0	2	2
	2.耐力	1	1	1	1	2	1	2	2	2	4
	3.敏捷性	1	1	1	1	2	2	2	2	4	6
	4.视力	1	0	0							
	5.听力	1	0	0							
智力特质	6.感觉、知觉	1	1	1	1	2	2	2	2	4	6
	7.注意力	1	1	1	1	2	2	2	2	4	6
	8.记忆力	1	1	1	1	2	1	2	2	2	4
	9.理解力	1	1	1	1	2	2	1	2	3	5
	10.解决问题的能力	1	1	1	2	1	2	2	2	4	6
	11.创造性	0	0	0							

续表

范围	部门	第一步			第二步		第三步		主持人		
		A	*B*	*C*	*D*	*E*	*F*	*G*	*H*	*I*	*J*
学识特质	12.计算能力	1	1	1	1	2	2	2	2	4	6
	13.口头表达能力	0	0	0							
	14.书面表达能力	1	0	0							
	15.计划性	1	0	0							
	16.决策能力	1	0	0							
	17.专业知识	1	1	1	1	2	1	2	2	2	4
	18.专业技能	1	1	1	1	2	2	2	2	4	6
动机特质	19.适应变化的能力	1	1	1	1	2	1	2	2	2	4
	20.适应重复的能力	1	1	1	1	2	1	2	2	2	4
	21.应对压力的能力	1	1	1	2	1	2	2	2	4	6
	22.对孤独的适应能力	0	0	0							
	23.对恶劣环境的适应能力	1	1	1	1	1	1	2	1	2	3
	24.对危险的适应能力	1	0	0							
	25.独立性	1	1	1	1	2	1	2	2	2	4
	26.毅力	1	1	1	1	2	1	2	2	2	4
	27.主动性	1	1	1	1	2	2	2	2	4	6
	28.诚实	1	1	1	1	2	1	2	2	2	4
	29.激情	1	1	1	2	2	3	1	4	5	9
社交特质	30.仪表	0	0	0							
	31.忍耐力	1	0	0							
	32.影响力	1	0	0							
	33.合作力	1	1	1	1	2	1	2	2	2	4

资料来源:LOPEZ F M. Threshold analysis technical manual[M].Port Washington,NY:Lopez & Associates,1986.

在对所有分析人员的 TTA 卡进行如表 5-32 所示的处理后,主持人需要将处理结果通过计算机进行汇总,得到最终的特质分析结果,如表 5-33 所示。

表 5-33 最终特质分析结果

工作名称 技师 A 分析人姓名 John

分析日期 2010.7.30 分析人员数量 15 人

范围	特质	相关性			可接受的			优秀的			
		K	*N*	*O*	*L*	*P*	*Q*	*M*	*R*	*S*	*T*
身体特质	1.力量	87	37	2.47	9	0.60	0	28	1.87	1	0.02
	2.耐力	100	51	3.40	22	1.47	1	29	1.93	1	0.03
	3.敏捷性	100	88	5.87	32	2.13	1	56	3.73	2	0.05
	4.视力	33	NR	0.00	0	0.00	0	0	0.00	0	0.00
	5.听力	27	NR	0.00	0	0.00	0	0	0.00	0	0.00
智力特质	6.感觉、知觉	100	96	6.40	34	2.27	1	62	4.13	2	0.06
	7.注意力	100	90	6.00	34	2.27	1	58	3.87	2	0.05
	8.记忆力	93	108	7.20	36	2.4	1	72	4.80	2	0.07
	9.理解力	93	78	5.20	34	2.27	1	44	2.93	1	0.05
	10.解决问题的能力	87	80	5.33	39	2.60	1	41	2.73	1	0.05
	11.创造性	27	NR	0.00	0	0.00	0	0	0.00	0	0.00
学识特质	12.计算能力	87	73	4.87	32	2.13	1	41	2.73	1	0.04
	13.口头表达能力	7	NR	0.00	0	0.00	0	0	0.00	0	0.00
	14.书面表达能力	0	NR	0.00	0	0.00	0	0	0.00	0	0.00
	15.计划性	47	38	2.53	9	0.60	0	29	1.93	1	0.02
	16.决策能力	55	36	2.40	8	0.53	0	28	1.87	1	0.02
	17.专业知识	100	76	5.07	33	2.20	1	43	2.87	1	0.05
	18.专业技能	100	98	6.53	34	2.27	1	64	4.27	2	0.06
动机特质	19.适应变化的能力	87	74	4.93	32	2.13	1	42	2.80	1	0.05
	20.适应重复的能力	100	65	4.33	28	1.87	1	37	2.47	1	0.04
	21.应对压力的能力	93	92	6.13	34	2.27	1	58	3.87	2	0.06
	22.对孤独的适应能力	7	NR	0.00	0	0.00	0	0	0.00	0	0.00
	23.对恶劣环境的适应能力	100	72	4.80	36	2.40	1	36	2.40	1	0.04
	24.对危险的适应能力	53	40	2.67	8	0.53	0	32	2.13	1	0.02
	25.独立性	100	62	4.13	32	2.13	1	30	2.00	1	0.04
	26.毅力	100	64	4.27	32	2.13	1	32	2.13	1	0.04
	27.主动性	87	70	4.67	34	2.27	1	36	2.40	1	0.04
	28.诚实	27	NR	0.00	0	0.00	0	0	0.00	0	0.00
	29.激情	100	108	7.20	48	3.20	2	60	4.00	2	0.07

续表

范 围	特 质	相关性			可接受的			优秀的			
		K	*N*	*O*	*L*	*P*	*Q*	*M*	*R*	*S*	*T*
社交特质	30.仪表	0	NR	0.00	0	0.00	0	0	0.00	0	0.00
	31.忍耐力	27	NR	0.00	0	0.00	0	0	0.00	0	0.00
	32.影响力	7	NR	0.00	0	0.00	0	0	0.00	0	0.00
	33.合作力	68	44	2.93	20	1.33	1	24	1.60	1	0.03

K——评价为相关的分析人员的比例(%)
N——所有分析人员 *J* 值的和
O——*N* 值除以分析人员的总人数
L——所有分析人员 *H* 值的和
P——*L* 值除以分析人员的总人数
Q——*P* 值除以 2,再四舍五入
M——所有分析人员 *I* 值的和
R——*M* 值除以分析人员的总人数
S——*R* 值除以 2,再四舍五入
T——*O* 值除以 *O* 列的总和

资料来源:LOPEZ F M. Threshold analysis technical manual[M].Port Washington,NY:Lopez & Associates,1986.

在表 5-33 中,所有分析人员的 *J* 值总和被作为本表的 *N* 值。只有被超过 40%的分析人员评定为相关的特质才是继续分析的对象,否则它的 *N* 值为“NR”并被剔除,也就是说属于不相关的特质。对分析结果的汇总可以人工操作也可以用计算机进行操作,但当分析人员的数量很多时,人工操作会耗费大量人力物力。最终的特质分析结果表显示了如下信息:工作与特质的相关性(见 *N* 值);为获得可接受的绩效应该具备的特质等级(见 *Q* 值);为获得优秀绩效应该具备的特质等级(见 *S* 值);各特质对工作绩效的影响程度,也就是权重(见 *T* 值)。

④TTA 小结。运用 TTA 进行工作分析就是先由多位该工作的直接主管组成分析小组,在对他们进行培训后,由每个分析人员首先独立地对各个特质与该工作的相关性作出判断,即判断每个特质对于该工作某些工作职能的有效完成是否有重要意义。如果某特质被评定为“0”等级,则可以认为该特质与被分析的工作不相关,也就是说,该工作的任职者不需要具备这一特质,因为从所有特质“0”等级的定义看,几乎所有工作的任职者都需要达到这一等级。

如果某一特质被判定为相关,分析人员接下来就需要判断为取得可接受的绩效水平,任职者至少需要达到这一特质的哪个等级。在每个分析人员独立地完成自己的评定后,由主持人按照一套标准化的统计方法对所有数据进行统计分析,得出最后结果,即:为完成这份工作,任职者需要具备哪些特质、至少需达到该特质的哪个等级,以及对于总体绩效而言,每个相关特质的贡献度(权重)有多大等。同样的方法也可以用于判断为达到优秀的工作绩效,任职者需要具备哪些特质,至少

需要达到该特质的哪个等级,以及对于总体绩效而言,每个相关特质的贡献度(权重)有多大等。

(2)技术二:工作要求与任务分析(DATA)。在TTAS中,TTA是对任职者进行分析,而DATA是对工作本身进行分析。TTAS的重点部分是TTA,即侧重于对人员的分析,因此TTAS属于人员倾向性的工作分析系统。

DATA技术是利用工作描述问卷,如任务清单等,对目标工作包含的任务和要求进行分析与描述的技术。问卷由有代表性的任职者样本进行填写,问卷要求任职者用八分法判断问卷中每项工作任务或职责的重要性及在整个工作中所占的比重。

问卷结果将输入计算机进行聚类分析,从而确定哪些是目标工作的关键性任务和职责。

一般而言,DATA的实施包括如下几个步骤:

①收集资料。在开始阶段,受过培训的工作分析专业人员要进行资料收集。通过访谈该工作的专业人士,或者通过阅读现有的工作描述资料以及其他书面材料收集所有关于工作职责的信息。

②设计工作描述问卷。在第一阶段收集到的信息将用于工作描述问卷的建立。在发放问卷进行调查之前,应将初步建立的描述问卷交给主题专家小组(SMEs)讨论。讨论的项目包括:添加一些被忽略的工作任务和要求;进一步删减一些明显不对的项目;针对目标使用者的特点,理顺问卷中项目的表述和用词,以方便问卷使用者理解。

为了与TTA相联系,问卷不仅包括工作任务的描述,还在每条工作任务描述的末尾处标明对应的TTA中的特质名称。但是在发给问卷填写者时,不宜包括对应特质,因为它们的存在是为了分析时使用。这样做的目的是,使得问卷填写者不仅对目标工作的职责进行重要程度的评价,也对完成该项任务所需要的人员特质作出了评价,比如“在最少的指导下,阅读和解释技术手册、技术图表等”这一工作任务就与“信息处理”(information - precessing)工作职能中的“理解力”(comprehension)特质密切相关。

③问卷填写与分析。在给予了适当的指导后,工作任职者独立地对问卷的每一项描述进行八分评定,其中“0”表示该工作任务或要求与我的工作完全无关;“4”表示该工作任务或要求对我的工作而言是一项重要的活动;“7”表示这项工作任务或要求对我的工作至关重要。虽然一份这样的工作描述问卷通常都包括几百项题目,但任职者一般只需要两小时或更少的时间就能较好地完成。

在问卷填写完之后,将用统计方法对问卷结果进行处理。对目标工作而言十分重要的工作任务或要求将通过一些统计参数得以凸显,这些统计参数包括平均值、标准差和频数分布等。一般来说,如果一项工作描述的平均值达到4.0以上,而标准差小于2.0,则所描述的工作任务将被认为对整个工作而言是十分重要的。

在问卷分析的过程中,还可以进行聚类分析,以确定工作名称与它所包含的工作内容是否具有一致性,以及在同一工作名称下,是否存在多种不一样类型的工作内容。如果存在后面一种情况,则需要修改职业矩阵,以使各种不同类型的工作内容得以反映。

④工作描述的初步结果。在本阶段,将得到初步的工作描述结果。由于每条工作描述都与TTA中的特质相对应,因此在整理工作描述时,可以根据TTA中工作职能的顺序以及工作任务的重要程度顺序对统计分析后筛选出来的重要任务进行排序,得到关于目标工作的工作描述。

⑤比较TTA和DATA的结论。在分析的最后,将对TTA和DATA的分析结论进行比较。因为DATA由任职人员填写问卷,代表直接工作者的声音,而TTA主要由一线的直接主管完成,代表直接主管的看法,两种信息来源以及两种不同的工作分析技术的结合将有助于提高分析结果的准确性和完整性。

因为DATA问卷中的每条工作描述都与特定的工作职能和特定的特质相对应,因此评价TTA和DATA两种工具之间的一致性是完全可能的。有研究者曾经用TTA和DATA分析了300个工作,结论肯定了使用两种技术的准确度和信度。

经验表明,TTA和DATA两种技术的分析结果一般有85%的一致率。对于不一致的项目,需要通过主题专家小组的再次观察以最终确定。

(3)技术三:技术能力分析(TCA)。TCA是TTAS用到的第三种技术。这种技术仅适用于分析对技术知识和技能有重要要求的工作。TCA的目的在于明确完成技术性的工作职能所需要具备的各种能力。在TTAS的词典中,对知识(knowledge)和技能(skill)有严格的区分。知识指的是仅仅通过大脑和中枢神经系统就可获得的信息,通常是通过学习获得的;而技能要同时通过身体和大脑才能获得,它的来源只能是实践。工作分析的技术将直接影响对目标工作知识技能要求的判断,因此,TCA是对技术类工作进行完整分析的重要组成部分。TCA的前四步与DATA相同,即收集资料、问卷设计、问卷填写和问卷分析。它们主要的不同之处在于问卷的内容以及问卷中的所有描述都对应于一项工作职能,即"特定信息和/或技能的应用"。在下面的步骤中,TCA不同于DATA。

①第一步:确定最低要求。在这一步中,需要直接主管或其他主题专家小组成员各自独立对通过问卷分析确定的关键知识和关键技能进行评价,评价该条技术知识或技能:是不是员工刚上任就需要用到的;是否需要员工在没有指导的情况下

完成。专家们的评价将被综合平均,最终确定哪些知识和技能是需要新员工具备的,并能在没有指导的情况下独立完成相关的工作任务。

②第二步:确定培训需求要素。主题专家还可以评价某项知识和技能要求在任职者工作的什么阶段就必须具备,选择项包括:在上岗前必须具备;在上岗后6个月内必须具备;在上岗6个月后才能具备。那些“在上岗后6个月内必须具备”的知识/技能要求将形成新员工培训需求的重要组成部分;“在上岗6个月后才能具备”的知识/技能要求可以成为企业将来培训的选择。

③第三步:形成技术能力说明书。TCA的最终产品是技术能力说明书(Technical Competence Specification,TCS)。这份说明书的内容包括:对目标工作的实现有重要意义的知识和技能;新员工就需具备并能在没有指导的情况下独立应用的知识和技能;需要对新员工进行培训的知识和技能等。

5.TTAS的应用

TTA、DATA和TCA组成了一套完整的TTAS系统,但是同时使用三种技术对每个工作进行分析或严格按照上述顺序操作不具有可行性。TTA是整个分析系统的核心,因此通常是必不可少的。当任职者也参与TTA的分析时,TTA完全可以作为一个独立的分析系统进行操作。分析结果对于人员甄选有重要的参考价值。当单独使用TTA技术时,使用者应该借鉴其他两种技术的优势,以提高分析结果的准确性。一般而言,对于低层次的工作岗位,通常就不需要进行TCA的分析;而对于经理层以上的工作岗位,DATA可能并不适用。

TTAS通过职业矩阵的形成与发展可以为组织的(宏观的)人力资源规划,也可以为个人的(微观的)职业生涯规划提供支持。职业矩阵通过对现有工作岗位的分类与梳理,不仅为确定组织内人力资源的供给和需求提供信息,也为建立职业发展通道提供方便,有利于个人职业生涯的设计。

TTAS还被应用于评估培训需求、设计培训课程以及评价培训效果。特别是通过技术能力分析(TCA),可以确定实现工作绩效所需要的具体技术知识和技能,而且还可以区分哪些知识和技术是新员工就需要具备的,而哪些知识和技能是需要在新员工中实施培训的,哪些知识和技能是未来需要培训的,从而明确各类型任职人员的培训需求。但是与其他分析系统一样,使用者们也对TTAS提出了批评。

(1)实用性不强。许多人力资源从业人员表示TTAS的引进和实施需要大量的人力和财力支持,容易超出企业的实际能力。他们认为花费大量的人力和财力去实施这一项目是不现实的,因为有许多比它更重要和更迫切的事情需要占用这有限的资源。只有当TTAS能解决组织长期以来形成的、直接影响企业可持续性发展的大难题时,TTAS才被认为是有价值的。而且,在TTAS成功引入之后,还需要持续地监测与不断地完善才能充分发挥 TTAS 的作用,这无疑也将增加企业的负担。

(2)过于精确。部分人力资源管理者倾向于使用传统的工作分析系统,因为他们认为 TTAS 的分析结果限制了他们的自由,即人为修改工作分析结果的自由。如果管理者试图将某工作岗位的薪酬水平确定在根据 TTAS 得到的薪酬水平之上,他或她只能通过修改该工作的特质要求达到,但这个过程可能会导致一些任职者达不到任职资格。

(3)过于复杂。TTAS 的技术背景、系统内部的逻辑性以及它所依据的理念都超出了大部分人力资源专家和一线管理者的能力范围。TTAS 是一套很复杂的分析系统,它的复杂性体现在它的理论、所用的工具和技术上,组织者需要大量细致的研究才能保证正确的运用。但是切实深入研究过整个系统的 TTAS 使用者往往发现接下来的运用过程是非常顺利的,而且通过运用 TTAS 进行工作分析能带动整个人力资源管理走上一个新的台阶。然而,在大部分 TTAS 使用者的眼里,过于复杂仍然是 TTAS 的最大障碍。

(五)能力要求法(ability requirement approach,ARA)

能力要求法是指完成任何一项工作的技能都可由更基本的能力来加以描述。例如,打乒乓球的技能可以用诸如反应、腕力、眼手协调三类基本能力加以描述。所谓能力是指导致个体之间出现绩效差异的一些持久性的个人特征。

人的基本能力通常分为五种,即心理能力、知觉能力、心理动力能力、生理能力和感官能力,不同的工作岗位对这五种能力的要求是不一样的。通过对这些基本能力的描述,就能得到对该岗位的任职资格要求,从而有助于招聘或选拔到更能胜任的人。

1.能力维度与内容

ARA 向工作分析人员介绍了一种任何工作都需要的所有可能的能力清单。它包括 5 个维度的 51 种能力。

(1)心理能力:口头理解、书面理解、口头表达、书面表达、观念正确、独创性、记忆、问题敏感性、数学推理、数字反应、演绎推理、归纳推理、信息整理和思维灵活性。

(2)知觉能力:知觉速度、知觉灵活性、空间定向和形象化。

(3)心理动力能力:控制精确、多肢协调、反应定向、速度控制、反应时间、臂手稳定性、手工灵巧、手指敏捷、腕指速度、腿臂运动速度、选择性注意和时间分享。

(4)生理能力:静止力量、爆发力量、动态力量、躯干力量、伸展灵活性、动态灵活性、身体协调、身体平衡和耐力。

(5)感官能力:近视力、远视力、视觉色彩辨别、夜视力、周边视力、深度知觉、炫目敏感度、一般视力、注意力、声音定位化、语言听力和语言清晰性。

2.操作步骤

(1)确定工作分析的对象,即要针对什么样的工作岗位进行分析。

(2)参照 ARA 提供的能力清单表,选择合适的工作分析项目。

(3)对所选出的项目一一进行具体分析。

(4)在单个分析项目的基础上综合评价工作。

(5)描述所获信息,得出工作分析结果。

表 5-34 是某职位能力要求的示例。

表 5-34 某生产装配线工程师职位能力要求描述示例

心理能力: 1.理解工作指令原理,能够进行一般的推理和判断 2.对文字、表格材料细节的感知力,能够准确地理解各类零配件的安装说明 3.有效地进行语言表达,正确地指导装配程序 4.准确的数学运算能力,能够运用统计工具进行残次品率的统计
知觉能力: 1.理解空间形状、平面和立体客体之间的关系,具有对二维、三维空间客体作出视觉判断的能力 2.对客体、图纸、表格细微部分的感知能力,能够对形状、长度差异作出视觉比较和辨别
心理动力能力: 1.迅速、准确地协调腿、臂、手,并做出准确动作 2.迅速、准确地移动手指,操作小件物体 3.轻巧、熟练地进行手工操作,安放和转动运动物体的能力 4.视力和听力敏捷,根据感官刺激,手足有效配合开展各类操作运动
生理能力: 1.能够弯腰、下蹲、蹲伏或爬行,利用工具进行攀登和维持平衡 2.能够升起最大极限为 15 千克的物体,能够在 8 小时值班过程中,80%的时间保持站立或行走
感官能力: 1.具有 6 米以内或更近范围内的视力清晰度 2.能够准确判断距离和空间关系,当眼睛盯住某一固定点时,能够看到上下左右的区域 3.具有观察识别相似或不同色彩的能力,能对相同色彩在阴影中或其他明暗效果不同的情况下进行准确分辨

3.ARA 的优缺点

(1)优点:ARA 常用于招聘与选拔人员,尤其是当求职者并不期望在进入工作门槛时便拥有特定技能的情况下;ARA 也被用来进行身体素质标准的确定,由于 ARA 包括了任何工作都需要的、所有可能的基本能力,即它提供了全面的人的能力清单,故工作分析人员在进行每一次工作分析时不需要都重新从零开始。

(2)缺点:所收集的信息在范围上有限。比如关于工作任务与工作背景,它无法提供信息。所以,ARA 一般不单独使用,需要与其他工作分析法结合起来一起使用。

(六)功能性工作分析法(functional job analysis,FJA)

功能性工作分析法(FJA),其主要分析方向集中于工作本身,是一种以工作为导向的工作分析方法。它最早起源于美国培训与职业服务中心的职业分类系统。它以工作者应发挥的职能为核心,对工作的每项任务要求进行详细分析,对工作内容的描述非常全面具体,通常能覆盖工作所能包括的全部内容的 85%以上。

1.FJA 假设前提

FJA 主要是以员工应发挥的功能与应尽的责任为核心,列举员工要从事的工作活动,确定工作活动程度或测量方法。它具有四个前提假设:

第一,完成什么事件与员工应完成什么事件应有明确的界限。

第二,每个工作均在一定程度上与人、事、信息相关。所有的工作都涉及工作执行者与数据、人、事三者的关系。工作执行者与数据、人、事发生联系时的工作行为,可以反映工作的特征、工作的目的和人员的职能。其中,“数据”指与人、事相关的信息、知识、概念,可以通过观察、调查、想象、思考分析获得,具体包括数字、符号、思想、概念、口语等;“人”指具有独立意义的动作,这些动作在工作中的作用相当于人;“事”指人控制无生命物质的活动特征,这些活动的性质可以用物本身的特征反映出来。

第三,事件需要用体能完成,信息需要思考才能处理,而对于人则需要运用人际关系方法。

第四,尽管员工的行为或他们所执行的任务有非常多的方式方法,但所要完成的职能是非常有限的。与人、事、信息相关的职能根据从复杂到简单的顺序按等级排列,复杂的职能包含简单的职能,例如,编辑数据包括比较、复制、计算。

2.FJA 的职能定义

FJA 包括工作特点分析和员工职能分析,其中,工作特点包括员工的职责、工作的种类及材料、产品、知识范畴三大类;员工的职能是指工人在工作过程中,与人、事、信息这三个基本要素打交道的过程。

表 5-35 是一份职能等级表。

表 5-35 FJA 职能等级表

数据(信息)		人		事	
号码	描述	号码	描述	号码	描述
高					
6	综合	7	顾问	4A	精确操作
5A	创新	6	谈判	4B	装配
5B	协调	5	管理	4C	操作控制 2
中等					
4	分析	4A	咨询	3A	熟练操作
3A	计划	4B	指导	3B	操作控制 1
3B	编辑	4C	处理	3C	开动—控制
		3A	教导	3D	发动
		3B	劝导		
		3C	转向		
低					
2	抄写	2	信息转换	2A	机械维护 2
1	比较	1A	指令协助	2B	机械维护 1
		1B	服务	1A	处理
				1B	移走

FJA 的总体框架由三部分构成:①完成什么与做什么。在职能工作分析中,每项任务描述必须以能描述工作者行为的特定动词开始,如打印、阅读等,而以“目的是”或“为了”等对工作结果描述的词作为任务描述的结尾。只有同时具备工作行为和工作结果,任务描述才算完整。②工作者的职能——物、数据、人。FJA 认为所有工作都涉及工作者与数据、人和事三者的关系。工作者与数据、人和事发生关系时所表现的工作行为,可以反映工作的特征、工作目的和人员的职能。③完整意义的工作者。工作者完成工作职能时必须具备三种技能:第一是通用技能,要从工作者与人、事、数据的关系中,确定通用技能;第二是特定技能,要从任务要求中确定绩效指标与标准,从任务方法(行为)中确定特定技能;第三是适应性技能,要明确工作者被指导的程度,以确定适应性技能。

知识点:FJA 职能等级标度定义

一、信息职能标度

1.比较。选择、分类或排列数据、人员和事物,判断他们已具备的功能、结构或特性与先定的标准是类似还是不同。

2.抄写。按纲要和计划召集会议或处理事情,使用各种工作工具,抄写、编录、邮寄资料。

3A.计划。进行算术运算;写报告,进行有关的预订筹划工作。

3B.编辑。遵照某一方案或系统但又有一定的决定权去收集、比较、划分资料、人员与事物信息。

4.分析。按照准则、标准和特别原则,按照艺术、技术技巧的要求,去检查、评价(关于人员、事物、数据),以决定有关影响(后果)并选择替代方案。

5A.创新。在整体运行理论原则范围内,保证在有机联系的条件下修改、选择、调整现存的设计、程序或方法以满足特殊要求、特殊条件或特殊标准。

5B.协调。在适当的目标和要求下,在资料分析的基础上决定时间、场所和一个过程的操作顺序、系统或组织,并且修改目标、政策(限制条件)或程序,包括监督决策和事件报告。

6.综合。基于人事直觉、感觉和意见(考虑或者不考虑传统、经验和现存的情况)从新的角度出发,改变原有部分,以产生解决问题的新方法,来开发操作系统,或从美学角度提出解决问题的办法或方案,脱离现存的理论模式。

二、人员职能标度

1A.指令协助。注意管理者对工作的分配、指令或命令,除非需要指令明确化,一般不必与被管理者做直接的反应或交谈。

1B.服务。注意人的要求和需要,或注意人们表示出的或暗示出的希望,有时需要直接作出反应。

2.信息转换。通过讲述、谈论和示意,使人们得到信息;在完好的程序范围内明确做出任务分配明细表。

3A.教导。在只有两人或一小组人的情况下以同行或家庭式的关系关心个人,扶助和鼓励个体;对日常生活给予关心,利用各种机构与团体有关的指令、建议和私人帮助。

3B.劝导。用交谈和示范方法诱导别人喜欢某种产品、服务或赞成某种观点。

3C.转向。通过逗趣,使人体或听众分心,以使精神放松、缓和某种气氛。

4A.咨询。作为技术信息来源提供服务和提供有关的信息或方法来定义、扩展或完善有关的方法、能力或产品说明(也就是说要告知个人或家庭诸如选择学校和重新就业等目标的详细计划,协助他们作出工作计划并指导他们完成计划)。

4B.指导。通过解释、示范和试验的方法给其他人讲解或培训他们。

4C.处理。对需要帮助(如有病)的个人或一小组的人员进行特定治疗或调节;由于特殊个体对规定的(化学的、物理的或行为的)反应可能在预想之外,所以要系统地观察在整个工作框架内个人行为的处理结果;当必要时要激励、支持和命令他们,使他们对治疗、调节程序采取接受或合作的态度。

5.管理。决定和解释每组工人的工作程序;赋予他们相应的责任(规定性说明和详细的内容);保证他们之间维持和谐的关系;评价工作绩效(规定的和详细的)并促进其提高效率,在程序的和技术的水平上作出决策。

6.谈判。在作为正式工作执行一方代表的基础上进行协商、讨论,以便充分利用资源、权力,减少义务,在上级所给定的权限内或在程序完整的主要工作中"放弃和接受"某些条件。

7.顾问。与产生问题的人们在一起交谈,劝导、协商或指导他们按照法律、科学、卫生、精神和其他专业原则来调节他们的生活;用对问题的分析和论断及对他们公开的处理过程来劝导他们。

三、事物职能标度

1A.处理。当工作对象、材料、工具等在数量上只有一件或很少,而工人又经常使用的时候,其精确度要求是比较低的,这包括使用小轮车、手推车和类似工具。

1B.进给或移走。从自动的或由工作控制、操作的机器设备处安插、扔掉、倒掉或移走物料;精确的要求,大部分来自工作的控制。

1C.照管。开、关和照看由其他工人启动的机器、设备时,机器精确地运转需要工人在几个控制台按说明去调节并对自动机信号作出反应,包括所有不带有明显结构及结构变化的机器状态。在这里几乎不存在运转周期短、非标准的工作,而且调节是预先指定好的。

2A.操纵。当有一定数量的加工对象、工具及控制点时,加工、挖、运、安排或者放置物体和材料,对精度的要求由粗到细;包括工作台前的等待和应用于可换部件的便携动力工具的使用及像厨房和花园工作中普通工具的使用。

2B.操作—控制。开动、控制和调节被用来设计构造和处理有关资料、人员和事物的机器设备;这样的工作包括打字员和转动木材等使用机器运转的工作或负责半自动机器的启动、熄火的工作;控制机器包括在工作过程中准备和调整机器或材料;控制设备包括控制计量仪、表盘和阀门开关及其他诸如温度、压力、液体流动、泵抽速度和材料反作用这些方面的仪器;调节设备包括打字机、油印机和其他准备与调节过程需要仔细检查的办公机器(这一等级只用于机器和一个单元设备的操作)。

2C.运转—控制。(控制机器的操作)为了便于制造、加工和移动物体,操作过程必须被监视和引导;规范的控制行动需要持续地观察并迅速作出反应(在使用工具时,即使工作只涉及人或物,也应遵循这一原则)。

3A.精确工作。按标准工作程序加工、移动、引导和放置工作对象或材料,在这里对象、材料、工具等数量包括在整个工艺内并且期望的准确度是在最终完成工作时工艺要求的宽容量以内(在工作主要为手工操作和使用手动工具时使用这一原则)。

3B.装配。(安装机器设备)插入工具,选择工装、固定件和附件;修理机器和/或按工作设计和蓝本说明恢复它们的功能;包括主要的精度要求;可以涉及其他工人操作或工人自己负责操作的一台或数台机器。

四、工作者指导标度

工作者指导标度以工作规范和判断力来定义分派给工作者的责任,依赖于活动可以分成以下几个水平等级:

1.投入、产出、工具和设备以及工作的程序都是指定的。几乎所有工作者需要知道的东西都包含在其工作任务当中。工作者被期望能在标准的时间单位内(每天、每小时)提供指定的产出。

2.投入、产出、工具和设备以及工作的程序都是指定的。但工作者有少许自由选择工作程序和方法来完成工作任务。几乎所有工作者需要知道的东西都包含在其工作任务当中。工作的产出以每周或每天的频率来衡量。

3.投入和产出都是指定的,但工作者有相当大的自由运用工作程序、控制工作时间,包括选用工具和设备,其可能要参照利用一些渠道的信息(工作手册、表格等)。完成特定产品的时间是给定的,但是可以上下浮动几个小时。

4.工作产出(产品或服务)是指定的(就工作任务而言)。工作者必须自己选择恰当的方式来完成工作,包括工具和设备的选用、操作顺序的选择以及信息渠道的选取。工作者或是自己执行工作,或是为他人制定工作标准或工作程序。

5.与等级4相同,需要补充的是,期望工作者能够运用理论,在处理问题的时候能知道各种可选择方案的由来,从而可以独立从中作出选择。工作者必须通过阅读专业资料来获得这种能力。

6.产出有多种形式,能满足技术或者管理的需要。工作者必须仔细研究各种可能的产出,并依据绩效特点和投入需求作出评价。这通常需要工作者能够创造性地运用理论知识,而不仅仅是参考资料。对投入、工作方法、操作顺序等无规定。

7.需求或是问题究是何物,方向如何确定尚有疑问。为了描述、控制、研究各种变量的行为,以形成可能的产出和绩效特征,工作者必须咨询各种不定的信息来源,设计各种调查研究和数据分析方法。

8.信息和方向以需求(战术的、组织的、战略的、财务的)的方式出现在工作者面前。工作者必须听取下属有关处理这些问题的方法的报告和介绍,从而作出决策。

五、理解能力开发标度

1.有普通的理解能力,在高度标准化的情形下能执行简单的一到两步工作。

2.有普通的理解能力,在典型的情形下,当工作涉及一些具体/特定的变量时能执行详细但不复杂的指令。

3.有普通的理解能力,在典型的情形下,当工作涉及一些具体/特定的变量时能执行指令。

4.了解相互联系的程序构成的系统,如簿记、内燃机、电路系统、护理、农场管理、航海等。运用知识来解决每天遇到的实际问题,在只有有限标准化程序的情形下处理多种具体的变量。阐述各种形式的规程,如口头的、书面的、图表的。

5.了解某个研究领域(工程、文学、历史、工商管理),能立即解决实际问题。描述问题,收集信息,确认事实,在可控的情形下得出有效的结论。处理一些抽象但大多数是具体的变量。

6.了解某个最为抽象的研究领域(数学、物理、化学、逻辑、哲学、艺术评论等)。使用公式、方程式、图表等非语言的符号,理解最为深奥的概念,处理大量的变量,在需要时采取恰当的措施。

六、数学能力开发标度

1.会简单的加减运算,能读、抄写或记录数字。

2.会所有数字的加减乘除。会读刻度,会使用电动仪器测量。

3.会进行分数、微积分和百分数的运算,会依照仪器说明书操作。

4.在标准的应用程序中,进行代数、算术和几何运算。

5.了解高等数学和统计技术,如微积分、因素分析和概率统计。创造性运用数学工具,如微分方程式。

七、语言开发能力标度

1.不能听写,但是能遵从简单的口头指令。能签名,有人解释可以理解日常的、例行的合同,如租房合同、劳动合同。能阅读表格、地址和安全警告。

2.可以阅读简短的句子和一些简单、具体的词汇,掌握一些简单的单词,可以同服务人员交流,可以精确无误地抄写书面材料。

3.能理解某个技术领域的口头表达的专业术语(行话)。如能阅读类似《读者文摘》水平的材料,能阅读理解报纸等媒体上的新闻报道,更加关注事件本身而不是对其的分析。抄写书面材料,能发现语法错误。会填写各种表格,如医疗保险表等。

4.能起草日常的信函。同申请工作者面谈确定最适合他们能力和经验的工作,在服务机构的帮助下与雇主联系。能阅读领会技术手册、书面指导或图示。

5.能为生产线各部分编写指导手册。编写如何正确使用机器的指导手册和工作说明书;起草广告;准备并在非正式的场合为寻求信息的听众发表演说,如有关艺术、科学或是人文学科的内容。

6.能为科技期刊或是高级文学批评期刊发表报告、编辑文章。

对运用FJA的工作分析者来说,弄清前文的概念以及其对工作分析的重要性是有效开展工作的基本前提。

3.FJA 操作流程

(1)回顾现有的工作信息。现有的工作信息包括工作描述、培训材料、组织目标陈述等。工作分析者可以深入了解工作语言、工作层次、固定的操作程序以及组织的产出。这个步骤通常会花费1~3天的时间,这主要取决于可得的信息量以及时间的压力。

(2)安排同SMEs的小组会谈。同SMEs进行的小组会谈通常要持续1~2天时间,选择的SMEs从范围上要尽可能广泛地代表工作任职者。会议室要配备必要的设备,如投影仪、活动挂图等,会议室的选址要远离工作地点,把工作的影响减到最小。

(3)分发欢迎信。为了解释小组会谈的目的,点明会议的主题,工作分析者应当向与会者分发一封欢迎信,说明参与者是会议的主体,要完成大部分工作,而工作分析者只是作为获取信息的向导或是促进者的角色存在。

(4)确定功能工作分析法任务描述的方向。

(5)列出工作产出表。

(6)列出任务。所列出的任务应能覆盖工作所包括的95%以上的工作任务,并要确信没有遗漏重要的任务项。

(7)修改任务库。

(8)产生绩效标准,说明关键任务。

(9)编辑任务库。

4.FJA 的成果板块

(1)工作任务陈述。功能性工作分析法主要是针对工作的每项任务要求,分析完整意义上的工作者在完成这项任务的过程中应当承担的职能。

需要强调的是,在职能工作分析中,最基本的分析单元是任务,而非工作本身。这是因为,虽然工作的名称经常改变,包含的任务也经常改变,但是相同的任务却在多种工作中反复出现,所以说任务是我们进行工作分析的分析单元,也是培训和绩效评估等活动的关注重点之一。因此,应针对各项任务的特征进行剖析,按照一定的分析程序编制结构性的工作任务陈述,其结构为:行为(活动)+(工具、装备、资源、工作信息)+任务结果。

运用职能工作分析的目标是填写任务陈述图,工作分析者的职责就是获取足够的信息来完成任务分析表,从而得到绩效标准和培训时间的信息,以及与任职资格有关的知识、能力和技能。任务分析表参见表5-36。

表5-36 打印任务分析表

数据	人	物	数据	人	物	工作指导	理解能力	数学能力	语言能力
工作职能水平			工作职能取向				能力水平		
3B	1A	2B	70%	5%	25%	2	3	1	4

(2)功能等级。FJA在对任务进行标准化描述的基础上,通过界定任职者对于人、信息、事物作用的功能等级,可以更加准确地对目标任务进行描述。

表5-36说明:此打印任务大约70%的工作用于编辑,大约5%的工作是要注意管理者对工作的分配、指令或命令,大约25%的工作用于对机器的操作或控制。工作者指导的数值为“2”表明投入、产出、工具和设备以及工作的程序都是指定的,但工作者有少许自由选择工作程序和方法来完成工作任务,几乎所有工作者需要知道的东西都包含在其工作任务当中,工作的产出以每周或每天的频率来衡量。三种能力水平表明:有普通的理解能力,在典型的情形下,当工作涉及一些具体/特定的变量时能执行指令;会简单的加减,读、抄写或记录数字;起草日常的信函,同申请工作者面谈确定最适合他们能力和经验的工作,在服务机构的帮助下与雇主联系,能阅读领会技术手册、书面指导或图示。

(3)目标。由组织战略、计划推导出的对于目标任务的工作要求,由具体任职者填写。

(4)绩效标准。包括定性和定量的绩效标准,主要界定该工作任务所需达到的效果、质量、数量、时间等方面的要求,同时在绩效标准的确定中往往会体现对任职者专业性能力和适应性能力的评价。

(5)培训内容。根据工作任务所需的功能性和专业性能力,确定完成该项任务所需的功能性培训、特殊性培训和适应性培训。

5.FJA 实施过程中需要注意的方面

FJA 在实施过程中需注意：工作设施要与员工的身体条件相适应；要对员工工作过程进行详细分析；要考虑工作环境条件对员工生理和心理的影响；要考虑员工的工作态度和积极性。

（七）任务清单分析系统（task inventory analysis，TIA）

TIA 是在 20 世纪 50 年代由美国空军人力资源研究室的雷蒙德（Raymond）及其助手共同开发成功，通过从 10 万名以上雇员那里搜集实验数据进行验证，历经 20 年发展成熟。搜集的工作信息包括背景信息和任务清单两部分。背景信息包含传记性问题和清单性问题两类，传记性问题指对调查对象进行分类的信息（姓名、性别、岗位序列号、岗位名称、任职部门、服务期限、教育水平、工作轮换愿望、职业生涯意向）；清单性问题指为了更加广泛深入地了解有关工作方面的背景信息而设计的问题（所用的工具、设备，所要培训的课程，对工作各方面的态度等）。

TIA 的调查对象为某一职业领域的任职者及其直接管理者。一般而言，任职者填写并评价各工作项，对各项任务的评价维度有相对时间花费、执行频率、重要程度、困难程度等；评价尺度可以为 5 级、7 级或 9 级。

1.构建任务清单

任务清单的构建有多种方式，可以来自对所研究工作的观察或工作日志，也可来自另外的任务清单，还可借助主题专家法（SMEs）进行任务描述。对职能部门的任务清单采用目标分解和调查研究相结合的方法：第一，明确职能部门的部门目标；第二，由部门目标导出部门职能；第三，把部门职能分解为必须要做的工作，把工作分解为各个任务项目；第四，按一定逻辑顺序编排各个任务项目，最终形成用做问卷的任务清单（见表 5-37）。

表 5-37　企业人力资源部的任务清单（节选）

评价维度：重要程度（1＝非常不重要；2＝比较不重要；3＝一般；4＝比较重要；5＝非常重要）		
任务清单	是否符合你的工作	如果符合，请评价
001　研究企业现有战略规划	□符合　□不符合	□1　□2　□3　□4　□5
002　盘查现有人力资源的数量	□符合　□不符合	□1　□2　□3　□4　□5
003　盘查现有人力资源的质量	□符合　□不符合	□1　□2　□3　□4　□5
004　盘查现有人力资源的结构	□符合　□不符合	□1　□2　□3　□4　□5
005　分析经济发展对人力需求的影响	□符合　□不符合	□1　□2　□3　□4　□5
006　分析技术进步对人力需求的影响	□符合　□不符合	□1　□2　□3　□4　□5

2.利用任务清单搜集信息

首先是调查范围与对象的确定。可以选择两个以上行业的多家企业相关部门的专职人员，这样可以得到该部门工作任务的全面、综合信息，所得结论不仅具有一般意义，而且可以对调查所用的任务清单进行较大的修正完善；也可以选取一个行业的多家企业的相关部门的专职人员，所得结论会具有行业特点；再者，可以选择一个企业的相关部门的专职人员，这样既可以对该企业相关部门的实际工作任务有全面系统的了解，也可以发现与调查所用的任务清单的差别，在此基础上可以作进一步的比较研究，为企业工作任务的科学化、规范化作出贡献。

其次是调查方式的选择。通过集体调查或单独调查的方式，当然重在建立调查控制系统，以保证调查的信度与效度。

最后是选择适当的信息源。有关工作执行与否和时间花费信息由工作执行者本人提供，而其他任务评价信息最好由本工作领域经验丰富的管理者来提供。

3.分析任务清单所搜集的信息

任务清单系统搜集的信息绝大多数是量化的，可以应用计算机程序进行统计分析，较为成熟的任务清单系统有自己的应用软件，如 CODAP。如果无法获取专门的应用软件可以借助普通的应用软件，如 SPSS、EXCEL。统计分析方法是用来分析数量化工作信息的最常用方法，也是任务清单法最常用的方法。

4.利用任务清单编制工作说明书

工作说明书包括工作描述和任职资格两部分。工作描述包括工作概要、重要的任务维度和非常重要的任务。任职资格就要进行任务—知识、技术、能力(KSAs)矩阵研究，即将任务以一些可能需要的 KSAs 组成矩阵，用数值表明两者之间的相关程度，参见表 5-38。

表 5-38　知识、技术、能力 KSAs 矩阵

1=相关度极低，2=相关度低，3=平均值，4=相关度高，5=相关度极高														
任务	知识、技术、能力 KSAs													
	A	B	C	D	E	F	G	H	I	J	K	L	M	N
t_1														
t_2														
t_3														
t_4														
t_5														
t_6														
t_7														

5.TIA 的优缺点

优点:①信息可靠性较高,适合用于确定相关的工作职责、工作内容、工作关系和劳动强度等方面的信息;②所需费用较少;③难度较小,能够被任职者所接受。

缺点:①对“任务”的定义难以把握,即难以明确什么样的活动或内容能被称之为“任务”,结果导致“任务”的粗细程度不一,有些任务描述只代表一件非常简单的活动,有的任务描述却包含丰富的活动。②使用范围较小,只适用于工作循环周期较短,工作内容比较稳定,变化较小的工作。③整理信息的工作量大,归纳工作比较烦琐。④任职者在填写时,容易受到当时工作的影响,通常会遗漏其他时间进行的比较重要的工作任务。

(八)通用工作分析问卷(Common-Metric Questionnaire, CMQ)

CMQ 是哈维(Harvey,1991)在充分注意到了工作者定向的工作分析工具存在的诸多不足后所开发的一个通用工作分析系统,该系统在问卷项目抽象水平的处理和量尺的设计上做了诸多改进(见图 5-4)。以前的工作分析系统局限性表现在以下三方面:一是内容的覆盖面不尽如人意;二是各项目难以准确评价,特别是项目本身的模糊性导致评价者只能作出空泛的评价;三是各项目的措辞、评价量尺和指导语需要被施测者具有很高的理解水平。

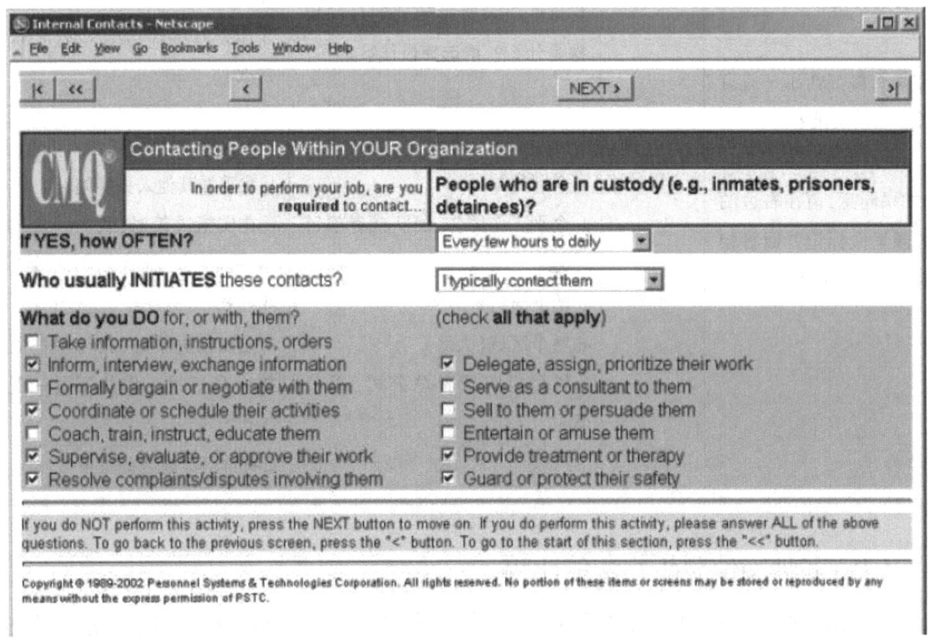

图 5-4　CMQ 计算机界面

CMQ 由背景、与人的接触、决策、体力和机械活动、工作情境 5 个部分的调查组成。它不仅可用来分析技术、半技术工作,也适于管理职位和专业职位;分析结果不仅可用来写工作说明书,而且可用于辅助培训需求设计和设计绩效评价量表;与其他工作分析方法相比更为行为化、具体化,更容易进行评定;所使用的语言对评定者要求更低,只要初中以上学历;多维评价,信息更全面;结构化问卷,便于计算机辅助,快速填写和统计分析。表 5-39 是一个 CMQ 示例。

表 5-39 CMQ 举例

第七部分: 管理和业务决策 这部分问卷描述的是你工作时需要作出的管理和业务决策。这里描述的仅仅是你完成工作所需要的决策。 你是否参与作出一些有关……的决策? (如果同意,请在右边的圆圈里做标记并回答相应的多项选择题)	○ 是 ○ 否	你进行各种决策的频率?请选择一个最佳答案	你在制定决策中起什么作用?请选择最典型的回答
		a.经常到每小时 b.每几个小时到每天 c.每几天到每周 d.每几周到每月 e.每几月到每年	a.我对决策有最后的决定权 b.在上级没有异议的情况下我作出决策 c.我作出决策,但需要上级的正式批准 d.我向决策制定者提出建议 e.我向决策制定者提供信息
		你这些决策所影响到的最高层次是什么?请选择最佳答案	你在实施这些决策时起了什么作用?请选择所有适合你的情况
		a.个别员工 b.个别工作团体、团队或者项目小组 c.整个部门 d.整个区域(大区) e.整个组织或者总公司(母公司)	a.不起什么作用,其他人负责 b.我委派其他人去实施 c.在实施决策时,我与一些同事一起工作,而他们不向我汇报工作 d.在实施决策时,我与一些直接向我汇报工作的下属一起工作 e.我自己实施这些决策

(九)多种岗位分析方法的比较

前面讲述了五种通用岗位分析方法及八种现代岗位分析方法,这些分析方法在人力资源管理功能领域及实际使用的关注点上均有差异,表 5-40 展示了这种差异。

表 5-40　多种岗位分析方法的比较

比较角度		访谈法	问卷法	SEM 会议	PAQ	工作日志	ARA	观察法
人力资源管理功能领域	工作描述	√	√	√		√		
	工作分类	√			√			
	工作评价		√	√	√			
	工作设计			√		√		
	工作规范	√	√	√	√		√	
	绩效评估			√				
	培训开发	√	√	√			√	
	人员流动			√	√			
	人力规划		√	√	√			
使用关注点	职位多样	√	√		√		√	
	样本规模		√		√			
	标准化				√	√		
	成本		√		√			√
	时间	√	√		√		√	√
	信度			√	√	√		

第六章　岗位设计:定岗定编　莫入歧途

引导案例:某公立医院职能科室定岗定编实践研究①

人力资源配置的根本目标是实现员工和岗位的合理配置。定岗定编是确定岗位数和岗位人员的总称,统一于组织的具体岗位。职能科室作为医院发展的后盾力量,在医院管理实践中承担着核心纽带作用,但在实际岗位管理上往往出现设计粗糙、定位模糊、职责不清等问题。因此,职能科室的岗位管理制度改革已经处于风口浪尖上,定岗定编研究迫在眉睫。

一、某公立医院职能科室岗位管理现状

该公立医院为国内首批三甲医院,截至2020年底,共有职工3 100余人,其中36个职能科室有近500人,占全院总人数的16.67%,其岗位管理存在一些问题。

(一)人员结构不合理

医院的职能科室人员组成中相当一部分是医务人员内部转岗、军队转业、顶岗就业、高层次人才配偶等,易出现隐性冗员问题。部分在岗职工难以胜任工作,部分在册不在岗;学历和年龄上结构不合理,管理者素质参差不齐,多数人凭借资历和经验进行管理,缺乏专业人才,以至管理水平不高。

(二)职责范围不清晰

医院职能科室岗位界限过于笼统,往往出现"一人多岗"或者"多人一岗"现象,在确定各级职务和职责中,没有根据工作内容的需求及时调整,大多凭借经验。科室之间职责范围存在交叉,导致工作效率降低,推诿现象频发。

(三)用人机制不完善

医院职能科室在用人上,缺乏对人员的培养、职业生涯规划等过程,人员的潜力与创造力难以被开发与施展,对优秀人才认识不足,重视不够。人员考核指标笼统,缺乏标准,内容老套,致使一部分人存在侥幸心理,吃大锅饭,而对于部分超额完成工作任务的人员来说,容易打击其积极性。

二、某公立医院职能科室定岗定编实践

(一)前期准备

了解医院发展环境,明确医院发展的目标是定岗定编工作的前提。受新冠疫

① 唐敏,唐漳先,张洁. 某公立医院职能科室定岗定编实践研究[J]. 江苏卫生事业管理,2021(8).

情影响,医院的效益水平受限,同时该院正在筹建新院区,用人成本逐年增加,在不影响医院业务开展的情况下,合理减少编制数是提高医院效益的一项举措。现有岗位编制是精准开展定岗定编工作的有效保障,利用职能科室组织说明书及岗位说明书来加强对岗位及其任职要素的了解。最后,组建管理小组,提高定岗定编方案可执行性。

(二)拟定岗位数

1. 岗位制定方法。分解工作任务是岗位制定的前提,根据医院的阶段性目标给每个岗位赋予目标使命,对岗位需要承担的工作要点进行分解,以确定岗位的胜任素质要求。医院目标分解到职能部门,部门目标分解到个人,同时进行综合的岗位价值评估。然后依据任务要点对部门的职责进行梳理,让部门制定的岗位能发挥价值作用,分析每项业务流程中各环节完成的业务内容、形成结果、时间节点和期限。在清晰流程后,需要进行工作内容调整设计,最终形成岗位说明书。

2. 岗位制定实践。根据该医院 36 个职能科室形成的 300 多个岗位说明书,得出各职能科室岗位数量以及每个岗位设定人数,并与目前实际人数对比得出差额(见表 6-1)。

表 6-1　医院各科室岗位情况(部分)

部门	岗位数	拟定人数	实际人数	差额
信息装备部	6	9	8	1
人事科	8	8	6	2
医务处	12	15	14	1
健康服务中心	13	33	33	0
监察室	4	4	4	0
医保办	6	9	10	-1

对各部门的岗位进行界定,防止部门之间岗位职称存在交叉重叠或空白地带,通过部门职责与岗位职责矩阵检查界定情况:当某岗位内容涉及多个部门的职责,则该岗位内容应该细化或精简部门职责;当某岗位内容没有部门承担,表示职责冗余或部门职责缺失;当部门职责涉及多个岗位内容时则存在职责重叠,反之则存在职责遗漏。

(三)拟定编制数

1. 定编制定方法和程序。确定岗位编制需要对岗位进行准确的把握,结合医院的阶段性目标、长期战略、医院效益进行综合性判断。

首先,要确定工作效率影响因素(包括岗位胜任要素、工作工具及信息化水平、工作流程、管理水平等),统一岗位工作效率评价因素,以保证定编工作开展的一致性。

其次,分析现有岗位的工作量,利用职能部门工作分析表记录两周工作估算工作量以明确该岗位的工作内容是否饱和,是否有增缩编制的必要,同时界定岗位的工作职责、流程、岗位价值,确保岗位编制科学有效。

最后,结合医院战略目标,以制定出符合预期目标的岗位编制,盘点医院现有生产资料是否可以保证预测的人员工作需求,以确保人员工作的有效性。需要预估编制数,包含岗位名称、编制数量,便于后期的人才储备与招聘配置。

2. 定编制定实践。职能科室的工作量不易量化,通过收集职能科室 500 余人的岗位工作分析表(岗位工作分析表主要记录连续 2 周的工作量分析)中的工作时间拟定岗位编制数。由于工作分析表是本人主观填写工作时长,缺少客观性,因此结合 3 个月份考勤打卡工作时间,以正常打卡为准,剔除缺卡、迟到、早退等异常打卡,得出平均周工作量及日工作量。结合打卡和岗位分析表的周工作时间得出科室平均工作时间。以该医院日均 7 小时,每周工作 35 小时计算,得出缺口人数:(科室平均-35h)/7h,发现信息装备部、人事科等科室工作量较大,人均工作量已经超过职能科室平均水平,存在一定人力缺口(见表 6-2)。

表 6-2 医院各科室岗位工作量分析(部分)

部门	企业微信打卡时长(h)					岗位工作分析表-周工作时间	科室平均(h)	缺口(人)
	3 月份-日工作时长	4 月份-日工作时长	5 月份-日工作时长	平均-日工作时长	平均周工作时间			
信息装备部	8.28	8.53	9.20	8.67	43.34	48.72	46.03	1.58
人事科	8.24	8.76	8.87	8.62	43.12	47.60	45.36	1.48
医务处	7.35	7.28	7.48	7.37	36.83	46.26	41.54	0.93
健康服务中心	8.15	8.19	8.14	8.16	40.79	42.48	41.64	0.95
监察室	8.13	7.94	8.32	8.13	40.65	36.67	38.66	0.52
医保办	7.25	7.48	7.31	7.35	36.74	36.53	36.64	0.23

(四)岗位能力改善预测

在确定工作量后,其工作内容的饱和度还不能作为最终编制设定的参考依据,需对岗位能力的改善进行预测,以确定是否有进一步缩减编制、精简岗位的可能性,包括更换人需求、提升技能需求、提高工作设备或工具等,如该院信息化升级后，数台就医自助机可以替代出入院管理科部分岗位的职责，随之该科室的岗位数及编制数也将缩减；该院后勤管理科、保卫科的部门部分岗位价值评价较低，如总务库房管理员、监控观测员等，应利用外包或劳务派遣的方式精简岗位，来达到节约人力成本的目的。

三、讨论

（一）发挥管理小组作用是前提

定岗定编工作涉及整个医院的职能科室，仅人事部门闭门造车难以完成。在实践研究中，部分职能科室对定岗定编工作开展的支持度、配合度不够，因此要充分发挥管理小组的作用，人事部门在开展前需积极宣讲相关定岗定编政策，便于员工理解与支持，院领导要给予高度重视和有效指挥，职能科室负责人应动员科室成员积极配合，落实具体工作，推动工作顺利完成。

（二）科学开展岗位测评是基础

岗位工作分析表及岗位说明书是岗位测评的关键性和基础性资料，通过科学地统计分析岗位内容、业务流程、技能要求、岗位价值、人员缺口或冗员状况等因素，梳理和改进工作流程，消除无价值业务环节，提升工作效率和质量，促进定岗定编工作的有序开展。

（三）有效建立动态方案是关键

定岗定编不是绝对固定的，只是一段时间的一种参考，定岗定编需要跟着医院所处的内外部环境及其发展的变化进行动态调整。同时也要以国家、省市相关文件精神的要求和政府有关部门核定的岗位设置标准为依据，拟定具体动态方案，以建立动态化人力资源配置体系，改善医院职能部门现存的岗位管理、绩效管理和招聘体系。

人力资源是劳动组织从事经济活动的必要条件。劳动组织从设计组建时起，就要考虑需要多少人、人员应具备什么样的条件，以及如何将这些人合理地组织起来，以达到既能满足生产和工作的需要，又能使其发挥应有的作用的目的。

“定责、定岗、定编、定员、定额、定薪”（简称“六定”），被称为人力资源管理的基础性工作。其中，“定责”指在明确组织目标、系统进行岗位分析基础上，对各个工作岗位所需要完成的工作内容以及应承担的责任范围进行设定，以期达到各个岗位职责明晰、协作有序的目的；“定岗”是在生产组织合理设计以及劳动组织科学化的基础上，从空间和时间上科学地界定各个工作岗位的分工与协作关系，明确地规定各个岗位的职责范围、对人员的素质要求、工作程序和任务总量；“定编”是要明确企业发展需要多少合适的人员；“定员”是在确保企业生产经营活动正常进行的基础上和一定的生产技术组织条件下，按照一定的要求，对企业配备各类人员所预先规定的限额；“定额”是在规范的劳动组织及合理地使用材料、机械、设备的条件下，预先规定完成单位合格产品所消耗的资源数量的标准，它反映的是在一定时期社会生产力水平的高低；“定薪”是在岗位评价的基础上，运用各种方法构建由外在薪酬和内在薪酬组成的薪酬体系的过程。

一、企业定岗定编依据与定岗形式

对于每一家企业来说，按照规范化的要求，根据企业的发展需要，制定企业的发展战略，在企业既定发展战略的指导下，进行企业的组织结构的设计以及职能的分解，根据需要设置岗位，确定企业的编制，然后再确定执行岗位工作的具体工作人员，这一过程就叫作企业的定岗定编。在完成企业的定岗定编后，要求能够使各个部门事事有人做、人人有事做、岗位不重复、工作无遗漏，达到规范化、合理化和科学化。

（一）定岗定编的依据

1.基本依据是企业发展战略

企业进行定岗定编的基本依据是什么？这在许多企业中并不明确，经常出现就事论事凭感觉要求某个或某些部门削减岗位或裁减人员的现象。

其实，定岗定编的基本依据是企业本身的发展战略或业务目标，企业在特定的时期内，要完成什么样的战略目标，构成了企业一切工作的中心，包括定岗定编。这似乎是一个很浅显的道理，但在实际工作中，又会经常遇到类似的情况：企业业务目标不明确或者明确但不科学，在这种状况下，定岗定编是无法进行的，勉强进行也缺乏说服力。

定岗定编的目的是实现“人、岗、事”三者之间的合理匹配，以达到“人尽其才、才尽其用”的目的。这里最重要的是要弄清楚企业要做的“事”。有了工作目标，然后才需要相应的岗和人来做。当然，企业的战略目标，也就是“事”的确定，也不是一个简单的问题，它必然涉及企业一系列内外因素，如经济环境、市场竞争、技术变化、客户需求等各方面的影响。弄清楚企业战略目标是定岗定编的前提条件。

2.具体依据是工作流程

战略目标明确，并不意味着定岗定编就可以自动进行了。定岗定编的具体设计，还需要先理顺工作流程。这是因为“人、岗、事”之间的匹配，其中“事”是基础，但做同样的“事”，不同的工作流程必然带来岗位设置的不同。优化的流程可以给出最有效的岗位设置，而陈旧的流程很容易造成岗位工作的低效率。因此，定岗定编必然涉及的一项前提性工作就是"流程优化"。

一提到流程优化,很容易让人们认为是一件复杂的工作。其实流程只不过是完成任务目标的方法和过程,它根据目标的繁简程度,可采用的优化方法和程度也有所不同。涉及企业总体变化的流程重组是一种优化,局部流程的小改小革也是一种优化。

只要新的流程能够使输出大于输入,是一个增值的过程,它就是一个优化的流程。我们把优化流程中的关键环节找出来,设置成岗位,赋予其职责,并根据该环节的工作量配置相应的员工数,定岗定编就能够做到科学合理。

3.执行依据是从核心岗位入手

企业的岗位数量很多,特别是生产(或服务)流程复杂的大企业更是如此。在众多的岗位中如何进行定岗定编?事实上,在这些岗位中,最重要的是直接从事经营的岗位,它们是企业生存发展的核心部分,定岗定编应该首先把这些核心岗位搞清楚。

企业内各种岗位是具有一定比例关系的,定岗定编应把握这些基本的比例关系:一是直接与非直接经营部门之间的比例关系;二是直接与非直接经营部门内部各种岗位之间的比例关系;三是管理岗位与全部岗位之间的比例关系。各种非直接经营岗位的确定虽然要依据其各自优化的工作流程,但也必须考虑它们与直接经营岗位之间的比例关系。

这些比例关系是众多的企业在长期的经营管理过程中逐步形成的,是工作流程不断优化的积累。有些发达国家的政府部门经常对各行业的关键指标进行统计并公开发布,其中包括企业岗位情况的统计。我们的企业也可以据此数据进行参考比照。表6-3是美国劳工部2001年对美国银行业的有关岗位数据的统计。

表6-3 美国劳工部2001年对美国银行业岗位数据统计表

SOC代码	岗位名称	雇员(人)	百分比(%)	小时工资中位数	平均小时工资	平均年薪
00-0000	全行业	1 413 630	100.00	$ 13.04	$ 17.52	$ 36 450
11-0000	管理岗位	149 600	10.58	$ 32.78	$ 36.30	$ 75 521
11-1011	首席执行官	14 270	1.01	$ 61.35	$ 55.34	$ 115 110
11-3031	财务经理	63 010	4.46	$ 28.19	$ 32.26	$ 67 100
11-3040	人力资源经理	4 490	0.32	$ 31.09	$ 34.25	$ 71 240
41-0000	销售及相关岗位	59 910	4.24	$ 18.34	$ 23.20	$ 48 260

续表

SOC 代码	岗位名称	雇员(人)	百分比(%)	小时工资中位数	平均小时工资	平均年薪
43-0000	操作性岗位	919 750	65.06	$ 10.76	$ 11.85	$ 24 660
43-3071	柜员	355 810	25.17	$ 9.51	$ 9.64	$ 20 040
43-4051	客户服务代表	91 600	6.48	$ 11.55	$ 12.15	$ 25 770
43-4051	处理新客户的员工	70 180	4.96	$ 12.06	$ 12.70	$ 26 420
43-3031	簿记员、会计审计人员	41 600	2.94	$ 11.02	$ 11.74	$ 24 410

(二)定岗的常用形式

定岗定编中的“定岗”即岗位设置工作,在具体设计中形式有很多,归结起来常用的有三种:基于任务的岗位设置、基于能力的岗位设置和基于团队的岗位设置。

1.基于任务的岗位设置

基于任务的岗位设置,即将明确的任务目标按照工作流程的特点层层分解,并用一定形式的岗位进行落实。这种做法的好处是岗位的工作目标和职责简单明了,易于操作,到岗者经过简单培训即可开始工作。同时,它也便于管理者实施监督管理,在一定时期内会有很高的效率。在这种形式下,企业内部的岗位管理主要采用等级多而细的职等结构,员工只要在本岗位上做到一定的年限而不出大错就能被提级加薪。但这种岗位设置的缺点是往往只考虑任务的要求而忽视在岗者个人的特点,员工个人往往成为岗位的附庸。这种形式在机器化大工业时代显得十分突出:操作工在长长的流水线旁日复一日不停地重复同一种动作,时间一长,员工的积极性往往会一落千丈。此外,由于任务目标是可以量化的,因此这种岗位设置的具体编制也可以用人均劳动生产率(或人均利润)等量化指标具体地计算出来。

2.基于能力的岗位设置

基于能力的岗位设置是将明确的工作目标按照工作流程的特点层层分解到岗位。与基于任务的岗位设置的区别在于岗位的任务种类是复合型的,职责也比较宽泛,对员工工作能力的要求要相对全面一些。这种设置的好处是岗位的工作目标和职责边界比较模糊,使员工不会拘泥于某个岗位设定的职责范围内,从而有发挥个人特长的余地,进而使企业具有应对市场变化的弹性。在这种形式下,企业内部的岗位管理常常采用的是“宽带”管理,即各岗位之间的等级越来越宽泛。目前许多美国企业内部从上到下只有6个等级,各等级内的各岗位的职责分工没有明确的界限,完全根据市场的变化来调整企业内部各岗位所承担的具体任务。由于员工个人的表现难以像基于任务的岗位设置那样简单明了,因此这种形式会要求赋予直接管理者更大的责任,由直接管理者对下属进行决断、监督和评估。

但另一方面,也会因为员工的灵活性加大而带来工作成果的不确定性上升。同时,由于对员工的能力要求高,劳动力成本和培训费用也会相应增加。这种形式在第三产业占主导的时代很显著:许多第三产业的行业是高度依赖于人的。在这些行业中,员工的能力和工作积极性对工作任务的完成有着很大的影响力,如金融、保险、咨询服务、超市零售等。因为在这种服务性的行业中,具体岗位所承担的任务在许多情况下是要求完成一个过程、是难以量化的,所以这种岗位设置形式往往不规定一个具体的编制数,而是用一定的人力成本预算来进行控制。

3.基于团队的岗位设置

基于团队的岗位设置是一种更加市场化、客户化的设置形式。它以为客户提供总体附加值(总体解决方案)为中心,把企业内部相关的各个岗位组合起来,形成团队进行工作。它的最大特点是能迅速回应客户、满足客户的各种要求。同时,又能克服企业内部各部门、各岗位自我封闭、各自为政的毛病。对在岗者来说,在一个由各种技能、各个层次的人组合起来的团队中工作,不仅可以利用集体的力量比较容易地完成任务,还可以从中相互学到许多新的东西,也能经常保持良好的精神状态。显然,它是一种比较理想的岗位设置形式。但是,这种形式对企业内部的管理、协调能力要求很高,否则容易造成混乱。目前它的应用还不够普及,更多的是在那些"项目型"的公司中应用,如软件设计、系统集成、咨询服务、中介服务、项目设计、工程施工等。这种岗位设置形式的人员确定往往采用根据客户要求的特点进行组合的方式。在人力成本方面也往往采用预算控制法。

现在许多企业的困惑是各部门都喊人少,结果造成人员总数越来越多,人力成本不断加大,但企业的效率却没有提高。因此,企业希望找到一种办法来有效地控制员工总数。企业往往是将这个任务交给人力资源部去负责。这种只靠人力资源部门进行单方面控制,而其他部门缺乏自我约束的做法是难以奏效的。企业需要的是一个所有部门在人员方面都能进行自我约束、自我控制的机制,而不仅仅是一套硬性的定岗定编的规定。因此,定岗定编的硬约束是人力成本投入。人力成本投入在一定时期内总是有限的,岗位和人数的有限性是不言而喻的。人力资源管理要做的是,在一定时期内如何运用有限的资本投入获得任务目标、工作岗位和员工人数三者之间的最佳组合。

二、定岗定编影响因素及其作用机理①

(一)定岗定编的基本原则

“定岗”指明确组织所需要的职位,是结合组织结构设计的要求和岗位流程的需要确定的岗位数量和职责;“定编”指的是明确组织需要多少适合组织发展的个人,是组织根据工作量和发展需要设定的在岗人员的数量;定岗定编设计就是结合组织战略发展需要进行岗位设计和人员编制设计的合称。定岗设计的目标是实现组织运作效率最大化,定编设计的目标是实现人工成本最小化。在定岗定编中,一般需要遵循以下四大原则:

第一原则:战略导向——岗位与组织和流程的有机衔接。以组织的战略为导向、与提升流程的速度与效率相配合。

第二原则:未来导向——岗位对未来的适应。在充分考虑岗位价值发挥的现实基础条件的同时,必须考虑组织的内外部环境的变化、组织变革与流程再造、工作方式转变等一系列变化对职位的影响和要求。

第三原则:动态调整导向——以工作为中心的人岗匹配。充分考虑任职者的职业素质与个人特点,实现人与职位的动态协调与有机融合。

第四原则:价值导向。以关键指标分析为手段,强调对岗位价值链的系统思考。包括该岗位对组织的贡献,与其他岗位之间的内在关系,在流程中的位置与角色,其内在各要素的互动与制约关系等。

(二)定岗定编影响因素分析

定岗定编的影响因素可以归纳为以下四大类(如图 6-1 所示)。

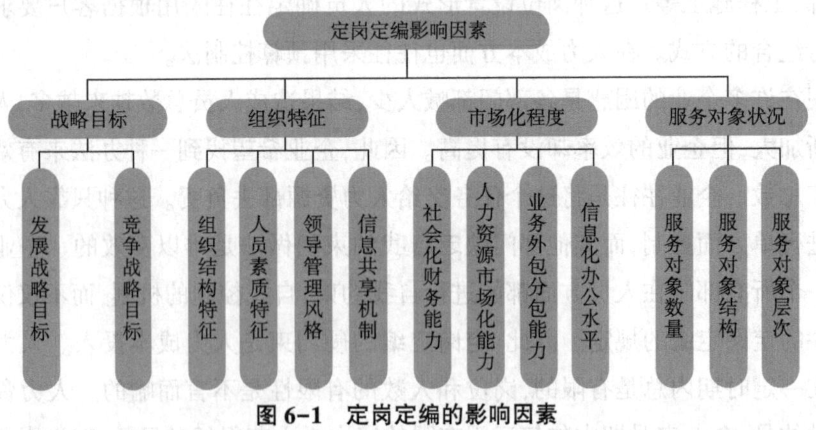

图 6-1 定岗定编的影响因素

① 林新奇. 定岗定编影响因素及其作用机理[J]. 企业管理,2017(8).

1. 战略目标

第一,发展战略目标。发展战略主要是指组织为了形成和维持竞争优势,谋求长期生存与发展,在综合分析外部环境和内部影响因素的基础上,以正确的指导思想对组织的主要发展目标、途径以及实施的具体程序进行全面谋划。当组织选择发展战略目标时,需要选用和培养适合组织战略发展的人力资源,为变革提供保障,从而直接对定岗定编产生影响。

第二,竞争战略目标。组织的竞争战略如何确定,要根据组织所处环境与组织本身的具体情况而定,选择相应竞争战略,提供更好的服务,获取高于平均水平的收益。与此同时,与之相对应的定岗定编数量就会受到影响。

一方面,发展战略目标与编制岗位需求呈正比,当组织发展战略目标确定时,其所要求及对应的编制岗位会发生正向变化。另一方面,竞争战略目标与编制岗位需求呈反比,当组织竞争战略目标确定时,其所要求及对应的编制岗位可能会发生负向变化。

2. 组织特征

第一,组织结构特征(扁平化程度)。扁平化管理是指通过减少管理层次、压缩职能部门和机构、裁减人员,使组织的决策层和操作层之间的层级减少,以便快速地将决策权延至操作层,从而建立起来的新型管理模式。通过扁平化组织方式减少管理层次,减少工作人员,以最少的层级结构完成工作目标,从而对组织的定岗定编产生影响。

第二,人员素质特征。人员素质特征指个体所应具备的一系列不同素质要素的组合,包括内在动机、知识技能、自我形象与社会角色等,可分为三个模块:自我管理模块、人际关系模块和组织管理技能模块。当个体具有较强的自我管理能力、良好的人际关系、较完善的组织管理技能时,就会对组织的定岗定编产生影响。

第三,领导管理风格。领导管理风格指领导者的行为模式。领导者在影响别人时,会采用不同的行为模式达到目的。有时偏重于监督和控制,有时偏重于表现信任和放权,有时偏重于劝服和解释,有时偏重于鼓励和建立亲和关系。领导管理风格由两种领导行为构成:工作行为和关系行为。

第四,信息共享机制。信息共享是指不同层次、不同部门信息系统间,信息和信息产品的交流与共用。信息共享有利于更加合理地配置资源,节约成本。那些不能获得充分信息的组织成员会对项目的设立、任务分配、自身的角色以及完成后的成就感产生怀疑,认为组织没有给予其足够的重视,从而把个人与组织分割开来,在组织中形成不良氛围。一般而言,信息共享越充分,其对定岗定编的影响越大。

由此,可以得出以下结论:一方面,权力差距大与编制岗位需求成正比。权力差距越大,组织层级越多,在组织管理中,就需要越多的岗位与编制。另一方面,员工素质层次与编制岗位需求成反比。员工素质层次越高,其从事某项事情所需具备的知识、技巧、品质以及工作的能力就越强,所需的岗位与编制就越少。

3. 市场化程度

第一,社会化财务能力。社会化财务能力指市场化或非市场化组织自身造血的机制,或者由过去单一靠国家财政拨款逐步转向多元化、多渠道筹集经费的能力。组织的社会化财务能力越强,在筹资、投资和分配上就越有自主权利,会影响组织的定岗定编能力。

第二,人力资源市场化运作能力。人力资源市场化运作能力指人力资源按照市场经济规律在各地区、部门、单位或岗位间合理流动,最终实现优化配置的过程。当组织能够从市场中获取所需要的人力储备时,其定岗定编能力相对较强。比如高校等事业单位的人力资源在不能突破编制总额的限制下,可以运用市场化机制或能力加以拓展,发挥市场配置的基础性作用。

第三,业务外包分包能力。通过实施业务外包,组织不仅可以降低经营成本,集中资源发挥自己的核心优势,更好地满足客户需求,增强市场竞争力,而且可以充分利用外部资源,弥补自身能力的不足。比如高校或科研组织通过业务外包,可以借助外部的人力资源来弥补自身智力资源的不足,克服缺乏专业技术人员不足的困难。另一方面,精简机构,避免组织过度膨胀,集中人力资源,节约成本,从而直接影响定岗定编。

第四,信息化办公系统水平。信息化办公系统能提供集成处理及发布信息的工作平台,解决以往信息收集、处理和发布过程相分割的问题,还能提供具有工作流程性质的处理过程和监督功能,推动部门间的高效率协作,从而直接影响定岗定编能力。

综上所述,我们认为市场化程度与岗位编制需求成反比。

4. 管理(服务)对象(客户)状况

进行定编工作时,组织对总体人力资源在数量、素质以及结构上的规划,使定编工作达成岗位在素质、数量以及结构等方面的匹配。

第一,服务对象数量。随着组织的发展,当其服务的区域增大,项目增多时,其职能范围也会产生相应的扩展,服务的专业化、规范化要求相应提高,与之相配套的具备现代管理与服务理念的管理人员也会随之变动,从而直接影响定岗定编。当服务对象数量增加时,其编制岗位需求相应增加。即服务对象数量与编制岗位

需求成正比。

第二,服务对象结构。服务对象结构的复杂化,同样会影响定岗定编。以高校为例,原来高校面对的只是学生、教研人员,现在则多了一个具有博弈和合作双重属性的伙伴——学校合作的相关社会机构,这就要求高校的服务体系需要做出变革,进而需要管理体系做出相应调整,进而直接影响学校的定岗定编。服务对象结构越复杂,其编制岗位需求则越多,即服务对象结构复杂程度与编制岗位需求成正比。

第三,服务对象层次(客户质量)。服务对象的层次(客户质量)也会对定岗定编产生影响。当服务对象层次较高时,则要求组织中提供相应服务的岗位人员也应具备一定层次的能力素质,如果素质不匹配,仅靠增加编制数量,也不能很好地完成岗位职责。

(三)定岗定编影响因素概念模型及其作用机理分析

在对上述影响因素进行宏观分析的基础上,构建了定岗定编影响因素概念模型(如图 6-2 所示),其作用机理如下:

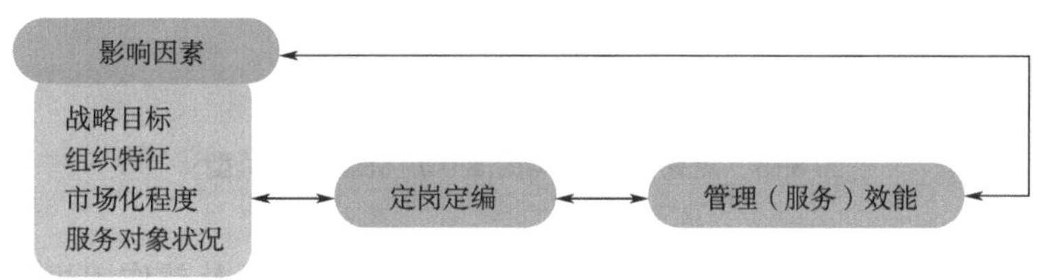

图 6-2 定岗定编影响因素概念模型

(1)当组织战略目标变化时,自然要求调整编制岗位,以此促进管理(服务)效能的提高,进而实现战略目标的需要。

(2)当组织特征变化时,自然要求调整编制岗位,以此提高管理(服务)效能,适应新的组织特征。

(3)当市场化程度提高时,自然引起编制岗位的调整,以改善管理(服务)效能,适应市场化需要。

(4)当服务对象状况发生变化时,自然要求调整编制岗位,以改进管理(服务)效能,适应服务对象的需要。

(5)当编制岗位总额一定时,为提高(改善)管理(服务)效能,以实现既定的战略目标和满足服务对象(客户状况)需要,必须改进组织特征,提升市场化程度。

(6)当编制岗位总额一定时,为实现既定的战略目标和满足服务对象(客户状况)需要,如果不能改进组织特征,提升市场化程度,则无法提高(改善)管理(服务）效能，从而也无法实现既定的战略目标和满足服务对象（客户状况）的需要。

总之，定岗定编并没有一个固定的模式，可以根据各组织的实际情况在不同时期运用不同的方法。

首先，如果无法增加编制岗位总额，则只能在组织特征和市场化程度上做改进。

其次，组织为改善管理（服务）效能，可以在编制岗位总额一定的框架内，做适当的内部人员及其职能职责的调整优化。

最后，战略目标和服务对象在相对不变的情况下，可以改善的因素只有组织特征、市场化程度，编制岗位可做内部微调，以此提升管理（服务）效能。据此，可将图 6-2 的概念模型进一步设计为图 6-3 的作用机理钻石模型。

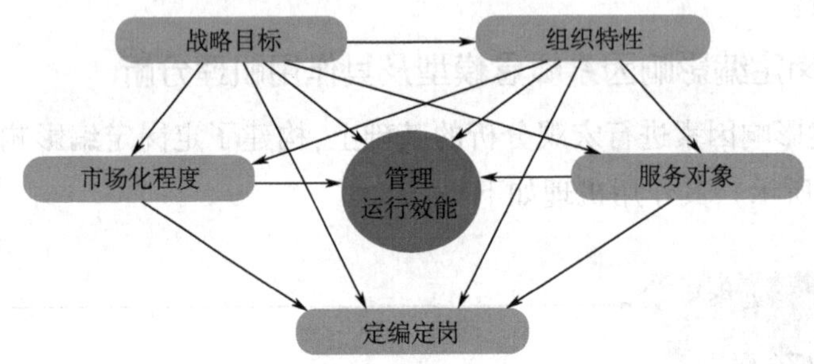

图 6-3　定岗定编影响因素作用机理钻石模型

钻石模型描述了定岗定编主要影响因素间的相互关系及其作用机理，箭头的流向表示影响关系，各影响因素不是单独起作用而是有一定的内在逻辑关系。各影响因素对定岗定编的影响程度会因相关因素性质的不同而有所差异。

三、组织结构优化与岗位设计的内容和原则

如果仅仅借助岗位分析的手段将组织成员的工作内容和工作方式如实呈现出来，那么岗位分析的价值就是非常有限的。其实，岗位分析的价值远非如此。岗位分析能提供给我们很多有用的信息，这些信息不但使我们知道了目前的工作是怎样的，而且我们可以从这些信息中分析出目前的工作内容设置是否合理。在这样一个强调以人为本的时代，人们越来越关注任职者对工作的满意程度：他们是否喜欢工作的内容？从事这样的工作是否使他们感到快乐？这样的工作安排是不是最有效率地让任职者发挥出最大潜力的工作方式？员工从工作中不能获得满意，我们从岗位分析得出的信息里可能会找到原因。假如当前的工作安排不能让员工有效地工作，那么我们就应该对此作出一些调整，或者对岗位进行重新设计。

(一)如何优化企业组织机构

1.要以组织机构的稳定性过渡或稳定性存在为前提

稳定性包括:稳定当前的生产经营管理活动;设置的组织机构具有一定时期的稳定性;能将旧的机构平稳引到、过渡到新的机构;人员的岗位调整能顺利平稳过渡到新的部门和岗位;不适应的原有岗位人员能平稳地离职,不会因为个别人员的离职而给企业带来负面影响,不会因为个别人的离职带走人员,导致员工对企业产生没有信心的思想变化。稳定性是否具备取决于部门优化调整时是否做到了"三适"。

(1)适应:企业规模是否适应企业发展需要和管理科学的基本要求;企业的规模、企业产品的市场占有率是否产生了内在的调整需求。其一般的表现标志是尽管企业规模扩大、人员增加,但企业效率提升速度不匹配,企业内部不协调、推诿的事情经常发生,内部协调工作经常需要上级领导来协调;原有部门、岗位不能适应企业的发展和生存的需求,部门经理、岗位人员明显感到工作不知为何为、不知为谁为、视而不见麻木无为、消极或积极乱为。

(2)适时:企业是否到了不调整就不能取得更好效果的时间;是否在恰当的时机里进行调整或优化;是否在适当的提前量(相对于企业管理水准、人员心态、人员素质等)下进行;是否会因为机构调整时间长打乱企业的原有正常经营生产秩序;是否能有助于企业在今后的发展中迈上新的台阶;是否能促进企业快速提升经营业绩、管理水准;是否具有"退半步,进一步或进两步"的效果;等等。

(3)适才:企业是否有合适的人员或机构来优化调整;是否能广泛发现能为公司所用的人才;是否能最大限度发挥现有人才的作用;是否能发掘现有人才的潜力;是否能引进企业急需的人才;等等。总之,适才指是否能最大限度地合理使用人力资源。

2.要分工清晰,有利考核与协调

在现有基础上改进不协调的组织关系,预防和避免今后可能存在的摩擦关系,优化的表现结果应该是部门职能清晰、权责到位,能够进行评价和考核,部门间的工作程序协调,公司的管理制度能有效实施。

3.部门、岗位的设置要与培养人才、提供良好发展空间相结合

优化调整部门和岗位时,既要不考虑现有人员,又要综合考虑现有人员,不能为了照顾人情关系设立人情部门或岗位;同时,又要综合考虑现有人员的品行、企业发展所需要的能力和潜力等,在对品行有保证,具有风险小的培养价值的前提下,有意识地将部门、岗位和人才培养相结合,"企业是个人的发展平台"的观念通过具体的员工在部门或岗位的就职得到体现。

(二)岗位设计的主要内容

定岗的过程就是岗位设计的过程。岗位设计也称为工作设计,是通过满足员工与工作有关的需求来提高工作效率的一种管理方法,它所要解决的主要问题是确定组织向其成员分配工作任务和职责的方式。因此,岗位设计是否得当对激发员工的工作热情、提高工作效率都有重大影响。亚当·斯密在其《国富论》中论及岗位设计;他以制针业为例说明了岗位的专业化分工的效率。“科学管理之父”泰勒所进行的“时间—动作”研究,实际上也是一种岗位设计,他将岗位的工作程序和操作方法标准化,大大提高了劳动生产率。一般而言,岗位设计主要包含以下六个方面的内容。

1.工作内容

工作内容主要是关于工作范畴的问题,包括工作种类、工作自主性、工作复杂性、工作难度和工作完整性。

2.工作职责

工作职责是关于工作本身的描述,包括工作责任、工作权限、工作方法、协作和信息沟通。

3.工作关系

工作关系主要是指工作中的人与人之间的关系,包括上下级之间的关系、同事之间的关系以及个体与群体之间的关系等。

4.工作结果

工作结果主要是指工作提供的产出情况,包括工作产出的数量、质量和效率,以及组织根据工作结果对任职者作出的奖惩。

5.工作结果的反馈

工作结果的反馈主要是指任职者从工作本身所获得的直接反馈以及从上级、下级或同事那里获得的对工作结果的间接反馈。

6.任职者的反应

任职者的反应主要是指任职者对工作本身以及组织对工作结果奖惩的态度,包括工作满意度、出勤率和离职率等。

(三)岗位设计的原则

1.因事设岗原则

从“理清该做的事”开始,到“以事定岗、以岗定人”。设置岗位既要着眼于企业现实,又要着眼于企业发展。按照企业各部门职责范围划定岗位,而不应因人设岗;岗位和人应是设置和配置的关系,而不能颠倒。

2.整分合原则

在企业组织整体规划下既要实现岗位的明确分工，又要在分工基础上有效地综合，使各岗位职责明确的同时又能上下左右之间同步协调，以发挥最大的企业效能。

3.最少岗位数原则

岗位数量既要考虑到最大限度地节约人力成本，又要尽可能地缩短岗位之间信息传递时间，减少"滤波"效应，提高组织的战斗力和市场竞争力。

4.规范化原则

岗位名称及职责范围均应规范，但对企业脑力劳动类的岗位规范不宜过细，应强调留有创新的余地。

5.客户导向原则

应该满足特定的内部和外部顾客的需求。

6.一般性原则

应基于正常情况的考虑，不能基于例外情况，例如，90%情况下这个岗位需要多少工作量，多少工作强度。

四、岗位设计方法与作用

（一）四种常用的岗位设计方法

组织分析法是一个被广泛使用的岗位设计方法，通常适用于大型企业的大范围重组项目，在这个项目中，组织设计和岗位设计占整个项目的大部分工作。首先，从整个组织的远景和使命出发，设计一个基本的组织模型 。然后根据具体的业务流程需要，设计不同的岗位（见图 6-4）。由于时间和预算的限制，对整个组织的岗位设计不可行时，通常会集中考量对组织的成功起关键作用的岗位；当只在较小的范围内，特别是在实施一个新的管理信息系统时应用流程优化法以确定新岗位。具体到企业中常用的岗位设计方法主要有以下四种。

1.第一种：工作扩大化

工作扩大化是使员工有更多的工作可做。通常这种新工作同员工原先所做的工作非常相似。这种工作设计的效率很高，因为不必要把产品从一个人手中传给另一个人，从而节约了时间。此外，由于完成的是整个产品，而不是在一个大件上单单从事某一项工作，这样员工在心理上也可以得到安慰。该方法通过增加某一工作的工作内容使员工的工作内容增加，要求员工掌握更多的知识和技能，从而提高员工的工作兴趣。

工作扩大化的主要好处是增加了员工的工作满意度和提高了工作质量。国际

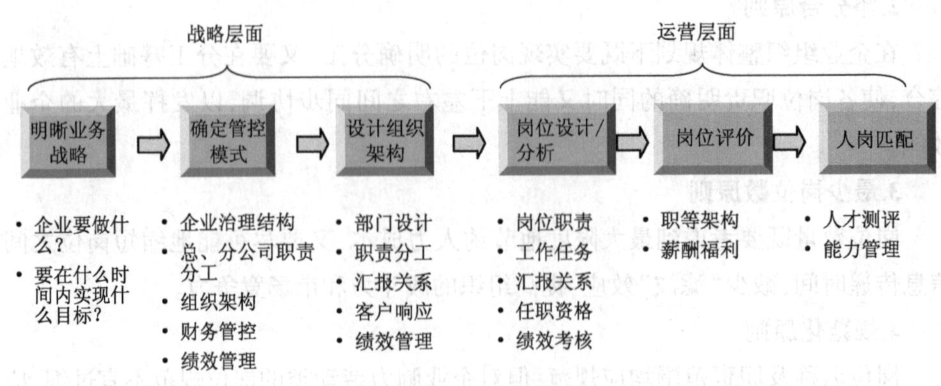

图 6-4 岗位设计在企业岗位管理流程中的位置

商业机器公司(IBM)报告工作扩大化导致工资支出和设备检查成本的增加,但因质量改进,职工满意度提高而抵消了这些费用;美国梅泰格(Maytag)公司声称通过实行工作扩大化提高了产品质量,降低了劳务成本,工人满意度提高,生产管理变得更有灵活性。

工作扩大的途径主要有两个:纵向工作装载和横向工作装载。装载是指将某种任务和要求纳入工作岗位的结构中。纵向工作装载是指增加需要更多责任、更多权力、更多裁量权或更多自主权的任务或职责。横向工作装载是指增加属于同阶层责任的工作内容,以及增加目前包含在工作岗位中的权力。

2.第二种:工作轮换

工作轮换是指为减轻员工对工作的厌烦感而把员工从一个岗位换到另一个岗位。这样做有四个好处:一是能使员工比日复一日地重复同样的工作更能对工作保持兴趣;二是为员工提供了一个个人行为适应总体工作流的前景;三是个人增加了对自己的最终成果的认识;四是使员工从原先只能做一项工作的专业人员转变为能做许多工作的多面手。这种方法并不改变工作设计本身,而只是使员工定期从一个工作转到另一个工作。这样,使得员工具有更强的适应能力,因而能接受更大挑战。员工到一个新岗位工作,往往具有新鲜感,能激励员工做出更大的努力。日本的企业广泛实行工作轮换机制,对于管理人员的培养发挥了很大的作用。

3.第三种:工作专业化

工作专业化也叫充实工作内容。充实工作内容是对工作内容和责任层次的改变,旨在向工人提供更具挑战性的工作。它是对工作责任的垂直深化。它通过动作和时间研究,将工作分解为若干很小的单一化、标准化及专业化的操作内容与操作程序,并对员工进行培训和适当的激励,以达到提高生产效率的目的。

工作专业化设计方法的核心是充分体现效率的要求。它的特点有三:一是将工作分解为许多简单的高度专业化的操作单元,可以最大限度地提高员工的操作效率;二是对员工的技术要求低,既可以利用廉价的劳动力,也可以节省培训费用和有利于员工在不同岗位之间的轮换;三是具有标准化的工序和操作规程,便于管理部门对员工进行生产数量和质量方面的控制,保证生产均衡和工作任务的完成,而不考虑员工对这种方法的反应。因此,工作专业化所带来的高效率有可能被员工的不满和厌烦情绪所造成的旷工或辞职所抵消。

在实行工作专业化时,应遵从下列原则:

(1)增加工作要求。应该以增加责任和提高难度的方式改变工作。

(2)赋予员工更多的责任。在经理保留最终决策权的前提下,应该让员工拥有对工作更多的支配权。

(3)赋予员工工作自主权。在一定的限制范围内,应该允许员工自主安排他们的工作进度。

(4)反馈。将有关工作业绩的报告定期地、及时地直接反馈给员工,而不是反馈给他们的上司。

(5)培训。应该创造有利环境来为员工提供学习机会,以满足他们个人发展的需要。

4.第四种:工作丰富化

工作丰富化是以员工为中心的工作再设计,它是一个将公司的使命与职工对工作的满意程度联系起来的概念。它的理论基础是赫茨伯格的双因素理论。它鼓励员工参加对其工作的再设计,这对组织和员工都有益。工作设计中,员工可以提出对工作进行某种改变的建议,以使他们的工作更让人满意,但是他们还必须说明这些改变是如何更有利于实现整体目标的。运用这一方法,可使每个员工的贡献都得到认可,而与此同时,也强调了组织使命的有效完成。

工作丰富化与工作扩大化的根本区别在于,后者是扩大工作的范围,而前者是工作的深化,以改变工作的内容。工作丰富化的核心是体现激励因素的作用,因此实现工作丰富化的条件包括以下几个方面:

(1)增加员工责任。不仅要增加员工生产的责任,还要增加其控制产品质量,保持生产的计划性、连续性及节奏性的责任,使员工感到自己有责任完成一个完整工作的一个小小的组成部分。同时,增加员工责任意味着降低管理控制程度。

(2)赋予员工一定的工作自主权和自由度,给员工充分表现自己的机会。员工感到工作的成败与其个人职责息息相关时,工作对员工就有了重要的意义。实现这一良好工作心理状态的主要方法是给予员工工作自主权。同时工作自主权的大小也是人们选择职业的一个重要考虑因素。

(3)反馈。将有关员工工作绩效的数据及时地反馈给员工。了解自身工作绩效是形成工作满足感的重要因素,如果一个员工看不到自己的劳动成果,就很难得到高层次的满足感。反馈可以来自工作本身,来自管理者、同事或顾客等。例如,销售人员可以从设备的正常运转以及生产管理人员和设备操作人员那里得到反馈。

(4)考核。报酬与奖励要决定于员工实现工作目标的程度。

(5)培训。要为员工提供学习的机会,以满足员工成长和发展的需要。

(6)成就。通过提高员工的责任心和增加其决策的自主权,来提高其工作的成就感。

工作丰富化的工作设计方法与常规性、单一性的工作设计方法相比,虽然要增加一定的培训费用、人员工资以及完善或扩充工作设施的费用,但却提高了对员工的激励作用,有助于提高员工工作满意程度,进而对员工生产效率与产品质量的提高以及降低员工离职率和缺勤率产生积极的影响。况且企业培训费用的支出本身就是提高人力资源素质的一种不可缺少的投资。

若一位管理者希望通过增加工作的多样性、完整性、重要性、自主性、反馈性以丰富工作的内容,他可采取以下五个步骤:

第一步,确定自然的工作单元。这意味着尽可能让集体工作构成一个完整和有意义的整体。工作单元可以根据地理位置、产品或生产线、业务或顾客来划分。

第二步,合并任务。这意味着尽可能把独立的和不同的工作合成一个整体。

第三步,建立和顾客之间的联系。这意味着使生产者和其产品的使用者(其他生产部门、顾客、销售团体等)相联系。这样可以让生产者知道产品被判断的标准。

第四步,直接分派任务。这意味着尽可能地给生产者计划、参与、控制自己工作的权力。这样,不需要经过其他部门专门培训,生产者的控制能力就会获得提高。这种控制能力也意味着给生产者计划工作、控制存货、预算资金和质量控制的权责。

第五步,公开信息反馈渠道。这意味着要尽可能给生产者更多的有关生产结果的信息,如成本、产量、质量、组织结构、消费者的抱怨等。

表6-4是工作丰富化的示例。

表6-4 工作丰富化的示例

原来的情况	工作丰富化后的情况
每人轮换使用机器	每人固定负责两台机器
当机器发生故障时,操作工让维修工来修理	操作工接受维修训练,负责所使用机器的维修

续表

原来的情况	工作丰富化后的情况
操作工按照操作手册的规定，调换重要的元件	操作工根据自己的判断来调换零件
工长对操作工实施监督，对不符合标准的操作予以纠正	建立工作绩效反馈制度，使操作工了解自己的工作情况
在工作流程中个人做单一的作业	由3~5个人组成小组，完成整个工作任务
工长决定谁干什么活	由工作团队决定干什么工作
检验员和工长检验产品，纠正操作方法	由工作团队对产品进行自我检验

（二）岗位设计作用

既然我们想方设法对岗位进行设计，那么岗位设计对我们究竟有什么好处呢？

首先，通过岗位设计，可以使工作的内容、方法、程序、工作环境、工作关系等与工作人员的特性相适应，可以在很大程度上减少无效劳动，大幅度地提高劳动生产率。

其次，在岗位设计中，更多地考虑了人的因素对工作的影响，改变了工作单调重复和不完整的特性，实现工作的多样化，大大减少了由工作单调、重复和不完整而导致的任职人员不良的心理反应。

最后，岗位设计不但改善了工作人员与物理环境、与机器设备的关系，而且改善了工作人员之间的关系，特别是工作人员与上级的关系，这样工作人员可以获得工作中的自主权和责任感，增强主人翁意识，更好地融入组织文化中去。

【案例6-1】烦死了，每天都做同样的事

有一位财经类高校的教师，从教已达十年，在这十年中他只讲授一门公共基础课——高等数学，日复一日、年复一年地面对着不同面孔但有同样困惑的学生。学生困惑的是："我是学管理的，为什么要让我上两年的数学课，而且还那么难，害得我总被挂。"该名教师刚开始听到学生抱怨时，也感到愤愤不平并极力解释数学思维方式对专业课学习的益处。但随着时光的流逝，这种激动的表现一点一点地退却，他也懒得再做解释，甚至在他听到有些学生说"证明过程太难了，告诉我们结论就行了"时，他也可以做到不讲数学思路，只讲结论。随后，该名教师的课程越来越受到学生热捧，收入也越来越高。他原本以为这样过一生也不错，但在毕业十周年聚会上，他听到那些意气风发的同学的十年变化故事时，吃惊地发现自己竟是一个没有故事的人，根本无法融入同学们的交谈中。终于在聚会结束时刻，他喊出了心中的郁闷："烦死了，每天都做同样的事。"

类似的事情在其他行业也经常出现。张大明是某汽车公司一名十分优秀的工人。他在公司已经工作多年,技术娴熟,他的产量是整个车间最高的,差错率也最低,因此他的小时工资为18元(该工种的平均工资水平为13元/小时),也是从事同样工作的员工中最高的。但是大家万万没有想到,他居然提出辞职。当朋友问及他辞职的原因,他说:"我现在每天都在做同样的事情,太没有意思了。当旅客座椅从生产线上下来后,我就把他们放进车里,跳上车,用四个螺栓将它们固定在车身上,用扳手将螺丝拧紧,然后跳下车,把座椅后面的两根螺丝装好。就这样,一个小时我可以装20辆汽车。一天8小时周而复始。这样的工作我已经做了两年了,如果再这样做下去,我想我会疯掉的。"

两个月以后,一位朋友在一家汽车修理厂见到了张大明,他现在的工资是15元/小时。朋友问他:"你现在的工资还不如原来高,你为什么要换工作呢?"张大明说:"我觉得现在的工作更有意思,因为每辆汽车的故障往往都是不同的,我必须设法找出故障,并用各种不同的方法来处理它们,我觉得很有挑战性。我现在工作的时候很有兴趣,觉得一天的时间很快就过去了。"

五、定岗定编方法

定岗定编方法主要有劳动效率定编法、设备定编法、本行业比例定编法、业务数据定编法和预算控制定编法等(见表6-5),其中,按劳动效率定岗定编是基本的方法。

表6-5 定岗定编方法汇总表

方法	含义	适用范围	分类	计算公式
劳动效率定编法	根据生产任务和员工的劳动效率以及出勤率等因素计算岗位人数的方法,实际上就是根据工作量和劳动定额来计算员工数量的方法	以手工操作为主的,有劳动定额人员	时间定额	定编人数=生产任务×时间定额/(工作时间×出勤率)
			产量定额	定编人数=计划期生产任务总量/(员工劳动定额×出勤率)
设备定编法	根据机器设备数量、设备开动班次和工人看管设备的定额来计算定编人数	以机器设备操作为主的,有大量同类型设备的岗位	单机台设备定编	定编人数=(台班定编×设备开动台数×班制数)/出勤率
			多机台设备定编	定编人数=(设备开动台数×每台设备开动班次)/(工人看管定额×出勤率)

续表

方法	含　义	适用范围	分　类	计算公式
本行业比例定编法	按照企业职工总数或某一类人员总数的比例来确定岗位人数的方法	主要适用于直接生产人员与非直接生产人员，适合各种辅助和支持型岗位定员		定编人数=企业职工总数或某一类人员总数×比例
业务数据定编法	根据企业的销售收入、利润、市场占有率、人力成本等历史数据和企业发展战略目标，确定岗位人数方法	适用于确定企业在未来一定时期内的短、中、长期岗位人数		定编人数=f(销售收入，市场占有率，业务发展目标数据，…)
预算控制定编法	通过人工成本预算来控制在岗人数，不是对某一部门的某一岗位的具体人数作硬性的规定	适用于那些预算控制对部门人数的扩充有着严格约束的企业		部门负责人对本部门的业务目标、岗位设计和员工人数负责，在获得批准的预算范围内，自行决定各岗位的具体人数

在实际工作中，通常是将各种办法结合起来，参照行业最佳案例来制定本企业的岗位人数。由于各企业的情况差别和情况的不断变化，很难有一个所谓“绝对正确、完全适用和一成不变”的岗位数值。因此，定岗定编主要还是在成本投入硬约束下，服从于企业的总体目标要求，合理运用有限的资本投入以获得最佳的岗位和人数的组合的动态变化调整的过程（见图6-5）。

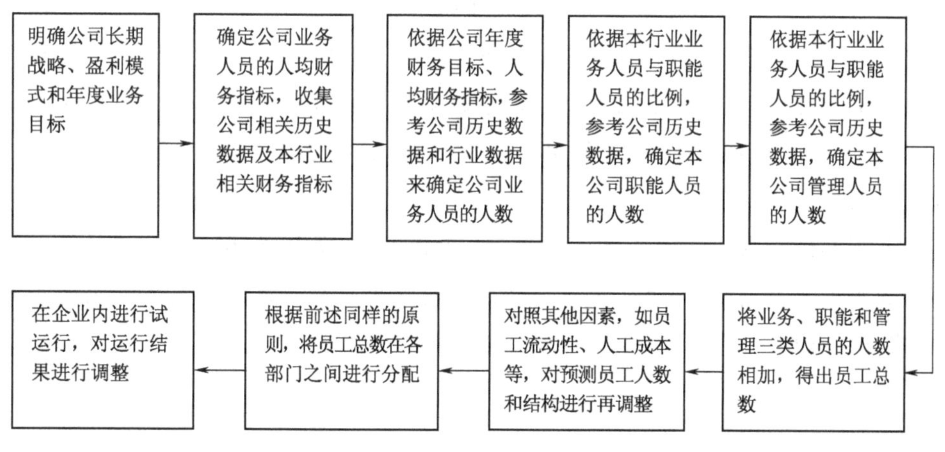

图6-5　定岗定编操作流程图

尽管采用各种定岗定编方法可以帮助企业进行人力资源规划、预测,以便更好地帮助企业实现其业务目标,但由于人的主观能动性是难以预测的,因此,在任何时候,定岗定编都不可能是绝对准确的,只可能是一种参考,只有短暂的意义。

又因为企业所处的环境及其各种条件变化越来越快,在某一时间段上做出的定岗定编只可能在本时间段内有意义。一旦某些因素产生新的变化,它必须跟着进行再调整。

最后,定岗定编是企业所有部门的事,而不是人力资源部门一个部门的事。现在许多企业的困惑是各部门都喊人少,结果人员越来越多,但企业的效率却没有真正提高。因此,企业需要的是一个大家在人员方面都能进行自我约束、自我控制的机制,而不是一套硬性的定岗定编的规定。

【案例6-2】高校实验技术队伍定岗定编的逻辑与路径①

随着高等教育的普及和人才培养模式的发展,实验室被赋予了新的内涵和使命。实验室技术队伍是高等院校实验室建设与管理的核心要素,他们在仪器设备操作与日常维护、保障学校实验教学活动顺利开展、配合职能部门进行实验室建设、确保本单位实验室安全平稳运行等方面发挥了重要的作用,是保障学校实验实践教学和科学研究活动顺利开展的重要力量。当前,实验技术人员的管理体制改革滞后于高等教育事业的发展,在一定程度上制约了实验技术队伍的自身发展,也影响了服务实践教学和科学研究的能力和水平。

一、实验室及实验技术队伍现状分析

截至2021年底,某校实验室用房总面积超过2万平方米,各类教学科研实验室共374间,年均承担本科实验课程1 021万学时。10万元以上的教学科研设备共计1 285台件,总价值7.276亿元,其中,10万元以上大型科研设施及仪器1 131台套,总价值4.212亿元;对外提供开放共享服务的50万元及以上大型仪器设备共计154台套,总价值约1.965亿元,在学校教学、科研类资产中占比约为27%。

按职称统计的实验室各类技术人员基本情况(参见图6-6),显然中级及以下职称比例的相对偏高,这也从另一个层面说明学校高水平的实验技术人员并不充足,在一定程度上制约了学校实验室整体建设和管理水平。

---

① 崔国印,刘芫健,邹梦玲. 高校实验技术队伍定岗定编的逻辑与路径[J]. 实验技术与管理,2023(3).

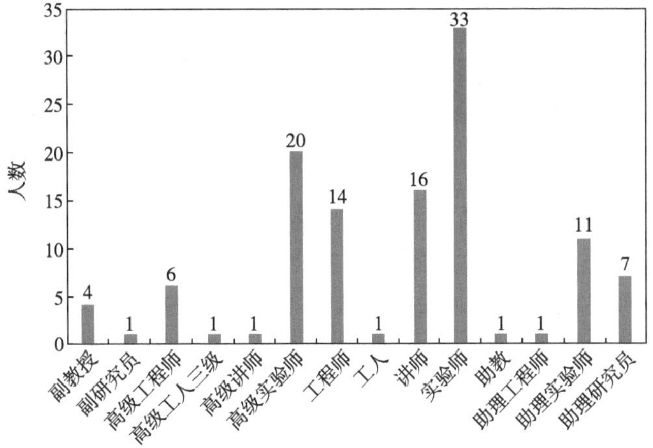

图 6-6　按职称统计的实验室人员情况柱状图

二、实验技术人员定岗定编面临的现实困境

当前,随着定岗定编制度在各高校的实施,实验技术队伍的建设和发展取得了显著的进步,但由于长期以来积累问题较多,定岗定编制度难以完全落地实施。一方面,定岗定编涉及多个职能部门,该制度的完善与实施受政策影响较大,特别是国家层面有关人力资源制度改革的配套政策和相应实施机制,要真正实现实验技术队伍的建设目标仍面临不少的现实困境;另一方面,实验室的工作纷繁芜杂,有一定的特殊性,不同学科实验室的工作性质、工作标准、工作要求和对应的工作内容具有很大的差异性,很难用固定的量化指标来核定相应的工作量,实验技术人员岗位设置和编制核定也缺乏有效依据,因此难以精准确定实验技术队伍的人员数量。

(一)岗位职责不明晰

根据学校人事编制设置,实验技术岗位由实验教师岗、仪器设备管理岗、实验室建设岗和大型仪器设备开放共享管理岗构成。根据《关于深化科技体制改革加快国家创新体系建设的意见》《关于强化企业技术创新主体地位全面提升创新能力的意见》等文件要求,大型科学仪器设备要向高校、科研院所、企业、社会研发组织等社会用户开放,实现资源共享。2021 年,教育部办公厅印发《关于开展加强高校实验室安全专项行动的通知》,要求各高校全面落实实验室安全责任体系建设,保障校园安全稳定和师生生命安全。为贯彻落实各上级部门相关工作要求,各学院设置了大型仪器设备开放共享管理员和实验室安全管理员,实验技术人员的工作任务和强度不断加大,身兼数职的现象屡见不鲜。

（二）考核评价难定量

由于长时间忽视实验技术队伍建设，各个高校没有建立起设岗、聘用、考核、激励与退出机制等一套科学合理的实验技术队伍考核评价体系。例如我校实验技术队伍绩效考评包括部门领导和职能部门测评、学生测评（不少于 30 人）、部门教职工测评（不少于 15 人）三部分，按照部门领导和职能部门测评权重 40%、学生评测权重 30%、部门教职工测评权重 30%进行分值统计。该考评办法存在着诸多问题：考核测评权重不够灵活，如没有开展实验教学课程或没有科研项目的实验技术人员、从事校影视技术服务的实验技术人员等无法进行学生测评；考核指标“履职情况”中量化要求较少，个人述职内容未能体现实际履职情况；实验技术人员考核测评采用线下述职、集中打分、人工统计的方式进行，工作效率较低。

（三）职业发展受约束

由于学校对实验队伍建设的重视程度不够，实验技术人员的总体待遇偏低，职务职级晋升标准不明确。另外管理和考核脱节，导致现有实验队伍培养、提高、考核、奖惩措施落实不到位，实验技术队伍人数定岗定编缺乏科学依据，队伍可持续发展受到了限制。

三、实验技术队伍岗位设置及定岗定编

结合学校实际情况，科学合理地制定编制核算办法，并在此基础上进行人员岗位的设置是高校实验技术队伍建设面临的首要问题，也是高校实验技术队伍建设中非常重要的基础性工作。

（一）实验技术队伍岗位设置及定岗定编的原则

实验技术队伍定岗定编要根据学校“十四五”建设发展规划需要，结合学校实验室建设与管理实际情况和实验技术队伍现状，以及学校高质量发展对实验技术队伍的要求，针对实验技术队伍群体来制定，编制测算的精确方法和岗位设置的精细化方案，探索实验技术队伍定岗定编的逻辑与路径，系统推进实验技术队伍建设，充分发挥实验技术人员的主观能动性，从而进一步提升学校实验室管理能力和建设水平。

一方面，实验技术队伍岗位与编制的设置要围绕激发实验技术人员的工作热情，强化他们在实验教学、科研以及人才培养中的地位和作用，进而使实验室的管理更加规范化、系统化、科学化。另一方面，实验技术队伍岗位与编制的设置要围绕保障实验室建设与管理机制得以长效化运转来开展，要对实验技术队伍的合理诉求充分了解、切实尊重，在此基础上，加强顶层设计，统筹推进实验室管理架构的革新与优化，合理配置实验技术岗位，保证岗位设置和编制核定的科学化、精细化，使队伍更加合理化，更加规范化。

(二)实验技术队伍岗位设置及定岗定编的路径

学校实验室建设与管理处主要负责全校教学、实验平台的建设管理,统筹推进学校大型仪器设备开放共享管理水平的提升以及实验室安全管理等工作。作为全校实验室建设与管理的职能部门,实验室建设与管理处与人事处协调联动,围绕编制核算、职称评定、职务晋升、业务培训、绩效奖励等方面加强实验技术队伍的建设与管理。在全面梳理现有实验技术队伍的现状的基础上重新核定了实验技术人员岗位编制数量,按照“控制总量、分类设岗、动态管理、编制与岗位相结合”的原则,充分考虑实际,设置实验技术队伍岗位。

1. 岗位设置范围。实验技术岗位是指在实验教学中心(室)承担实验教学及辅助工作的岗位、在科研实验室从事科研辅助工作的岗位以及在各类实验教学中心(室)从事设备管理维护工作的岗位。

2. 岗位设置计算办法。实验技术岗位总数(S)包括实验教学辅助岗位编制数量(A)、一般仪器设备管理和维护岗位编制数量(B)、大型仪器设备和科研设施管理和维护岗位编制数量(C)、实验室建设和开放管理岗位编制数量(D)、调节性岗位编制数量(E)。

(1)实验教学辅助岗位数量(A)计算。此岗位的工作具体包括学生实验实习的准备和指导、实验实习的安排和管理、开发和更新实验实习项目,以及协助指导本科生课程设计、毕业设计(论文)等,岗位数量计算如下:

$$A = \frac{W}{Z} \times K_1 \times K_2 \tag{6-1}$$

式 6-1 中,W 为学院所承担的实验总工作量,即学院每学年按培养计划完成的实验及毕业设计(按计划学时的一半计)、电装实习、程序设计、课程设计、大型作业、校内实习、软件设计等实践教学工作的总人时数;Z 为工作量定额,按每学年 36 周,每周 5 个工作日,日均 8 小时在班在岗,每人负责辅助指导 30 名学生计算,即 36×5×8×30 = 43 200(人·时);K_1 为实验教学中心(室)类型系数,取值范围为 0.5~3.0;K_2 为实验教学辅助人员比例系数,根据其所负责的实验教学课程的准备时间并考量相应的难易程度,K_2 取值范围为 0.3~0.5(见表 6-6)。

表 6-6 K_1、K_2 数值对照表

实验中心类型	K_1	K_2
语言实验教学中心(室)	0.5	0.3
计算中心	0.5	0.5

续表

实验中心类型	K_1	K_2
公共基础实验教学中心(室)	1.0	0.5
专业基础实验教学中心(室)	1.5	0.5
专业实验教学中心(室)	2.0	0.3
材料化学类实验教学中心(室)	3.0	0.5

(2)一般仪器设备维护和管理岗位数量(B)计算。此岗位工作为 1 500 元(含)以上,50 万元以下一般仪器设备的日常管理、维修和运行保养,所需岗位数按实验室正常使用仪器设备的总价值(万元)和仪器设备台件数计算。

$$B = \frac{J}{1\ 120} \times K_3 + \frac{T}{15} \qquad (6\text{-}2)$$

式 6-2 中,J 为一般仪器设备总价值,T 为一般仪器设备台件数;K_3 为一般仪器设备年有效使用调整系数,根据仪器设备的年有效使用率确定,取值如表 6-7 所示;仪器设备的年时数定额按每学年 32 周,每周 4.5 个工作日,日均工作 8h 计算,为 1 152h。

表 6-7　K_3 数值对照表

年有效使用率	K_3
80%	1.0
50%~80%	0.7
20%~50%	0.4
<20%	0.1

(3)大型精密贵重仪器设备维护和管理岗位数量(C)计算。此岗位工作是单台 50 万元以上(含 50 万元)大型精密贵重仪器设备的日常管理、维护保养以及安全管理等,所需岗位数计算如下:

$$C = \sum C_i \times K_4 \qquad (6\text{-}3)$$

式中,C_i 为第 i 类贵重仪器设备维护和管理岗位数,取值为 0.05(同类仪器台数<5)或 0.1(同类仪器台数≥5);K_4为使用方向类型系数,取值为 1(使用方向为"教学")或 0.8(使用方向为"科研")。大型精密贵重仪器设备要求做到账、卡、物相符率、仪器设备完好率为 100%,年使用有效时数须达到 500h 以上,达不到要求,岗位数酌减。

(4)实验室建设和开放管理岗位数量(D)计算。此岗位工作是上述三项任务之外的实验室开放、日常事务管理,以及学校及主管部门下达的计划外项目性工作,如:编制实验室建设计划或规划,制定及组织论证教学仪器设备的购置计划,自制教学实验仪器设备,归纳整理相关实验室档案资料,维护与建设实验室环境条件,收集处置实验室废液废渣废气,保持实验室环境卫生清洁干净,配合实验室评估以及上级布置的评比检查等。所需岗位数计算如下:

$$C = (A + B + C) \times 20\% \times K_5 \tag{6-4}$$

式中,K_5 为安全管理类型系数,取值见表 6-8。

表 6-8　K_5 数值对照表

实验中心类型	安全管理类型系数(K_5)
材料化学类实验教学中心(室)	3.0
工程训练类实验室	2.0
语音室、机房	0.5
其他实验室	0.7

(5)调节性岗位数量(E)计算。此岗位是基于学科发展需要,设置一定的调节性岗位,占岗位总数的 5%。

$$E = (A + B + C + D) \times 5\% \tag{6-5}$$

3. 实验技术岗位设置的思考。

思考一:各单位实验技术岗位的设置、编制的核定要匹配学校管理体制改革的要求,要结合本岗位承担的实验教学辅助工作量、所管理仪器设备的台件套数和对应的总价值,以及实验室建设和管理工作等要素统筹考虑。

思考二:实验技术人员岗位设置应动态管理,每年根据各实验中心(室)教学工作量和新增重点实验数量的变化进行增减调整,落实实验技术人员能进能出的动态管理目标,在此基础上提升队伍的管理水平,职务上要做到能者上庸者下,对应薪资待遇要实行动态化绩效管理,避免平均主义,打造有奖有罚有梯度的岗位管理模式。

思考三:省级实验教学示范中心、省部级重点实验室和工程中心配备 0.2 个专职实验技术岗位;国家级实验教学示范中心配备 0.5 个专职实验技术岗位;国家级重点实验室、工程中心配备 1 个专职实验技术岗位,专门从事本部门实验室建设和管理相关工作。

四、结语

实验技术队伍是高校实验室建设与管理的重要力量，是高校实现人才培养目标和推动科研水平提升的重要支撑。定岗定编是高校实验技术队伍建设的基础，是提升实验技术队伍管理水平的关键环节，对提升高校实验室建设与管理水平至关重要。我校实验技术人员定岗定编办法是在多次调研和结合学校发展的基础上制定的，有利于解决现阶段实验技术队伍岗位设置不合理、职责不清等问题，但仍是一个阶段性的定岗定编方案。学校人事制度改革是动态的，是与大环境下人力资源管理机制紧密相关的，随着国家人事管理机制的变革，高校实验室队伍建设需要探索更科学、合理，更有利于教育发展的先进的管理办法，进一步加强实验技术队伍建设，更有效地发挥他们在实验室建设和管理中的积极性、主动性和创造性，助力高校高质量发展。

第七章　岗位评价:程序标尺　精度把握

引导案例:新老员工工资矛盾问题怎样解决

在企业薪酬管理过程中,经常会遇到一类问题,那就是新老员工工资矛盾问题。这种矛盾可能会出现两种现象:一种现象是同岗位的老员工抱怨新员工工资比自己高,自己长年付出没有得到回报;另一种现象就是同岗位的新员工抱怨自己的工资总是比老员工的少,哪怕自己再怎么努力,业绩再怎么突出,也是无济于事。

造成这种矛盾的原因有很多,如果从企业内部来讲,就是在薪酬管理中,薪酬结构不太合理,导致薪酬分配上顾此失彼,从而引起员工们的不满。很多企业为了解决这个问题,想出了一个"薪酬保密"的方法,禁止员工之间互相打听工资。但是这个方法治标不治本。

工资矛盾解决需从以下三方面着手:

第一,固定工资中增加资历工资。资历工资不仅体现员工对企业做贡献的时间长短,而且在一定程度上体现员工对企业的忠诚度与认可度。但资历工资占比不能太大,否则会造成老员工偷懒,而新员工更加不满,加剧新老员工矛盾。

第二,可变工资采纳依业绩或贡献分配的方式。可变工资占总工资的比例不得低于30%,根据岗位的不同性质进行不同的设计和调整。这样,新老员工尽管还是同一岗位,但是拿多拿少主要取决于员工业绩或贡献多少,体现"多劳多得"的按劳分配的原则。

第三,建立动态薪酬调整制度。在企业绩效考核公开透明、公正公平的前提下,每年依据员工表现或业绩考核等级,调整一次薪酬。比如业绩考核为"优秀",员工调资幅度为10%;良好,则为3%;合格,则为0;差,则为-10%。通过此种设计,让员工间产生良性竞争,争相作出贡献与业绩。

每一个公司在正式采用岗位评价方法之前,对岗位的评价工作就已经存在了。比如,总经理常常会根据某一个岗位的重要程度和该岗位员工的表现以及对公司的贡献来确定他的收入,或者公司在新设立岗位的时候由负责人直接确定岗位报酬的基准。但是,这种基于个人主观判断的岗位价值评估方法存在很多问题。而当企业管理者开始接纳现代岗位评价方法之后,他们又对管理的科学性盲目崇拜,并认为越精确的办法就越科学,表现为十分迷信要素计点法,无论企业实际情况如何,都要求采用要素计点法来进行岗位评价。

那么,岗位评价果真是越精确越好吗?要素计点法果真比其他评价方法都先进吗?本书观点:岗位评价只能具有相对的科学性,并不是越精确越好,应根据应用的具体环境选择评价方法。

一、为什么要做现代人力资源管理的岗位评价

(一)传统人事管理中的岗位评价令员工感受到不公平

1.岗位的重要程度和该岗位员工的表现没有区分

岗位分析是现代企业内部管理的基础工作,它是人员选择、业绩考核的依据,因此,对于员工价值的评价首先应该基于对岗位的评价。

2.对岗位的评价是零散的

由于没有把岗位评价工作当成一项独立的工作,对岗位的评价是在岗位增加或有显著改变之后作出的,因为没有对所有岗位进行一次性评比,对于那些工作性质在逐步变化的岗位就存在评价误差逐步积累的可能。另外,因为岗位评价是零散的,所以岗位评价结果的相互对比性差。

3.岗位评价标准与依据的客观性不足

对岗位的评价是直接的、内在的,组织内的其他成员不能看到评价的标准和依据,因此,他们对评价的结果缺乏认同感。一方面,岗位的价值受到许多因素的影响,应该是一种综合的、系统的评价,直观评价会受到光环效应等认识上的偏见的影响,以至无法作出有效评价;另一方面,每个人都会高估自己的重要性,从而低估薪酬水平,缺乏客观的标准会加剧这种倾向,从而引发员工的不公平感。

4.对岗位的评价是基于个人的

对岗位的评价往往由主要负责人作出,但是,它对于岗位价值的认识可能并不全面,尤其当公司比较大时更是如此。但公司比较大时,由对岗位熟悉的人作出判断也有问题:如何维持标准的一致性?如何保证这个过程中没有机会主义的考虑?而现代人力资源管理中的岗位评价方法就是针对上述缺点提出的。

(二)现代人力资源管理中的岗位评价令员工感受到科学性

1.岗位评价的定义

所谓岗位评价,是依据岗位分析的结果(岗位说明书),设计一定的评价程序和衡量标尺,集合有代表性的多个评价人的意见,对岗位价值的关键因素如工作的性质、强度、责任、复杂性以及所需的任职资格等因素的差异程度,进行综合评估的活动。因此,岗位评价的评价人、评价标准和评价程序是岗位评价的三个关键

要素。

表 7-1 是岗位分析与岗位评价的联系，表 7-2 是岗位说明书信息与岗位评价要素间的关系。

表 7-1　岗位分析与岗位评价的联系

<table>
<tr><td rowspan="2">岗位分析形成结果</td><td>岗位说明书</td><td rowspan="2">⇨</td><td rowspan="2">岗位价值判断依据</td><td>岗位评价指标体系</td></tr>
<tr><td>岗位分析人员</td><td>关于岗位内涵的信息</td></tr>
</table>

表 7-2　岗位说明书信息与岗位评价要素间的关系

岗位评价维度 岗位分析项目	工作职责	所需知识与技能	所需努力程度	工作环境
工作标志				
工作概要				
工作职责描述				
组织结构图				
工作关系				
工作权限				
责任细分				
工作范围				
职责量化信息				
工作环境条件				
工作压力因素				
工作特点与领域				
学历要求				
工作经验要求				
工作技能要求				
工作培训要求				
素质要求				

2.岗位评价科学性的制约因素

目前国际通用岗位评价方法主要有四种，即岗位排序法、岗位分类法、因素比较法和要素计点法。但是岗位评价方法能够消除岗位评价过程中的不确定因素，达到完全科学的程度吗?这实际上是很难达到的,就目前来说,岗位评价只能提供相对科学的、对于岗位相对价值的比较结果。岗位评价的科学性受到下列因素的制约。

(1)岗位的不确定性。造成岗位不确定性的原因有两个:一是岗位职责本身就存在模糊性,比如秘书工作,其职责受个人能力和被信任程度的影响,会有比较大的差异;二是岗位职责本身不是一成不变的,会随着环境的变化进行调整,如果进行岗位或组织结构的调整新设岗位,职责被调整的可能性会更大。

(2)岗位分析的有效性。受时间和资源的限制,岗位分析只能是采用满意原则,不可能对工作进行事先的精确的描述,同时受不确定性因素的影响,对于岗位的任职资格的描述只能具有参考价值。

(3)岗位评价因素的科学性。岗位评价因素是在对多个企业的薪酬确定原则分析的基础上形成的,它代表了一种一般性的理解。针对具体的企业,岗位评价因素应该做出相应的调整,但是我们往往不可能用系统的方法来研究针对具体企业的因素及其权重,而只是简单地用我们的判断来代替。这也不可避免地限制了评价的科学性。

(4)评价人对岗位的认识程度和对评价因素的理解程度。评价人受所在岗位的限制,对岗位的认识不可能十分全面,当被评价岗位中有新设立的岗位时就更是如此,而且不同的评价人对评价要素等级程度的理解也会不同。

(5)评价人的公正性。由于评价人绝大部分来自企业,每个评价人在评价岗位的时候不能不考虑到自身的利益,这也为评价带来了误差。

受上述因素的限制,岗位评价过程与结果只能追求相对的科学性。这时候,岗位评价的另一目的就变得更加重要:通过岗位评价让员工感受到科学性。为什么说让员工感受岗位评价的科学性是有价值的呢?这是因为岗位评价首要的用途就是确定薪酬。在薪酬设计的原则中,最重要的一条就是它必须满足内部公平性要求。作为确定薪酬重要依据的岗位评价,如果能够让员工感受到岗位评价的科学性,也就增加了员工对岗位评价结果应用的信任程度,实际上也增强了员工对薪酬体系的接受程度。

3.员工对岗位评价内部公平性的感受来源

图 7-1 展示了员工对岗位评价内部公平性的感受,这种公平性感受主要来自岗位评价过程中一系列环节的严格控制。

(1)岗位评价的参与人必须包括公司各层级的员工。岗位评价委员会应该由各层级员工组成,以便充分反映管理人员和员工的意志。同时,普通员工代表应该选择那些对公司认同度较高、资历较老并具有一定影响力的员工,因为他们不但可

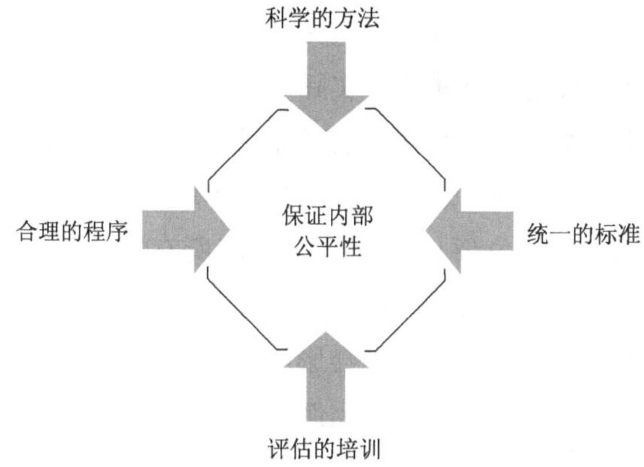

图 7-1　员工对岗位评价内部公平性的感受来源

以比较准确地评价岗位价值,还可以通过他们的影响将岗位评价的过程进行有效的宣传。

(2)岗位评价的标准有严格的界定。在对岗位进行评价的时候应制定科学的标准,这不但有助于真实地判断岗位的价值,也有助于统　参与者的评价结果。

(3)对评价委员会进行培训。由于参加评价的人员大部分没有这方面的经验,因此进行相关的培训,让他们了解评价的目的、方法、标准等,有助于提高评价结果的有效性。

(4)岗位评价的结果处理有严格的方法。为了消除评价过程中的不确定因素,避免因为操作者的个人原因导致的偏差,采用统计方法进行数据处理,比如去掉最高分和最低分、控制方差范围等有助于结果的科学性。

(5)岗位评价环境的设计和过程的严格控制。保证岗位评价时环境的正式性、不受打搅、时间控制和环节控制,有助于引导参与者从公司的利益出发进行公正、负责的评价,同时,它也有助于增强评价结果的权威性。

(三)岗位评价原则与特点

1.岗位评价的原则

(1)就事原则。岗位评价针对的是工作的岗位而不是目前在这个岗位上工作的人。

(2)一致性原则。所有岗位必须通过同一套评价因素进行评价。

(3)完备性原则。岗位评价因素定义与分级表上的各项因素,彼此间是相互独立的,各项因素都有其各自的评价范围,这些范围彼此间是没有重叠且没有遗漏的。

(4)针对性原则。评分因素应尽可能结合企业实际,这需要项目组与专家根据该企业的实际情况,对岗位评价因素定义与分级表的各类因素的权重,以及各个因素的定义进行协商讨论,尽可能切合实际。

(5)独立性原则。参加对岗位进行评价的专家小组的成员必须独立地对各个岗位进行评价,专家小组的成员之间不应该互相串联、协商打分。

(6)过程参与原则。岗位评价涉及公司内部所有岗位,评价结果会影响到公司所有员工的薪资水平,所以岗位评价方法的准确性、岗位评价要素和评价标准的准确性、评价数据处理的规范性等最终会影响公司所有岗位的相对重要程度和地位。因此,岗位评价小组成员需要一定比例的基层员工,这样更容易让员工对岗位评价的结果产生认同感,也有利于增强岗位评价结果的合理性。

(7)结果公开与过程保密原则。由于薪酬设计的极度敏感性,岗位评价的工作程序及评价结果在一定的时间内应该处于保密状态。当然,在完成整个薪酬制度的设计之后,岗位的分布应该公开,使全体员工都了解到自己的岗位在公司的位置。岗位价值评估结果应该向员工公开,透明化的岗位价值评估标准和评估程序、评估结果有利于员工对企业的价值取向达成理解和认同,明确自己的努力方向,并可降低薪酬管理中可能出现的随意性大等风险,同时提高员工对薪酬的满意度,减少员工对薪酬的抱怨。

2.岗位评价的特点

岗位评价着眼于从事该岗位的任职人员的最佳特质,而非目前在职人员的情况。岗位评价具有以下四个明显特点。

(1)岗位评价衡量的是岗位间的相对价值。岗位评价衡量的是组织内所有岗位之间的相对价值,而不是某一个岗位的绝对价值。如果岗位价值的结果脱离了企业这个特定环境,则没有任何意义。岗位评价是根据预先已经设计好的评估模型,按照每一岗位具体劳动背后所隐含的抽象劳动要素逐一测定、评估,由此得到每个岗位的相对价值。

(2)岗位评价的结果具有一定的稳定性和可比性。由于公司发展目标、组织结构、岗位设置等都具有一定的稳定性,因此,岗位评价的结果也存在相对的稳定性。但随着企业发展战略的转变,公司的流程设计发生变化,进而导致公司组织结构、岗位设置、岗位工作内容发生变化,岗位价值也会随之变化。如果公司只是进行小范围的调整而导致新增加个别岗位,则可以根据以前的岗位评价结果选定一个参照岗位,以确定新增岗位的价值而无须重新评价。

(3)奠定等级工资制的基础。岗位评价的目标是建立一种公正、平等的工资结构,使员工在工作中体现的能力、绩效与辛苦程度可以在收入上得到相应的回报。因此，可以按照岗位评价的最终结果对岗位进行等级划分，从而确定公平合理的薪资结构。

(4)岗位评价的过程中需要运用多种评价技术和手段。一般来说，一次较为成功的岗位评价过程，需要综合运用组织设计与管理、流程设计与优化、数理统计和计算机数据处理等技术。同时，也需要运用排序法、归类法、要素比较法、要素计点法等多种岗位评价方法，才能对所有岗位作出相对公正客观的评价。

二、岗位评价要素的独统之争

(一)付酬要素统一论

付酬要素统一论者认为岗位评价重在评价标准的统一，各岗位的相对价值需要在一套统一的评价体系之下进行评估，岗位的评估结果方能具有可比性，且数据积累方便。

目前，国外知名的咨询公司大都支持付酬要素统一论，且都有一套属于自己的岗位评价体系，以追求使用本套评估体系的所有岗位的评估结果之间的可比性。例如：合益集团氏(Hay Group)认为有三大付酬要素，即智能水平、解决问题能力和风险责任；美世(Mercer)认为有四大付酬要素，即影响、沟通、创新和知识；翰威特咨询公司认为应有六大付酬要素，即知识与技能、影响/责任、解决问题/制定决策、行动自由、沟通技能、工作环境 。

(二)付酬要素独立论

付酬要素独立论者则从企业实际需求出发，认为企业所处的环境不同、行业不同，企业所追求的核心竞争力不同，对员工的要求不同，导致企业的付酬要素应该因企业不同而有所不同。

此外，企业内部各岗位的职责不同，能力要求不同、工作的过程要求不同、产出不同，导致企业对员工的付酬因素的权重分配在各岗位之间也有所不同。因此，用过于统一的岗位评价体系进行评估，岗位评价结果会存在较大的偏差。

付酬要素独立论者还发现即使是国际知名的咨询公司的岗位价值评估系统也不能有效地对所有类型的岗位进行相对价值评估。例如，海氏较适合于管理类、职能类岗位的价值评估，美世较适合于技术类岗位的价值评估，国际劳工组织的“日内瓦范本岗位评价法”较适合于对生产操作类与事务类岗位进行评估。

(三)付酬要素统一论与独立论的比较

付酬要素的统独之争实为理论与实务之间利益的博弈。就科学性角度来说，付酬要素的独立论较统一论更具科学性，其针对企业所处的客观环境、行业特殊性、岗位类别等个性化因素进行岗位付酬要素的设计,更能够贴近企业的实际,企业内部岗位的相对价值评估结果的有效性更强。就企业来说,其更希望咨询公司能够根据企业的实际情况进行岗位付酬要素体系的设计,以便得到更具企业个性化的、更有效的岗位评估结果。这种期望本身是合情的,但是否合理就要根据具体情况进行具体判断了。

岗位付酬要素体系的设计是一项专业技术要求很高的工作,也是一项需要不断积累,不断完善的工作,不是在较短时间内能够完成的。如果付酬要素设计得不当,将直接导致岗位评估结果的失真,对于企业来说,如果应用这样的评估结果进行薪酬体系的设计,那么其后果是可想而知的。因此,企业的这种期望虽然合情,但是如果没有包括人力资源在内的相应资源的投入,则不合理。

目前岗位付酬要素独立论者在实际应用中,主要是针对企业实际情况,在充分发挥现有岗位评估体系的优点的基础上,做一定的调整,以求接近岗位评估结果的正确值。至于这种做法本身能否达到期望中的效果也有待进一步验证。

经济学要解决的一个永恒的问题是,如何用有限的资源满足无限的需求。对于企业来说也是一样,如何在投入有限的资源的情况下,尽量满足企业自身发展的需要。岗位评估只是企业管理体系建设中的一环,如何平衡整体利益与局部利益是所有企业领导者必须解决的问题。在一套岗位评估体系能够满足企业体系建设需要的情况下,就没有必要追求个性化付酬要素体系的建设。毕竟,越复杂的工具,操作起来越易出问题,其得到的结果是否一定比应用操作简单的工具得到的结果更具有效性也是值得商榷的。

岗位付酬要素的统独之争实为岗位评估技术在实际应用中的应用模式之争,至于具体应用中到底应该采取何种模式是企业与咨询公司需要认真对待的问题。

三、岗位评价的方法及其实施流程

(一)方法与实施流程简介

目前岗位评价方法主要有四类:岗位排序法、岗位归类法、要素比较法、要素计点法,这些岗位评价的方法各有特色,并不存在适用于企业的万能的最佳方案。

图 7-2 描绘出四种岗位评价方法的特点,其中,岗位排序法是最原始、最简单的方法,是根据一些特定的标准对各个岗位整体性的相对价值进行排序,目前是国内外广泛应用的一种定性的岗位评价方法;而岗位归类法是岗位排序法的延伸,就是制定出一套岗位等级体系,这个等级体系好像是一个有很多层次的书架,每一层都代表着一个等级,而每个岗位则好像是一本书,我们的目标是将这些书分配到书

架的各个层次上去，这样我们就可以看到不同价值的岗位分布情况。

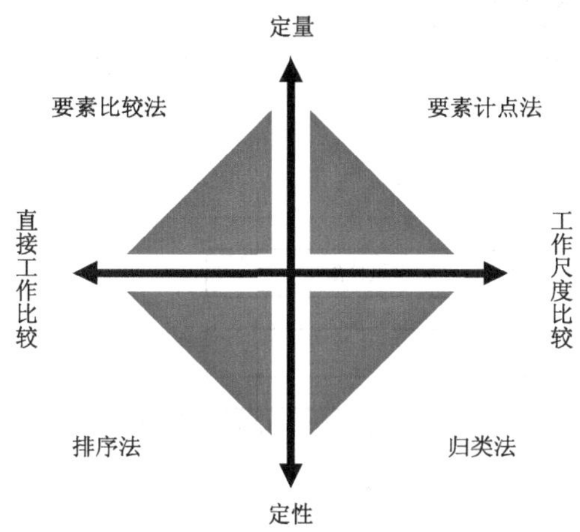

图 7-2　岗位评价方法分类

要素比较法是一种量化的岗位评价方法，它实际上是对岗位排序法的一种改进，是选择现行价格合理的岗位，并让这些岗位在各种报酬要素上按其价值大小分别进行排序，最终给出岗位在各个报酬要素上具体金额的一种岗位评价方法。要素计点法实践中最常用的定量岗位评价方法，是岗位评价专家组根据一个结构化的报酬指标量表对岗位价值进行打分，最终确定岗位价值与岗位级别的方法。

图 7-3 给出我们岗位评价实施的一般步骤。

1.完成并整理岗位说明书

通过岗位分析，对岗位进行清晰描述，包括描述岗位的目的、职责、权限、工作关系、在组织中的位置等，同时对岗位所需要的任职资格标准进行分析，明确岗位所需要的教育水平、经验、专业知识和技能的广度与深度等。岗位分析的结果就是岗位说明书。

岗位说明书是岗位评价的基础。科学的、完善的岗位说明书能大大提高岗位评价的有效性。没有详细的岗位说明书作基础，岗位评价者就只能凭主观印象对岗位进行打分，评价的主观性就会增大。

2.成立岗位评价委员会

通常对岗位的排序需要对多个评价者的意见进行汇总整合，岗位评价委员会成员的素质及总体构成情况将直接影响岗位评价工作的质量。因此，岗位评价委员会成员的选择非常关键。岗位评价委员会成员必须符合以下要求：

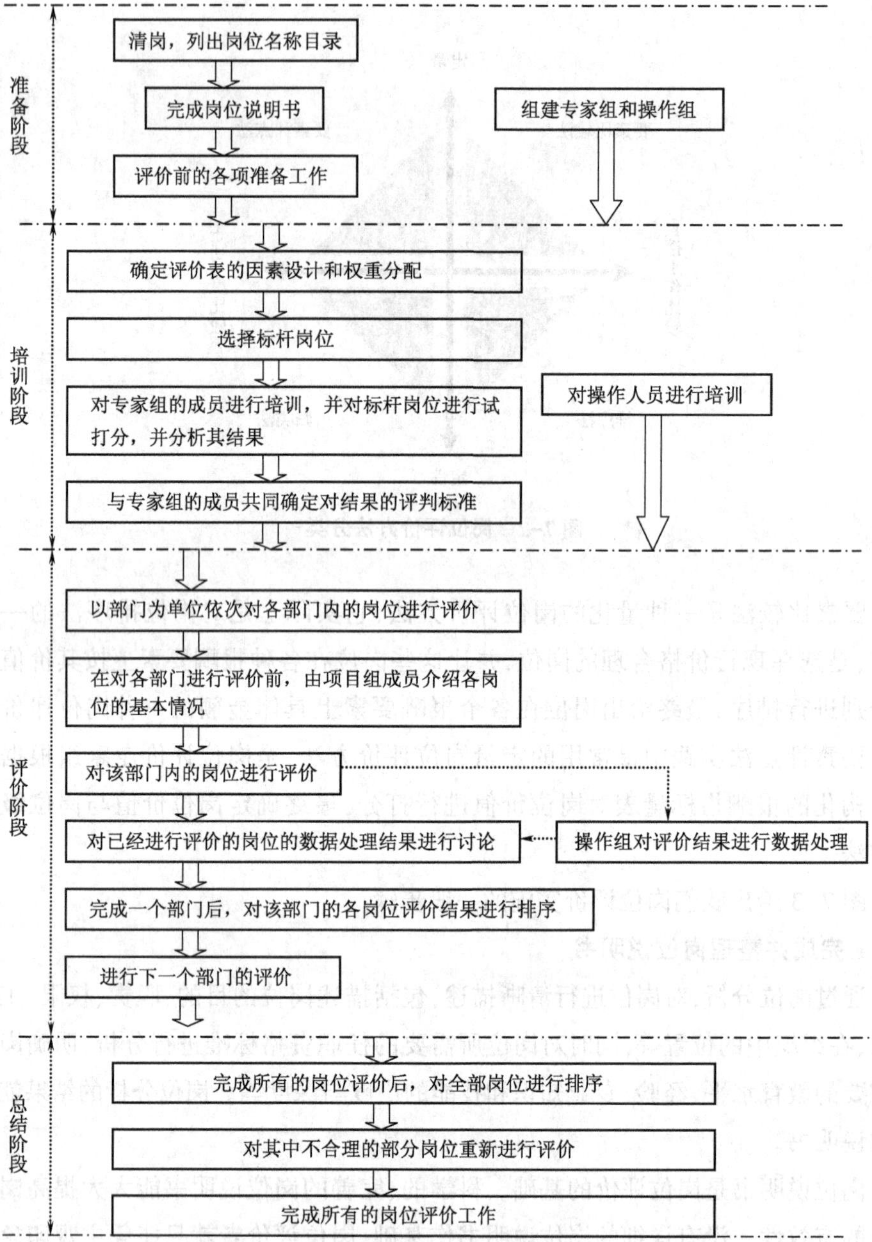

准备阶段

清岗,列出岗位名称目录

完成岗位说明书

评价前的各项准备工作

组建专家组和操作组

培训阶段

确定评价表的因素设计和权重分配

选择标杆岗位

对专家组的成员进行培训,并对标杆岗位进行试打分,并分析其结果

与专家组的成员共同确定对结果的评判标准

对操作人员进行培训

评价阶段

以部门为单位依次对各部门内的岗位进行评价

在对各部门进行评价前,由项目组成员介绍各岗位的基本情况

对该部门内的岗位进行评价

对已经进行评价的岗位的数据处理结果进行讨论

操作组对评价结果进行数据处理

完成一个部门后,对该部门的各岗位评价结果进行排序

进行下一个部门的评价

总结阶段

完成所有的岗位评价后,对全部岗位进行排序

对其中不合理的部分岗位重新进行评价

完成所有的岗位评价工作

图 7-3 岗位评价实施流程

(1)客观公正的品格。企业中大多数同事认为评价人员为人正直,能一贯公正客观地处理问题,在进行岗位评价时能尽可能摆脱部门利益、小团体利益和个人利益。

(2)熟悉岗位评价的方法、流程与技巧。在岗位评价工作开始前,要对评价小组的所有成员进行培训,不参加岗位评价培训,就不能入选岗位评价委员会。

(3)在公司工作的时间较长,对公司的整个情况(特别是岗位情况)有较为全面的了解。

(4)在员工中有一定的威信和影响力,这样才能使岗位评价结果更具权威性。岗位评价委员会不能全部由中层管理者、高层管理者组成,必须适当考虑基层骨干员工和普通员工代表。

3.选择标杆岗位

规模大的企业岗位往往比较多,如果所有的岗位都参加测评,一方面会耗费大量的人力、物力;另一方面如果岗位太多,评价者往往会因为被评价的岗位过多而敷衍了事,或者因岗位较多而难于对不同岗位进行区分,这样会使评价工作出现较大的偏差。

标杆岗位的选择一般以三个标准来衡量:一是够用,因为过多就起不到精简的作用,过少的话,标杆的岗位测评结果就不能代表所有岗位相对价值的变化规律,有些岗位价值就不能得到应有的评价。二是好用,可以先采用岗位分类法或者岗位排序法,对不同岗位进行横向比较,从中选出岗位价值较难比较的岗位作为标杆岗位。三是中用,标杆岗位一定要能够代表所有的岗位。

标杆岗位是一组能够像链条一样把企业中各岗位的薪酬分布连接起来的岗位。因此,在选择标杆岗位的时候,要在企业低、中、高层中和不同类型岗位中进行选择,例如总经理、副总经理、重要性较强的中层管理岗、重要性较弱的中层管理岗、重要性较强的基层岗位、重要性一般的基层岗位、重要性最弱的基层岗位,另外也要力争覆盖到营销类、技术类、生产类等岗位。

4.确定岗位评价的考虑因素

尽管岗位评价主要是根据岗位的整体价值对岗位进行排序,但也需要参与评价的人员对什么样的值为“整体价值”达成共识。一般来说,可以规定几个标准,例如,承担的责任更大,管理的幅度和范围更广泛,工作任务更加复杂,所需要的知识和技能更高,教育水平更高,工作经验更多,等等。一般公司从责任因素、知识技能因素、岗位性质(岗位的辛苦程度)、工作环境四个方面进行考虑。选择标准不宜过多,只需选择最为重要的因素。选择因素主要基于两点进行考虑,一是因素必须与工作相关,二是应选择有利于公司发展战略的因素。

5.对岗位评价委员会成员进行培训

在岗位评价前,评价者一定要经过系统的培训,培训主要包括两方面内容:一是对岗位职责的培训,对成员讲解各岗位的主要职责,务必要求成员对岗位有基本的熟悉程度;二是对“岗位评价法”的设计原理、逻辑关系、评分过程、评分方法非常熟悉才能从事测评工作,在所有岗位评价委员会成员对岗位评价目的、意义及操作流程、注意事项均达成共识后,才能开始进行岗位评价。

经过培训之后,可预先选出若干个标杆岗位进行对比打分,培训人员要详细阐述打分的过程,同时选择一名岗位评价者做演示,直到所有的岗位评价者完全清楚为止。

6.进行比较和排序

在正式进行岗位评价前,可先选择部分标杆岗位进行试评价,对评价结果统计分析,评价结果满意后再进行正式岗位评价工作。这是因为,如果一开始就正式展开评价工作,等到评价结果因为岗位评价者没有完全掌握评价技巧而不理想时再进行第二轮测评,会遭到多数测评成员的质疑或者反对。最后,再由岗位评价委员会成员依据因素定义对岗位进行排序,排序时每位岗位评价委员会成员手中均备有因素定义参考、排序表、打分表等。

7.对标杆岗位进行正式测评打分并建立岗位等级

正式评价结束后,统计计算岗位的得分也很有技巧性。以岗位排序法为例,评价者各自检查排序的结果,对其中不合理的地方进行调整,然后在排序表"调整后的序号"栏写上经调整后的每个岗位对应的顺序号,最后综合评价委员会成员排序的结果得出最终的排序。

统计计算出各标杆岗位的平均分后,可算出每位评分者的评分与平均分的离差,剔除离差较大的分数。因为有些测评者为了本部门的利益或对有些岗位不熟悉而导致评分有较大偏差,在统计计算最后得分时务必要通过一些技术处理手段将这种偏差降到最低限度。

各标杆岗位最后得分出来后,按分数从高到低将标杆岗位排序,并按一定的分数差距(级差可根据划分等级的需要而定)对标杆岗位分级。然后,再将非标杆岗位价值与标杆岗位价值进行对比分析后套入相应的岗位等级。

(二)岗位排序法

由评价人员凭着自己的主观判断,根据岗位的相对价值按高低次序进行排列。岗位排序法的原则是:第一,岗位等级不宜过多,且上一级岗位与下一级岗位之间应该容易比较出难易差别;第二,每一岗位是作为一个整体比较的,是凭人们的直觉来进行判断的。所以,可以吸收更多的基层员工参加到评价专家组中来。

1.排序法的种类

(1) 直接排序法:根据对岗位的总体判断,按照重要性或者对企业贡献度的高低顺序将岗位依次排列。表 7-3 是直接排序法示例。

表 7-3 某大型超市十个岗位直接排序表单

岗位名称	按价值大小排序(1=价值最低,2=价值次低……)
HRD 经理	
POS 机收银员	
超市总经理	
采 购 员	
财务部经理	
仓库保管员	
店面导购员	
物流部经理	
会计主管	
总台服务员	

(2)交替排序法:首先找出价值最高和价值最低的两个岗位,然后再从剩余的岗位中找出价值最高和价值最低的两个岗位,如此循环,直至把所有的岗位都排列完毕为止。表 7-4 是交替排序法示例。

表 7-4 某建筑工程公司部分岗位交替排序法

排 序	岗位名称
价值最高的	总裁
价值次高的	首席建筑师
……	……
……	……
价值次低的	秘书/接待员
价值最低的	清洁工

(3)比较排序法:通过建立一个岗位比较矩阵,将所有待评岗位两两组合比较,以最终比较结果对岗位做出排序。

表 7-5 是比较排序法示例,具体操作过程是:将行、列中的岗位价值两两对比后,认为行比列重要的写“1”,认为行没有比列重要的写“-1”,认为行与列同等重要的写“0”。

表 7-5　某大型超市十个岗位的两两比较排序表

岗位名称	HRD经理	POS机收银员	超市总经理	采购员	财务部经理	仓库保管员	店面导购员	物流部经理	会计主管	总台服务员	得分	排序
HRD 经理												
POS 机收银员												
超市总经理												
采购员												
财务部经理												
仓库保管员												
店面导购员												
物流部经理												
会计主管												
总台服务员												

2.岗位排序法实施流程

岗位排序法实施流程如图 7-4 所示。

图 7-4　岗位排序法实施流程

图 7-4 告诉我们：通过岗位说明书，可知有关岗位的各种内涵；需要选择一组受管理部门和员工认可的测评人员；制定与本企业岗位高度相关及有利于公司发展的战略测评准则；对岗位进行比较与排序，按平均序数的大小形成所有岗位的等级顺序即岗位序列。

表 7-6 是岗位最终排序表的示例。

表 7-6　岗位最终排序表

岗位名称	张三排序	李四排序	王五排序	……	平均序号	调整后的序号
HRD 经理						
POS 机收银员						
超市总经理						

续表

岗位名称	张三排序	李四排序	王五排序	……	平均序号	调整后的序号
采　购　员						
财务部经理						
仓库保管员						
店面导购员						
物流部经理						
会计主管						
总台服务员						
岗位名称	张三得分	李四得分	王五得分	……	平均得分	最终排序
HRD 经理						
POS 机收银员						
超市总经理						
采　购　员						
财务部经理						
仓库保管员						
店面导购员						
物流部经理						
会计主管						
总台服务员						

3.岗位排序法的优缺点

岗位排序法的主要优点是简单、容易操作、省时省力，适用于较小规模、岗位数量较少、新设立岗位较多、评价者对岗位了解不是很充分的情况。但是这种方法也有一些不完善之处：这种方法带有极强的主观性，评价者易受特殊因素的影响。例如，在恶劣工作环境下常会将此岗位的相对价值估计过高；不同的评价者多依据自己主观标准对岗位进行排序，而这些主观标准往往不同，排序时也难于回答清楚“为什么此岗位比彼岗位重要，此岗位比彼岗位重要的程度是多少”等问题；排序的最终结果仅是一个位置次序，无法确定相邻两个工作岗位之间的价值差距到底有多少。

此种方法还不易找到熟悉所有标杆岗位的评价人员，各评定者评定结果有时差异很大，容易出现错误。特别是在大企业中使用很费时，如待评价岗位有 n 个，则采用两两配对比较法进行排序将会产生 $n(n-1)/2$ 个比较次数。

(三)岗位归类法

岗位归类法也叫分级法或等级描述法。归类的过程类似于书架的整理过程。首先,按照一定的标准(劳动等级)来确定岗位等级框架(岗位等级定义体系表);其次,根据劳动等级比较待评价岗位;最后,把各个岗位归入事先确定好的通用的岗位等级定义体系表中,从而确定岗位相对价值。

表7-7和表7-8是岗位分类法示例。

表7-7 某小型研发类公司岗位分类法的应用

岗位等级	岗位级别的定义和等级描述	岗位级别分类(部分岗位)
4最高	复杂工作:独立作出决策;监督他人工作;需要接受高级的专业训练和具有较丰富的经验	总经理、高级软件工程师
3	中等复杂程度工作:根据既定的政策、程序和技术能独立思考;需要接受专业的训练并具备一定的经验;无须他人监督	人力资源部经理、软件工程师
2	需要一定独立判断能力的工作:具有初级技术水平;需要一定的训练和经验;需要主管人员监督	会计、助理软件工程师
1最低	例行的事务:按照既定的程序和规章工作;处在主管人员的直接监控之下;不带有技术色彩	门卫、前台

表7-8 某大型超市岗位分类法的应用

等级	通用等级描述	岗位名称
5最高	极其需要独立的思考,且能够超出监督或日常工作的范围去考虑更深入的问题	超市总经理
4	从事技术性或多样性的工作,偶尔需要独立思考并从事困难的工作,其工作只受到有限的检查	HRD经理、财务部经理、物流部经理
3	必须具备第二级的特点,承担更多的责任	会计主管、采购员
2	不受他人监督,对工作细节十分通晓,有特别的工作技能	仓库保管员、店面导购员
1 最低	集中注意日常工作,快速而准确,在监督下工作,可能或不可能对最后结果承担责任	POS机收银员、总台服务员

通过表7-7与表7-8可知,实施岗位分类法的关键是建立一个岗位级别体

系。建立岗位级别体系包括确定等级的数量和为每一个等级建立定义与描述。等级的数量没有什么固定的规定,只要根据需要设定,便于操作并能有效地区分岗位即可。对每一个等级的定义和描述要依据一定的要素进行,这些要素可以根据组织的需要来选定。最后就是要将组织中的各个岗位归到合适的级别中去。

岗位归类法是一种简便易理解和易操作的岗位评价方法,适用于对岗位性质大致类似、可以进行明确的分组,并且改变工作内容的可能性不大的岗位进行评价。这种方法具有较强的灵活性,在组织中岗位发生变化时,可以迅速地将组织中新出现的岗位归类到合适的类别中去。

但是,这种方法也有一定的不足,那就是对岗位等级的划分和界定存在一定的难度,有一定的主观性。当岗位类型差异较大时,进行定义的难度会更大。如果岗位级别划分得不合理,将会影响对全部岗位的评价。另外,这种方法对岗位的评价也是比较粗糙的,只能得知一个岗位归在哪个等级中,岗位之间的价值的量化关系是怎样的也不是很清楚,特别是相邻等级间难免有重叠之处,使得评判者难免会掺入一定的主观成分,因此在将其用到薪酬体系中会遇到一定的困难。

(四)要素比较法

要素比较法是根据不同的报酬要素对待评价岗位进行多次排序,并将工资额合理分解的方法。要素比较法与岗位排序法的区别在于:一是按整体排序,还是按报酬因素排序;二是评价结果是否有具体的报酬金额。

1.要素比较法实施流程

要素比较法实施流程如图 7-5 所示。

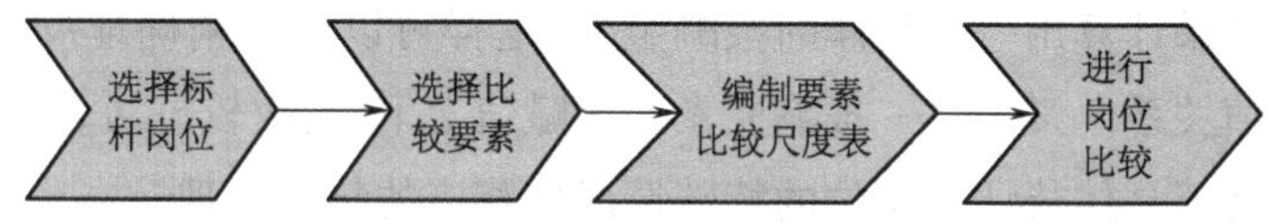

图 7-5　要素比较法实施流程

(1)选择标杆岗位。按照全部岗位的 10%~15%的比例,选出在企业各层面具有广泛代表性的、现行工资比较合理的(必须是大多数人公认的)岗位,作为标杆岗位。

(2)选择比较要素。通过分析标杆岗位,找出一系列共同的与履行各岗位的职责相关且企业愿意为之支付报酬的因素。这些报酬因素是应该能够体现出岗位之间的本质区别的一些因素,如脑力要求、技能要求、体力要求、责任要求和工作条件。

(3)编制要素比较尺度表。将每个标杆岗位的工资或所赋予的分值分配到相应的报酬因素上,最终确定一张由"横向=比较要素,纵向=根据关键岗位比较后所得的排序所赋予的工资率"构成的表格,见表7-9。

表7-9 要素比较尺度表 单位:元/小时

小时工资率	脑力要求	技能要求	体力要求	责任要求	工作条件
0.5		工作1			
1.0	工作1			工作1	工作3
1.5		工作2			
2.0		工作1			工作X
2.5	工作2		工作X		
3.0	工作X		工作2	工作X	
3.5		工作X			工作2
4.0	工作3		工作3	工作2	
4.5					
5.0		工作3		工作3	工作1

(4)进行岗位比较。根据要素比较尺度表,将尚未进行评定的其他各岗位与现有的已经评定完毕的标杆岗位对比,按相近条件的要素岗位工资分配以确定其报酬数量。

2.要素比较法的优缺点

要素比较法的一个突出优点就是系统可靠性高,可以根据在各个报酬因素上得到的评价结果计算出一个具体的报酬金额,这样可以更加精确地反映出岗位之间的相对价值关系。又因每一报酬要素并无赋值上下限,故较灵活。因此,可根据各企业特点乃至具体待评价岗位的特殊情况作相应的特殊处理。

一般在下列条件下要素比较法较为适用:生产过程复杂,岗位类别、数目多的大中型企业,需要一种量化方法,愿花大量的费用引入一种岗位评价体系;这种复杂方法的运用不会产生理解问题或雇员的接受问题,并且希望把工资结构和标杆岗位的相对等级或劳动力市场上通行的工资更紧密联系起来。

应用要素比较法时,应该注意两个问题:一是薪酬因素的确定要比较慎重,一定要选择最能代表岗位间差异的因素;二是市场上的工资水平经常发生变化,要及时调整标杆岗位的工资水平。由于要素比较尺度的确定受现行工资的影响较大,又由于难以向员工表明要素比较尺度复杂的建立过程,因此员工易对它的准确性与公平性产生怀疑。

由于我国当前多种薪酬体制并存，同时国内薪酬体制透明度较低，劳动力市场价格处于混沌状态，因而使用要素比较法的基础数据不足，目前要素比较法在国内基本未得到使用。

3.要素比较法实操示例

某机械制造企业确定五个两两不相关的报酬要素，即“脑力、技能、体力、责任、工作条件”，并选出六个现行工资较为合理的标杆岗位：搬运工、保卫、装配工、卡车司机、车工和监督工。下面展示要素比较尺度表的构建过程。

（1）步骤一：建立标杆岗位分级表。对标杆岗位按各报酬要素上的相对重要程度进行排序，从 1 级 =“最不重要”到 6 级 =“最重要”（见表 7-10）。

表 7-10　标杆岗位分级表

岗位名称	脑　力	技　能	体　力	责　任	工作条件
搬运工	1	1	6	1	3
保　卫	2	2	5	2	4
装配工	3	3	4	3	2
卡车司机	4	4	3	4	6
车　工	5	6	2	5	5
监督工	6	5	1	6	1

（2）步骤二：对标杆岗位现行工资率按每一报酬要素进行分解并排序。通过市场薪酬调查获得标杆岗位的现行的较为合理的小时工资，然后再确定各报酬要素在标杆岗位上所占价值的比重，最后可得各报酬要素的工资率。因为不同的岗位评价者对待评价岗位在各报酬要素上的分配权重会有不同的看法，所以，需要汇总所有的评价结果，并利用均值法最终确定某一岗位在各评价要素上的工资率，见表 7-11 和表 7-12。

表 7-11　搬运工的工资分解表

评价者名称	现行小时工资	脑力 工资率及权重	技能 工资率及权重	体力 工资率及权重	责任 工资率及权重	工作条件 工资率及权重
张三	8（100%）	0.8（10%）	0.8（10%）	3.2（40%）	0.8（10%）	2.4（30%）
李四	8（100%）	0.4（5%）	1.2（15%）	2.4（30%）	1.2（15%）	2.8（35%）
王五	8（100%）	0.8（10%）	1.2（15%）	2.4（30%）	0.4（5%）	3.2（40%）
均值	8	0.67	1.06	2.67	0.8	2.8

表 7-12 步骤二中的排序表——标杆岗位工资分解表

岗位现行小时工资	脑 力	技 能	体 力	责 任	工作条件
搬运工 8	0.7	1.0	2.7	0.9	2.7
保 卫 10	0.9	1.3	2.5	2.1	3.2
装配工 12	1.8	3.6	1.95	2.25	2.4
卡车司机 15	2.7	3.4	1.3	3.2	4.4
车 工 18	3.2	5.9	0.9	4.4	3.6
监督工 20	6.8	4.4	0.7	6.8	1.3

根据各标杆岗位在每一报酬要素上的工资率,就可以得到各标杆岗位的一个排序表,即按报酬要素工资率排序表。比较标杆岗位分级表及其按要素分配的工资率排序表,看是否有不一致之处(见表 7-13),然后建立要素比较尺度表(见表 7-14)。

表 7-13 步骤一与步骤二中的排序比较表

评价要素	脑 力		技 能		体 力		责 任		工作条件	
岗位名称	步骤一排序	步骤二排序	步骤一排序	步骤二排序	步骤一排序	步骤二排序	步骤一排序	步骤二排序	步骤一排序	步骤二排序
搬运工	1	1	1	1	6	6	1	1	3	3
保 卫	2	2	2	2	5	5	2	2	4	4
装配工	3	3	3	3	4	4	3	3	2	2
卡车司机	4	4	4	4	3	3	4	4	6	6
车 工	5	5	6	6	2	2	5	5	5	5
监督工	6	6	5	5	1	1	6	6	1	1

表 7-14 根据标杆岗位工资率所建的要素比较尺度表(方便计算非标杆岗位小时工资)

小时工资	脑 力	技 能	体 力	责任	工作条件
0.7	搬运工		监督工		
0.9	保 卫		车 工	搬运工	
1.0		搬运工			
1.3		保 卫	卡车司机		监督工
1.8	装配工				
1.95			装配工		
2.1				保 卫	
2.25				装配工	

续表

小时工资	脑　力	技　能	体　力	责任	工作条件
2.4					装配工
2.5			保　卫		
2.7	卡车司机		搬运工		搬运工
3.2	车　工			卡车司机	保　卫
3.4		卡车司机			
3.6		装配工			车　工
4.4		监督工		车　工	卡车司机
5.9		车　工			
6.8	监督工			监督工	

(五)要素计点法

要素计点法，又称要素评分法，是目前运用得最为普遍的一种岗位评价法。在组建评价机构后，首先确定影响所有岗位的共有主要影响因素，并对每个因素的不同水平进行界定，同时给各个水平赋予一定的分值，这个分值也称作“点数”，即所谓的“分级、定义和配点”，以建立岗位评价标准——报酬要素体系等级划定表。然后，依据此衡量标准得到每个岗位的总点数。最后，将岗位评价点数转化为货币数量，以此决定岗位的薪酬水平。要素计点法的实施流程参见图 7-6。

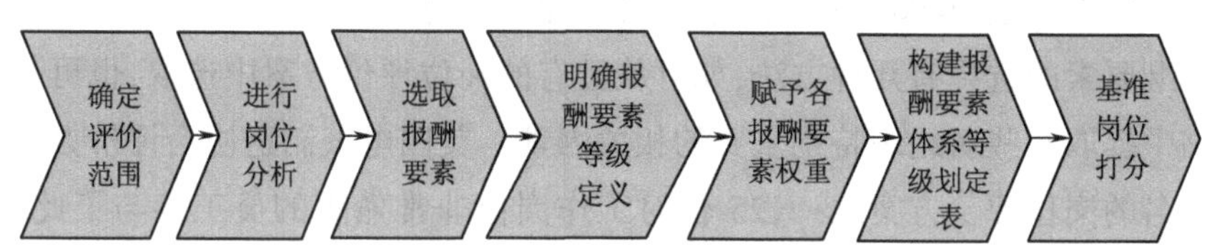

图 7-6　要素计点法实施流程

1.确定评价范围

准确合理划分组织内部岗位横向类别，如职能管理类、研发类、营销类、操作类等岗位，然后确定有代表性的标杆岗位。

2.进行岗位分析

对标杆岗位进行岗位分析，这是岗位评价的信息基础。

3.选取报酬要素并给予明确定义

用最浅显、最清楚、最肯定的语言一一定义，使每位评价人甚至每一位员工都能一目了然(见图 7-7)。

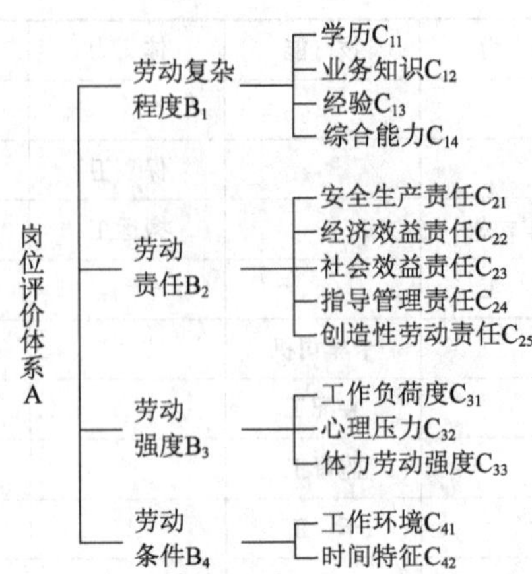

图 7-7 规模型电力企业岗位评价体系

为了保证岗位评价的有效性，所选取的报酬要素应具有以下特征：

(1)它们必须存在于需评价的所有工作中。

(2)在不同工作中各种报酬要素的重要程度应有所不同，即同一报酬要素在不同工作中的表现具有一定的等级性，以区分不同的工作。

(3)同一评价体系所选取的报酬要素不能有重叠，否则，重叠部分的报酬要素将会重复计分，加重其比例。

(4)选择报酬要素应充分反映雇主、雇员、工会的意见，使评价方案易于接受。

(5)所选择的报酬要素确实是从工作中抽取出来的。

报酬要素的选择有几种方法，如可从已有的岗位评价方案中选取，也可从岗位说明书中提取某些对组织特别重要的相关因素。美国电气制造协会评价方案是美国最著名的岗位评价方案之一，25 位对工作岗位非常熟悉的员工参与了此方案。他们详细阅读了所评价的 50 个工作岗位的工作说明书，从中提取与报酬有关的 90 个关键工作特征，提炼出 11 个报酬要素，形成岗位评价方案的框架。另一种可行的方法是向员工进行报酬要素的问卷调查，了解员工心目中形成薪酬差异的关键因素。由于员工对自己组织中的工作比较熟悉，因而这种方法可选择有效的报酬要素，而这些报酬要素是由员工所选，又可增加员工对岗位评价体系的接受程度，从而形成岗位评价工具的基本框架。

我国企业大多使用西方工业发达国家现存的岗位评价方案，因此其所用的报酬要素是预先决定的。美国科学院曾于 1981 年在对岗位评价体系的评估报告中指出，现有的岗位评价方案仍是从 20 世纪初岗位评价方案中发展形成的，其中的报酬要素是否适用于现代组织，仍需要进一步验证。在中国，制定岗位评价方案时,报酬要素的选择更需要考虑社会、文化、组织和员工的差异。因此,必须对报酬要素认可度进行调查,才能根据调查结果制订岗位评价方案。在此方面,国内相关研究所见不多。

4.确定各报酬子要素的等级及定义

在清晰界定各报酬子要素的基础上,还要明确界定其子要素的等级(一般分为3~8级)。表7-15是报酬子要素等级与定义的示例。

5.确定各报酬要素及子要素的权重和配点

一般会以要素对岗位的相对重要性为基准,重要的要素赋予较大的权重,各评价要素的权重之和为100%。表7-15是要素配点的示例。

表7-15 报酬子要素等级、定义与配点表

1.责任因素(400)		
	1.1 风险控制的责任指在不确定的条件下,为保证营销—生产—采购—资金及其他工作顺利进行,并维护公司合法权益所担负的责任,该责任的大小以失败后损失影响的大小作为判断标准	
等级得分	0	1- 无任何风险
	16	2- 仅有一些小的风险。一旦发生问题,不会给公司造成多大影响
	36	3- 有一定的风险。一旦发生问题,给公司所造成的影响能明显感觉到
	56	4- 有较大的风险。一旦发生问题,会给公司带来较严重的损害
	80	5- 有极大风险。一旦发生问题,对公司造成的影响不仅不可挽回,而且会致使公司经营危机
	1.2 经营损失的责任指在正常工作状态下,因工作因素而可能造成的经营损失方面所承担的责任	
等级得分	5	1- 不可能造成损失
	10	2- 造成较小的损失
	25	3- 造成较大的损失
	35	4- 造成重大的损失
	45	5- 造成不可估量的损失
	1.3 决策的层次指在正常的工作中需要参与决策,其责任的大小以所参与决策的层次高低作为判断基准	
等级得分	6	1- 工作中常做一些小的决定,一般不影响他人
	16	2- 工作中需要做一些大的决定,只影响与自己有工作关系的部分一般员工
	32	3- 工作中需要做一些对所属人员有影响的决策
	48	4- 工作中需要做一些大的决策,但必须与其他部门负责人共同协商
	60	5- 工作中需要经常参加最高层次决策

续表

	1.4 领导管理的责任指在正常权力范围内所拥有的正式领导管理职责。其责任的大小根据所领导管理人员的层次进行判断	
等级得分	0	1- 不领导管理任何人，只对自己负责
	5	2- 领导管理一般人员
	15	3- 领导管理岗位中有基层管理人员
	25	4- 领导管理岗位中有中层管理人员
	30	5- 领导管理岗位中有高层管理人员
	1.5 内部协调责任指在正常工作中，与内部单位协调共同开展业务活动所需要承担的责任。其协调责任的大小以协调结果对公司的影响程度作为判断基准	
等级得分	2	1- 不需要与其他部门员工进行工作协调，偶尔与本部门的一般员工协调
	7	2- 仅与本部门员工进行工作协调，偶尔与其他部门进行一些个人协调，协调不力对公司很少有影响
	15	3- 与本部门和其他部门员工有密切的工作联系，协调不力对公司有较少影响
	22	4- 几乎与公司所有一般员工有密切工作联系，或与部分部门负责人有工作协调的必要，协调不力对公司有较大的影响
	30	5- 与各部门的负责人有密切的工作联系，在工作中需要保持随时联系和沟通，协调不力对公司有重大影响
	1.6 外部协调的责任指在正常工作中需要对外维持密切工作关系所负有的责任，其责任大小以联系的频率和重要性对公司形象的影响程度作为判断标准	
等级得分	0	1- 不需要与外界保持密切联系
	8	2- 需要与外界保持日常性、常规性联系，联系的结果对公司的形象有一定的影响
	16	3- 需要与外界发生特别性联系，联系的结果对公司的形象有较大的影响
	30	4- 需要与外部单位负责人保持密切联系，联系的结果往往涉及重大问题或影响决策，对公司的形象有重大影响
	1.7 工作责任范围指对工作结果承担责任的范围。以工作结果对公司影响的大小作为判断责任大小的基准	
等级得分	5	1- 只对自己的工作结果负责
	17	2- 需要对自己和所领导员工的工作结果负责
	25	3- 对整个部门(业务部门/职能部门)的工作结果负责
	32	4- 对公司多个部门的工作结果负责
	40	5- 对公司整体的工作结果负责

续表

	1.8 组织人事的责任指在正常工作中,对人员的选拔、任用、考核、工作分配、激励等具有法定的权力	
等级得分	0 5 15 30 40	1- 不负有组织人事的责任 2- 对一般员工具有分配工作任务、考核和激励的责任 3- 对主管具有分配工作任务、考核和激励的责任 4- 对部门负责人有分配工作任务、考核和激励的责任 5- 对公司副总级领导具有分配工作任务、考核和激励的责任
	1.9 法律上的责任指在正常工作中需要拟定和签署具有法律效力的合同,并对合同的结果负有相应的责任。其责任的大小以签约、拟定合同的重要性及后果的严重性作为判断基准	
等级得分	0 9 19 32 45	1- 不参与有关法律合同的制定和签约 2- 工作需要偶尔拟定具有法律效力的合同条文,其条文最终受上级审核方可签约 3- 工作经常需要拟定合同和签约,领导只做原则审核,个人承担部分责任 4- 工作经常需要审核各种业务或其他具有法律效力的合同,并对合同的结果负有全部责任 5- 工作经常需要以法人资格签署各种有关合同,并对其结果负有全部的责任
2.知识技能因素(320)		
	2.1 最低学历要求指顺利履行工作职责所要求的最低学历要求,其判断基准按同等学力判断	
等级得分	4 8 14 22 30	1- 初中及以下 2- 高中、职业高中或中专毕业 3- 大学专科 4- 大学本科 5- 硕士或双学士及以上
	2.2 知识多样性指在顺利履行工作职责时,学历学科知识之外需要使用多种学科、专业领域的知识。判断基准在广博不在精深	
等级得分	0 5 15 20	1- 不需要使用其他学科的知识 2- 偶尔需要使用其他学科的知识 3- 较频繁地综合使用其他学科的知识 4- 频繁地综合使用其他学科的知识
	2.3 胜任工作时间指达到最低资格条件的毕业学生需多长时间才能基本胜任本职工作	
等级得分	4 8 12 16 20	1- 3个月之内 2- 3~12个月 3- 1~3年 4- 4~5年 5- 5年以上

续表

	2.4 工作复杂性指在工作中履行职责的复杂程度。其判断基准根据所需的判断、分析、计划等水平而定	
等级得分	4 8 14 22 30	1- 简单的、独自的工作 2- 需简单专门训练即可完成工作,不需计划和独立判断 3- 需进行专门训练才可胜任工作,但大部分时候仅需一种专业技术,偶尔需要进行独立判断或计划 4- 工作时需要运用多种专业技能,经常做独立判断和计划,要有相当高的解决问题的能力 5- 工作要求高度的判断力和计划性。要求积极地适应不断变化的环境和问题
	2.5 工作的灵活性指工作需要处理正常程序化之外事情的灵活性。判断基准取决于工作职责要求	
等级得分	0 10 15 25 30	1- 属于常规性工作,基本按程序办事 2- 工作中一般属常规性的,偶尔需要灵活应变处理工作程序化之外的一些一般性问题 3- 工作中大部分属常规性工作,经常需要在工作程序化之外灵活应变处理工作中出现的问题 4- 工作中大部分属非常规性的,靠自己在工作程序化之外按具体情况灵活应变进行妥善处理 5- 工作非常规,需要在复杂多变的环境中灵活应变处理工作程序化之外重大的偶然性问题
	2.6 语言文字应用能力指工作所要求实际运用语言文字知识的能力	
等级得分	4 9 15 20	1- 能运用语言文字知识,编写一般信函、简报、便条、备忘录和通知 2- 能较熟练地运用语言文字知识,编写汇报文件,总结(非个人) 3- 能熟练运用语言文字知识,编写公司文件或一般研究、论证报告 4- 能非常熟练运用语言文字知识,编写综合性研究—论证报告,重点突出,条理清晰
	2.7 计算机能力指工作所要求的实际计算机操作水平。判断以常规使用的最低程度为基准	
等级得分	0 7 14 20	1- 不需要具备计算机操作能力 2- 需要具备简单计算机操作能力 3- 需要具备熟练的计算机操作能力 4- 能使用计算机开发工具软件
	2.8 专业技术知识技能指为顺利履行工作职责应具备的专业技术知识和技能要求的程度	
等级得分	5 14 30 40	1- 工作需要较浅的专业技术知识和较简单技能 2- 工作需要一般的专业技术知识和简单技能 3- 工作需要较深入的专业技术知识和一般技能,该知识需较长时间学习积累才可掌握 4- 工作需要深入的专业技术知识和熟练的技能,该知识需很长时间学习积累才可掌握

续表

	2.9 管理知识技能指为了顺利完成工作目标,组织协调相关人员进行工作所需要的素质和能力。判断基准是:工作中进行组织协调的程度和组织协调工作的影响	
等级得分	0 5 20 30 40	1- 工作简单,基本不需要管理知识 2- 工作需要较浅的管理知识和决断能力 3- 工作需要基本的管理知识和决断能力 4- 需要较强的管理知识和决断能力来协调各方面关系 5- 需要非常强的管理能力和决断能力,该工作影响到公司正常运作、研发与经营
	2.10 公关能力指为顺利履行工作职责在社交场合员工表现的介入能力、适应能力、控制能力以及协调性等	
等级得分	0 6 13 20	1- 不需要公关能力 2- 偶尔需要公关能力 3- 一般需要公关能力 4- 经常需要公关能力
	2.11 综合能力指为顺利履行工作职责具备的多种知识素质、经验和能力的总体效能要求	
等级得分	5 18 33 50	1- 工作单一、简单,无需特殊技能和能力 2- 工作规范化、程序化,仅需某方面的专业知识和技能 3- 工作多样化,灵活处理问题要求高,需综合使用多种知识和技能 4- 非常规性工作,需在复杂多变的环境中处理事务,需要高度综合能力
3.岗位性质(240)		
	3.1 工作压力指工作本身给任职人员带来的压力	
等级得分	8 17 28 40	1- 工作中存在很小的压力 2- 工作中存在较小的压力 3- 工作中存在较大的压力 4- 工作中存在很大的压力
	3.2 脑力辛苦程度指在工作时所需脑体辛苦程度的要求	
等级得分	5 12 21 32 45	1- 工作时以一般的体力为主 2- 工作时以较强的体力为主 3- 工作时从事一般强度脑力劳动 4- 工作时从事较高强度脑力劳动 5- 工作时从事高强度脑力劳动

续表

	3.3 工作地点稳定性指工作时是否经常变换工作地点，主要根据出差的频繁程度进行判断	
等级得分	0 7 16 25	1- 基本不需要出差 2- 偶尔需要出差 3- 经常需要出差 4- 频繁出差
	3.4 工作时间特征指工作要求的特定起止时间	
等级得分	0 10 15 25	1- 按正常时间上下班 2- 基本按正常时间上下班，偶尔需要加班 3- 上下班时间按照工作具体情况而定，但有规律，自己可以控制安排 4- 上下班时间根据工作具体情况而定，并无规律可循，自己无法安排控制
	3.5 创新与开拓指顺利进行工作所必需的创新与开拓的精神和能力的要求	
等级得分	5 18 37 55	1- 工作基本程序化 2- 工作基本程序化，需要开拓创新 3- 工作时常需要开拓和创新 4- 工作性质本质即为开拓和创新的
	3.6 工作紧张程度指工作的节奏、时限、工作量、注意力转移程度和工作所需对细节的重视所引起的工作紧迫感	
等级得分	5 10 20 30	1- 工作的节奏、时限由自己掌握 2- 大部分时间的工作节奏、时限由自己掌握，有时比较紧张，但时间持续不长 3- 工作的节奏、时限自己无法控制，明显感到工作紧张 4- 为完成每日工作需要很快的工作节奏，持续保持注意力的高度集中
	3.7 工作均衡性指工作每天忙闲不均的程度	
等级得分	4 9 14 20	1- 一般没有忙闲不均的现象 2- 有时忙闲不均，但有规律性 3- 经常有忙闲不均的现象，且没有明显的规律 4- 工作经常忙闲不均，没有明显的规律，而且忙的时间持续很长，打破正常的作息时间
4 工作环境因素（40）		
	4.1 职业病指正常工作所必然造成的身体疾病	
等级得分	0 4 8 16 20	1- 不会使身体产生不好的感觉 2- 会对身体某些部位产生不舒适的感觉 3- 会对身体某些部位造成轻度伤害 4- 对身体某些部位造成能明显感觉到的损害 5- 对身体某些部位造成损害致使产生痛苦

续表

	4.2 危险性指工作本身可能对任职者身体所造成的危害	
等级得分	0	1- 没有可能对人身造成任何伤害
	5	2- 可能造成人体轻度伤害
	10	3- 可能造成人体较重伤害
	20	4- 可能造成人体很大伤害

6.构建报酬要素体系等级划定表

表 7-16 是报酬要素体系等级划定表的示例。

表 7-16 清华同方报酬要素体系等级划定表

等 级	1	1+	2	2+	3	3+	4	4+	5	5+	6
1.学历	10		20		30		40		50		60
2.经验	10		20		30		40		50		60
3.工作能力	20	30	40	50	60	70	80	90	100	110	120
4.工作复杂程度	15	23	30	38	45	53	60	68	75	83	90
5.脑力与视力要求	5		10		15		20		25		30
6.经济(工作)责任	10	15	20	25	30	35	40	45	50	55	60
7.工作联系配合	10	15	20	25	30	35	40	45	50	55	60
8.保密程度	5		10		15		20		25		30
9.管理范围	5		10		15		20		25		30
10.职位胜任程度	20	30	40	50	60	70	80	90	100		
11.执行规章制度和工作规范	0	15	20	25	30	35	40	45	50		

分级：

1 级　200~224　　11 级　450~474

2 级　225~249　　12 级　475~499

3 级　250~274　　13 级　500~524

4 级　275~299　　14 级　525~549

5 级　300~324　　15 级　550~574

6 级 325~349　　16 级 575~599

7 级 350~374　　17 级 600~624

8 级 375~399　　18 级 625~649

9 级 400~424　　19 级 650~674

10 级 425~449　　20 级 675~690

7.标杆岗位打分

对标杆岗位按横向对比打分,以得出各标杆岗位的分数(称为薪点)。这一步的目的是科学地确立不同性质岗位之间的差距,以标杆岗位在各报酬要素得分情况为标准,令各标杆岗位为 1,利用子要素科学地确立其上下级岗位的合理系数,进而得到各非标杆岗位的分数(薪点)。最终的薪点值的计算公式为:

薪点值=预算工资总额/全部岗位的薪点之和

表 7-17 是薪点数汇总的示例。

表 7-17　清华同方岗位评价薪点数汇总表

职位	学历	经验	独立工作能力	工作复杂程度	脑力视力要求	经济工作责任	工作联系配合	保密程度	管理范围	岗位胜任程度	规章制度和工作范围	总点数	等级
总经理													
分销副总经理													
市场副总经理													
开发副总经理													
人力资源副总经理													
事业部总经理													
……													
……													

8.要素计点法准确性的控制

(1)控制离散程度。当离散系数(即变异系数=标准差/均值)>5%时,重新打分。

(2)参照岗位排序法或利用折线图(参见图 7-8)。当计点法对标杆岗位排序与此总体感觉的排序不一致时,重新打分。

(3)参考现行工资排序。当要素计点法的点数值排序与现行工资表相差太大,而评委又有意见时,应重新打分。

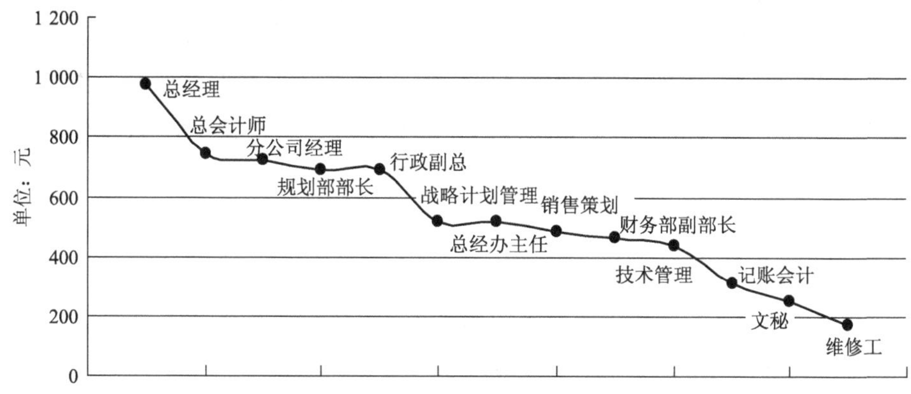

图 7-8 标杆岗位薪点折线图

9.要素计点法的作用

在岗位评价之前，组织结构图反映的仅仅是岗位的从属关系，不同的岗位对于企业的重要程度无法在图中得到体现(参见图 7-9)。

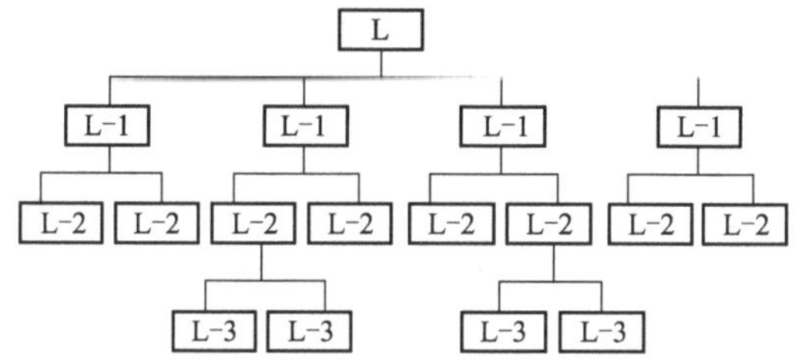

图 7-9 未进行岗位评价时各岗位的等级关系

但在岗位评价之后，岗位的价值根据统一的标准进行衡量，岗位的层级与岗位的价值不存在任何关联，而且还可依据岗位级别划分岗位等级(参见图 7-10)。

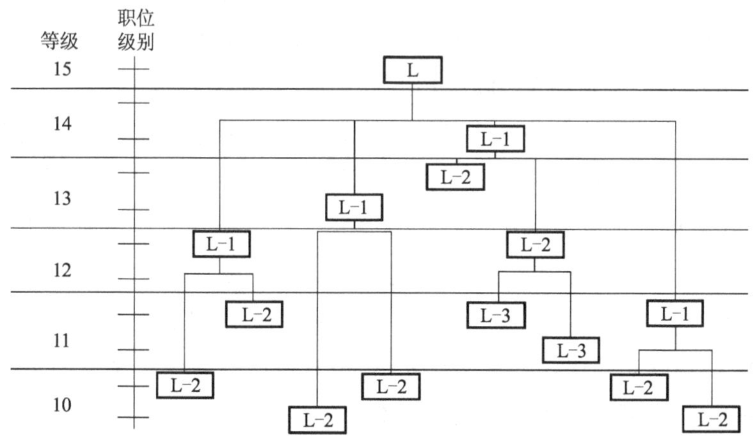

图 7-10 岗位评价后各岗位的等级关系

【案例 7-1】人力资源总监工资上调,销售总监不接受

岗位评估的结果出人意料,人力资源总监岗位的工资为 11 800 元,销售总监的工资为 13 900 元。这个结果大家无法接受,因为评估以前人力资源总监王立的工资只有 8 100 元;而销售总监兆强的工资为 13 500 元。并且,对于人力资源总监王立 8 100 元的工资,销售部门的一些人员还时常流露出不满。对于这个评估结果,销售部门完全不接受,其他部门经理也不同程度上表示不满意,面对这种局面,负责此次薪酬方案制订的常务副总陈贺有些不知所措。

陈副总分析到:此次评估工具用的是著名的"要素计点法",主持岗位评估的是一家知名的专业顾问公司,而"薪酬要素"是顾问公司和公司管理层共同选定的,评估人员全都是本企业的高层管理人员。特别是大家在评估人力资源总监岗位时,均认为人力资源总监的工作涉及公司内外的很多方面,因此工作难度大、劳动强度高;另外,人力资源管理承载着企业的战略,贯穿于公司的全部业务活动之中,人力资源总监对企业的作用应该很大,所以,对于人力资源总监岗位的工资为 11 800 元,陈总认为是完全合理的。

可是,如何应对来自各个部门的压力?如何确定现任总监的工资呢?经过深思熟虑,陈总决定:①根据岗位评价结果,保持人力资源总监岗位的工资 11 800 元,销售总监岗位的工资 13 900 元不变。②现任人力资源总监王立的工资定位 9 100 元,现任销售总监兆强的工资为 13 500 元。

对于这个决定,陈总解释道:

第一,人力资源总监岗位工资 11 800 元,说的是这样一个岗位的工资标准是 11 800 元,它和现任王立总监这个人的工资是两个不同的概念,通常存在"人—岗"匹配度问题。因为王立和人力资源总监这个岗位存在较大的差距,所以王立工资应该低于该岗位的工资。同样,作为销售总监兆强在"人—岗"匹配度上也有些差距。通过分析两位总监和岗位之间的匹配度,王立的工资在 9 000~10 000元比较合理,兆强的工资应在 12 000~13 500 元。

第二,由于公司现有的多数干部的人力资源管理观念陈旧,对于人力资源总监的工作的作用和地位还不够认可,考虑到多数人的接受程度,于是将王立的工资定在 9 000~10 000 元的较低水平——9 100 元,这一工资水平已经高过王立以前的工资。为了安慰人力资源总监王立,陈总将自己的工资也调低了一等。

第三,兆强的销售能力很强,在公司的威望较高,所以销售总监兆强的工资定在 12 000~13 500 元范围内的最高水平——13 500 元,这个工资同以前的工资水平相同,并且,公司还设立了销售超额奖金。

四、岗位评价失败因素分析

（一）岗位评价败笔一：没有选择正确的评估工具

目前岗位评价的工具较多，主要分为两种类别：定性评价工具和定量评价工具。每一种评价工具都有一定的适用条件和范围（见表7-18），因此实际岗位评价过程中，企业关心的是自己的实际情况，它们往往会对比可选的评价工具的适用条件和范围，选择适合自己的岗位评价方法，而且可以将多种岗位评价方法结合在一起使用。特别要注意，待评价岗位必须用相同的评价工具进行评价，否则评价的结果不具有可比性。表7-18是岗位评价方法的比较。

表7-18 岗位评价方法的比较

方法	优势	劣势	适用范围
岗位排序法	简便易行；能够节约企业进行岗位评价的成本；便于向员工解释	不适用于岗位较多的组织；很难找到既了解所有工作岗位，又能客观地评价它们的测评人员；如果工作岗位的数日增多，则每两种工作岗位的比较次数将呈指数形式上升；特别依赖测评人员的判断，而测评人员在进行岗位比较过程中又都有自己的认识，测评要素的说明仍然给主观意识留有充分余地	对于工作岗位相对较少的机构来说，是一种比较简便的方法，适用于小规模企业
岗位归类法	更多的是从岗位等级的角度考虑问题，而不是从单独的岗位方面考虑，这使得人力资源管理相对容易一些；可以将各种工作纳入一个体系内	编写岗位等级说明比较困难，对许多岗位确定等级比较困难，有些岗位的等级归属很明确，而有些则似乎可归属到两三个等级之中，在这种情况下确定岗位的等级则可能因主观因素干扰影响测评结果；假如据此确定报酬，这种方法还难以充分说明岗位评价和等级确定的合理性	组织中存在大量类似的工作时，这种工作评价尤其有用，适用于大规模企业
要素比较法	最大的优点表现为通用性的评价要素的广泛应用；评价标准明确，直接把等级转化为货币价值	这种方法过多地依靠人为的评判，仍然没有一个明确原则指导其评价行为；依靠关键工作的确定，但针对关键工作的选取始终没有一个明确的理论基础；这种方法直接把等级转化为货币价值，其分配到每一要素的货币价值缺乏一个客观的依据，而只能依赖人为的评判	适用于大规模的企业中的管理类工作

续表

方法	优势	劣势	适用范围
要素计点法	通俗易推广，有很强的适应性；有利于根据组织的变化进行动态分析与管理；指出了比较的基础，能够有效地传达组织认为有价值的要素	要耗费大量的时间和成本；通常缺乏对评价要素选择的明确原则，以说明选取的这些要素能否解释和衡量工作价值，因此在制订岗位评价计划时，系统地选择评价要素是关键的一步；这种方法操作的复杂性，造成企业与员工解释和沟通的难度增加；评价要素一旦形成，由于重新进行评价需要耗费大量的时间和成本，随时间变化要素调整的难度较大，容易僵化	适用于大规模的企业中的管理类工作

（二）岗位评价败笔二：错将职称当作岗位

职称和岗位是两个有本质区别的不同的概念。职称侧重于体现员工的技术水平，而岗位则侧重于体现员工的工作内容与责任。如果错将职称当作岗位，必然引起基础信息的失真，从而导致评估失败。

A 公司是一家勘察设计类企业，技术人员较多，技术人员只有技术职称，没有岗位名称。因此在进行内部调研时，我们发现 A 公司过去的岗位评估都是将技术职称默认为岗位名称。我们按照技术职务进行岗位信息梳理，发现梳理的结果十分混乱。这是因为，有些同一职称的员工所承担的工作内容与责任不一样，而有些不同职称的员工却承担同样的工作内容与责任。例如，有些工程师（职称）和高级工程师（职称）一样做项目负责人（岗位名称）。

为避免这种败笔的出现，通常的解决方案为：根据工作内容，对岗位进行重新梳理。

（三）岗位评价败笔三：没有严格按照工作内容进行岗位梳理

岗位评价的错误之一，就是不能严格按照工作内容来进行岗位划分。

仍以 A 公司为例，由于其技术专业较多，在进行岗位梳理的时候，公司内部人力资源部人员就将技术专业也作为一个划分的标准，从而导致岗位数目大增，无疑增添了岗位梳理的难度，甚至造成梳理结果的混乱。其实，不同专业的人员并不意味着工作内容有本质的区别，确实有区别的，运用工作内容这一划分标准也能充分体现出来。

为避免这种败笔的出现，通常的解决方案为：充分理解各专业技术人员的工作本质，严格按照工作内容这一条标准进行岗位划分。

（四）岗位评价败笔四:两个易混淆的事例

一个易混淆的事例:岗位评价是针对一个岗位对组织所做贡献大小,是根据这个岗位在组织中的地位和它所承担的职责来确定的,与实际从事这个岗位的任职者曾经为组织所做的贡献无关。

另一个易混淆的事例:岗位评价是根据一个岗位客观需要的知识和技能水平的高低,而不是根据实际从事这个岗位的人的知识和技能水平来评价的。

（五）岗位评价败笔五:评价委员的问题

首先,评价委员会委员未能很好地理解岗位说明书,对待评价岗位的职责不明确,导致评分基础可靠性差;其次,评价委员不了解岗位评价方法,导致打分标准不统一;再次,评价委员为了本部门的利益有意压低对其他部门岗位的打分,抬高本部门岗位的得分;最后,由于环境或个人的原因,委员会成员发生变动,或评分时段上存在差异,导致前后结果不一致。

为避免这种败笔的出现,通常的解决方案有:一是令评价委员会成员集中培训,这样可令委员会成员有时间认真仔细研读岗位说明书及理解、掌握岗位评价方法;二是增大高层管理者的打分权重,这样可减少部门间可能出现的局部利益冲突,因为高层人员更容易立足全局。

第八章 经典评估:扬长避短 时间检验

引导案例:基于“奉献”与“贡献”的某技术公司岗位评价体系设计思路

某技术公司岗位评价指标设计思路“不是简单的按劳分配,而是看‘奉献’和‘贡献’”。由此,公司确定薪酬设计原则是短期贡献用奖金来体现,可持续贡献用任职资格的方式来体现;在报酬与待遇上,坚定不移地向优秀员工倾斜。通过与咨询专家讨论,最终岗位评价指标及要素分配点数借鉴了三种经典的岗位评价体系。

一、参考美世岗位评估系统

美世评估系统最适合于技术型企业。

(一)报酬因素的选择

主要参考美世IPE3.1的4+1报酬因素体系,结合企业的具体情况,共设立10个报酬要素。四类主要报酬因素是:

影响(具体又包括决策影响范围和岗位贡献度2个要素);

知识(具体又包括学历和经验2个要素);

沟通(具体又包括沟通跨度和管理幅度2个要素);

创新(具体又包括工作创新性和工作独立性2个要素);

还有一类是附加性报酬因素:工作环境(具体又包括劳动繁重性和工作条件2个要素)。

(二)总分与要素配分

根据美世系统中的公司规模规定,大连所因规模偏小共取840分(主要报酬因素805+附加报酬因素35)。按照岗位投入与岗位产出基本平衡的原理,以上840分总分中,岗位投入类要素8个共440分,岗位产出类要素2个共400分,基本平衡。影响(具体又包括决策影响范围和岗位贡献度2个要素)属于岗位产出类要素,其他均属于岗位投入类要素。

(三)薪酬等级

美世岗位评估系统的IPE3.1对于大型跨国公司共设17个级别,根据公司规模和本次岗位评价不考虑高管和工人岗位的具体情况,拟设立10~12级。

二、参考海氏评价系统的评分策略

参考海氏系统在一级内设级差递进的评分策略。例如在A等内设A1,A2,A3三级。这样,既事先科学确认了评分人的评分范围又赋予其一定的灵活配分权,能同时保证评估结果的科学性与民主性。

越级评分规定：首先，不允许在权重最大的两个报酬要素（决策影响范围和岗位贡献度）间进行越级评分；其次，其他 8 个因素最多允许 2 个因素越级评分；最后，只能越到与上下级中最接近的那一小档。例如，某一岗位的某一报酬要素设为 B 级，最多可以将分数打到低一级的 A3 或者高一级的 C1 档。

按照国际惯例，岗位评价实行实名评分，即需要在评分表上签名。

三、参考翰威特评价系统的一维化评分策略

实行一维化计分，简单、容易理解和操作，特别适合公司目前阶段的管理水平（见表 8-1 和表 8-2）。

表 8-1　某技术公司岗位评价的报酬因素定义与配分表

影响　400 分 （此为职责，即岗位产出类要素）	决策影响范围 240 分（主要反映岗位等级和部门性质）：指本岗位承担的决策责任大小及对组织的影响范围 贡献度 160 分（主要反映岗位序列和岗位等级）：指本岗位对企业最终成果的关联程度
知识　160 分 （此为任职条件，岗位投入类要素）	学历 70 分：指担任本岗位所需的最低教育背景与学历水平 经验 90 分：指担任本岗位所需具备的工作经历和体验，包括本岗工作经验、相关岗位工作经验及管理岗位工作经验等
沟通　115 分 （此为岗位特征，岗位投入类要素）	沟通跨度 65 分（又称工作协作关系）：指本岗位在工作过程中所要涉及的部门内部、部门外部、企业外部的工作沟通与协调程度 管理幅度 50 分（又称所辖人数）：指本岗位所直接与间接管理的人数，包括直接管理的本部门人数、间接管理的本部门人数和跨部门归口管理的人数
创新　130 分 （此为岗位特征，岗位投入类要素）	工作创新性 70 分：指工作中以往经验的可借鉴性、所需创新、创造和发明的程度 工作独立性 60 分：指工作受流程规范和上级领导的控制程度、所需作出的独立判断及行动自由度
工作环境　35 分 （此为岗位环境，岗位投入类要素）	劳动繁重性 20 分：指由工作负荷量、时限要求、细节要求及灵活性要求等因素引起的工作繁重与紧张程度 工作条件 15 分：指办公条件和工作地点的变换（出差）

表 8-2　某技术公司岗位评价的报酬因素等级划定表

报酬因子等级	影响		知识		沟通		创新		环境	
	决策范围	贡献度	学历	经验	沟通跨度	管理幅度	工作创新性	工作独立性	劳动繁重性	工作条件
A	12 15 18	20 30 40	10	2 5 10	2 5 10	2 5 8	2 5 10	2 5 8	2	2
B	24 36 48	50 60 70	30	15 20 25	12 16 18	10 12 16	15 20 25	10 12 15	4	5
C	60 72 90	80 90 100	50	30 38 45	20 25 30	20 22 26	30 35 40	20 25 30	8	8
D	110 130 160	110 120 130	70	50 58 65	35 40 45	28 30 34	45 50 55	35 40 45	14	12
E	180 210 240	140 150 160		70 80 90	50 55 65	40 45 50	60 65 70	50 55 60	20	15

一、海氏三要素岗位评价法

海氏三要素岗位评价法(HAY)是国际上使用最广泛的岗位评价方法之一，主要适用于对管理岗位进行测评，是 20 世纪 50 年代由爱德华 N.海(Edward N.Hay)和戴尔・珀夫斯(Dale Purves)以 20 世纪 30 年代的要素比较法为基础设计，并不断改进和完善形成的岗位价值评估方法。它通过知识技能、解决问题和应负责任三要素对岗位的价值进行评估，并且有效地解决了不同职能部门的不同职务之间相对价值的相互比较和量化的难题。据统计，海氏法到 1992 年已为全球 9 000 家客户、美国《财富》杂志排名前 1 000 家工商企业中的 470 家所采用，而当前世界 500 强的企业中有 1/3 以上的企业进行岗位评价时都采用了海氏三要素评价法。此法在我国的企业中也被广泛运用，并取得了较好的效果。

(一)为什么要用"知识技能、解决问题、应负责任"来评价岗位

海氏认为:一个岗位存在的理由是必须承担一定的责任,即该岗位的产出。那么通过投入什么才能有相应的产出呢?答案就是担任该岗位人员的知识和技能。那么具备一定"智能"的员工通过什么方式来取得产出呢?是通过在岗位中解决所面对的问题,即投入"智能"通过"解决问题"这一生产过程来获得最终的产出"责任"。体系的逻辑关系是:投入—过程—产出,即投入智能解决问题以完成应负的责任,如图 8-1 所示。

图 8-1 海氏三要素岗位评价法中三要素之间的关系

海氏三要素岗位评价法对所评价的岗位按照以上三个要素及相应的标准进行评价打分,得出每个岗位评价分,即岗位评价得分=知识技能得分+解决问题得分+应负责任得分。其中,知识技能得分和应负责任得分及最后得分都是绝对分,而解决问题得分是相对分(百分值),代表的是对知识技能水平的利用率,最后与知识技能水平得分相乘后的得分才是绝对分。

(二)岗位评价体系说明

1.知识技能(know-how,KH)

知识技能是完成工作所必需的知识和技能,是要使工作绩效达到可接受的水平所需的专门业务知识及其相应的实际运作技能的总和。它包含三个子要素:

(1)专业理论知识的深度和广度。从关于工作程序的最简单的知识到本专业领域可能训练达到的最为专业的和精深的知识,一个岗位可能要求多样化但不深的知识,也可能要求很少但很深的知识。因此,对于每一岗位的专业知识要求要在广度和深度之间进行结合与权衡,根据业务性质、技术要求和所受教育等划分,共 8 等,其中,前 4 等和后 4 等所代表的意义有所不同(参见表 8-3)。技术类岗位从第 5 等开始起评;其他岗位通常在第 1~4 等,个别级别较高的岗位(如副总经理)可以到第 7 等以上。举例分析:打字员 VS 网络工程师。

表 8-3 专业理论知识等级及定义

等　　级	等级定义
1.基本的	为完成体力任务,要具备的基本指导方针和简单的工作程序
2.初等业务的	需要具备重复性的操作技能或者文书性操作技能,且能使用一般的工具和标准的单一用途的机器,还需要具备基本的读写能力和计算能力
3.中等业务的	熟悉本范围内的标准的工作方法和/或装备或者复杂、多用途的机器
4.高等业务的	程序的或系统的熟练,这主要是指使用专用工具的知识上的精通
5.基本专门技术	通过正规的教育才能达到的一般技能,或者经工作锻炼掌握一些特殊技巧(通常是感性的)
6.熟练专门技术	充分掌握某技巧,该技巧需要相关实践和先例,或需要数值科学理论和原则,或两者都需要
7.精通专门技术	通过广泛涉猎某一技巧而获得精通,精通是指对相关实践和先例有深广的理解,或者对数值科学理论和原则有深广的理解,或两者兼备
8.权威专门技术	通过长期的阅历和/或特殊发展,获得对技巧、实践和理论的决定性控制

(2)管理诀窍。对多样化的管理性职能(操作、支持和管理)进行整合的知识技能。这一知识技能可能在组织、计划、执行、控制和评价等领域以协商或行政或结合的方式得以运用,根据从事该职位所需要的人、财、物管理能力和技巧划分,共五等(参见表 8-4)。

打分的关键主要表现在两处:一是所需管理能力与技巧的范围和广度;二是所需管理能力与技巧的水平、深度。举例分析:维修组长 VS 财务部经理 VS 销售员。

表 8-4 管理诀窍等级及定义

等　级	等级定义
1.起码的	承担一项或多项目标和内容非常明确的任务,对周边的环境和事件只需有限的关注和理解
2.相关的	整合或协调一组属性和目标相似的任务,或者做一个职责明确但由几个重要的指令指导的工作
3.多样的	整合重要领域里的一组属性和目标显著不同的工作,或者做一组目标和任务显著不同且受组织的某项重要职责指导的工作
4.广博的	在复杂环境中整合一组重要的部门职责或者做一组核心的工作,这些工作的目标是有显著分歧的,受组织的战略/策略/方针所指导
5.全面的	管理整个组织的所有部门和职能,或者管理组织的全部核心业务

(3)人际关系技能。这是指该职位所需要的激励、沟通、协调、培养、关系处理等方面主动而活跃的活动技巧。根据与其他人的关系对职位成功的影响划分，人际关系技能共分三等(见表8-5)。

岗位评价时打分的关键在于：根据对自己工作的影响，所辖人员多少，同事以及上级、下属的素质、要求，交往接触的时间和频率等诸多方面来综合评判。举例分析：人力资源部经理 VS 操作工。

表8-5　人际关系技能等级及定义

等　级	等级定义
1.基本的	要求基本的礼节和交往技巧，能有效处理日常工作中的人际关系，包括获取或提供信息
2.重要的	具有理解或影响他人、促使别人理解或行动的方法和综合性技巧，且对于达成目标很重要
3.关键的	具有理解和激励他人或与人进行高级沟通谈判的能力，且在工作中非常重要

2.解决问题的能力(problem solving，PS)

解决问题的能力是指在工作中发现问题、分析诊断问题、提出对策、权衡与评估、作出决策的能力。解决问题是工作所要求进行的有关分析、评价、创造、解释和得出结论的"自发"思考。在某种程度上，当思考被标准、程序和其他因素所限制时，问题解决的可能性会减小，最为重要的关联因素是知识技能。PS 测量了运用知识技能去确认、定义和解决一个问题的思维强度。"你思考你所知道的"，即使对于最有创造性的工作，这一点也是正确的。任何思考的原料都是由事实、原则和方法构成的知识。思想是把已经存在的东西组合在一起。因此，解决问题的能力被看作是利用知识技能的程度，它受思维环境与思维难度的影响。

(1)思维环境。这是指环境对职位占有者思想所设的限制的松紧程度，是对环境约束性的评价。思维环境描述了进行思考的自由程度，这由外部环境如法律、科学、商业等与组织内部环境如目标、政策、程序和实践所决定。根据对环境的约束性和规定性划分，思维环境共分八等(见表8-6)。打分的关键在于：任职者在什么样的环境中解决问题，是有明确的既定规则，还是只有一些抽象的规则。举例分析：内务组长 VS 研发中心研究员。

表8-6　思维环境等级及其定义

等　级	等级定义
1.高度常规性的	简单的规则和详细的说明
2.常规性的	已经建立的常规和固定的说明

续表

等　　级	等级定义
3.半常规性的	某种变化的步骤和先例
4.标准化的	潜在的多元的程序和专业化的标准
5.明确规定的	仔细限定的政策原则
6.广泛规定的	明确(组织)的政策和特殊的目标
7.一般规定的	普通(社会)的政策和极限目标
8.抽象规定的	自然和社会的一般规律,商业哲学和文化标准

(2)思维难度。这是指解决问题时当事者需要进行创造性思维的程度,是对思维创造性的评价。根据该职位在工作中所遇到问题的新旧、频繁程度、复杂程度划分,思维难度共分五等(见表 8-7)。打分的关键在于:是否需要思维的创造性,是按老规矩办事,还是需要解决没有先例可以依据的问题。举例分析:生物实验室分析员 VS 营销代表。

表 8-7　思维难度等级及其定义

等　　级	等级定义
1.重复性的	需要根据所学知识在完全相同的情况下作出简单的选择
2.模式化的	需要根据所了解的通常有较相近的定义、良好的模块在相似情况下作出有区别的选择
3.中间性的	需要在不同的情况下,应用所学领域内的知识,寻求解决问题的新方法
4.适应性的	需要在变化的情况下,分析、演绎、评价和/或结构性思考
5.无先例的	在新奇的、非重复出现、要寻找路径的情况下,需要发展创造性的方法和概念

3.所负责任(accountability,AC)

所负责任不是指职位规定必须履行的职责或所拥有的权限,而是指职位担任者的行动对工作最终后果可能造成的影响。它是对工作或岗位对最终结果影响程度的测量。所负责任包含三个子要素:

(1)行动的自由度。这是指该职位的任职者能在多大程度上对其工作进行个人性的指导与控制。它是组织体系、人事和政策方向、程序、制度等因素的函数。根据岗位人员行动的自由程度划分,行动的自由度共分九等(见表 8-8)。打分的关键在于:可供选择的行动方案有多少,多的话就认为自由度大,少的话就认为自由度小;行动自由度高的要承担较大的责任,通常职位也较高。举例分析:总经理VS薪酬专员VS超市收银员。

表8-8 行动自由度等级及其定义、举例

等　　级	等级定义	举　　例
1.有规定的	详细描述的作业文件,覆盖了全部的简单任务	操作电梯
2.受控制的	规定的指导覆盖指定的任务和/或直接的监督	水暖维修
3.标准化的	通过建立工作日志和/或监督成果来管理	划价
4.一般性规范的	标准化的训练和程序和/或普通的工作指导和/或发展的监督,部分可采用的结果监督	输液
5.有指导的	存在先例或规定好的政策,这种政策所确定的训练和程序可以全部或部分用于监督检阅工作	外事接待、起草文件
6.方向性指导的	存在先例或规定好的政策,这种政策确定的广泛的练习和程序,专门操作计划和/或管理性的指导工作的性质和规模	常规性部门管理工作
7.广泛性指引的	通过理解组织的政策、目的,来全面指导工作的性质和规模	业务的、创新性工作(研发)
8.战略性指引的	用已有组织战略指导工作,来实现组织目标	经理层
9.一般性无指引的	根据内外环境确定组织目标,并找寻实现途径	董事会,股东会

(2)影响范围。这是指对工作结果的影响是直接的还是间接的。根据对工作结果的影响程度划分,影响范围共分四等。其中第一等和第二等代表间接影响,第三等和第四等代表直接影响(见表8-9)。打分的关键在于:一是目标的可分解性,完成一个目标是只需要一个人就可以了还是一定要有几个人来共同分担;二是责任的可推卸性,出现了问题,能不能或者容易不容易把责任推卸到别的人身上。通常职务越高,对后果的影响越大。举例分析:行政助理VS人力资源部经理。

表8-9 影响范围等级及其定义

等　　级	等级定义
1.后勤	只在提供信息或偶然性服务上作出贡献
2.辅助	咨询性作用,即出主意和提建议,补充一些解释与说明,或提供一些方便

续表

等　级	等级定义
3.分摊	指跟本企业内部(不包括本人的下级和上司)其他部门或企业外部的别人合作,共同行动,因而责任分摊
4.主要	即由本人承担主要责任,虽然有别人参与,但他们是次要的、附属的、配角性的

(3)财务责任。财务责任描述组织受到工作或岗位基本目的影响的程度,这种关系可能用量化的术语(如金额)表述,也可能用其他尺度表述(非数量性的术语用来表示难以清晰确定或者用数量难以显著区分的关系)。通常情况下用可能造成的经济性损失来表述。因此,根据造成经济后果的大小划分,财务责任共分四等(见表 8-10)。每一等级都有相应的金额下限,具体数额要视企业的具体情况而定。打分的关键在于:进行经济后果特别是间接经济后果的大概判断和估算。首先考虑承担责任,然后考虑数量大不大,此外,职位越高,责任越大。举例分析:仓库管理员 VS 生产部经理。

表 8-10　财务责任等级及其定义

等　级	等级定义
1.微量	影响与自己的工作有直接关联的人的工作
2.少量	影响到一个部门的工作
3.中量	会直接影响到一个或多个下属公司的经营
4.大量	影响到整个集团公司的经营

(三)岗位评分量表说明

1.计分说明

海氏量表中的数值是依据心理学中第一个定量法则“韦伯律”而定的。韦伯律认为:对物体进行比较时,最容易被人们感知的相对差异是 15%。因此,在海氏岗位评分量表中,韦伯律的应用表现为两点:一是任何两个相邻的数值都相差较小数值的 15%。二是为了使评估者能够提供更为精细的评估,在海氏评价量表的同一个单元格中,存在着两个或三个数字,这是因为同一标准下不同的岗位评价者感觉也会有差异,而且相差 15%。

海氏方法兼具标准化和客户定制的特点。首先,海氏方法在每一个要素及其分要素上建立了标准化的等级、等级标准以及相应的数值分配;在实施评价时,根

据客户组织的规模和特点，在标准化的等级中选择在全部或部分等级中进行取分。也就是说，有的客户在实际取分时，可能在某些或全部分要素上只考虑其中的一个区间。但是，海氏方法所建立的标准化的评价尺度保持不变。

2.海氏岗位评价得分

海氏岗位评价得分计算公式：A+A×B+C，其中，A、B、C 所代表的含义见图 8-2。

图 8-2　海氏岗位评价计算公式图

(1)海氏工作评价指导图表之一——知识水平表，见表 8-11。

表 8-11　知识水平表

管理诀窍																
		1.起码的			2.相关的			3.多样的			4.广博的			5.全面的		
人际关系		基本的	重要的	关键的	基本的	重要的	关键的	基本的	重要的	关键的	基本的	重要的	关键的	基本的	重要的	关键的
专业理论知识	1.基本的	50	57	66	66	76	87	87	100	115	115	132	152	152	175	200
		57	66	76	76	87	100	100	115	132	132	152	175	175	200	230
		66	76	87	87	100	115	115	132	152	152	175	200	200	230	264
	2. 初等业务的	66	76	87	87	100	115	115	132	152	152	175	200	200	230	264
		76	87	100	100	115	132	132	152	175	175	200	230	230	264	304
		87	100	115	115	132	152	152	175	200	200	230	264	264	304	350
	3. 中等业务的	87	100	115	115	132	152	152	175	200	200	230	264	264	304	350
		100	115	132	132	152	175	175	200	230	230	264	304	304	350	400
		115	132	152	152	175	200	200	230	264	264	304	350	350	400	460
	4 高等业务的	115	132	152	152	175	200	200	230	264	264	304	350	350	400	460
		132	152	175	175	200	230	230	264	304	304	350	400	400	460	528
		152	175	200	200	230	264	264	304	350	350	400	460	460	528	608

续表

		管理诀窍														
		1.起码的			2.相关的			3.多样的			4.广博的			5.全面的		
人际关系		基本的	重要的	关键的	基本的	重要的	关键的	基本的	重要的	关键的	基本的	重要的	关键的	基本的	重要的	关键的
专业理论知识	5.基本专门技术	152	175	200	200	230	264	264	304	350	350	400	460	460	528	608
		175	200	230	230	264	304	304	350	400	400	460	528	528	608	700
		200	230	264	264	304	350	350	400	460	460	528	608	608	700	800
	6.熟练专门技术	200	230	264	264	304	350	350	400	460	460	528	608	608	700	800
		230	264	304	304	350	400	400	460	528	528	608	700	700	800	920
		264	304	350	350	400	460	460	528	608	608	700	800	800	920	1 056
	7.精通专门技术	264	304	350	350	400	460	460	528	608	608	700	800	800	920	1 056
		304	350	400	400	460	528	528	608	700	700	800	920	920	1 056	1 216
		350	400	460	460	528	608	608	700	800	800	920	1 056	1 056	1 216	1 400
	8.权威专门技术	350	400	460	460	528	608	608	700	800	800	920	1 056	1 056	1 216	1 400
		400	460	528	528	608	700	700	800	920	920	1 056	1 216	1 216	1 400	1 600
		460	528	608	608	700	800	800	920	1 056	1 056	1 216	1 400	1 400	1 600	1 840

(2)海氏工作评价指导图表之二——解决问题的能力表,见表8-12。

表8-12 解决问题的能力表

单位:%

		思维难度				
		1.重复性的	2.模式化的	3.中间型的	4.适应性的	5.无先例的
思维环境	1.高度常规性的	10	14	19	25	33
		12	16	22	29	38
	2.常规性的	12	16	22	29	38
		14	19	25	33	43
	3.半常规性的	14	19	25	33	43
		16	22	29	38	50
	4.标准化的	16	22	29	38	50
		19	25	33	43	57
	5.明确规定的	19	25	33	43	57
		22	29	38	50	66

续表

		思维难度				
		1.重复性的	2.模式化的	3.中间型的	4.适应性的	5.无先例的
思维环境	6.广泛规定的	22	29	38	50	66
		25	33	43	57	76
	7.一般规定的	25	33	43	57	76
		29	38	50	66	87
	8.抽象规定的	29	38	50	66	87
		38	43	57	76	100

(3)海氏工作评价指导图表之三——承担的职务责任表，见表 8-13。

表 8-13 承担的职务责任表

职务责任	大小等级	1.微小				2.少量				3.中量				4.大量			
	金额范围					10 万元/年				100 万元/年				1 000 万元/年			
职务对后果形成的作用		间接		直接		间接		直接		间接		直接		间接		直接	
		后勤	辅助	分摊	主要	后勤	辅助	分摊	主要	后勤	辅助	分摊	主要	后勤	辅助	分摊	主要
行动的自由度	1.有规定的	10	14	19	25	14	19	25	33	19	25	33	43	25	33	43	57
		12	16	22	29	16	22	29	38	22	29	38	50	29	38	50	66
		14	19	25	33	19	25	33	43	25	33	43	57	33	43	57	76
	2.受控制的	16	22	29	38	22	29	38	50	29	38	50	66	38	50	66	87
		19	25	33	43	25	33	43	57	33	43	57	76	43	57	76	100
		22	29	38	50	29	38	50	66	38	50	66	87	50	66	87	115
	3.标准化的	25	33	43	57	33	43	57	76	43	57	76	100	57	76	100	132
		29	38	50	66	38	50	66	87	50	66	87	115	66	87	115	152
		33	43	57	76	43	57	76	100	57	76	100	132	76	100	132	175
	4.一般性规范的	38	50	66	87	50	66	87	115	66	87	115	152	87	115	152	200
		43	57	76	100	57	76	100	132	76	100	132	175	100	132	175	230
		50	66	87	115	66	87	115	152	87	115	152	200	115	152	200	264
	5.有指导的	57	76	100	132	76	100	132	175	100	132	175	230	132	175	230	304
		66	87	115	152	87	115	152	200	115	152	200	264	152	200	264	350
		76	100	132	175	100	132	175	230	132	175	230	304	175	230	304	400
	6.方向性指导的	87	115	152	200	115	152	200	264	152	200	264	350	200	264	350	460
		100	132	175	230	132	175	230	304	175	230	304	400	230	304	400	528
		115	152	200	264	152	200	264	350	200	264	350	460	264	350	460	608
	7.广泛性指引的	132	175	230	304	175	230	304	400	230	304	400	528	304	400	528	700
		152	200	264	350	200	264	350	460	264	350	460	608	350	460	608	800
		175	230	304	400	230	304	400	528	304	400	528	700	400	528	700	920

续表

职务责任	大小等级	1.微小				2.少量				3.中量				4.大量			
	金额范围					10 万元/年				100 万元/年				1 000 万元/年			
职务对后果形成的作用		间接		直接		间接		直接		间接		直接		间接		直接	
		后勤	辅助	分摊	主要	后勤	辅助	分摊	主要	后勤	辅助	分摊	主要	后勤	辅助	分摊	主要
行动的自由度	8.战略性指引的	200	264	350	460	264	350	460	608	350	460	608	800	460	608	800	1 056
		230	304	400	528	304	400	528	700	400	528	700	920	528	700	920	1 216
		264	350	460	608	350	460	608	800	460	608	800	105	608	800	1 056	1 400
	9.一般性无指引的	304	400	528	700	400	528	700	920	528	700	920	1 216	700	920	1 216	1 600
		350	460	608	800	460	608	800	1 056	608	800	1 056	1 400	800	1 056	1 400	1 840
		400	528	700	920	528	700	920	1 216	700	920	1 216	1 600	920	1 216	1 600	2 112

【案例 8-1】销售业务员的海氏岗位评价法的应用

下面以××公司“销售业务员”这一岗位的评分过程为例,来具体说明利用海氏三要素岗位评价法进行打分的操作过程。

一、销售业务员岗位说明书对该岗位主要工作任务的描述

(1)识别捕捉商业机会,开拓新资源,建立和维护良好的客户网络。

(2)发展新客户,开拓新市场,完成销售任务指标。

(3)与客户洽谈销售事宜,经部门经理批准后与客户签订销售合同。

(4)按照销售合同及时催缴销售货款。

(5)对客户资信状况进行密切关注,对可能发生的呆账或延期支付,应及时上报部门经理,确定货款回收措施,加大清缴力度。

(6)处理销售工作相关的其他事务,做好售后服务工作。

(7)定期拜访客户,与客户建立和保持密切关系。

(8)搜集市场信息,提供市场需求变化、竞争对手和客户反馈方面的准确信息。

(9)完成领导交办的其他事宜。

二、利用海氏三要素岗位评价方法打分过程

(一)第一步:知识水平和技能技巧得分(A)

1.有关专业知识技能(1~4):不是专业技术人员,但需要了解一定知识,选 2。

2.管理技巧(1~5):没有管人,但需要对销售业务进行计划协调控制,选 3。

3.人际关系技巧(1~3):需要和人接触,而且要和很多人接触,选 3。

4.得分:通过查知识水平表,$A=132$。

（二）第二步：解决问题的能力百分数（B）

1.思维环境（1~8）：没有既定规则，只有一些抽象规则，需要发挥一些创造性，选3。

2.思维难度（1~5）：有些先例，但借鉴意义不大，选3。

3.通过查解决问题的能力表，得到 $B=38\%$。

（三）第三步：承担的职务责任得分（C）

1.行动的自由度（1~9）：行动较自由，而且对结果承担主要责任，选3。

2.职务对后果形成的作用（1~4）：对结果负主要责任，选4。

3.职务责任（1~4）：销售量的财务数量往往在少量区间，选2。

4.通过查承担的职务责任表，得到 $C=43$。

（四）第四步：计算职务最后得分。

$A=132$　　$B=38\%$　　$C=43$

职务得分：$132+132\times38\%+43=225.16$。

按照上述步骤可以对××公司的岗位进行全面的评价，以达到对公司不同岗位价值的评价。

（四）职务形态构成

“职务形态构成”由海氏提出，海氏认为职务具有一定的“形态”，这个形态主要取决于技能和解决问题的能力两因素相对于职务责任这一因素的影响力间的对比与分配。通过对技能、解决问题能力和职务责任的不同要求，区分不同类型的职位，以对各种职位进行划分，实行不同的薪酬结构，参见图 8-3。

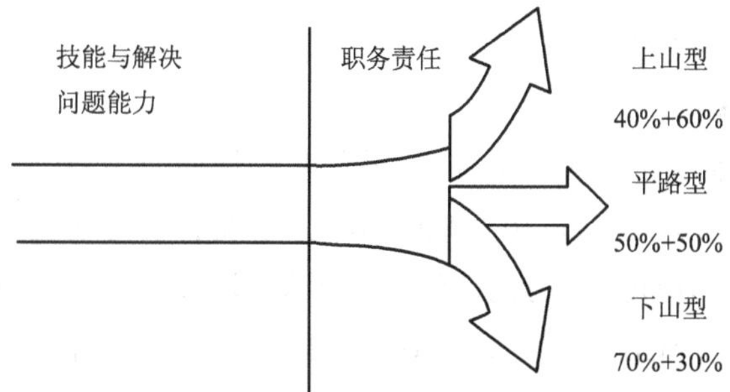

图 8-3　职务形态构成

根据三种职务的“职务形态构成”，赋予三种职务三个不同因素以不同的权重，即分别向三个职务的技能、解决问题的能力两因素与责任因素指派代表其重要性的一个百分数，这两个百分数之和恰为 100%。根据一般性原则，我们粗略地确定“上山型”、“下山型”和“平路型”，两组因素的权重分配界限分别约为（40%+

60%)、(70%+30%)、(50%+50%)。例如："上山型"职位，一般对应公司副总裁、销售经理等职位，由于其职务责任的要求较高，可将薪酬浮动部分加大；同样，"下山型"职位，一般对应操作工、技术人员等，可将薪酬浮动部分减小。

二、美世国际岗位评价法

美世咨询公司，成立于1937年，是全球最大的人力资源管理咨询公司，是全球500强威达信集团的主要运营实体之一。美世国际岗位评价法(International Position Evaluation，IPE)原是欧洲的学者为配合欧洲一体化进程而设计的岗位评价的统一标准，以保证欧洲共同体所有国家的各类企业都能运用。之后，这一岗位评价系统被美世管理咨询公司修改完善，应用于人力资源管理咨询并广为流传。

早在20世纪七八十年代，职位评估风靡欧美，成为企业人力资源管理的基础工具。调研结果表明，当时美国有70%以上的企业使用职位评估系统来帮助搭建职位系统以及作为薪酬给付的依据。但是当美国逐渐将人力资源管理重点从"职位"挪到"绩效"以后，作为总部在美国的全球最大的人力资源管理咨询公司——美世咨询公司却始终没有抛弃这个工具，而是将其进一步开发，使其适合全球性，尤其适合欧洲和亚洲国家的企业使用。

2000年美世咨询公司兼并了全球另一个专业人力资源管理咨询公司——国际资源管理咨询集团(Corporate Resources Group，CRG)后，将其评估工具升级到第三版，成为目前市场上最为简便、适用的评估工具——国际职位评估系统(International Position Evaluation，IPE)，它不但可以比较全球不同行业不同规模的企业，还适用于大型集团企业中各个分、子公司的职位比较。

(一)IPE要素体系表

1.体系内容演变

经过多位从事职位评估工作的资深专家的长期研发，IPE系统(International Position Evaluation System)已由原来的基本方法发展成为现在易于运用的IPE系统。它包含对各行业职位进行比较的必要因素，并通过不断的改进以配合机构的需要。IPE系统实行四因素打分制，IPE的四个因素是影响、沟通、创新和知识。这四个因素包含不同职位要求的决定性因素。每一因素可再分成两至三个方面，每一方面又有不同程度和比重之分。评估过程十分简单，只需为每一方面选择适当的程度，决定该程度相应的分数，然后把所有分数加起来便可。目前美世公司正在使用的是第三版IPE系统，但是在实际工作中，其第二版的七因素方法以其便于操作、便于理解等优点仍在被广泛使用。

IPE第二版内容在四个共有因素下，又细分为对企业的影响、监督管理、职责范围、沟通、任职资格、问题解决能力、环境条件七个要素。这七个要素又可分为16个维度（见表8-14和图8-4），评估者要根据具体情况从以上七个方面为某一岗位打分，总分为1 200分，评估的结果可以将各个不同岗位划分为46个级别。

表8-14　第二版IPE因素说明表

因素	因素说明	子维度	
影响	职位在其职责范围内、操作中所具有的影响的性质和范围，并以对组织的贡献作为参考	组织规模	组织的规模由组织的销售额和员工数来决定
		对组织的贡献	贡献的大小应从贡献的程度和能够施加影响的范围这两方面来衡量
沟通	本因素着眼于职位所需要的沟通技巧。首先，决定任职者所需的沟通类型；然后再根据对职位做所需的最具困难性和挑战性的沟通能力的描述来界定该职位的沟通能力	沟通频率	沟通发生的频率
		沟通范围	沟通是发生在内部还是外部
		沟通能力	达成沟通目的所需要具备的能力
问题解决能力	本因素衡量的是该职位解决工作中遇到的各种问题的能力	解决问题措施的创造性	指所采取措施的创新和实用程度，即在多大程度上是独立自主想出来的，在多大程度上与前人的经验不同并兼具实用性
		解决问题措施可操作性	要从两方面来衡量，一是看需要解决问题的难度，二是看所采取措施的可操作性的程度
监督管理	该因素衡量某一岗位所应具备的管理能力	下属人数	指某一岗位所要负责管理的下属的数量
		下属种类	按职能性质将下属分类，如技术人员与管理人员
职责范围	该因素衡量某一岗位的职责范围大小	工作独立性	指工作任务的完成需要在多大程度上借助他人的力量，或在多大程度上能够不受控制地自主完成工作
		工作多样性	指工作内容的复杂程度
		所需具备的业务知识	指在岗人要顺利完成工作所需要掌握的知识
任职资格	该因素主要考察某一岗位对任职者所需具备的资格的要求	教育背景	主要指学历
		工作经验	主要指在岗人以前所获得的经验
环境条件	该因素主要对某一岗位所承担的来自工作环境的风险进行评定	风险	指该岗位在政治上或工业上受到的各种伤害
		环境	指该岗位在身体、精神和技术方面受到的各种压迫

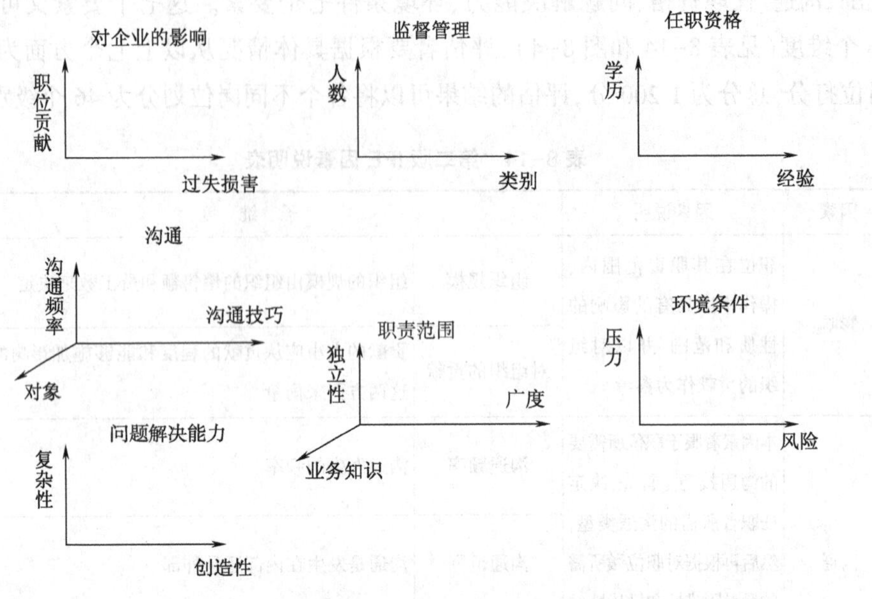

图 8-4 第二版 IPE 岗位评估系统的结构

IPE 第三版内容为在四个共有因素下,细分为 10 个纬度,104 个级别,总分 1 225分。评估的结果可以分成 48 个级别。第三版是在第二版七个评估因素的基础上经过大量科学提炼简化的结果。100 多位美世人力资源首席咨询顾问和众多企业人力资源资深从业者的共同研究证明,真正相互之间不存在相关性的因素只有两个——影响和知识。但为了减少评估过程中由于主观因素造成的偏差,还是保留了另外两个相对重要的因素——沟通和创新。

2.IPE 设计目的

美世国际职位评估系统(IPE)的设计目的在于,在组织中科学地决定职位的相对价值等级。它使不同领域、职能的岗位,如营销、财务领域内的岗位,可以在同一尺度上进行比较。

美世的国际岗位评估体系在选择确定岗位价值的因素时,考虑到岗位的投入、过程和产出的全过程。筛选相互独立且对岗位的价值有本质影响的因素,并确定了每个因素在体系中的权重。这些因素的选择考虑到:因素的取向反映出企业的经营价值导向因素在一定程度上适用于所有岗位,因素反映出岗位价值的本质,因素之间有联系但是保持独立。

(1)IPE 在影响因素中考虑到组织规模对企业的影响,见图 8-5。

在进行具体职位的评估之前,首先要确定企业的规模。可以想象一个万余人的国际性机构和一个仅有二三十个人的小公司如果不进行调整是不能在同一个平台上进行比较的。在这个特殊的因素中,需要考虑企业的销售额、员工人数等因素来放大或缩小组织规模。以一个销售额为 3 千万元、拥有 200 名员工的国内贸易公司 A 为例,查表 8-15 知,据销售额 A 对应企业规模级别为 4,而据员工数 A 对应企业规模级别为 5。再查表 8-16 知,A 企业的组织规模级别应为 4。若评估岗位为销售部经理,则查表 8-17 知,对组织的影响程度和范围为 11。

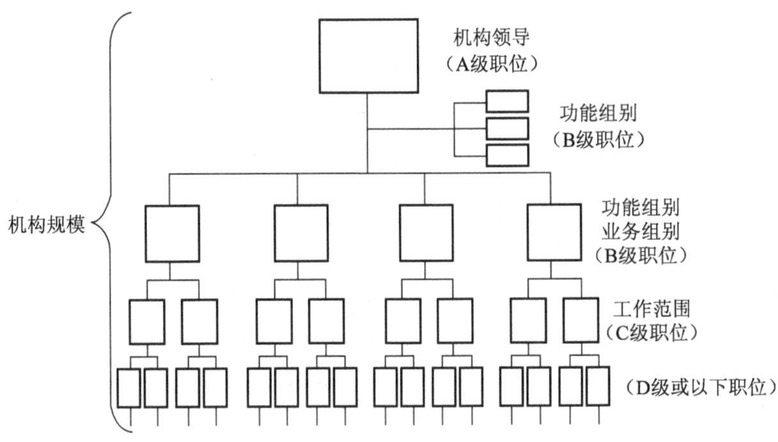

图 8-5 机构规模对企业的影响

表 8-15 组织规模表 单位:百万元

	表 A		表 B		表 C		表 D		表 E		表 F	
	销售/生产(高附加值的)		销售/特殊服务/装配加工(中附加值的)		销售或贸易(低附加值的)		资产管理公司		保险公司			
	销售额		销售额		销售额		总资产		保费收入		组织员工总数	
1		18		45		72		358		45		10
2	18	36	45	90	72	143	358	717	45	90	10	25
3	36	72	90	179	143	287	717	1 433	90	179	25	50
4	72	143	179	358	287	573	1 433	2 866	179	358	50	100
5	143	287	358	717	573	1 147	2 866	5 733	358	717	100	200
6	287	573	717	1 433	1 147	2 293	5 733	11 465	717	1 433	200	400
7	573	1 147	1 433	2 866	2 293	4 586	11 465	22 930	1 433	2 866	400	800
8	1 147	2 006	2 866	5 016	4 586	8 026	22 930	40 128	2 866	5 016	800	1 400
9	2 006	3 511	5 016	8 778	8 026	14 045	40 128	70 224	5 016	8 778	1 400	2 500
10	3 511	6 145	8 778	15 362	14 045	24 578	70 224	122 892	8 778	15 362	2 500	4 000

续表

	表A		表B		表C		表D		表E		表F	
	销售/生产（高附加值的）		销售/特殊服务/装配加工（中附加值的）		销售或贸易（低附加值的）		资产管理公司		保险公司			
	销售额		销售额		销售额		总资产		保费收入		组织员工总数	
11	6 145	10 753	15 362	26 883	24 578	43 012	122 892	215 061	15 362	26 883	4 000	7 000
12	10 753	18 818	26 883	47 045	43 012	75 272	215 061	376 358	26 883	47 045	7 000	12 000
13	18 818	28 227	47 045	70 567	75 272	112 907	376 358	564 536	47 045	70 567	12 000	18 000
14	28 227	42 340	70 567	105 851	112 907	169 361	564 536	846 805	70 567	105 851	18 000	27 000
15	42 340	63 510	105 851	158 776	169 361	254 041	846 805	1 270 207	105 851	158 776	27 000	40 000
16	63 510	95 266	158 776	238 164	254 041	381 062	1 270 207	1 905 310	158 776	238 164	40 000	60 000
17	95 266	142 898	238 164	357 246	381 062	571 593	1 905 310	2 857 965	238 164	357 246	60 000	100 000
18	142 898	214 347	357 246	535 869	571 593	857 390	2 857 965	4 286 948	357 246	535 869	100 000	150 000
19	214 347	321 521	535 869	803 803	857 390	1 286 084	4 286 948	6 430 422	535 869	803 803	150 000	225 000
20	321 521		803 803		1 286 084		6 430 422		803 803		225 000	

表 8-16 组织规模核对表

		根据组织规模表F栏（员工人数）																			
根据表A~E得到的组织规模		1	2	3	4	5	6	7	8	9	10	11	12	13	14	15	16	17	18	19	20
	1	1	1	2	2	3	3	—	—	—	—	—	—	—	—	—	—	—	—	—	—
	2	2	2	2	3	3	4	4	—	—	—	—	—	—	—	—	—	—	—	—	—
	3	2	3	3	3	4	4	5	5	—	—	—	—	—	—	—	—	—	—	—	—
	4	3	3	4	4	4	5	5	6	6	7	7	—	—	—	—	—	—	—	—	—
	5	3	4	4	5	5	5	6	6	7	7	8	8	—	—	—	—	—	—	—	—
	6	4	4	5	5	6	6	6	7	7	8	8	9	9	—	—	—	—	—	—	—
	7	4	5	5	6	6	7	7	7	8	8	9	9	10	10	—	—	—	—	—	—
	8	5	5	6	6	7	7	8	8	8	9	9	10	10	11	11	—	—	—	—	—
	9	5	6	6	7	7	8	8	9	9	9	10	10	11	11	12	12	—	—	—	—
	10	6	6	7	7	8	8	9	9	10	10	10	11	11	12	12	13	13	—	—	—
	11	6	7	7	8	8	9	9	10	10	11	11	11	12	12	13	13	14	14	—	—
	12	7	7	8	8	9	9	10	10	11	11	12	12	12	13	13	14	14	15	15	—
	13	7	8	8	9	9	10	10	11	11	12	12	13	13	13	14	14	15	15	16	16
	14	8	8	9	9	10	10	11	11	12	12	13	13	14	14	14	15	15	16	16	17

续表

		根据组织规模表 F 栏(员工人数)																			
根据表A~E得到的组织规模	15	8	9	9	10	10	11	11	12	12	13	13	14	14	15	15	15	16	16	17	17
	16	9	9	10	10	11	11	12	12	13	13	14	14	15	15	16	16	16	17	17	18
	17	9	10	10	11	11	12	12	13	13	14	14	15	15	16	16	17	17	17	18	18
	18	10	10	11	11	12	12	13	13	14	14	15	15	16	16	17	17	18	18	18	19
	19	10	11	11	12	12	13	13	14	14	15	15	16	16	17	17	18	18	19	19	19
	20	11	11	12	12	13	13	14	14	15	15	16	16	17	17	18	18	19	19	20	20

表 8-17 对组织的影响程度定义

程度	组织的首脑（A 级岗位）	对整个组织有影响（B 级岗位）	对职能部门/业务单位有影响（C 级岗位）	对工作领域有影响（D 级岗位及以下）	专家影响
1				极小的可以忽略的影响	
2				小（边缘/边界）影响	
3				有限影响	
4				一些影响	某一领域有一些影响
5				重要影响	某一领域有重要影响
6			有限影响	主要影响	某一领域有主要影响
7			一些影响		对某一职能部门/业务单位有一些影响
8			重要影响		对某一职能部门/业务单位有重要影响
9		有限影响	主要影响		对某一职能部门/业务单位有主要影响

续表

程度	组织的首脑（A级岗位）	对整个组织有影响（B级岗位）	对职能部门/业务单位有影响（C级岗位）	对工作领域有影响（D级岗位及以下）	专家影响
10		一些影响			对组织的业绩有一些影响
11		重要影响			对组织的业绩有重要/主要影响
12	受其他组织强烈影响的组织首脑	主要影响或担任组织副首脑			
13	受其他组织部分影响的组织首脑				
14	组织首脑				
15	组织首脑及董事会主席				

(2)IPE在监督管理因素中需要考虑下属类别与下属规模的影响。

A公司的销售部经理所管辖的下属种类,既包括专业人员,又包括低层或中层管理人员,并且所管辖的直接与间接下属人数达51~200人的规模,查表8-18知,A公司销售部经理的监督管理能力得分为50分。

表8-18 监督管理能力得分量表　　单位:人

下属人数（直接、间接）	下属种类			
	下属为担任同类或重复性工作的员工	下属中包括专业人员但不包括管理人员	下属中既包括专业人员又包括低层或中层管理人员	下属中既包括专业人员又包括高层管理人员（A或B级岗位）
0	10	10	10	10
1~10	20	25	30	35
11~50	30	35	40	45
51~200	40	45	50	55
201~1 000	50	55	60	65
1 001~5 000	60	65	70	75
5 001~10 000	70	75	80	85
10 001~50 000	80	85	90	95
50 001~	90	95	100	105

(3)IPE 在职责范围中需要考虑到工作独立性问题，见图 8-6。

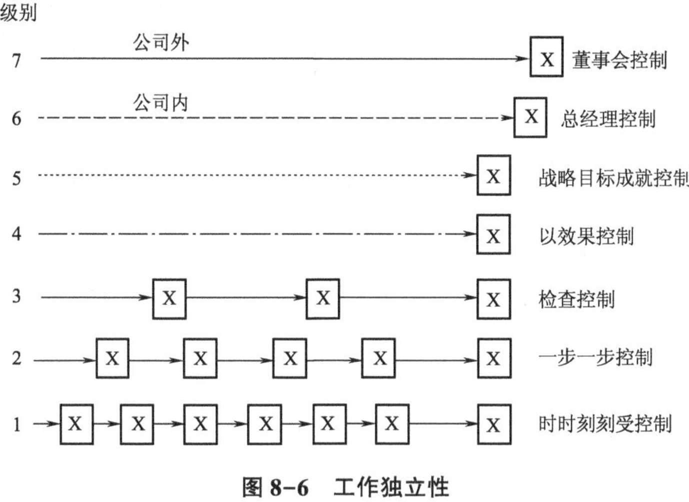

图 8-6 工作独立性

A 公司的销售部经理的职责范围，他在工作多样性中属于“组织首脑，领导销售、制造或研发部等其中一个部门的主要工作”这一等级，而在工作独立性中属于“职责追随组织目标，受公司的执行总裁控制”这一等级，查表 8-19 知，A 公司销售部经理的工作独立性与工作多样性得分为 120 分，再查其知识要求应为“需要具备整个组织和国内市场的充足知识及/或具备国际市场自身领域的良好知识”，这一等级为 25 分，因此，A 公司的销售部经理的职责范围这一因素最终得分为 145 分。

表 8-19 工作独立性与工作多样性分数表

工作独立性	工作多样性									
	相同或重复工作	多数同类工作	一些同类工作	一个职能领域内的不同工作	不同职能的工作	领导一个职能部门/业务单位	领导两个或多个职能部门/业务单位	组织首脑，领导销售、制造或研发部等其中一个部门的主要工作	组织首脑，领导销售、制造或研发部等其中至少两个部门的主要工作	组织首脑，全面领导销售、制造或研发部的主要工作
职责清晰明确持久受控	5	10	20	30	40	50	60	70	80	90

续表

工作独立性	工作多样性									
	相同或重复工作	多数同类工作	一些同类工作	一个职能领域内的不同工作	不同职能的工作	领导一个职能部门/业务单位	领导两个或多个职能部门/业务单位	组织首脑,领导销售、制造或研发部等其中一个部门的主要工作	组织首脑,领导销售、制造或研发部等其中至少两个部门的主要工作	组织首脑,全面领导销售、制造或研发部的主要工作
职责位于有限的框架内步步受控	10	20	30	40	50	60	70	80	90	100
职责遵循常规的方法和实践按检查点受控	20	30	40	50	60	70	80	90	100	110
职责遵循一般性的指导完成后受控	30	40	50	60	70	80	90	100	110	120
职责追随战略目标战略性受控	40	50	60	70	80	90	100	110	120	130
职责追随组织目标由公司的执行总裁控制	50	60	70	80	90	100	110	120	130	140
职责追随董事会目标由董事会控制	60	70	80	90	100	110	120	130	140	150

(二)IPE岗位分值计算

IPE岗位评价用表,见表8-20。

表 8-20　IPE 岗位评价用表

岗位名称												
因　素			程度	点数	程度	点数	程度	点数	程度	点数	程度	点数
1	组织的影响	组织规模										
		影响力										
2	监督管理	下属种类										
		下属人数										
3	职责范围	工作多样性										
		工作独立性										
		业务知识										
4	沟通	能力										
		频率										
		内外部										
5	任职资格	教育背景										
		工作经验										
6	问题解决能力	操作性										
		创造力										
7	环境条件	环境										
		风险										
	总分											
	备注											

【案例 8-2】美世岗位评价法在联想集团的运用

联想集团在业务发展的初期，其工资福利计划考虑比较多的是偶然的因素。随着公司管理越来越正规化，经营发展越来越稳定，联想希望能走上稳定、规范的发展道路。为此，联想实施了一项重要的管理制度改革项目——全集团统一薪酬福利制度。实施统一薪酬福利制度的第一步工作是通过岗位评价确定员工的职位工资。

一、为什么要统一

联想集团人力资源部副总经理蒋北麒从 2004 年 5 月份就开始筹备、策划统一薪酬的工作,他对这次统一工薪的解释是:以前联想是大事业部制的管理体制,奖励完全由各事业部负责,逐渐形成各自的工薪体系。整个集团并没有一套公正、科学、合理的工薪管理方法,一些大事业部在给员工定薪上存在随意现象,有的主管看某人顺眼,就可能给他定得高一些。今后联想要发展,需要强调集中管理,在人员调动、干部轮岗乃至建立内部的人才市场等方面都需要统一的薪酬标准。从深层次讲,工资体系代表着公司核心价值观,代表统一的企业文化的形象,因此,工资标准应该统一。

联想高级副总裁杨元庆认为统一工薪可以增强人才竞争力,可以增强联想在人才市场上的竞争力,更重要的是增强企业的竞争力。市场上存在的企业往往不是由最高素质人才组成的企业,而是经营管理水平最高的企业,在各个方面、环节上(包括人力资源成本)控制非常得力的企业。联想要在这方面进入一种良性循环。

二、统一薪酬先定工资

联想这次统一薪酬,一是形成统一的、合理的结构;二是确定一个统一的定薪方法;三是确定统一的调薪原则。

蒋北麒感到,统一工薪是一件长期的带有阶段性的工作。员工的工资、年终奖励、员工持股和福利这四大块中,首要的是如何定工资。根据 CRG 公司(国际人力资源顾问公司)的人力资源 3P 理论(职位工资、个人技能工资、业绩工资),联想第一步先把职位工资定下来。

职位工资的主要的定薪方法是进行岗位评价(量化评估),采取量化评估的好处是能够向员工解释清楚,达到公平、公开的目的,以后员工的工资可以公开化。岗位评价可以实现高要求、高收入,低要求、低收入。为此,联想曾和许多咨询公司联系,最终选择了 CRG 公司的国际职业评估体系作为评估岗位的基本工具。具体讲,CRG 岗位评价方法是一个量化的评估方法,它从 3 个方面、7 个要素、16 个维度来综合评价一个职位价值的大小,最后用总分数幅度制定出职位级别。3 个方面是职责规模、职责范围和工作复杂程度,7 个要素是对企业的影响、管理监督、责任范围、沟通技巧、任职资格、解决问题难度和环境条件。

联想的岗位比较多,如果全方位进行岗位评价,则会因评估人对评估方法把握尺度不同,以及各单位绩效考核进度不一样,而使评估工作出现大的偏差。因此,只能采用典型岗位典型评估的方法。采用此方法,须由联想薪酬领导小组与各大事业部评出该部的典型岗位,其他岗位比照典型岗位进行评估。比如,一个部门有 10 个人,只要定出 3 个不同层次的职位,其他人与这 3 个职位相比较后安排职位。

典型岗位设置有三个原则:够用(过密就不能起到框定的作用)、适用(上岗人员跟岗位要求基本一致）、好用（岗位可以有横向可比性）。联想最后选出100多个典型岗位进行评估，全是由一个领导小组和各事业部进行评估，这就保证了公平性。

岗位评估以后，能使一个群体的每个人都了解各自的岗位和工作职责。比如，研发与行政经理这两个跨度很大的岗位，谁的工资高，谁的工资低，没有岗位评价是说不清楚的。对岗位进行量化评估很容易建成一个可比关系，都是用7个因素评估，比较各自的优势项目，把各自的评分相加，谁的分高谁的工资就高。人们会明白在哪些方面行政经理的工资比研发人员高，高多少，在哪些方面研发人员的工资比行政经理高，高多少，最后两者差多少，会有一个相对公平的对比。

蒋北麒认为此方法虽然比较公平，但联想也会根据市场情况与CGR公司对各因素设的分数进行调整，当然有些因素的设定跟企业文化管理理念有关，公司看重什么因素，该因素所占的比例就会重一些。

三、日内瓦范本岗位评价法

随着海氏评估法、美世IPE等岗位价值评估方法大行其道，日内瓦范本岗位评价法已经逐渐被人们遗忘，在管理活动中的使用也非常少。实际上在传统制造型企业中，越来越忽视对于技术工人的价值评估，即使采用现在流行的岗位评价方法对技术工人的价值进行认定时，也总有不合时宜的地方。究其原因，随着劳动力市场的开放与活跃，特别是我国制造业相对发达的长三角、珠三角等地区，企业获得一线工人比较容易，工人的报酬一般采用市场定价的原则，岗位价值评估的意义大打折扣。

但是日内瓦范本岗位评价法在现代企业管理实践中仍然有着重要的意义和价值。一方面，在部分国有企业，对于工人的管理比较慎重，对技术工人的价值认定显得尤为必要；另一方面，技术工人供给的逐步丰富并不能否定对于工人岗位价值的认定。

由于工作活动和内容比较单一和简洁，技术工人在工作职责上多年没有很大的变化，付酬因素的影响也比较小，因此对于技术工人的评估因素变化不大。企业在实施日内瓦范本岗位评价法时，并不需要建立过多的评估因素，仍然可以沿用多年前制定的四大因素。评估因素的多寡，一般不会对技术工人价值认定产生过大的影响。

日内瓦范本岗位评价法包含劳动四要素。劳动四要素是在国际劳工组织1950年制定的“日内瓦范本”中提出的，具体是指劳动技能、劳动强度、劳动责任、劳动条件。劳动四要素适用于对生产操作岗位进行岗位评价。

（一）劳动技能

劳动的质的差别首先体现为劳动技能的差别。劳动技能的差别主要反映在劳动复杂程度的差别上。按照复杂程度的不同，可以把劳动分解为简单劳动和复杂劳动。复杂劳动又可分为熟练劳动和创造性劳动。创造性劳动是一种科学劳动，这种劳动的结果，对物质及其运动规律有新的发现，对改造客观世界的方法有新的发明或对理论观念有新的见解。这种劳动成果是推动人类进步的强大动力。因此，创造性劳动是倍加的熟练劳动。评价劳动复杂程度的指标体系，从体力劳动的角度看，有劳动的灵敏、准确和协调等；从脑力劳动的角度说，有分析、综合、判断和决策难易等。不同行业中的不同岗位，其劳动技能也不同，因此，评价指标也各不相同。但这些指标体系必须是从劳动复杂程度方面评价劳动本身。

（二）劳动强度

劳动强度也就是劳动的轻重程度，表明劳动的密集程度，即在单位时间内劳动支出的密度。繁重劳动是倍加的轻便劳动。实践中，繁重劳动一般指体力劳动，其实脑力劳动也有轻重之分，有些脑力劳动是很紧张的，堪称“重脑力劳动”。

评价劳动强度，可以观察和体验体力和脑力劳动的紧张程度、疲劳程度和劳动姿态等。为了科学地测评劳动强度，可以依据我国颁布的《体力劳动强度分级》进行分析。

国家标准 GB 3869—1997《体力劳动强度分级》（以下简称“新标准”）是 GB 3869—83《体力劳动强度分级》标准（以下简称“旧标准”）的修订版，由国家技术监督局于 1997 年 7 月 7 日批准，1998 年 1 月 1 日实施。GB 3869—83《体力劳动强度分级》标准是国家标准局于 1983 年 9 月 29 日发布的，并于 1984 年 12 月 1 日实施。新标准与旧标准相比有如下几方面的优点：第一，把作业时间和单项动作能量消耗比较客观、合理地统一协调起来，能比较如实地反映工时较长、单项作业动作耗能较少的行业工种的全日体力劳动强度，同时亦兼顾到工时较短、单项作业动作耗能较多的行业工种的劳动强度，因而基本上解决了以往长期存在的“轻工业不轻，重工业不重”的行业工种之间分级定额不合理的问题。第二，体现了体力劳动的体态、姿势和方式，提出了体力作业方式系数，这比笼统地提出所谓的体力劳动进了一大步。第三，充分考虑到性别差异是本标准的重要特色之一。

与旧标准相比较，新标准在深度和广度方面都有所发展和深化。但任何一个标准都绝非一成不变的，随着社会的发展和经济水平的提高，标准法规需要不断完善，适时修改。

例如，旧标准中规定体力劳动强度分级指数计算公式为：$I=3T+7M$。式中：I 为劳动强度分级指数；T 为劳动时间率，T=工作日内净劳动时间（分）/工作日总工时（分）（%）；M 为 8 小时工作日能量代谢率[千焦耳/（分·平方米）]；3 为劳动时间率的计算系数；7 为能量代谢率的计算系数。其中，净劳动时间为一个工作日除去休息及工作中间暂停的全部时间。

而在新标准中对体力劳动强度做了改动，在计算体力劳动强度指数时，为反映相同体力强度引起男女性别不同所致的不同生理反应，使用了性别系数；在计算体力劳动强度指数时，为反映相同体力强度由劳动方式的不同引起人体不同的生理反应，使用了体力劳动方式系数，即 $I=T\cdot M\cdot S\cdot W\cdot 10$。其中：$I$ 为体力劳动强度指数；T 为劳动时间率；M 为 8 小时工作日平均能量代谢率，kJ/（min·m^2）；S 为性别系数，男性=1，女性=1.3；W 为体力劳动方式系数，搬=1，扛=0.40，推/拉=0.05；10 为计算常数。

（三）劳动责任

劳动责任就是生产岗位在劳动中对经济（产量、质量）、生产（设备、消耗）、安全和管理方面承担的责任，主要反映了岗位劳动者智力的付出和心理状态。劳动者的岗位在生产中的地位及对企业经济效益的影响程度，也就是劳动责任的大小与劳动量计算密切相关。劳动责任包括以下六个指标。

质量责任：生产岗位对最终产品的质量承担的责任大小。

产量责任：生产岗位对最终产品的产量承担的责任大小。

管理责任：生产岗位在指导、协调、分配、考核等管理工作上的责任大小。

安全责任：生产岗位对整个生产过程安全生产承担的责任。

消耗责任：生产岗位的物质消耗对生产成本影响的程度和承担的责任。

看管责任：生产岗位对其看管的生产设备承担的责任及其对整个生产过程的影响程度。

（四）劳动条件

劳动条件是指劳动者进行劳动所必备的主观条件和客观条件。前者是指劳动者维持和再生产出劳动能力的物质条件，即生活资料。后者是指劳动者借以实现其劳动的物质条件，即生产资料。有时专指生产过程中有关劳动者的安全、卫生和劳动程度等所必需的物质设备条件，如厂房和机器的安全卫生状况、车间的气温条件、机械化和自动化程度等。

四、翰威特岗位评价法

翰威特咨询公司成立于 1940 年，如今该公司已成为一家全球性的管理咨询公司,专注于通过提供人力资源方案来解决公司所面临的经营问题。其所设计的岗位评价体系主要由六大要素构成。

(一)要素一:知识与技能

知识与技能这一要素旨在评估通过各种途径所获得的所有必备“技术”,从而更加有效地完成工作任务。

由于那些合格员工们的背景之间往往存在着显著差异,因而我们并未通过具体的正规教育年限来对知识与技能运用加以说明。经验、固有技能或通过培训而获得的技能以及正规知识均被视为影响个人工作能力的潜在因素。

知识与技能“类型”之间并未加以区别,例如,运用某具体设备或者某一特定领域的技术或正规知识。该要素着眼于知识水平或深度,以及实际工作中所必备的各种知识与技能的广度或类型。

评价的关键在于:应着重评估具体职位所要求的知识水平,而非就职人员自身所具备的技能。“知识”是指理解并运用大量事实或规则的能力;“技能”是指实施所学习的/实际工作任务的熟练程度。知识与技能等级及定义参见表 8-21。

表 8-21 知识与技能等级及其定义、分数

等级	等级定义	分数
A	基本技能:遵照简单的书面或口头指导,了解各种既定工作规程;能够阅读各种参考材料、提取信息并进行基本运算。可能需要会计算机输入或操作标准型号的机器,包括检验、记录及张贴信息	20
+		24
B	宽泛的行政或技术技能:能通过完成多个既定的、多步骤的规程来收集、组织、核对、整理及/或分析数据。这一过程要求某个特定领域内广泛而细致的知识。可能需要操作更加复杂的设备,包括使用通用的计算机软件,以便遵照既定标准提供产品与服务	29
+		36
C	精深知识或专长领域:在某一特定或技术/行政职能领域内具有广泛的知识,包括对于相关政策与规程的了解。可遵照这些指导原则制订行动计划。可能需要使用精密设备并接受全面的调试与操作培训。能分析并诠释复杂信息,并可修改现有惯例、规程或方法	43
+		52
D	专门知识理论与实践相结合:具备相当程度的专业知识,有特定的学历背景要求。可通过技术数据编写报告并进行诠释。熟知所在领域的理论及标准运作方案。可协助制定新方法与新规程,其中包括运用与多个专业领域相关的知识来解决实际问题	63

续表

等级	等级定义	分数
+		77
E	精通专业领域:要求深入了解某项公认的技术专长或某个专业领域内的深层理论和现有操作方式。能运用先进的知识与经验来创建新方法、方案与规程,其中包括全面理解与该知识运用相关的一个以上主要专业领域中的实际问题	93
+		112
F	先进领域的广博知识:广泛而深入理解若干相关专业领域或学科的理论与方案。能领悟并整合多个学科中的关键信息,并在多个主要专业领域内进行运用	136
+		165
G	多元化的专业知识:全面了解多个学科并整合多个专业领域内的关键信息;要求具备有关公司各主要部门的广泛的理论与实践知识	200

(二)要素二:影响/责任

影响/责任这一要素仅适用于评估该职位的常规职责范围。其可能产生的消极影响是绩效问题,通过两个维度来进行职位评估:一是具体行为对实现组织、经营单位或部门目标并最终促成企业成功的潜在影响;二是具体职位在实现相关结果的过程中所承担的职责。其中,影响的评估指标包括财政收入、资产、预算权,计划或项目管理权以及其他与该职位相关的重要评估参数;而责任是指对最终决策或行动的控制或影响力度。该要素旨在评估某个职位是否承担主要责任或共同承担责任或仅仅是发挥间接影响。

打分的关键在于:在运用上述维度时,某个职位可以通过多种方式来影响组织目标。这时应采用与该职位最直接相关的较高水准评估值。影响/责任的等级及定义参见表 8-22。

表 8-22　影响/责任的等级及其定义、分数

等级	等级定义	分数
A	影响极其有限:仅对本职位的直接工作领域施加显著影响。其影响实质上是间接、辅助性的。不存在任职者职权范围以外的任何责任	20
+		24
B	对工作单元产生可察觉的影响:通常指对本工作单元(内设部门)施加影响。可对单元内或部门中与其直接相关的活动施加暂时性影响。其影响实质上是间接、辅助性的。存在有限的连带责任	29
+		36

续表

等级	等级定义	分数
C	对所在工作单元的绩效施加重大影响：日常工作可以影响到其他工作领域的活动。所担负的连带责任主要为间接责任，但可通过那些仅影响本工作单元的活动进行分担。可为工作单元以外的决策制定过程提供相关信息	43
+		52
D	对多个部门形成至关重要的影响：可以对部门（一级部门）施加总体影响。作为企业内部的咨询顾问，定期提供建议而影响决策制定过程。很少或不具备资源（财政或人员）调配权，但可进行分析并提供建议	63
+		77
E	对经营单位的运作施加重大影响，但不具备决策控制权：可在既定权限内审批费用，或在权限范围内调配资源以提供服务。所提出的各种意见与建议总被采纳	93
+		112
F	影响重大且范围广：积极参与制定可对多个部门或经营单位产生一定影响的短期、长期决策。全权负责调配具体行动计划中的大量资源	136
+		165
G	对某个重大跨经营单位职能部门承担主要责任：直接控制重要资源，可对公司目标的实现产生关键影响	200

（三）要素三：解决问题/制定决策

解决问题/制定决策这一要素旨在衡量调查问题与评估各种解决方案时所必需的判断与分析程度。同时，对该职位所需进行的常规决策或判断的复杂性加以评估。

该要素的较低评级所解决的是常规问题，而且已有既定的行动方案或有限的备选方案；中层评级通常需解决更加复杂的问题并运用一种通用的解决问题方案；高层水准需进行新颖的分析，运用概念性思考并发挥创造力。

在运用该要素进行职位评估时，应思考从任务到工作部署乃至职责这一上升过程。与此上升过程息息相关的方面包括决策过程中认清并解决问题所存在的回旋余地，以及各考虑因素的深度与广度。

在此，我们采用下述定义：任务是指预期结果非常具体，且为实现这些结果需进行一系列明确的行动步骤。工作部署是指目标与结果较为具体，为实现这些结果仅做了笼统规定的行动步骤。工作部署要求在职者思考更加宽泛的组织问题。职责的定义非常宽泛，要求明确众多工作部署中的目标及相关问题，并始终关注某个具体的运作领域。

在“职责层次”职位中，我们期望在职者在设立目标和确定问题时思考各项工作部署之间的关联性。

此外，还应思考以下问题：该职位所反复经历的问题类型的复杂程度；是否存在多种解决问题的备选方案；制定决策受公司政策与规程的限制程度；用于协助解决问题的现有人力、物力资源。

注意：应根据该职位所反复经历并期望由该职位来解决的“典型”问题来对该要素加以评估。

解决问题/制定决策的等级及定义参见表8-23。

表8-23　解决问题/制定决策的等级及其定义、分数

等级	等级定义	分数
A	工作任务完全限定：工作内容固定，通常已有详细规程与技术支持，需遵照一份既定的行动计划，且已存在明确的备选方案	20
+		24
B	工作任务实质为例行程序：通过评估众多既定的备选方案来解决相关的问题，且可通过规程和/或同事与主管得到必要的支持	29
+		36
C	任务类型多种多样：通过参照相关政策和/或向同事和主管进行咨询来制定决策或解决问题，选择各种行动方案时需加以判断。可修改标准规则，以期适应新的或业已发生变化的形势。通常可根据过去的先例来制订解决方案	43
+		52
D	仅有有限先例可供参照：需通过分析事实和一般规则来解决问题，仅以笼统政策作为指导原则，需进行判断并运用现有的理念来制订各种行动计划	63
+		77
E	职责全面、工作任务复杂：为主要部门或经营单位的计划确定相应目标，评审现有计划与方案。需加以判断来认清并分析问题，通常需根据有限的信息制订解决方案，一般需向同事或上级领导进行咨询	93
+		112
F	职责重大：解决重大问题，制定目标并评估全公司的计划与方案。为主要部门或经营单位制定短期目标，参与制定长期目标；根据有限的信息制订解决方案或行动计划，需要与同事或上级领导们进行商讨	136
+		165
G	负责解决全公司的关键且复杂的问题：思考并解决重大问题，通常评估全公司的长期计划或方案。行动计划仅受笼统的公司政策限制，决策可影响到公司的总体方向与形象	200

(四)要素四:行动自由

行动自由这一要素旨在评估相关工作"层次"、行动自由度以及实施或接受监管的性质。应注意该职位中所需进行规划、组织、人员配置与指导的力度以及下属的类型/级别及其工作性质。

在该项要素的较低评级中,职位负责有限的行动,因而着重评估被监管的性质。中等评级代表较高层次的职责和/或在不断维护高效业绩方面所起到的明晰而持续的监管职责。较高评级体现了在实现一级部门/经营单位/组织总体目标与具体目标过程中的广泛职责与权限。

注意:该要素与组织汇报层次紧密相关。但应注意明确实际工作职责,尤其是应通过"定性"而非"定量"标准来对监管职责加以评估,即定期监管的员工人数不应作为关键的决定因素。

行动自由的等级及定义参见表 8-24。

表 8-24　行动自由的等级及其定义、分数

等级	等级定义	分数
A	处于紧密监管下:由主管人员通过明确、详细的规程对其工作进程进行定期监管。根据既定日程来确定工作程序;负责自身的职责,偶尔有变通,工作结果常由他人审核	20
+		24
B	接受日常监管:受到主管人员或既定规程的定期监管。在满足大致认定的日程要求的前提下具有一定的回旋余地。偶尔可为他人提供指导,但无监管职责	29
+		36
C	受到有限的指导与监管:自行安排工作日程来实现既定目标。工作进程与绩效不定期地接受监管。在标准方案的允许范围内可自由选择方法。可提变革建议。可担当"指导"角色	43
+		52
D	监管他人:领导某个工作单元的工作,全面负责绩效与人事行动方案 或 独立工作:对实现部门/公司重要目标而言至关重要的项目或计划,主持该特殊项目或遵照一般指导原则制订相应方案	63
+		77
E	指导主要部门的工作:作为部门(一级部门)经理确定标准,以确保遵照既定政策。协调相关活动,其中包括预算管理工作 或 极其独立工作:项目或方案对总体政策及公司总体目标的实现产生深远影响	93
+		112

续表

等级	等级定义	分数
F	协调两个或多个主要部门的运作：跨经营单位的职能领域，整合各部门目标。为有效地实现这些目标，与其他职能领域相互影响。在全公司层面上促进组织策略的制定	136
+		165
G	全面控制公司各部门：组织制订跨经营单位的方案。设计并诠释政策。协助制定组织总体政策与发展方向	200

（五）要素五：沟通技能

沟通技能这一要素旨在定性评估该职位所需具备的人际关系处理技能。同时评估该职位与组织内、外的其他人员进行交往时所需的协调与社交技巧的程度。此外，该要素可用于评估履行工作职责与义务所需的沟通水准。

注意：该项要素用于多种常规类型的沟通，其中包括公司内部、经营单位内部及组织外部所预期的各种沟通，但上司与下属之间的沟通除外。而且，尽管某些职位针对公司内部，而另一些职位针对公司外部，但应运用同样水准的沟通技能。

沟通技能的等级及定义参见表 8-25。

表 8-25　沟通技能的等级及其定义、分数

等级	等级定义	分数
A	基本的口头与书面技能：需具备一般性礼节常识，即最低限度的人际交流	20
+		24
B	传达基本事实：以标准形式传达详细的日常信息。沟通对象已了解沟通主题	29
+		36
C	诠释信息：能答复详细的质询信息。沟通对象不一定了解该话题的相关领域。需运用一定的技巧	43
+		52
D	信息复杂或具有争议性：需要相关技术技能以进行非常规信息的交流。可向那些只具备初级知识的对象进行讲演介绍。通常进行电话或书面联络。需要谨慎斟酌，以维持良好合作关系	63
+		77
E	针对复杂事件为他人提供建议：经常性地提出行动计划方案，需进行相当多的诠释，并向众多人员进行公开讲演介绍。运用考虑周详的技巧来实现沟通及一定程度的劝服	93
+		112

续表

等级	等级定义	分数
F	技能高超：促使冲突各方达成共识，运用精深的斡旋手段解决争端，需具有相当强的游说与谈判技能	136
+		165
G	影响关键决策：涉及重大承诺在内的事件。被授权通过互让实现总体目标	200

（六）要素六：工作环境

工作环境这一要素旨在分析可预计的正常工作环境下的精神压力状况。该要素评估由外部所施加的最后期限对此职位所开展的活动的控制力度，即任职人员所无法影响或控制的工作干扰、工作重点转移及无法确切预计的工作量。该要素还考虑到繁重的差旅任务或不定期的工时安排所造成的不同压力类型。此外，该要素考虑到处理疑难或棘手社交场面的必要性，诸如在常规工作活动中遇到怀有"敌意"或不满情绪的客户。

工作环境的等级及定义参见表 8-26。

表 8-26　工作环境的等级及其定义、分数

等级	A.安全性　　等级定义	分数
A	无危害环境——对人员健康不存在特别的危害——无须特殊防护	10
+		13
B	最低限度地暴露于有害环境——存在某些刺激物，由该职位特性决定的固有危害，即高分贝噪声、照明不足、强光照射、工作环境污秽、受尘埃或烟雾等影响（不考虑临时或可控制的情况）	18
+		24
C	中等程度的健康危害——所受伤害需专业治疗，然而通常并不造成大量工作时间的损失，需特定防护，即防护服、安全眼镜等，可包括高温工作环境	32
+		42
D	频繁暴露于有害环境且造成严重伤害——所受伤害需专业治疗或住院治疗，需经常性的防护措施，即全天候的面罩、安全眼镜和/或听觉防护	56
+		75
E	高度危害或终身伤害——暴露于诸如强电击、爆破或高空下坠等高危环境，针对日常操作设有特殊的防护措施	100
等级	B.稳定性　　等级定义	分数
A	相当稳定：日程、工作量或工作重点很少发生变化。除日常工作外，无外加最后期限。能够预计新工作任务。面对最低限度的干扰或不可控的间断。极少面临时间要求方面的冲突	10

续表

等级	等级定义	分数
+		15
B	变化可预见:面对例行工作期限。通常具备足够的间隔时间。工作量会出现季节性和可预见的变化。虽存在某些干扰,仍可预计工作重点。差旅或加班会得到提前通知。可能定期出现棘手或尴尬的外界意外事件	22
+		32
C	工作重点频繁发生变化:最后期限由外部施加,即个人无法控制时限的设定与修改。干扰可影响工作的轻重缓急。难以预计今后几天内的工作性质或工作量。差旅或加班通常仍可预见。符合最后期限要求并协调无关活动对该职位而言至关重要	46
+		68
D	同时应对多项重要任务的最后期限:最后期限由外部施加。时限的确定与更改往往临时紧急通知,造成工作重点不断转变。要求密切关注大量干扰。可包括频繁而辛劳的差旅和/或未曾预见的加班。日常工作压力突出	100

HEWITT 岗位评价最终得分,将岗位在此六要素上分数加总即可,表 8-27 为 HEWITT 岗位评价用表。

表 8-27 HEWITT 岗位评价用表

所属部门	岗位名称	因素评级						
		Ⅰ.知识与技能	Ⅱ.影响/责任	Ⅲ.解决问题/制定决策	Ⅳ.行动自由	Ⅴ.沟通技能	Ⅵ.工作环境	
							安全性	稳定性

第九章　案例游戏:模拟操作　掌控节点

引导案例:医药高校“人力资源管理”课程的沙盘模拟教学研究①

一、人力资源管理课程中沙盘模拟的实操流程

为了加强学生的实践能力,人力资源管理这门课程引入了沙盘模拟的实训教学环节。通过使用特定的竞争对抗比赛平台软件,本课程将学生组成 10 个团队,模拟经营 10 家不同的药企,在虚拟的市场上进行博弈和对抗。该运营过程总共包含八个版块:背景信息、管理层决策、人力资源规划、招聘设定、培训与开发、绩效评价、薪酬设定以及员工关系。

首先,系统为每个团队都提供一个给定药企的背景信息和其他相关的市场信息。每个团队的初始资金和生产产品都是一样的。

其次,各个团队自由地制定企业的发展战略、人才战略、薪酬战略等,从而在虚拟的市场上进行博弈。

再次,每期不同团队的不同决策都会影响整个市场的情况,然后下一期在新的市场环境下重新进行新的决策。

最后,系统根据每个团队的操作情况,以企业的留存利润、人力资源各部分决策等指标的总得分进行排名。

总体而言,沙盘模拟要求学生能够先对企业的内外部环境进行一个全面的分析,然后深入地参与到角色扮演、案例分析以及诊断决策中。如此参与式教学不仅可以提高学生的兴趣,而且能够提升他们的实践能力。

(一)背景信息

在模拟经营企业之前,系统为所有参加对抗比赛的团队提供案例信息(包括企业简介、企业文化和企业战略等)、劳动力市场信息(人力供求与劳动就业率等)以及其他宏观信息(包括市场发展周期、银行提供的贷款限额、利息、政府的相关政策、税率、产品的需求弹性、消费者偏好等),以呈现每期市场上的变动情况。

(二)管理层决策

了解背景信息之后,所有团队开始制定自己企业的整体战略决策,包括确定产

① 刘佳源. 医药高校“人力资源管理”课程的沙盘模拟教学研究[J]. 中国多媒体与网络教学学报(上旬刊),2021(12).

品定价、产量、市场投入、研发投入、设备投入、营销投入等。管理层的决策直接决定了各部门需要招聘的人数,从而影响企业的薪酬水平。

(三)人力资源规划

管理层决策制定之后,学生团队需要对企业的现有人员以及人员效能进行人力资源规划,具体结合管理层所做的决策,计算企业人员的需求数量,包括生产部所需的高级和普通生产人员数量、销售部所需的高级和普通销售人员数量以及研发部所需的高级和普通研发人员数量。然后,根据劳动力市场中的人才供给情况,调整、修改每个部门的预期员工数量。

(四)招聘设定

制定人力资源规划以后,学生团队需要在系统里选择从哪些渠道进行员工招聘,根据当前系统里设定的老员工的薪酬来制定新员工的薪酬。系统里一共有四个招聘渠道,具体分为人才市场、校园招聘、猎头和媒体广告。其中,企业在人才市场进行招聘的成本为 80 000 元/次;通过校园招聘岗位企业所需要承担的成本为 40 000 元/次;如果企业通过猎头进行招聘,则需要按照实际招聘到的人数核算费用,具体为每人 30 000 元;通过媒体广告进行招聘,每次企业都需要支付 60 000 元。选择招聘渠道之后,学生还需要对各个部门新员工的基本薪资和招聘人数进行合理的规划和设定,以争取凭借最少的招聘成本吸引最优质的人才。

(五)培训与开发

对员工进行招聘设定以后,学生需要对每个新进员工进行培训和开发,并且设定每个岗位的培训费用。值得注意的是,此费用指的是岗位总费用,而不是个人的培训费用。

以生产部各岗位的培训总费用为例,每一周期学生都需要对该部门中的所有高级员工和普通员工的培训总费用进行计算和设定。

(六)绩效评价

对员工进行培训开发之后,学生团队需要对特定的个人进行绩效评价。绩效评价表是由系统提供的,能够客观地提供某个员工在上一期的工作表现,包括评价维度、评价指标、指标定义、权重、等级以及等级说明。

例如,在评价某个特定员工的工作完成率时,系统采用生产安全事故次数,即考核周期内生产安全事故发生的次数总和作为一个指标,其权重被设为 23%,共划分为五个等级,其中等级五为考核期内没有发生生产安全事故,等级一为考核期内发生了三次以上生产安全事故。

除此之外,系统还采用物耗控制达成率,即实际消耗的原材料与上期消耗的原材料之间的比例来评价工作完成率。该物耗控制达成率的权重为 32%,也分成五个等级,其中等级五为达成率在90%以下,等级一为达成率在100%以上。

最后,学生需要在此绩效评价表的基础上对该员工进行绩效评估。

(七)薪酬设定

进行绩效评价之后,学生团队根据员工的工作表现制定员工的薪酬。初始系统设定的是现有老员工的薪酬,因为每个周期都需要适当地调整老员工的工资才能保证老员工不离职,并且维持着较高的满意度,所以学生需要灵活地对现有员工的薪酬进行调整。薪酬设定所需输入的基本工资、浮动工资和奖金数额都是按照一个季度来计算的。其中,浮动工资是基本工资的一定比例,而奖金则是一个特定的数额。基本工资越高,员工的忠诚度和安全感就越高,越不容易离职。而浮动工资和奖金则有一定的激励作用,能够一定程度上提高员工的效能。CEO的薪酬过低可能会对公司造成管理损失,而各部门总监的薪酬过低也可能导致该部门人员流动率过高等负面影响。

(八)员工关系

制定员工薪酬之后,系统里的最后一个版块是员工关系,主要是指裁员管理和员工离职。其中员工离职是系统根据学生团队制定的薪酬水平和满意度所进行的强制离职,因此学生无法修改。而对于裁员管理,学生能够根据企业的总体战略需要对每个岗位的裁员人数进行设定。以销售部为例,每一期都需要学生根据人力资源规划设定该部门高级研发人员的裁减人数和普通研发人员的裁减人数。

二、当前人力资源管理课程沙盘模拟实操中出现的问题与相应对策

(一)"搭便车"的问题始终存在

沙盘模拟实操将学生分成10组,每组8~10人,让学生以团队合作的形式模拟经营企业,在虚拟的市场上进行博弈和对抗,旨在增强学生的协同合作能力。但是,有些学生常常产生"搭便车"的行为,破坏了比赛竞争的公平性。这种现象的发生可能是各个团员的知识储备和技术能力参差不齐,导致有些学生表现得过于强势,遇事往往自己做决策,而一些学生却觉得事不关己从而置身事外。具体而言,在沙盘模拟的实训过程中,有些学生表现得兴致不高,在团队合作的时候往往浑水摸鱼,引起团队其他成员的不满情绪。

此外,还有一些学生即使对沙盘操作表现得兴趣满满,但由于没有完全理解自己的工作任务,反而阻碍了团队合作的顺利实现。因此,指导教师和学生在进行分组的时候,应该充分考虑每个学生的能力搭配,制定合理的任务分工,提高组内成员的积极性,让每个学生都积极参与讨论,并利用团队的力量来解决问题,从而减少"搭便车"的现象。

(二)实训目标不明确

本研究发现,一些学生在沙盘模拟的实训结束之后仍然不清楚实训的目的和内容,更难以领会与洞察人力资源管理的内涵。其中的一个重要症结就在于,学生在参与实训操作的时候常常仅依靠内心直觉或者凭着表面印象下决定,并没有进行深刻的思考,从而导致理论知识和实践操作的脱节。

此外,还有一些学生在经营企业的时候好高骛远,过分热衷于扩大生产规模,并且使用超过行业平均水平的薪水从竞争对手里挖人,导致企业难以维持经营,最终落得破产的结局。为了解决这个问题,指导教师应该要求每个成员根据自己的实训经历和情况,结合对应的人力资源管理课程的理论知识进行分析、对比,从而总结出一套宝贵的经验,以提高学生在人力资源管理上的实践能力。

(三)实操流程的设计仍有缺陷

沙盘模拟的实操流程从提供背景信息开始,依次包括管理层的决策、人力资源的规划、招聘的设定、培训与开发、绩效的评价、薪酬的设定以及员工关系的管理等八个版块。尽管人力资源管理的这些版块是不变的,但随着国家宏观政策和医药产业经济环境的不断变化,沙盘模拟每一周期的具体实操环节也会随之改变。

因此,指导教师和学生团队应该根据虚拟企业的内外部环境,在实操中持续探索并且总结经验,从而不断地对具体的实操流程进行完善。

一、游戏与教育结合——案例沙盘游戏

"您可以选择十年的时间去摸索,也可以选择两天的时间来体验!"这是很多网站对案例沙盘游戏巨大作用的精辟总结。案例沙盘游戏最大的特点就是"在参与中学习",强调"练中学,学后用,先行后知",以学生为中心,以提升实战管理水平为目标。

(一)国内外沙盘推演模拟教学的发展

案例沙盘游戏源自军事上高级将领作战前的沙盘模拟推演。战争沙盘模拟推演跨越了通过实战军演检验的巨大成本障碍和时空限制,其实演效果尤其在第二次世界大战中发挥到了极致。第二次世界大战结束后,英、美知名商学院和管理咨询机构很快意识到这种方法同样适合企业对中、高层经理的培养和锻炼,随即对军事沙盘模拟推演进行广泛的借鉴与研究,最终开发出了案例沙盘游戏培训这一新型现代培训模式,并成为传统教学方法的有效补充。

1.国外的发展情况

沙盘模拟更多的时候被理解为一种"直观体验式"的培训方法,一种体验式培

训的高级体现和诠释。沙盘模拟培训最早是以企业运营沙盘仿真实验的形式出现的，是瑞典皇家工学院的科拉斯·梅兰（Klas Mellan）于1978年开发的课程——“决战商场”（Decision Base）。其特点是采用体验式培训的方式，遵照“体验—分享—提升—应用”的过程达到学习的目的。该课程最初主要是针对非财务人员的财务管理的角度而设计的，之后被不断改进和完善，在此基础上针对如首席执行官（CEO）、财务总监（CFO）等职位的沙盘演练课程也被相继开发出来。沙盘模拟培训可以分为棋盘类沙盘（board-based simulation）和软件模拟类沙盘（software simulation）两大类。目前“沙盘演练”的课程被世界500强企业作为中高层管理者必上培训课程之一，也被欧美的商学院作为高级管理人员工商管理硕士（EMBA）的培训课程。

2.国内的发展情况

中国用友软件公司在21世纪初率先将沙盘实验引入ERP教学中，并将它向高等院校的本科教学推广，将其命名为ERP沙盘仿真对抗实验，由此形成了中国ERP沙盘模拟培训的雏形。金蝶公司、北京现代中欧管理研究院、广东商学院紧跟其后也开发出了自己的沙盘课程。目前，众多中国高校均已设立了“沙盘推演室”，硬件设施均已到位，而有所欠缺的是沙盘类课程体系的开发软件。

首先，沙盘模拟培训在课程设计、教具设计、流程设计等课程开发之初就需要汇集学术理论、行业实践等不同专长专家的智慧和经验；其次，在课程开发的过程中，企业环境、市场环境、竞争环境等多种含有可变因素的动态构成部分还需经过相对全面的分析、甄别，再通过对模拟角色职责范围、能力模型、知识构架的分析和界定从而形成相对完善、全面的培训大纲和体系；最后，在培训实施过程中，还需结合运用专门设计的且独特直观的教具，通过设置市场环境、变数、风险因素、竞争因素等多种现实素材及条件，使分组后的学员在模拟过程中结合角色扮演、情景模拟、讲师点评等多种培训手段及方法模拟并经历经营、策划、计划、管理、应急、调整等全部过程。

中国大多数的管理类及软技能类课程，也包括目前市场上的公共课程，通常教学模式是“理论+案例分析”，而沙盘推演模拟是通过游戏让学生亲身参与并培养其对此专业的学习兴趣后，再通过竞争的设置提高学生参与的积极性并通过激起的竞争心态增强学生的求知欲望和学习的动力，特别是在沙盘推演模拟的过程中，不仅帮助学生学习和建立工作语言、学习知识和技巧，还提高了他们的人际沟通能力、独立思考能力、团队协作能力、开拓创新能力以及综合分析能力。为了在激烈的竞争中占领新市场、赢得新顾客，学生们必须学习随时掌握资金需求和预算及产能、市场趋势变动、有关竞争者的情报，并且要学会解析他们所拥有的信息，同时也要学会倾听其他组员的意见并考虑他人的观点，甚至学习如何说服他人和承担一定的决策风险等。

(二)人力资源管理案例沙盘游戏开发对教育的意义

进入21世纪,“人才是第一资源”已经被越来越多的企业所认同。同时,“人力资源部”亦转变角色,成为企业的战略合作伙伴。如何能更有效地提高企业的人力资源战略管理水平,是当前各企业、管理培训机构及相关教育工作者亟待解决的问题。

近年来,承担人力资源管理课程教学的老师,尽管普遍采用案例教学法,虽然从一定程度上调动了学生的主观能动性,提高了学生分析问题、解决问题的能力,但终究是纸上谈兵,学生无法真正深入其中,获得切身的真实感受。这是因为,经验是无法复制的。他人的经验虽然可以给人以启迪,但不能代替管理实践。因此,人力资源管理专业毕业的学生走到工作岗位上,不会做人力资源管理业务也就不足为怪了。但是,如果给他们一个实战模拟的机会,那么结果就会改变。

可以设想一下:人力资源管理专业学生站在沙盘前,一起从组织结构框架的构建开始,到进行岗位分工、职位定义、沟通协作、工作流程,再到岗位评价、绩效考评、薪酬体系建立,再到培训开发与个人职业生涯的规划、劳动关系与职业健康,沙盘游戏将让每个参与的学生团队,从初期组建、短暂磨合、逐渐形成团队默契,到完全进入协作状态。在这个过程中,原本各自为战导致的效率低下、无效沟通,进而引起争论不休和职责不清,以及秩序混乱等情况,都可以让学生深刻地理解局部最优不等于总体最优的道理,学会换位思考。明确只有组织的全体成员有着共同愿景,朝着共同的绩效目标努力,遵守相应的工作规范,彼此信任和支持,组织目标与个人目标才能最终实现。

特别是案例沙盘游戏,它以立体的方式来展现平面的案例内容,使我们对案例背景先有一个直观、形象的认识;然后,通过设置组织内外环境变数,增加风险与竞争因素等多种现实素材及条件,加深学生对相关理论知识的理解,并最大限度地调动学生的学习兴趣,使他们处于高度兴奋状态;最后,通过学生团队间的竞争合作及学生与教师间的有效互动,学生们不仅对所学内容形成深度记忆,而且对所学“管理理论”有了深层次的领会与感悟,对理论不再停留在空洞、乏味、表层的理解层面,而是会认识到它的珍贵之处。

二、岗位分析与岗位评价八大沙盘游戏单元

(一)第一单元:团队的组建

1.按要求组建团队

组建团队时要求:设计队名、队标、队歌与团队理念;确定团队内人员分工;设

计团队目标与个人目标。

2.团队组建成果展示

(1)团队集体展示。团队集体展示要求将团队的队名、队标、队歌、团队理念、分工与团队目标以合适的方式当场展示，总计不超过10分钟。

(2)团队个人展示。进行团队个人展示时，团队每个成员即兴发言两分钟，内容必须包括个人目标的介绍。

3.每个团队模拟一个公司

(1)制作模拟公司的背景。每个团队寻找或设计一家公司，要求有公司的组织结构、主要业务、岗位设置等。

(2)团队成员进行公司角色扮演。团队中的每个成员扮演公司中的一个成员，并分工设置岗位。

4.评价考核表与团队成绩单

第一单元的评价指标考核表和各游戏竞争团队成绩单，如表9-1和表9-2所示。

表9-1 第一单元的评价指标考核表

评价标准		优 (4分)	良 (3分)	中 (2分)	差 (1分)
团队组建评价指标	队名、队标、队歌、团队理念、团队目标与个人目标的整体性				
	队名、队标、队歌、团队理念、团队目标与个人目标的创新性				
	团队目标与个人目标设计是否符合SMART法则				
团队组建成果展示评价指标	团队成果展示过程的团队合作性				
	团队成果展示的现场效果(包括时间把握)				
	个人即兴发言效果				
模拟公司评价指标	公司背景的完整性				
	团队成员分工扮演角色的合理性				

表9-2 第一单元各游戏竞争团队成绩单

团队名称	A团队	B团队	C团队	D团队	E团队	F团队
合计分数						

(二)第二单元:员工手册设计与制定

1.设计制定员工手册计划

设计制定员工手册计划要求:确定制定员工手册的人员分工,确定制定员工手册的步骤,确定员工手册框架,明确使用的方法与工具。

2.设计本团队员工手册

设计本团队员工手册要求:形成员工手册文本,进行员工手册展示与讲解。

3.评价考核表与团队成绩单

第二单元的评价指标考核表与各游戏竞争团队成绩单,如表 9-3 和表 9-4 所示。

表 9-3　第二单元的评价指标考核表

评价标准		优 (4 分)	良 (3 分)	中 (2 分)	差 (1 分)
员工手册设计方案评价指标	全体队员的配合与协调				
	制作员工手册步骤的准确性				
	使用方法的准确性				
	使用工具的效果				
团队员工手册评价指标	员工手册的新颖性				
	员工手册的完整性				
	员工手册内容的合理性				
	员工手册讲解的清晰性				

表 9-4　第二单元各游戏竞争团队成绩单

团队名称	A 团队	B 团队	C 团队	D 团队	E 团队	F 团队
合计分数						

(三)第三单元:工作满意度调查

1.工作满意度调查方案设计

(1)明确调查目的与意义。

(2)调查程序。设计调查的步骤与日程安排以及团队成员的分工(要求在一周之内完成)。

(3)调查方法。必须使用问卷调查法与访谈法,可以根据情况使用观察法与资料法。

(4)调查结果表达。写成书面调查报告，不少于2 000字；制作演讲幻灯片。

2.实施满意度调查

(1)使用满意度调查问卷调查。

①设计满意度调查问卷。

②发放回收问卷。

③分析整理问卷并列出疑问。

(2)开展重点访谈。

①根据调查整体需要与问卷中反映的问题制定访谈提纲。

②抽取3~5名访谈对象作访谈并记录。

(3)撰写满意度调查报告。

3.在限定时间内作现场满意度调查报告

(1)制作展示幻灯片。要求反映主要的调查数据与观点。

(2)以团队为单位做报告。每队作15~20分钟的陈述报告。

4.评价考核表与团队成绩单

第三单元的评价指标考核表和各游戏竞争团队成绩单，如表9-5和表9-6所示。

表9-5 第三单元的评价指标考核表

评价标准		优 (4分)	良 (3分)	中 (2分)	差 (1分)
满意度调查方案评价指标	方案的完整性				
	选用方法的合理性				
满意度问卷评价指标	问卷定位的准确性				
	问题选择的合理性				
	调查季度的全面性				
满意度访谈评价指标	是否有访谈提纲				
	是否有访谈记录				
满意度报告撰写评价指标	公文格式的正确性				
	运用图表与统计数据的合理性				
满意度报告陈述与展示评价指标	团队的合作性				
	观点的合理性				
	结构的完整性				

表 9-6　第三单元各游戏竞争团队成绩单

团队名称	A 团队	B 团队	C 团队	D 团队	E 团队	F 团队
合计分数						

(四)第四单元:组织分析

1.组织分析练习

组织分析练习要求:画出本团队的组织结构图;根据实习资料对 M 公司作初步诊断;根据实习资料绘制出 M 公司的组织结构图;对已有的某公司组织结构图进行改造。

2.部门分析练习

部门分析练习要求:根据实习资料制作 M 公司的部门清单;根据实习资料制作 M 公司的部门说明书,制作的重点是人力资源部、财务部、办公室。

3.评价考核表与团队成绩单

第四单元的评价指标考核表和各游戏竞争团队成绩单,如表 9-7 和表 9-8 所示。

表 9-7　第四单元的评价指标考核表

评价标准		优 (4 分)	良 (3 分)	中 (2 分)	差 (1 分)
组织诊断问题评价指标	提出问题须达五个以上				
	提出问题的准确性				
	是否给出了改进建议				
组织结构图设计评价指标	组织结构图的规范性				
	组织结构图反映实际情况的准确性				
	组织结构图的细致程度				
组织结构图改进评价指标	发现原组织结构图问题的准确性与全面性				
	改进后组织结构图的准确性				
部门清单评价指标	信息的完整性				
	隶属关系的正确性				
	职责概述的准确性				
部门说明书评价指标	部门说明书信息的完整性				
	部门职责详细概括的正确性				
	部门内岗位状况的准确性				

表 9-8 第四单元各游戏竞争团队成绩单

团队名称	A 团队	B 团队	C 团队	D 团队	E 团队	F 团队
合计分数						

(五)第五单元:流程分析

1.人力资源管理流程设计操作

请设计以下人力资源管理流程:

第一,员工内部调动流程;

第二,绩效管理流程;

第三,工作分析流程;

第四,薪酬管理流程;

第五,工作评价流程;

第六,培训管理流程。

2.各团队交换所设计的流程、讨论存在的问题并再造流程

在分析原流程存在问题的基础上,在其流程图上标出问题所在,并讲解原因,最后重新画出流程。

3.评价考核表与团队成绩单

第五单元的评价指标考核表和各游戏竞争团队成绩单,如表 9-9 和表 9-10 所示。

表 9-9 第五单元的评价指标考核表

评价标准		优 (4 分)	良 (3 分)	中 (2 分)	差 (1 分)
流程设计操作练习评价指标	流程的完整性				
	流程分工的合理性				
	运用流程制作工具的正确性				
	流程流向的准确性				
流程再造操作练习评价指标	对原流程评价的准确性				
	新流程的准确性				
	新流程比旧流程再造的合理性				

表 9-10　第五单元各游戏竞争团队成绩单

团队名称	A 团队	B 团队	C 团队	D 团队	E 团队	F 团队
合计分数						

(六)第六单元:岗位分析

1.岗位分析访谈操作练习

(1)访谈对象。

①任课老师(专业教师岗位)。

②本组以外的任意一个小组的队长(队长岗位)。

(2)访谈要求。

①事先制定访谈提纲。

②做好访谈记录。

2.岗位清单制作练习

首先,每个小组根据本团队的岗位设置整理出岗位清单。

其次,每个小组选择一个不超过 50 人的企业整理出该企业的岗位清单。

3.岗位说明书制作练习

首先,制作本团队各岗位的说明书。

其次,在制作岗位清单的企业中选择 2~3 个岗位制作岗位说明书。

4.评价考核表与团队成绩单

第六单元的评价指标考核表和各游戏竞争团队成绩单,如表 9-11 和表 9-12 所示。

表 9-11　第六单元的评价指标考核表

评价标准		优 (4 分)	良 (3 分)	中 (2 分)	差 (1 分)
岗位分析访谈评价指标	访谈提纲的完整性与专业性				
	访谈记录的完整性				
	对访谈过程的控制				
岗位清单评价指标	格式正确与否				
	岗位名称与岗位编码的准确性				
	隶属关系的准确性				
	职责概述的准确性				

续表

评价标准		优 （4分）	良 （3分）	中 （2分）	差 （1分）
岗位说明书评价指标	岗位基本信息的完整性与准确性				
	岗位说明书必备内容的完整性				
	使用语言的规范性与专业性				

表 9-12　第六单元各游戏竞争团队成绩单

团队名称	A 团队	B 团队	C 团队	D 团队	E 团队	F 团队
合计分数						

（七）第七单元：岗位设计

1.根据背景资料对××公司提出岗位设置建议

首先，提出设置的岗位；

其次，在岗位的基础上模拟定编定员。

2.评价考核表与团队成绩单

第七单元的评价指标考核表和各游戏竞争团队成绩单，如表 9-13 和表 9-14 所示。

表 9-13　第七单元的评价指标考核表

评价标准		优 （4分）	良 （3分）	中 （2分）	差 （1分）
岗位设计评价指标	运用岗位设计方法的准确性				
	岗位设计是否带来了效果的改进				
制定劳动定额评价指标	运用劳动定额制定方法的准确性				
	劳动定额的合理性				
岗位设置评价指标	岗位设置的饱和性				
	岗位设置的精练性				
	分工的合理性				

表 9-14　第七单元各游戏竞争团队成绩单

团队名称	A 团队	B 团队	C 团队	D 团队	E 团队	F 团队
合计分数						

（八）第八单元：岗位评价

1.设计某公司岗位评价方案

岗位评价方案的具体内容包括：岗位评价目的，岗位评价方法，岗位评价程序，岗位评价结果。

2.对标杆岗位运用排序类方法作评价

总结排序法（特别是两两配对比较法）、分类法及要素比较法的区别与联系。

3.要素计点法的运用

运用要素计点法要求：设计岗位评价体系（包括要素体系表、要素分组定义表）；设计评价委员评分表；以团队为单位进行模拟评价；得出某公司评价委员点数汇总表；得出某公司岗位点数序列表；得出某公司岗位归级表。

4.评价考核表与团队成绩单

第八单元的评价指标考核表和各游戏竞争团队成绩单，如表 9-15 和表 9-16 所示。

表 9-15　第八单元的评价指标考核表

评价标准		优 （4 分）	良 （3 分）	中 （2 分）	差 （1 分）
岗位评价方案评价指标	方案的完整性				
	方案的可执行性				
两两配对比较表法评价指标	表格设计的正确性				
	统计汇总的正确性				
	对该种方法总结的深度				
报酬要素指标体系评价指标	要素设置的合理性				
	要素分级的合理性				
	要素分级定义的合理性				
	要素权重分配的合理性				
要素计点法结果的评价指标	评价委员点数汇总表的准确性				
	点数序列表的正确性				
	划岗归级的合理性				

表 9-16　第八单元各游戏竞争团队成绩单

团队名称	A 团队	B 团队	C 团队	D 团队	E 团队	F 团队
合计分数						

参考文献

[1] 付亚和.工作分析[M].2 版.上海:复旦大学出版社,2009.

[2] 萧鸣政.工作分析的方法与技术[M].2 版.北京:中国人民大学出版社,2010.

[3] 朱勇国.工作分析与研究[M].北京:中国劳动社会保障出版社,2006.

[4] 杨海明,薛靖,孙亚男.工作分析与岗位评价[M].北京:电子工业出版社,2010.

[5] 张春瀛.工作分析[M].天津:天津大学出版社,2009.

[6] 郑晓明,吴志明.工作分析实务手册[M].2 版.北京:机械工业出版社,2006.

[7] 周亚新,龚尚猛.工作分析的理论、方法及运用[M].2 版.上海:上海财经大学出版社,2010.

[8] 赵永乐,朱燕,邓冬梅,等.工作分析与设计[M].上海:上海交通大学出版社,2006.

[9] 彭剑锋,张望军,朱兴东,等.职位分析技术与方法[M].北京:中国人民大学出版社,2004.

[10] 方少华.人力资源咨询[M].北京:机械工业出版社,2009.

[11] 李健,王璇.企业员工工作动机实证分析[M].北京:中国经济出版社,2008.

[12] 王璞.人力资源管理咨询实务[M].北京:机械工业出版社,2003.

[13] 李琦.人力资源管理基础技能实训[M].北京:北京大学出版社,2007.

[14] 梁建春,金洁艳,时勘.大型国有企业技术人员岗位评价因素认同度的研究[J].工业技术经济,2006(11).

[15] 刘祥,殷焕武,张润平,等.企事业单位岗位评价指标体系研究[J].内蒙古水利,2002(2).

[16] 姚若松,凌文辁,方俐洛.岗位评价报酬要素认可度的调查与分析[J].暨南学报(哲学社会科学),2003(9).

[17] 戴良铁.传统职务分析方法的利弊分析[J].中国劳动,2002(8).

[18] 朱平利.企业中人岗匹配度测算模型及其应用[J].湖北工业大学学报,

2009(6).

[19] 付继娟,张正堂.人与岗位匹配的国内外研究综述[J].中国人力资源开发,2004(7).

[20] 王美萃,张敬德.电信公司岗位分析与岗位评价:以 M 电信公司为例[J].中国人力资源开发,2010(4).